AOIS na GLÓIRE 3

CÚRSA GAEILGE DON TEASTAS SÓISEARACH
ARDLEIBHÉAL

Caitríona Ní Shúilleabháin

Gill Education
Ascaill Hume
An Pháirc Thiar
Baile Átha Cliath 12
www.gilleducation.ie

Is inphrionta de chuid M.H. Gill & Co. é Gill Education.

© **Caitríona Ní Shúilleabháin 2011**

978 0 7171 4765 6

Pictiúir le brianfitzer.ie
Cló-churadóireacht bhunaidh arna déanamh in Éirinn ag Design Image

Rinneadh an páipéar atá sa leabhar seo as laíon adhmaid ó fhoraoisí rialaithe. In aghaidh gach crann a leagtar cuirtear crann amháin eile ar a laghad, agus ar an gcaoi sin déantar athnuachan ar acmhainní nádúrtha.

Gach ceart ar cosaint. Ní ceadmhach aon chuid den fhoilseachán seo a atáirgeadh, a chóipeáil ná a tharchur i gcruth ar bith ná ar dhóigh ar bith gan cead scríofa a fháil ó na foilsitheoirí ach amháin de réir coinníollacha ceadúnas ar bith a cheadaíonn cóipeáil theoranta arna eisiúint ag Gníomhaireacht Cheadúnaithe Cóipchirt na hÉireann.

Níor cheart aon naisc le láithreáin Ghréasáin sheachtracha a fhorléiriú mar aontú Gill Education le hábhar nó le dearcadh an ábhair nasctha.

As cead grianghrai a atáirgeadh tá na foilsitheoirí buíoch de:

© Alamy: 1BL, 6, 16, 25, 41BL, 41BR, 48BL, 48BR, 48CBL, 48CBR, 48CTC, 48CTL, 48CTR, 48TC, 48TL, 48TR, 50, 68, 73BL, 90, 102, 123, 125, 128, 134, 141T, 141B, 144, 146, 152, 157, 176BL, 180, 195BL; © Collins Agency: 148, 150; © Corbis: 264; © Education Photos: 19, 21, 79, 80, 104;
© Getty: 1T, 1BR, 2, 14, 26B, 26T, 37, 43, 48BC, 48CBC, 63, 64, 91, 106, 107, 117BL, 131, 139BL, 158, 163BL, 163BR, 171, 176CR, 183, 191, 195BR, 212, 248, 255, 276, 281, 293, 296, 299;
© INPHO: 60, 95BR, 95BL, 113; © Photocall Ireland!: 52, 73BR, 117BR; © Photolibrary: 51;
© Rex Features: 139BR; © Topfoto: 269; Le caoinchead Kilcommon National School agus An Taisce: 213.

Beidh na foilsitheoirí sásta socruithe cuí a dhéanamh le haon sealbhóir cóipchirt nach raibh fail air a dhéanann teagmháil leo tar éis fhoilsiú an leabhair.

Clár

Aonad 1:	Mé féin agus mo mhuintir	1
Aonad 2:	Mo cheantar agus mo theach	41
Aonad 3:	Mo scoil	73
Aonad 4:	Spórt	95
Aonad 5:	Ceol	117
Aonad 6:	Na meáin chumarsáide, scannáin, agus leabhair	139
Aonad 7:	Saoire, taisteal, agus na séasúir	163
Aonad 8:	Bia, sláinte, agus truailliú an imshaoil	195
Aonad 9:	An Scrúdú Béil (roghnach)	217
Aonad 10:	Prós a ndearnadh staidéar air agus prós anaithnid	248

Prós a ndearnadh staidéar air
- Díoltas an Mhada Rua — 248
- An tÁdh — 255
- Banríon an Uaignis — 264
- An Gadaí — 269
- Bidí Early — 276

Prós anaithnid
- Trí urchar thapa — 281
- Ecstasy — 283
- Mé Féin agus Siobhán — 285
- Carlos Mirabelli — 287
- An Taistealaí — 288

Aonad 11: Filíocht a ndearnadh staidéar uirthi agus filíocht anaithnid — 291
- Focail agus frásaí a bhaineann le filíocht — 291

Filíocht a ndearnadh staidéar uirthi
- Reoiteog Mharfach — 293
- Teilifís — 296

○	An tÓzón	299
○	Duilleoga ar an Life	302
○	An Blascaod Mór Anois	304

Filíocht anaithnid
○	Mac Eile ag Imeacht	307
○	Subh Milis	307
○	Má chuimhnín ort anois	308
○	Le Linn Ár nÓige	308
○	Na Blátha Craige	309
○	An Dobharchú Gonta	309
○	Sráidbhaile	310
○	Fear Lasta Lampaí	310

Aonad 12: Gramadach — 311
○	Téarmaí Gramadaí	311
○	An Aimsir Chaite	314
○	An Aimsir Láithreach	328
○	An Aimsir Fháistineach	342
○	An Modh Coinníollach	352
○	Claoninsint na mBriathra	363
○	An Chopail	366
○	Claoninsint ar abairtí a bhfuil an Chopail iontu	370
○	An Aidiacht Shealbhach	372
○	Réamhfhocail	373
○	Uimhreacha	383
○	Céimeanna comparáide na haidiachta	391

Aonad 13: Trialacha Cluastuisceana — 395

Buíochas

Míle buíochas do John agus Marion O'Sullivan, Marion, Eileen agus Rose O'Sullivan, Stephen Andreucetti, mo phríomhoide, Patricia Bourden, agus leas-phríomhoide, Elizabeth Boland, Gean Gilger agus Aedín O'Leary, Fidelma Magee, Joan Ryan agus Eileen Greaney i Roinn na Gaeilge i gCnoc Ainbhil, gach duine ar an bhfoireann i gCnoc Ainbhil, Jack Burns, gach duine ar an bhfoireann ag Gill & Macmillan, Christy King, Maria Griffin, Paula King, Shay Healy, John Creedon, Dáithí Ó Sé, Gaelmedia, TG4, P. J. Barry agus gach cara a thug cabhair dom.

Nóta don mhúinteoir

Mar is eol dúinn go léir, athraíodh cúrsa an Teastais Shóisearaigh le déanaí. Sa leabhar seo tugaim iarracht ar dhul i ngleic leis na hathruithe sin. Tá caibidil ar leith ann a bhaineann leis an mbéaltriail roghnach, ar fiú 40 faoin gcéad de na marcanna í. Tugaim iarracht ar phlé leis an ngné labhartha in aonaid 1–8 freisin, áfach, sna míreanna dar teideal 'Cleachtadh cainte', agus cuirim béim ar obair bheirte le ceisteanna labhartha ar an bpríomhábhar i ngach caibidil freisin.

Chomh maith leis sin tá cleachtaí ar an gceist nua 'trialacha teanga comhthéacsúla' agam in aonaid 1–8 agus ar na haimsirí. In aonaid 1–4, déanaim achoimre ar an aimsir chaite, an aimsir láithreach, an aimsir fháistineach agus an modh coinníollach chun cabhrú leis na daltaí cuid A den cheist ar thrialacha teanga comhthéacsúla a dhéanamh. Leis sin, déanaim tagairtí do phointí gramadaí de réir mar a théann na haonaid ar aghaidh chun béim a chur ar an gcur chuige cumarsáideach.

Tá na trialacha cluastuisceana agus na cleachtaí léamhthuisceana curtha in oiriúint don leagan amach nua atá ar na páipéir shamplacha. Tá script na ndioscaí ar fáil do mhúinteoirí ar an suíomh www.gillmacmillan.ie. Logáil isteach mar mhúinteoir agus cuir isteach ainm an leabhair san inneall cuardaigh chun teacht ar an acmhainn seo.

Sa mhír dar theideal 'Moltaí' in aonad 1 agus 2, tá nótaí a thugann comhairle do na daltaí conas tabhairt faoi na ceisteanna scrúdaithe. Tá moltaí maidir leis an bprós agus an fhilíocht sna haonaid dar teideal sin.

Thug mé iarracht ar chleachtaí léamhthuisceana a chumadh ar ábhair agus ar dhaoine suimiúla do dhaltaí, idir bhuachaillí agus chailíní. Thug mé iarracht freisin ar dhrámaí agus rólghlacadh a chur san áireamh chun béim a chur ar idirghníomhaíocht. Bhí mé ag iarraidh cothrom a fháil idir spraoi do na daltaí agus ábhar fiúntach acadúil a chur ar fáil a thabharfadh acmhainní agus nótaí do dhaltaí chun iad a ullmhú do na ceisteanna scrúdaithe. Ar ndóigh, tá mórán aistí, litreacha, díospóireachtaí agus scéalta samplacha ann chun treoir agus cabhair a thabhairt do na daltaí agus iad ag tabhairt faoi na ceisteanna sin. Tugtar plean gearr roimh mhórán de na haistí chun cabhrú le daltaí struchtúr a chur lena gcumadóireacht.

Tá súil agam go mbeidh an leabhar seo úsáideach, go dtacóidh sé le múinteoirí daltaí a ullmhú don Teastas Sóisearach, agus go mbainfidh bhur ndaltaí tairbhe agus spraoi as.

Caitríona Ní Shúilleabháin
Cnoc Ainbhil
Baile Átha Cliath
Márta 2011

eTest.ie – what is it?

A revolutionary new website-based testing platform that facilitates a social learning environment for Irish schools. Both students and teachers can use it, either independently or together, to make the whole area of testing easier, more engaging and more productive for all.

Students – do you want to know how well you are doing? Then take an eTest!

At eTest.ie, you can access tests put together by the author of this textbook. You get instant results, so they're a brilliant way to quickly check just how your study or revision is going.

Since each eTest is based on your textbook, if you don't know an answer, you'll find it in your book.

Register now and you can save all of your eTest results to use as a handy revision aid or to simply compare with your friends' results!

Teachers – eTest.ie will engage your students and help them with their revision, while making the jobs of reviewing their progress and homework easier and more convenient for all of you.

Register now to avail of these exciting features:

- Create tests easily using our pre-set questions OR you can create your own questions
- Develop your own online learning centre for each class that you teach
- Keep track of your students' performances

eTest.ie has a wide choice of question types for you to choose from, most of which can be graded automatically, like multiple-choice, jumbled-sentence, matching, ordering and gap-fill exercises. This free resource allows you to create class groups, delivering all the functionality of a VLE (Virtual Learning Environment) with the ease of communication that is brought by social networking.

Aonad 1

Mé féin agus mo mhuintir

Céim 1:	An teaghlach	2
Céim 2:	Cuma agus pearsantacht an duine	9
Céim 3:	An Chopail agus poist	12
Céim 4:	Cleachtadh cainte agus obair bheirte	17
Céim 5:	Moltaí maidir leis an sliocht leanúnach	19
Céim 6:	Achoimre ar an Aimsir Chaite Trialacha teanga comhthéacsúla	22 / 25
Céim 7:	Moltaí maidir leis an aiste	27
Céim 8:	Moltaí maidir leis an litir phearsanta	30
Céim 9:	Moltaí maidir leis an scéal	33
Céim 10:	Athbhreithniú ar Aonad 1	39

Féach ar thriail a haon (lch 397)

Céim 1: An teaghlach

teaghlach	family (household)
muintir	family (extended family)
clann	children
páiste, páistí / leanbh, leanaí	child, children
tuismitheoir, tuismitheoirí	parent, parents
athair / daid	father / dad
máthair / mam	mother / mom
mac, mic	son, sons
iníon, iníonacha	daughter, daughters
deartháir, deartháireacha	brother, brothers
deirfiúr, deirfiúracha	sister, sisters
cúpla	Twins
leathchúpla	a twin
leasathair	stepfather
leasmháthair	stepmother
leasdeartháir	stepbrother
leasdeirfiúr	stepsister
seanathair	grandfather
seanmháthair	grandmother
Daideo (*used by young children*)	Granddad
Mamó (*used by young children*)	Grandma
garmhac, garmhic	grandson, grandsons
gariníon, gariníonacha	granddaughter, granddaughters
uncail, uncailí	uncle, uncles
aintín, aintíní	aunt, aunts
col ceathrair	first cousin
nia	nephew
neacht	niece

ainm	name (first name, or first name and surname)
sloinne	surname
ainm agus sloinne	name (full name)

Mé féin agus mo mhuintir

Cad is ainm duit? / Cén t-ainm atá ort?—Caitlín is ainm dom. / Caitlín an t-ainm atá orm.
Cad is sloinne duit?—Ní Mhurchú is sloinne dom.
Cad as duit? / Cárb as duit?—Is as Corcaigh dom.
Cathain a rugadh thú?—Rugadh mé ar an gcéad lá d'Eanáir, míle naoi gcéad nócha a sé (1 Eanáir 1996).

Cleachtadh Scríofa

Tarraing do chraobh ghinealaigh (*family tree*).

Dáta breithe

Rugadh mé ar an gcéad lá d'Eanáir	I was born on the first of January
Rugadh mé ar an dara lá d'Fheabhra	I was born on the second of February
Rugadh mé ar an tríú lá de Mhárta	I was born on the third of March
Rugadh mé ar an gceathrú lá d'Aibreán	I was born on the fourth of April
Rugadh mé ar an gcúigiú lá de Bhealtaine	I was born on the fifth of May
Rugadh mé ar an séú lá de Mheitheamh	I was born on the sixth of June
Rugadh mé ar an seachtú lá d'Iúil	I was born on the seventh of July
Rugadh mé ar an ochtú lá de Lúnasa	I was born on the eighth of August
Rugadh mé ar an naoú lá de Mheán Fómhair	I was born on the ninth of September
Rugadh mé ar an deichiú lá de Dheireadh Fómhair	I was born on the tenth of October
Rugadh mé ar an aonú lá déag de mhí na Samhna	I was born on the eleventh of November
Rugadh mé ar an dóú lá déag de mhí na Nollag	I was born on the twelfth of December
Rugadh mé ar an tríú lá déag d'Eanáir	I was born on the thirteenth of January
Rugadh mé ar an aonú lá is fiche de Mhárta	I was born on the twenty-first of March
Rugadh mé ar an dóú lá is fiche d'Aibreán	I was born on the twenty-second of April
Rugadh mé ar an tríochadú lá d'Iúil	I was born on the thirtieth of July

Míonna na bliana

Eanáir	*January*	Bealtaine	*May*	Meán Fómhair	*September*
Feabhra	*February*	Meitheamh	*June*	Deireadh Fómhair	*October*
Márta	*March*	Iúil	*July*	Samhain	*November*
Aibreán	*April*	Lúnasa	*August*	Nollaig	*December*

Aois na Glóire 3

Seo mar a scríobhtar dátaí i nGaeilge:

5 Eanáir 1997 (an cúigiú lá d'Eanáir, míle naoi gcéad nócha a seacht)
20 Nollaig 2011 (an fichiú lá de mhí na Nollag, dhá mhíle a haon déag)

Cé mhéad duine atá sa teaghlach?

Tá duine / beirt / triúr / ceathrar / cúigear / seisear / seachtar / ochtar / naonúr / deichniúr / aon duine dhéag / dháréag / trí dhuine dhéag sa teaghlach.

Cén áit atá agat sa chlann?

Is mise an duine is óige (den chlann)	I'm the youngest (of the children)
Is mise an duine is sine (den chlann)	I'm the eldest (of the children)
Táim sa lár	I'm in the middle
Is páiste aonair mé	I'm an only child
Is leathchúpla mé	I'm a twin
Is cúpla muid	We're twins
Is cúpla comhionann muid	We're identical twins

Cé mhéad deartháir / deirfiúr atá agat?

Tá deartháir amháin / deirfiúr amháin agam	I have one brother / one sister
Tá beirt deartháireacha / beirt deirfiúracha agam	I have two brothers / two sisters
Tá triúr deartháireacha / triúr deirfiúracha agam	I have three brothers / three sisters
Tá ceathrar deartháireacha / ceathrar deirfiúracha agam	I have four brothers / four sisters
Tá cúigear deartháireacha / cúigear deirfiúracha agam	I have five brothers / five sisters
Tá seisear deartháireacha / seisear deirfiúracha agam	I have six brothers / six sisters
Tá seachtar deartháireacha / seachtar deirfiúracha agam	I have seven brothers / seven sisters
Tá ochtar deartháireacha / ochtar deirfiúracha agam	I have eight brothers / eight sisters
Tá naonúr deartháireacha / naonúr deirfiúracha agam	I have nine brothers / nine sisters
Tá deichniúr deartháireacha / deichniúr deirfiúracha agam	I have ten brothers / ten sisters
Níl aon deartháir ná deirfiúr agam	I have no brothers or sisters

Cuir Gaeilge ar na habairtí seo a leanas:

1. I am the youngest in the family.
2. I have three brothers.
3. Máire is the eldest in the family.
4. Seán has five sisters.
5. There are nine people in my family.
6. I am a twin.
7. Séamas has two brothers and one sister.
8. Dáithí has three sons.
9. I have two uncles and five aunts.
10. I have ten cousins.

Mé féin agus mo mhuintir

Bain úsáid as na focail thíos chun na bearnaí sna habairtí seo a leanas a líonadh:

1. Tá _____ deartháireacha agam. Seán agus Liam is ainm dóibh.
2. Tá _____ sa teaghlach: m'athair, mo mháthair, mé féin, agus triúr deirfiúracha.
3. Is mise an duine is _____. Táim ceithre bliana déag d'aois, tá mo dheirfiúr cúig bliana déag d'aois, agus tá mo dheartháir fiche bliain d'aois.
4. Tá _____ deirfiúracha agam. Máire, Eibhlín agus Róise is ainm dóibh.
5. Tá mo _____ ina gcónaí ina aice linn. Tagann siad ar cuairt orainn go minic.
6. Tá mo _____ ochtó bliain d'aois. Téimid ar cuairt chuici uair sa tseachtain.
7. Is mise an duine is _____ Bíonn orm aire a thabhairt do mo dheartháireacha óga go minic.
8. Is páiste _____ mé. Níl aon deartháir ná deirfiúr agam.
9. Táimse i _____ na clainne. Tá mo dheartháir níos sine ná mé, agus tá mo dheirfiúr níos óige ná mé.
10. Tá _____ sa teaghlach: mé féin, mo mháthair, m'athair, mo dheartháir, Donncha, agus mo dheirfiúr, Órlaith.

cúigear, lár, óige, sheanmháthair, sine, aonair, seisear, triúr, chol ceathracha, beirt.

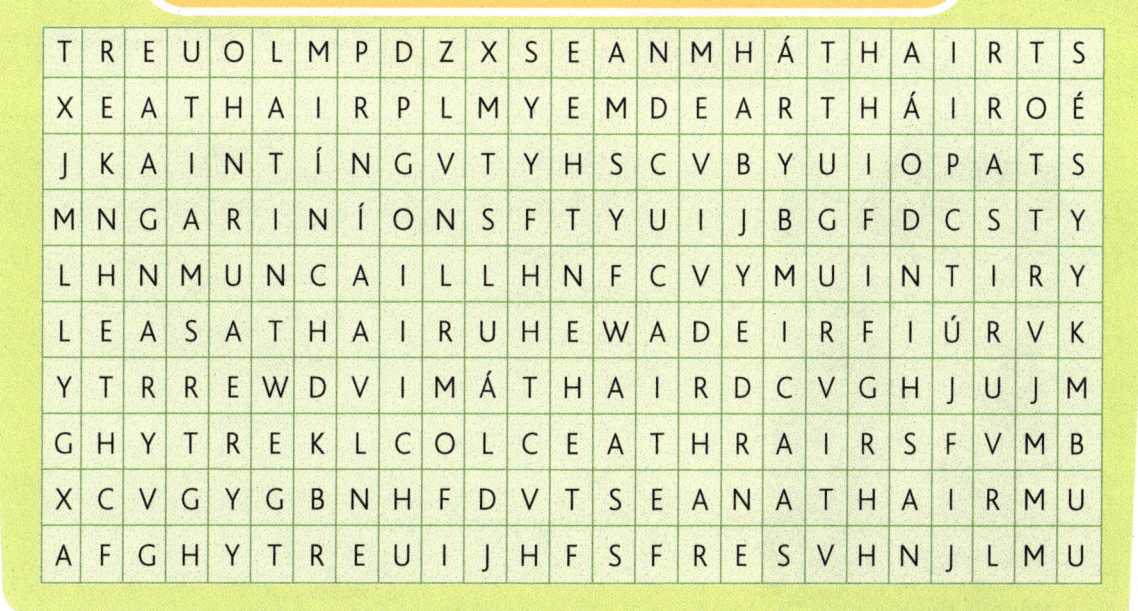

Aimsigh na focail seo a leanas sa lúbra:

athair, col ceathrair, seanmháthair, máthair, gariníon, seanathair, uncail, deartháir, muintir, aintín, deirfiúr, leasathair.

T	R	E	U	O	L	M	P	D	Z	X	S	E	A	N	M	H	Á	T	H	A	I	R	T	S
X	E	A	T	H	A	I	R	P	L	M	Y	E	M	D	E	A	R	T	H	Á	I	R	O	É
J	K	A	I	N	T	Í	N	G	V	T	Y	H	S	C	V	B	Y	U	I	O	P	A	T	S
M	N	G	A	R	I	N	Í	O	N	S	F	T	Y	U	I	J	B	G	F	D	C	S	T	Y
L	H	N	M	U	N	C	A	I	L	L	H	N	F	C	V	Y	M	U	I	N	T	I	R	Y
L	E	A	S	A	T	H	A	I	R	U	H	E	W	A	D	E	I	R	F	I	Ú	R	V	K
Y	T	R	R	E	W	D	V	I	M	Á	T	H	A	I	R	D	C	V	G	H	J	U	J	M
G	H	Y	T	R	E	K	L	C	O	L	C	E	A	T	H	R	A	I	R	S	F	V	M	B
X	C	V	G	Y	G	B	N	H	F	D	V	T	S	E	A	N	A	T	H	A	I	R	M	U
A	F	G	H	Y	T	R	E	U	I	J	H	F	S	F	R	E	S	V	H	N	J	L	M	U

Aois na Glóire 3

Léamhthuiscint: Miley Cyrus

Is mise Miley Cyrus. Rugadh mé ar 23 Samhain 1992 (an tríú lá fichead de mhí na Samhna, míle naoi gcéad nócha a dó) mar Destiny Hope Cyrus i Nashville, Tennessee. Thug mo thuismitheoirí an t-ainm sin orm mar chreid siad go ndéanfainn rudaí iontacha i mo shaol! Fuair mé an **leasainm** Smiley nuair a bhí mé i mo **naíonán** toisc go raibh mé i gcónaí ag gáire. Giorraíodh an leasainm ansin go Miley. Leticia is ainm do mo mháthair, agus Billy Ray Cyrus is ainm do m'athair. Is **amhránaí ceol tuaithe** é m'athair. Tógadh mé ar fheirm mo thuismitheoirí lasmuigh de Nashville.

Is duine mé de theaghlach mór. Tá leasdeartháir agus leasdeirfiúr agam **darb ainm** Trace agus Brandi. **Seinneann** Trace an giotár agus canann sé sa bhanna Metro Station. Seinneann Brandi an giotár i mo cheolchoirmeacha féin. Tá leasdeartháir eile agam atá níos sine ná mé darb ainm Christopher Cody, agus tá deartháir agus deirfiúr níos óige agam. Braison agus Noah is ainm dóibhsean.

Ghlac mé páirt Hannah Montana sa **chlár** 'Disney, 2006,' agus bhí ceithre mhilliún duine ag féachaint ar an gcéad eipeasóid. **Ó shin i leith** tá go leor albam eisithe agam, agus tá mórán scannán déanta agam freisin, ina measc *Hannah Montana: The Movie*. Is amhránaí mé freisin, agus tá go leor **cnag** bainte amach agam, ar nós 'Party in the USA.' Tá na mílte albam díolta agam. Is bean **uaillmhianach** mé! Réitím go maith leis an teaghlach, **go háirithe** le m'athair. Tugann sé a lán **tacaíochta** dom i mo **ghairm bheatha** mar amhránaí agus **aisteoir**.

Gluais

leasainm	a nickname
naíonán	infant
amhránaí	a singer
ceol tuaithe	country music
darb ainm	by the name of
seinn	play (music)
clár	a programme
ó shin i leith	since then
cnag	a hit
uaillmhianach	ambitious
go háirithe	especially
tacaíocht	support
gairm bheatha	profession
aisteoir	an actor

Mé féin agus mo mhuintir

Freagair na ceisteanna seo a leanas:
1. Cathain a rugadh Miley Cyrus?
2. Cén fáth ar thug a tuismitheoirí an t-ainm Destiny Hope uirthi?
3. Cén post atá ag a hathair?
4. Cár tógadh í?
5. Cad a dhéanann Trace, a leasdeartháir?
6. Cé mhéad duine atá sa teaghlach?
7. Cad is ainm don chlár inar ghlac sí páirt Hannah Montana?
8. Cad a deir sí faoina cuid ceoil?
9. An réitíonn sí go maith le baill eile an teaghlaigh?
10. Cé a thugann a lán tacaíochta di?

Aoiseanna

Cén aois thú? / Cén aois atá agat?   What age are you?
Cén aois atá ag do dheartháir?   What age is your brother?

bliain / aon bhliain d'aois	*one year old*	aon bhliain déag d'aois	*eleven years old*
dhá bhliain d'aois	*two years old*	dhá bhliain déag d'aois	*twelve years old*
trí bliana d'aois	*three years old*	trí bliana déag d'aois	*thirteen years old*
ceithre bliana d'aois	*four years old*	ceithre bliana déag d'aois	*fourteen years old*
cúig bliana d'aois	*five years old*	cúig bliana déag d'aois	*fifteen years old*
sé bliana d'aois	*six years old*	sé bliana déag d'aois	*sixteen years old*
seacht mbliana d'aois	*seven years old*	seacht mbliana déag d'aois	*seventeen years old*
ocht mbliana d'aois	*eight years old*	ocht mbliana déag d'aois	*eighteen years old*
naoi mbliana d'aois	*nine years old*	naoi mbliana déag d'aois	*nineteen years old*
deich mbliana d'aois	*ten years old*	fiche bliain d'aois	*twenty years old*

Na rialacha

1, 2	bhliain
3–6	bliana
7–10	mbliana
20, 30, 40 …	bliain

Aois na Glóire 3

fiche bliain	twenty years	ochtó bliain	eighty years
tríocha bliain	thirty years	nócha bliain	ninety years
daichead bliain	forty years	céad bliain	a hundred years
caoga bliain	fifty years	míle bliain	a thousand years
seasca bliain	sixty years	céad míle bliain	a hundred thousand years
seachtó bliain	seventy years	milliún bliain	a million years

Pointe Gramadaí

Nuair a luaitear uimhreacha ar nós 21–29, 31–39 srl. deirtear 'dhá bhliain is fiche' srl. Ní deirtear 'fiche a dó bhliain.'

bliain is fiche	twenty-one years
dhá bhliain is fiche	twenty-two years
trí bliana is fiche	twenty-three years
ceithre bliana is fiche	twenty-four years
ocht mbliana is fiche	twenty-eight years
bliain is tríocha	thirty-one years

Abairtí samplacha

Tá mo dheartháir aon bhliain is fiche d'aois	My brother is twenty-one years old
Tá mo dheirfiúr tríocha bliain d'aois	My sister is thirty years old
Tá m'athair cúig bliana is caoga d'aois	My father is fifty-five years old
Tá mo mháthair daichead bliain d'aois	My mother is forty years old

Cuir Gaeilge ar na habairtí seo a leanas:

1. My mother is fifty-eight years old.
2. My father is fifty-two years old.
3. My sister is twenty-one years old.
4. My brother is eighteen years old.
5. I am fourteen years old.
6. My sister Máire is nine years old.
7. My brother Pádraig is the youngest in the family. He is two years old.
8. My sister Sinéad is the eldest in the family. She is twenty years old.
9. I am in the middle of the family. I am thirteen years old.
10. My grandfather is seventy-five years old.

Mé féin agus mo mhuintir

Céim 2: Cuma agus pearsantacht an duine

Gruaig agus súile

gruaig dhonn	*brown hair*	gruaig chatach	*curly hair*
gruaig dhubh	*black hair*	gruaig ghearr	*short hair*
gruaig rua	*red hair*	gruaig fhada	*long hair*
gruaig fhionn	*fair hair*	gruaig spíceach	*spiky hair*
gruaig liath	*grey hair*	maol	*bald*
gruaig dhíreach	*straight hair*		

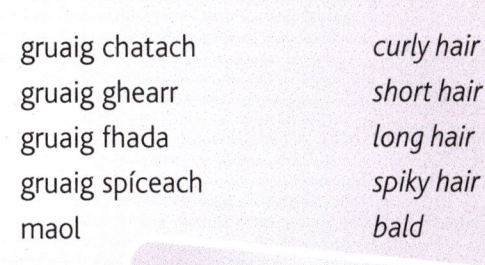

súile donna	*brown eyes*
súile glasa	*green eyes*
súile gorma	*blue eyes*

Ní mór duit 'ag' a chur in oiriúint don duine.

⭐ Mar shampla ag + mé = agam
　　　　　　　　ag + tú = agat
　　　　　　　　ag Pádraig / ag mo Mham

Tá súile gorma agam	*I have blue eyes*
Tá súile liatha agat	*You have grey eyes*
Tá súile donna aige	*He has brown eyes*
Tá súile glasa aici	*She has green eyes*
Tá súile gorma againn	*We have blue eyes*
Tá súile donna agaibh	*You have brown eyes*
Tá súile liatha acu	*They have grey eyes*

Úsáidimid **ar** nuair a dhéanaimid cur síos ar ghruaig duine.

Ní mór duit 'ar' a chur in oiriúint don duine.

⭐ Mar shampla ar + mé = orm
　　　　　　　　ar Phádraig / ar mo Mham

Tá gruaig dhonn orm	*I have brown hair*
Tá gruaig dhonn ort	*You have brown hair*
Tá gruaig dhonn air	*He has brown hair*
Tá gruaig dhonn uirthi	*She has brown hair*
Tá gruaig dhonn orainn	*We have brown hair*
Tá gruaig dhonn oraibh	*You* (plural) *have brown hair*
Tá gruaig dhonn orthu	*They have brown hair*

Féach ar na nótaí ar na forainmneacha réamhfhoclacha ar leathanach 380.

Aois na Glóire 3

Tréithe eile

Tá mo mháthair beag / íseal	My mother is small
Tá m'athair ard	My father is tall
Caithim spéaclaí	I wear glasses
Tá féasóg / croiméal ar m'athair	My father has a beard / a moustache
Tá bricíní orm	I have freckles

Airde

méadar	a metre
ceintiméadar	a centimetre
troigh	a foot
cúig troithe	five feet
orlach	an inch

★ **Mar shampla**

Tá mo dheartháir sé troithe ar airde	My brother is six feet tall
Táim cúig troithe, sé horlaí ar airde	I am five feet, six inches tall

Nó

Táim méadar agus seacht gceintiméadar ar airde	I am 107 centimetres tall

Aidiachtaí úsáideacha

dathúil	handsome, good-looking		láidir	strong
gleoite	pretty		lag	weak
ard	tall		tanaí	thin
íseal / beag	small		ramhar	fat

Cleachtadh Scríofa

Cuir na pictiúir agus na habairtí le chéile

E	Tá súile gorma agam agus tá gruaig liath orm.
	Tá gruaig rua agus bricíní orm.
	Tá súile donna agam agus tá féasóg orm.
	Tá croiméal orm agus caithim spéaclaí.
	Tá súile glasa agam agus tá gruaig dhíreach dhonn orm.
	Tá súile gorma agam agus tá gruaig chatach fhionn orm.
	Tá súile glasa agam agus tá gruaig dhíreach fhionn orm.
	Tá gruaig dhonn orm agus caithim spéaclaí.
	Tá súile donna agam agus tá gruaig liath orm.
	Tá gruaig dhonn agus bricíní orm.

A   B   C

D   E   F   G

H   I   J

Mé féin agus mo mhuintir

An aidiacht shealbhach

	Roimh chonsan	Sampla	Roimh ghuta	Sampla
my	**mo** + *séimhiú*	**mo ch**arr	**m'**	**m'**aintín
your (singular)	**do** + *séimhiú*	**do ch**arr	**d'**	**d'**aintín
his	**a** + *séimhiú*	**a ch**arr	**a**	**a** aintín
her	**a**	**a c**arr	**a** + **h**	**a h**aintín
our	**ár** + *urú*	**ár g**carr	**ár** + *urú*	**ár n**-aintín
your (plural)	**bhur** + *urú*	**bhur g**carr	**bhur** + *urú*	**bhur n**-aintín
their	**a** + *urú*	**a g**carr	**a** + *urú*	**a n**-aintín

Más ainmfhocal é a bhfuil guta mar thús air:
- Tar éis **a** (*her*), cuirimid **h** roimh an bhfocal.
- Tar éis **ár**, **bhur** agus **a** (*their*), cuirimid an t-urú **n-** roimh an bhfocal.
- Ní féidir séimhiú a chur ar **st**, **l**, **n**, **r**, **sm**, **sp** nó **sc** ('*St Eleanor is smiling in Spanish school*').
    ⭐ Mar shampla mo liathróid, mo rothar.
- Ní féidir urú a chur ar **l**, **m**, **n**, **r**, ná **s**.

mo mháthair	*my mother*	**m'**athair	*my father*
do mháthair	*your mother*	**d'**athair	*your father*
a mháthair	*his mother*	**a** athair	*his father*
a máthair	*her mother*	**a h**athair	*her father*
ár máthair	*our mother*	**ár n**-athair	*our father*
bhur máthair	*your mother*	**bhur n**-athair	*your father*
a máthair	*their mother*	**a n**-athair	*their father*

Féach ar na nótaí ar an Aidiacht Shealbhach ar leathanach 372

Déan cur síos ar do chuma agus ar chuma na ndaoine eile i do theaghlach.

Cuir Gaeilge ar na habairtí seo a leanas:
1. My mother has blue eyes and curly brown hair.
2. His father has a beard and wears glasses.
3. Our brother is very tall.
4. Her sister is small and pretty.
5. My aunt has curly red hair and freckles.
6. His uncle is tall. He has brown eyes and has straight fair hair.
7. Her brother is 6 feet 3 inches tall.
8. My mother is beautiful.
9. My father is tall and has freckles and a moustache.
10. My grandmother is small. She has green eyes and fair hair.

Pearsantacht

Aidiachtaí a úsáidimid chun cur síos a dhéanamh ar phearsantacht duine.

cineálta / cneasta	kind	greannmhar	funny, amusing
cairdiúil	friendly	cúthail	shy
flaithiúil	generous	béasach	polite
goilliúnach	sensitive	drochbhéasach	bad-mannered
cainteach	talkative, chatty	stuama, ciallmhar	sensible
macánta	honest	tuisceanach	understanding
mímhacánta	dishonest	deas	pleasant
cróga / misniúil	brave	féinmhuiníneach	confident
teasaí	hot-headed	dána	bold, misbehaved
cliste	clever	ceanndána	headstrong, stubborn
éirimiúil	intelligent	fiosrach	inquisitive
glic	cute, sly	leisciúil	lazy
amaideach	foolish	díograiseach	conscientious
gealgháireach	cheerful, jolly	réchúiseach	easy-going

Déan cur síos ar phearsantacht na ndaoine atá sa teaghlach.

Alt

Scríobh alt ar an gcara is fearr leat. Déan cur síos ar chuma agus ar phearsantacht an duine sin. Luaigh na rudaí a dhéanann sibh le chéile.

Céim 3: An Chopail agus poist

Féach ar na nótaí ar an gCopail ar leathanach 366.

Úsáidimid an chopail (**is**) nuair a bhímid ag déanamh cur síos ar cháilíocht (*quality*) an duine nó ar phost an duine. Úsáidimid 'is' in ionad 'bí' nuair a bhíonn ainmfhocal sa chéad chuid den abairt.

⭐ Mar shampla

Is duine cneasta mé	I am a kind person
Is duine ceanndána tú	You are a headstrong person
Is buachaill cainteach é mo dheartháir	My brother is a talkative person
Is cailín deas í Siobhán	Siobhán is a nice girl
Is daoine ciallmhara sinn	We are sensible people
Is daltaí dána sibh	You are bold pupils
Is mic léinn díograiseacha iad	They are enthusiastic pupils

Mé féin agus mo mhuintir

Cuir Gaeilge ar na habairtí seo a leanas:
1. My father is a kind man.
2. My mother is a cheerful woman.
3. My brother is an easygoing boy.
4. My sister is an enthusiastic pupil.
5. My best friend is a talkative and friendly person.
6. My teacher is a cranky, hot-headed person.
7. My friend is a headstrong boy.
8. His father is an understanding, honest person.
9. Her mother is a patient, shy person.
10. His brother is a hot-headed person.

Obair agus poist

slí bheatha	occupation
post	job
ceird	trade
gairm / gairm bheatha	profession

Cén post atá ag d'athair / ag do mháthair / ag do dhearthair / ag do dheirfiúr? — What job has your father / mother / brother / sister?

Pointe Gramadaí

Úsáidimid an chopail go minic chun cur síos a dhéanamh ar phost duine.

Is garda é m'athair	My father is a garda
Is ailtire é m'athair	My father is an architect
Is bean tí í mo mháthair	My mother is a housewife
Is cógaiseoir í mo mháthair	My mother is a pharmacist
Is innealtóirí iad mo dheartháireacha	My brothers are engineers
Is ceoltóir é mo dheartháir	My brother is a musician
Is dochtúir í mo dheirfiúr	My sister is a doctor
Is mac léinn í mo dheirfiúr	My sister is a student
Is tréidlia é m'uncail	My uncle is a vet
Is aisteoir í m'aintín	My aunt is an actor
Is dalta bunscoile é mo dheartháir	My brother is a primary school pupil
Is mac léinn í mo dheirfiúr	My sister is a student
Oibríonn mo mháthair in oifig	My mother works in an office
Oibríonn m'athair i gcomhlacht	My father works in a company
Oibrím i siopa go páirtaimseartha	I work in a shop part-time in a shop
Oibríonn mo dheirfiúr mar fhreastalaí	My sister works as a waitress

Aois na Glóire 3

Slite beatha

altra	nurse	máinlia	surgeon
dochtúir	doctor	fisiteiripeoir	physiotherapist
fiaclóir	dentist	cógaiseor	pharmacist
siceolaí	psychologist	feirmeoir	farmer
cógaiseoir	pharmacist	iascaire	fisherman
feirmeoir	farmer	seandálaí	archaeologist
iascaire	fisherman	leabharlannaí	librarian
tréidlia	vet	bunmhúinteoir	primary teacher
scríbhneoir	writer	meánmhúinteoir	secondary teacher
amhránaí	singer	tógálaí	builder
aisteoir	actor	siúinéir	carpenter
ailtire	architect	leictreoir	electrician
tógálaí	builder	gruagaire	hairdresser
meicneoir	mechanic	cócaire	cook, chef
tiománaí	driver	píolóta	pilot
feighlí leanaí	child-minder	iriseoir	journalist
freastalaí siopa	shop assistant	fáilteoir	receptionist
freastalaí	waiter/waitress	rúnaí	secretary
oibrí oifige	office worker	garda	garda
oifigeach bainc	bank official	saighdiúir	soldier
ceantálaí	auctioneer	fear gnó	business man
cuntasóir	accountant		

Mé féin agus mo mhuintir

Cuir na pictiúir agus na habairtí le chéile

A	Is garda mé
	Is siúinéir mé
	Is amhránaí mé
	Is dochtúir mé
	Is gruagaire mé
	Is feirmeoir mé
	Is freastalaí siopa mé
	Is máinlia mé
	Is iascaire mé
	Is leabharlannaí mé
	Is píolóta mé
	Is múinteoir mé
	Is tógálaí mé
	Is tréidlia mé
	Is fiaclóir mé
	Is cócaire mé
	Is freastalaí mé
	Is banaltra mé
	Is cógaiseoir mé

Léamhthuiscint: Colin Farrell

Is mise Colin Farrell. Rugadh mé ar 31 Bealtaine 1976, agus tógadh mé i gCaisleán Cnucha i gContae Bhaile Átha Cliath. Is duine **gealgháireach** cairdiúil mé. D'fhreastail mé ar Scoil Náisiúnta Bhríde agus ina dhiaidh sin ar Choláiste Chaisleán Cnucha agus ar Choláiste Bhaile Mhic Gormáin i gContae na Mí. Is bean tí í mo mháthair, Rita, agus is **iarpheileadóir** é m'athair, Éamon; d'imir sé le Shamrock Rovers, club sacair. Tá deartháir amháin agam, darb ainm Éamon Óg, agus tá beirt deirfiúracha agam. Claudine agus Catherine is ainm dóibh.

Bhí an-**spéis** agam i sacar nuair a bhí mé óg. D'imir mé le Castleknock Celtic. Rinne mé triail i gcomhair an bhanna 'Boyzone', ach

Aois na Glóire 3

níor **éirigh liom**! D'fhreastail mé ar Scoil **Aisteoireachta** an Gaiety ar feadh tamaill. Ansin fuair mé páirt Danny Byrne sa chlár 'Ballykissangel', dráma teilifíse ar an BBC ón mbliain 1998 go 1999. Sa bhliain 2000 fuair mé an **phríomhpháirt** sa scannán *Tigerland*, páirt Roland Bozz, saighdiúir. **D'athraigh** sé sin mo shaol ar fad, mar fuair mé a lán **airde** mar aisteoir as sin amach. Bhí an-**rath** agam tar éis é sin leis na scannáin *Phonebooth*, *Swat*, *The Recruit*, agus *Alexander*.

Is é an t-aon mhíbhuntáiste a bhaineann le cáil ná go **gcuireann na meáin isteach ar** mo **phríobháid**; ach **ar an iomlán** tugann mo chuid oibre mar aisteoir a lán **deiseanna** iontacha dom. Buailim le mórán daoine suimiúla, agus bainim taitneamh as mo chuid oibre gach lá.

Gluais

gealgháireach	cheerful
iarpheileadóir	former footballer
spéis	interest
éirigh le	succeed
aisteoireacht	acting
príomhpháirt	principal part
athraigh	change
aird	attention
rath	success
cuir isteach ar na meáin	annoy, interfere with the media
príobháid	privacy
ar an iomlán	on the whole
deis	opportunity

Freagair na ceisteanna seo a leanas:
1. Cathain a rugadh Colin?
2. Cárb as dó?
3. Cad is ainm do na scoileanna ar fhreastail sé orthu?
4. Cén rud a raibh spéis aige ann nuair a bhí sé óg?
5. Cén post a bhí ag a athair?
6. Conas a thosaigh sé i saol na haisteoireachta?
7. Cad é an chéad phost a bhí aige mar aisteoir?
8. Luaigh trí scannán mhóra a rinne sé.
9. Cad é an míbhuntáiste a bhaineann le cáil, dar leis?
10. Cad iad na buntáistí a bhaineann lena chuid oibre mar aisteoir?

Mé féin agus mo mhuintir

Bain úsáid as na focail thíos chun na bearnaí sna habairtí seo a leanas a líonadh:

1. Is _____ é athair Colin.
2. Tá _____ agus _____ air mar aisteoir.
3. _____ baineann sé taitneamh as a chuid oibre mar aisteoir.
4. Bhí _____ aige i sacar nuair a bhí sé óg.
5. Is duine _____ _____ é Colin.

ar an iomlán, spéis, clú, cáil, iarpheileadóir, gealgháireach, cairdiúil.

Céim 4: Cleachtadh cainte agus obair bheirte

Ar mhiste leat . . . ?	*Would you mind . . . ?*	Ní miste / Ní miste liom	*Not at all*
Mura miste leat	*If you don't mind*		
Más é do thoil é / Le do thoil	*Please*		
Go raibh maith agat	*Thank you*	Go ndéana a mhaith duit / Níl, a bhuíochas ort	*You're welcome / Don't mention it*
Go raibh céad maith agat / Go raibh míle maith agat	*Thank you very much*		
Slán leat	*Goodbye (said to someone who is leaving)*		
Slán agat	*Goodbye (said to someone who is remaining)*		

Comhrá samplach

Múinteoir: Dia duit, a Sheáin. Cén sloinne atá ort?

Seán: Ó Murchú an sloinne atá orm.

Múinteoir: **Inis dom beagán** faoi do mhuintir. Cé mhéad duine atá sa teaghlach?

Seán: Tá cúigear ann: mé féin, mo mháthair, m'athair, agus mo bheirt deirfiúracha. Is mise an duine is sine.

Múinteoir: Inis dom faoi d'athair.

Seán: Is **ailtire** é. Tá sé ard agus tanaí. Tá súile glasa aige, agus tá gruaig liath air. Is duine cliste é.

Múinteoir: Inis dom faoi do mháthair.

Seán: Is bean tí í mo mháthair. Duine beag is ea í, agus tá gruaig dhonn uirthi. Is duine cneasta gealgháireach í.

Múinteoir: An réitíonn tú go maith le do thuismitheoirí?

Seán: De ghnáth réitím go han-mhaith leo. Uaireanta bíonn siad **ródhian** orm, i mo thuairim. Nuair a théim amach le mo chairde bíonn orm bheith sa bhaile go han-luath. Ba mhaith liom níos mó **saoirse**. Ach **seachas** sin réitímid go maith le chéile.

Múinteoir: Inis dom faoi do dheirfiúracha.

Seán: Lasairfhíona agus Máire is ainm dóibh. Is í Lasairfhíona an duine is óige: níl sí ach trí bliana d'aois. Tá sí ag **freastal** ar an **naíonra**. Tá Máire naoi mbliana d'aois, agus tá sí i rang a ceathair sa **bhunscoil**.
Uaireanta cuireann sí isteach orm agus bímid ag argóint faoin teilifís. Is maith léi **cartúin** ach is fearr liomsa cláir spóirt.

Múinteoir: Go raibh maith agat as labhairt liom, a Sheáin. Slán leat.

Seán: Slán agat.

Gluais

inis dom	tell me
beagán	a little bit
ailtire	an architect
dian	strict
saoirse	freedom
seachas	besides, except
freastal ar	attend
naíonra	nursery school, playschool
bunscoil	primary school
cartúin	cartoons

Cleachtadh cainte agus obair bheirte

Cuir na ceisteanna seo a leanas ar an duine in aice leat:

1. Cad is ainm duit?
2. Cén aois thú?
3. Cé mhéad duine atá sa teaghlach?
4. Déan cur síos ar do thuismitheoirí.
5. Déan cur síos ar do dhearthaireacha nó ar do dheirfiúracha.
6. Cad tá á dhéanamh acu? An bhfuil siad ag freastal ar naíonra, ar an mbunscoil, ar an meánscoil, nó ar an ollscoil?
7. An bhfuil siad ag obair?
8. Conas a réitíonn tú le baill eile an teaghlaigh?
9. Déan cur síos ar do chuma.
10. Cén airde tú?
11. Déan cur síos ar phearsantacht an chara is fearr leat.

Mé féin agus mo mhuintir

Céim 5: Moltaí maidir leis an sliocht leanúnach

1. Féach ar phictiúr nó ar cheannteideal a ghabhann leis an léamhthuiscint. B'fhéidir go dtabharfaidh siad sin leid (*a hint*) duit faoi ábhar an tsleachta.
2. Ansin léigh na ceisteanna. Cuir líne faoi na focail is tábhachtaí.
3. Tabhair iarracht ar na focail sin a aimsiú sa téacs. De ghnáth bíonn freagra na ceiste i ngar do na focail sin. Ní gá go mbeadh gach uile fhocal ar eolas agat chun an freagra a aimsiú.
4. Cuir líne faoin mbriathar a úsáidtear sa cheist. De ghnáth ba chóir duit freagra a thabhairt san aimsir chéanna; uaireanta ba chóir duit an briathar céanna a úsáid.

    ⭐ **Mar shampla**   An raibh?—Bhí. / Ní raibh.
    An bhfuil?—Tá. / Níl.
    An dtéann?—Téann. / Ní théann.

5. Tabhair iarracht ar na freagraí a scríobh i d'fhocail féin. Go minic is féidir an freagra a scríobh i d'fhocail féin le cabhair an fhriotail atá sna ceisteanna.
6. Scríobh abairtí gearra díreacha simplí. Seachain abairtí atá rófhada agus casta.
7. Coimeád cóipleabhar amháin i gcomhair do stór focal. Scríobh deich bhfocal nua sa chóipleabhar sin gach lá. Caith deich nóiméad gach oíche ag foghlaim na bhfocal sin. Cabhróidh sin le forbairt do stór focal.

Léamhthuiscint: Siobhán Ní Laoire

Siobhán Ní Laoire is ainm domsa. Táim ceithre bliana déag d'aois. Rugadh mé ar an gcéad lá de mhí na Samhna, 1996. Is as Cluain Meala i gContae Thiobraid Árann dom. Tá seisear sa teaghlach: mé féin, mo mháthair, m'athair, beirt deartháireacha, agus deirfiúr amháin. Is mise an duine is óige, agus is **peata** ceart mé! Táim **millte** ag mo thuismitheoirí, agus is breá liom sin! Tugann siad a lán **airde** agus airgead póca dom. Is duine cineálta cainteach é m'athair. Tá sé ard agus tanaí. Tá súile glasa aige agus tá gruaig liath air, agus caitheann sé spéaclaí. Is altra é. Is duine cainteach cairdiúil í mo mháthair. Tá sí **measartha** ard, agus tá gruaig rua uirthi. Tá súile donna aici, agus tá bricíní uirthi. Tá post aici mar rúnaí sa scoil áitiúil. Réitím go maith le mo thuismitheoirí **i gcoitinne**.

Ruairí agus Micheál is ainm do mo dheartháireacha, agus Deirbhile is ainm do mo dheirfiúr. Is é Ruairí an duine is sine.

Aois na Glóire 3

Tá sé tríocha bliain d'aois, agus tá sé ag obair i **gcomhlacht ríomhairí**. Tá Micheál sé bliana is fiche d'aois, agus tá seisean ag obair mar **chuntasóir**. Tá Deirbhile ocht mbliana déag d'aois, agus tá sí ag freastal ar **Ollscoil na hÉireann**, Baile Átha Cliath. Tá sí ag déanamh staidéir ar Bhéarla agus ar mhatamaitic.

Réitím go maith le mo dhearthaireacha, ach níl cónaí orthu sa bhaile **a thuilleadh**, toisc go bhfuil árasán acu i mBaile Átha Cliath. Tagann Deirbhile abhaile ag an deireadh seachtaine, ach cónaíonn sí i mBaile Átha Cliath i rith na seachtaine. Tá **caidreamh** réasúnta maith eadrainn, ach uaireanta bímid ag argóint má **ghoidim** a **smideadh** nó a cuid éadaigh!

Freagair na ceisteanna seo a leanas:
1. Cén aois í Siobhán?
2. Cén saghas caidrimh atá aici lena tuismitheoirí?
3. Cén saghas duine é a hathair?
4. Cén chuma atá ar a hathair?
5. Cén saghas duine í a máthair?
6. Cén chuma atá ar a máthair?
7. Cad is ainm dá dearthaireacha?
8. Cad tá á dhéanamh ag Micheál?
9. Cad tá á dhéanamh ag Ruairí?
10. Conas a réitíonn Siobhán lena deirfiúr?

Gluais

peata	a pet
millte	spoilt
aird	attention
measartha	moderately, fairly
i gcoitinne	in general
comhlacht ríomhairí	a computer company
cuntasóir	an accountant
ollscoil na hÉireann	the National University of Ireland (NUI)
réitím go maith le …	I get on well with …
a thuilleadh	any more
árasán	a flat, apartment
caidreamh	relationship
goid	steal
smideadh	make-up

Bain úsáid as na focail thíos chun na bearnaí sna habairtí seo a leanas a líonadh:
1. Is mise an duine is _____ den chlann.
2. Is _____ ceart mé.
3. Táim _____ ag mo thuismitheoirí.
4. Is duine _____ _____ í mo mháthair.
5. _____ go maith le mo thuismitheoirí.
6. Tá post ag mo dhearthair i _____ ríomhairí.
7. Tá post ag mo dhearthair eile mar _____.
8. Tá mo dheirfiúr ag _____ ar an ollscoil.
9. Ní chónaíonn mo dhearthair sa bhaile a _____.
10. Tá _____ ag mo dheirfiúr sa chathair.

árasán, réitím, chuntasóir, freastal, thuilleadh, sine, millte, cairdiúil, cainteach, peata, gcomhlacht.

Mé féin agus mo mhuintir

Léamhthuiscint: Pól Mac Carthaigh

Is mise Pól Mac Carthaigh. Táim cúig bliana déag d'aois, agus táim sa dara bliain sa **scoil phobail** áitiúil. Is as Baile Átha Luain dom **ó dhúchas**. Tá seachtar sa teaghlach: mé féin, mo mháthair, m'athair, mo bheirt deirfiúracha, agus mo bheirt deartháireacha. Diarmaid agus Oisín is ainm do mo dheartháireacha, agus Áine agus Éadaoin is ainm do mo dheirfiúracha.

Is **cúpla comhionann** mé féin agus Oisín, agus táimid i lár na clainne. Tá gruaig dhubh orainn, agus tá súile gorma ag an mbeirt againn. Bíonn sé an-**ghreannmhar** ar scoil uaireanta mar ní bhíonn na múinteoirí ábalta **idirdhealú** a dhéanamh eadrainn! Imríonn an bheirt againn sacar agus **cispheil** le **foirne** na scoile. Bímid ag traenáil trí lá sa tseachtain, agus imrímid cluichí ag an deireadh seachtaine go minic.

Is í Áine an duine is sine den chlann. Tá sí trí bliana is fiche d'aois, agus tá sí ag déanamh **céim máistreachta** san eolaíocht in Ollscoil na hÉireann, Corcaigh. Tá Éadaoin ocht mbliana déag d'aois, agus tá sí díreach tar éis an Ardteist a dhéanamh. Tá áthas an domhain uirthi go bhfuil na scrúduithe thart, agus anois **tá sé ar intinn aici** dul ar **thuras domhanda** ar feadh bliana sula dtosaíonn sí ar an ollscoil.

Is é Diarmaid an duine is óige. Tá seisean ocht mbliana d'aois. Caitheann sé **formhór** an ama ina sheomra ag imirt **cluichí ríomhaire**. Is **meicneoir** é m'athair, agus is **altra** í mo mháthair. Réitím go maith leo **ar an iomlán**. Bíonn an-spórt againn um Nollaig agus ar **chóisirí** teaghlaigh, toisc gur teaghlach mór **torannach** muid, agus ní bhíonn aon easpa **diabhlaíochta** ann. Bímid i gcónaí **ag spochadh as** a chéile, ach tá **cion** againn ar a chéile chomh maith.

Gluais

scoil phobail	community school
ó dhúchas	by birth, originally
cúpla comhionann	identical twins
greannmhar	funny
idirdhealú	distinguish
cispheil	basketball
foirne	teams
céim máistreachta	a master's degree
tá sé ar intinn aici	it's her intention
turas domhanda	a trip around the world
formhór	the greater part
cluichí ríomhaire	computer games
meicneoir	a mechanic
altra	a nurse
ar an iomlán	on the whole, in general
cóisir	a party
torannach	noisy
diabhlaíocht	devilment, mischievousness
ag spochadh as	teasing
cion	affection

Aois na Glóire 3

Freagair na ceisteanna seo a leanas:
1. (a) Cad as do Phól? (b) Cé mhéad duine atá sa teaghlach?
2. (a) Cé hé an duine is sine den chlann? (b) Cén t-eolas a thugann sé faoi féin agus faoi Oisín?
3. (a) Cén caitheamh aimsire atá ag Pól? (b) Cad tá á dhéanamh ag Áine?
4. Cén t-alt sa sliocht thuas a dtagraíonn an abairt seo a leanas dó?—
   'Tá Éadaoin ocht mbliana déag d'aois, agus tá sí díreach tar éis an Ardteist a dhéanamh.'
   Alt 1 ☐   Alt 2 ☐   Alt 3 ☐   Alt 4 ☐
5. Cén t-alt sa sliocht thuas a dtagraíonn an abairt seo a leanas dó?—
   'Is cúpla comhionann mé féin agus Oisín, agus táimid i lár na clainne.'
   Alt 1 ☐   Alt 2 ☐   Alt 3 ☐   Alt 4 ☐

Bain úsáid as na focail thíos chun na bearnaí sna habairtí seo a leanas a líonadh:
1. Is _____ é m'athair.
2. _____ go maith le mo thuismitheoirí.
3. Is é Darach an duine is _____ den chlann.
4. Déanaim a lán rudaí éagsúla mar chaitheamh aimsire, ina measc _____ agus _____.
5. Is _____ Luimneach dom ó dhúchas.
6. Tá mo dheirfiúr ag freastal ar an _____.
7. Bíonn mo dhearthair i gcónaí ag _____ asam agus ag cur isteach orm.
8. Bíonn _____ againn gach bliain ar mo lá breithe.
9. Caitheann mo dheirfiúr _____ an ama ina seomra.
10. Imrím sacar le _____ na scoile.

foireann, sine, cóisir, as, formhór, spochadh, ceol, ealaín, ollscoil, réitím, meicneoir.

Céim 6: Achoimre ar an Aimsir Chaite

Féach ar na nótaí ar an Aimsir chaite in aonad 12, leathanach 314.

An Chéad Réimniú

Briathra a bhfuil siolla amháin iontu agus briathra a bhfuil dhá shiolla iontu agus síneadh fada ar an dara siolla atá sa chéad réimniú.

An aimsir chaite

Briathra a bhfuil consan mar thús orthu	Briathra a bhfuil guta mar thús orthu	Briathra a bhfuil f mar thús orthu
séimhiú ar an gconsan	**d'** roimhe	séimhiú ar an **f** agus **d'** roimhe

Mé féin agus mo mhuintir

 Mar shampla

| **gh**lan mé | **d'**ól mé | **d'fh**ág mé |

I gcomhair 'muid' nó 'sinn'—

| Más briathar é a bhfuil consan leathan (consan a bhfuil **a**, **o** nó **u** díreach roimhe) mar chríoch air, cuirimid **–amar** leis | Más briathar é a bhfuil consan caol (consan a bhfuil **i** nó **e** díreach roimhe) mar chríoch air, cuirimid **–eamar** leis |

 Mar shampla

ghlan**amar**	chuir**eamar**
d'ól**amar**	d'éist**eamar**
d'fhág**amar**	d'fhill**eamar**

An saorbhriathar

| Más briathar é a bhfuil consan leathan mar chríoch air, cuirimid **–adh** leis | Más briathar é a bhfuil consan caol mar chríoch air, cuirimid **–eadh** leis |

 Mar shampla

glan**adh**	cuir**eadh**
ól**adh**	éist**eadh**
fág**adh**	fill**eadh**

Ní chuirimid séimhiú ar an saorbhriathar san aimsir chaite, agus ní chuirimid **d'** roimhe.

An fhoirm dhiúltach
(*The negative form*)

Briathra a bhfuil consan mar thús orthu	Briathra a bhfuil guta mar thús orthu
níor + séimhiú	**níor**

 Mar shampla

níor ghlan mé	**níor** ól mé
níor fhan mé	**níor** éist mé

An fhoirm cheisteach
(*The interrogative form*)

Briathra a bhfuil consan mar thús orthu	Briathra a bhfuil guta mar thús orthu
Ar + séimhiú	**ar**

Mar shampla

ar ghlan sé?	**ar** ól sé?
ar fhan tú?	**ar** éist tú?

23

An dara réimniú

Briathra a bhfuil dhá shiolla iontu agus a bhfuil **–igh**, **–il**, **–in**, **–ir** nó **–is** mar chríoch orthu (chomh maith le grúpa beag eile) atá sa dara réimniú.

Briathra a bhfuil consan mar thús orthu	Briathra a bhfuil guta mar thús orthu	Briathra a bhfuil f mar thús orthu
séimhiú ar an gconsan	**d'** roimhe	séimhiú ar an **f** agus **d'** roimhe

⭐ **Mar shampla**

cheannaigh mé	**d'**imigh mé	**d'fh**ill mé

I gcomhair 'muid' nó 'sinn'—

1. Maidir leis na briathra a bhfuil **–igh** nó **–aigh** mar chríoch orthu, bainimid an chríoch sin chun an fhréamh [*the root*] a fháil.

    ⭐ **Mar shampla**   Dúisigh: Is é **dúis–** an fhréamh.

    Ceannaigh: Is é **ceann–** an fhréamh.

2. Maidir leis na briathra a bhfuil **–il** nó **–ail**, **–in** nó **–ain**, **–ir** nó **–air** nó **–is** mar chríoch orthu, bainimid an **i** nó an **ai** chun an fhréamh a fháil.

     Mar shampla   Imir: Is é **imr–** an fhréamh.

    Oscail: Is é **oscl–** an fhréamh.

Ansin—

Más consan leathan é consan deiridh na fréimhe, cuirimid **–aíomar** léi.	Más consan caol é consan deiridh na fréimhe, cuirimid **–íomar** léi.

⭐ **Mar shampla**

d'oscl**aíomar**	d'imr**íomar**
cheann**aíomar**	dhúis**íomar**

An saorbhriathar

Más briathar é a bhfuil consan leathan mar chríoch air, cuirimid **–aíodh** leis	Más briathar é a bhfuil consan caol mar chríoch air, cuirimid **–íodh** leis

 Mar shampla

ceannaíodh	bailíodh
tosaíodh	imíodh
freagraíodh	imríodh

An fhoirm dhiúltach

Briathra a bhfuil consan mar thús orthu	Briathra a bhfuil guta mar thús orthu
níor + séimhiú	**níor**

 Mar shampla

níor cheannaigh mé	**níor** imigh mé

Mé féin agus mo mhuintir

An fhoirm cheisteach

Briathra a bhfuil consan mar thús orthu	Briathra a bhfuil guta mar thús orthu
ar + séimhiú	**ar**

 Mar shampla

ar cheannaigh tú?	**ar** imigh tú?

> **Na briathra neamhrialta**
> Is iad abair, beir, bí, clois, déan, faigh, feic, ith, tabhair, tar agus téigh na briathra neamhrialta. Foghlaim iad ar leathanach 324.

Trialacha teanga comhthéacsúla

Tá dhá chuid sa cheist seo i scrúdú an Teastais Shóisearaigh, agus is fiú 20 marc as 150 marc í ar pháipéar 1.

Baineann cuid A (10 marc) le briathra. Feicfidh tú téacs atá scríofa san aimsir chaite, san aimsir láithreach, san aimsir fháistineach, nó sa mhodh coinníollach, agus beidh ort é a athscríobh in aimsir eile.

Moltaí

1. I gcomhair na ceiste seo ní mór duit staidéar a dhéanamh ar ghramadach na Gaeilge.
   (Féach ar aonad 10.)
2. I gcomhair chuid A, déan staidéar ar na briathra san aimsir chaite, san aimsir láithreach, san aimsir fháistineach, agus sa mhodh coinníollach.
3. Baineann cuid B (10 marc) le gnéithe eile den ghramadach, mar shampla an tuiseal ginideach, uimhreacha, aidiachtaí, réamhfhocail, agus an uimhir uatha agus an uimhir iolra d'ainmfhocail.

Ceist agus freagra samplach

Cuid A

Seo cuntas as dialann Mháire. Ar chúis éigin, scríobh sí an cuntas san aimsir fháistineach. Chuaigh sí siar ar an gcuntas ansin agus chuir sí líne faoi na briathra. Ansin chum sí an cuntas arís san aimsir chaite.

Scríobh an cuntas a chum Máire san aimsir chaite. Is mar seo a thosaigh sí: 'Chuir mé glao ar Aoife . . .'

Cuirfidh mé glao ar Aoife. Iarrfaidh mé uirthi dul go dtí an phictiúrlann liom. Teastóidh uaim *Avatar,* an scannán nua, a fheiceáil. Ceannóidh mé ticéid don scannán ar líne. Rachaimid go dtí an phictiúrlann. Nuair a shroichfimid an phictiúrlann baileoidh mé na ticéid. Ansin ceannóimid deochanna agus milseáin. Féachfaimid ar an scannán ansin. Beidh sé go hiontach. Caithfidh mé spéaclaí trí-D, agus taitneoidh an mhaisíocht go mór liom. Beidh mé caillte i ndomhan eile! Tar éis an scannáin gheobhaimid síob abhaile ó mháthair Aoife.

Aois na Glóire 3

Freagra samplach

Chuir mé glao ar Aoife. D'iarr mé uirthi dul go dtí an phictiúrlann liom. Theastaigh uaim *Avatar*, an scannán nua, a fheiceáil. Cheannaigh mé ticéid don scannán ar líne. Chuamar go dtí an phictiúrlann. Nuair a shroicheamar an phictiúrlann bhailigh mé na ticéid. Ansin cheannaíomar deochanna agus milseáin. D'fhéachamar ar an scannán ansin. Bhí sé go hiontach. Chaith mé spéaclaí trí-D, agus thaitin an mhaisíocht go mór liom. Bhí mé caillte i ndomhan eile! Tar éis an scannáin fuaireamar síob abhaile ó mháthair Aoife.

Féach ar na nótaí ar an aimsir chaite in aonad 12 ar leathanach 314.

Cleachtadh ar thrialacha teanga comhthéacsúla

Cuid A

Seo cuntas as dialann Áine. Scríobh sí an cuntas san aimsir fháistineach. Chuaigh sí siar ar an gcuntas agus chuir sí líne faoi na briathra. Ansin chum sí an cuntas arís san aimsir chaite.

Scríobh an cuntas a chum Áine san aimsir chaite. Is mar seo a thosaigh sí: 'Dhúisigh mé ar a hocht a chlog ar maidin . . .'

<u>Dúiseoidh</u> mé ar a hocht ar chlog ar maidin. <u>Éireoidh</u> mé agus <u>beidh</u> cithfholcadh agam, agus <u>scuabfaidh</u> mé mo chuid fiacla. <u>Cuirfidh</u> mé mo chuid éadaigh orm. Ansin <u>rithfidh</u> mé síos an staighre agus <u>íosfaidh</u> mé mo bhricfeasta. <u>Beidh</u> uibheacha agus tósta agam, agus <u>ólfaidh</u> mé tae. Ansin <u>iarrfaidh</u> mo mháthair orm an bord a ghlanadh. <u>Nífidh</u> mé na gréithe sa doirteal. <u>Fágfaidh</u> mé an teach. <u>Gheobhaidh</u> mé an bus scoile. <u>Sroichfidh</u> mé an scoil ag deich chun a naoi. <u>Tosóidh</u> obair na scoile ag a naoi, agus <u>críochnóidh</u> sí ag a ceathair. <u>Imreoidh</u> mé spórt ar feadh uaire, agus ansin <u>rachaidh</u> mé abhaile. <u>Féachfaidh</u> mé ar an teilifís ar feadh tamaill. Ansin <u>iarrfaidh</u> mo mháthair orm m'obair bhaile a dhéanamh. Ag a deich a chlog <u>beidh</u> tuirse orm agus <u>rachaidh</u> mé a luí.

Cuid B

Is tusa Cáit sa phictiúr thuas. Athscríobh na habairtí seo a leanas leis an bhfocal is oiriúnaí, agus scríobh an leagan cuí de na huimhreacha atá idir lúibíní:

1. Tá (5) _____ sa teaghlach.
2. Táim (5) _____ _____ déag d'aois.
3. _____ altra é m'athair.
4. _____ garda í mo mháthair.
5. Colm is ainm _____ mo dhearthair, agus Caitlín is ainm _____ mo dheirfiúr.
6. Cuireann siad isteach _____ uaireanta.
7. Réitím go maith _____ mo thuismitheoirí.

26

Mé féin agus mo mhuintir

Céim 7: Moltaí maidir leis an aiste

1. I roinn IV ar pháipéar 1 (ceapadóireacht) i scrúdú an Teastais Shóisearaigh beidh rogha agat idir aiste, scéal, díospóireacht, agus alt nuachtáin nó irise.
2. Tá 50 marc ar fáil sa cheist seo. Ní gá níos mó ná leathanach go leith (A4) a scríobh.
3. Tá caighdeán na Gaeilge scríofa an-tábhachtach sa cheist seo. Déan athbhreithniú ar do ghramadach go léir: briathra, réamhfhocail, an tuiseal ginideach, an aidiacht shealbhach, srl. Gabhann a lán marcanna leis an ngramadach sa cheist cheapadóireachta.
4. Ba cheart duit a lán aistí samplacha a ullmhú a bhaineann le téamaí na gcaibidlí go léir sa leabhar seo agus an stór focal a bhaineann leis na hábhair éagsúla a fhoghlaim.
5. Seo thíos roinnt samplaí de theidil aistí. Is é an rud is fearr maidir leis na hábhair seo ná gur féidir leat an stór focal a bhaineann leis na haistí a úsáid sa scrúdú béil freisin agus sa litir.

Ábhair choitianta

Daoine speisialta i do shaol, do cheantar, an scoil agus saol an dalta, an phearsa cheoil is fearr leat, an phearsa spóirt is fearr leat, tábhacht an spóirt i do shaol, tábhacht caitheamh aimsire i do shaol, cluiche a chonaic tú, ceolchoirm a chonaic tú, saoire, an séasúr is fearr leat, an clár teilifíse is fearr leat, an scannán is fearr leat, cúrsaí sláinte.

- Caith cúpla nóiméad ar phlean aiste sula dtosaíonn tú.
- Scríobh amach na pointí is tábhachtaí a dhéanfaidh tú i ngach alt.

Frásaí úsáideacha i gcomhair aistí

ní féidir a shéanadh	it can't be denied
gan amhras / gan aon agó	without a doubt
de ghnáth	usually
uaireanta	sometimes
go minic	often
anois is arís	now and again
caithfidh mé a admháil	I must admit
ar an gcéad dul síos	in the first place
i ndeireadh an lae	'at the end of the day,' when all is said and done
chun an fhírinne a rá	to tell the truth
de dhéanta na fírinne	as a matter of fact
ceapaim go … / measaim go …	I think that …
is dóigh liom	I suppose
is dócha	probably
feictear domsa	it seems to be
is cosúil go … / de réir dealraimh	apparently
is léir go bhfuil …	it's clear that
áfach	however

Aiste shamplach: 'Daoine speisialta i mo shaol'

Plean i gcomhair na haiste

Alt 1:   An tús.
 Mo ghrá do mo thuismitheoirí.
 An tacaíocht a fhaighim uatha.
 An eiseamláir a thugann siad dom.

Alt 2:   Samplaí den tacaíocht a thugann siad dom.

Alt 3:   Na rudaí cneasta a dhéanann mo mháthair dom.

Alt 4:   Sampla d'eiseamláir a thugann siad dom.

Alt 5:   Críoch agus clabhsúr (*closure, summing up*).

Daoine speisialta i mo shaol

Gan amhras is iad mo thuismitheoirí na daoine is speisialta i mo shaol. Ó tháinig mé ar an saol seo thug siad **tacaíocht** agus grá dom. Múineann siad dom cad tá ceart agus mícheart sa saol agus an tábhacht a bhaineann le **meas** a bheith agam ar dhaoine eile. Is daoine **flaithiúla** cneasta iad a thugann **eiseamláir** iontach dom agus do mo dhearthárieacha agus mo dheirfiúracha. **Oibríonn siad go dian** chun aire a thabhairt dá gclann. Déanann siad **íobairtí** ar son a gclainne. Déanann siad gach rud ar a **gcumas** chun gach **deis** agus **áis** a chur ar fáil dúinn.

Tugann mo thuismitheoirí an-chuid tacaíochta dom. Nuair a bhíonn fadhb agam is féidir liom labhairt leo, agus tugann siad an chomhairle cheart dom, toisc go bhfuil taithí acu ar an saol. Anois is arís bíonn argóint againn—nuair a bhím ag iarraidh fanacht amach go déanach san oíche agus rudaí dá leithéid sin. **Ar an iomlán, áfach**, bíonn a fhios agam go bhfuil siad ag iarraidh mé a **chosaint** ó **bhaol** agus mé a choimeád slán. Chomh maith leis sin, nuair a bhíonn deacracht agam le haon ábhar scoile cabhraíonn siad liom m'obair bhaile a dhéanamh.

Ar mo lá breithe **eagraíonn** mo mháthair cóisir dom gach bliain. Tugann sí **cuireadh** do mo chairde go léir agus dár **ngaolta**: m'uncailí, m'aintíní, agus mo chol ceathracha. Bíonn sí i **gcónaí** ag smaoineamh ar dhaoine eile.

Tugann mo thuismitheoirí eiseamláir iontach dúinn. Cabhraíonn siad le seandaoine inár gceantar. Déanann mo mháthair an tsiopadóireacht do sheanbhean atá ina cónaí in aice linn, agus buaileann sí isteach chuici beagnach gach lá chun a **chinntiú** go bhfuil sí **slán sábháilte**. Tá mo thuismitheoirí **araon buartha** faoi fhadhbanna móra an domhain, ar nós **scrios an imshaoil**, **cogadh**, agus **bochtaineacht** san Afraic. Déanann siad **athchúrsáil** sa bhaile.

Mé féin agus mo mhuintir

Téann mo mháthair ar **shiúlóidí urraithe** chun airgead a bhailiú do Thrócaire **ar mhaithe le cúnamh thar lear**.

Is cuid **lárnach** de mo shaol iad mo thuismitheoirí. Níl siad gan locht, agus nílimse **gan locht ach oiread**. Bíonn ár gcuid argóintí againn **ó am go chéile**, agus cuirimid isteach ar a chéile anois is arís. Ach is daoine grámhara cineálta flaithiúla iad a thugann gach rud ar a gcumas dom: tacaíocht, grá, **comhairle**, agus **cairdeas**. Is féidir liom a rá gan aon agó gurb iad na daoine is speisialta i mo shaol.

Gluais

gan amhras	without doubt	a chinntiú	to confirm
tacaíocht	support	slán sábháilte	safe and sound
meas	respect	araon	both
flaithiúil	generous	buartha	worried
eiseamláir	an example	scrios an imshaoil	environmental destruction
oibríonn siad go dian	they work hard	cogadh	war
íobairtí	sacrifices	bochtaineacht	poverty
cumas	ability	athchúrsáil	recycling
deis	opportunity	siúlóidí urraithe	sponsored walks
áis	facility	ar mhaithe le	in support of, in aid of
ar an iomlán	on the whole	cúnamh thar lear	overseas aid
áfach	however	lárnach	central
cosain	defend	gan locht	without fault, perfect
baol	danger	ach oiread	either
eagraigh	organise	ó am go chéile	from time to time
cuireadh	an invitation	comhairle	advice
gaolta	relatives	cairdeas	friendship
i gcónaí	always		

Scríobh aiste faoi na daoine is speisialta i do shaol.

Céim 8: Moltaí maidir leis an litir phearsanta

1. Tá an litir i roinn III ar pháipéar 2 i scrúdú an Teastais Shóisearaigh. Tá 30 marc ar fáil sa cheist seo. Leathleathanach atá ag teastáil.
2. Cloígh leis an méid a iarrtar ort sa cheist. Scríobh idir trí líne agus sé líne ar gach pointe a luaitear sa cheist.
3. Foghlaim frásaí úsáideacha, go háirithe i gcomhair thús agus chríoch na litreach.
4. Foghlaim roinnt seoltaí éagsúla a bhaineann le hÉirinn, leis an tuath, le ceantair Ghaeltachta, le tír thar lear, agus le cathair thar lear.

Leagan amach na litreach

Tá an leagan amach (*layout*) an-tábhachtach.

1. **An seoladh**

   Is mar seo a leagtar amach an seoladh:

35 Ascaill an tSrutháin An Charraig Dhubh Co. Bhaile Átha Cliath	16 Rue de la Seine Páras An Fhrainc
64 Sráid an Chnoic Gaillimh	14 Playa del Museo Málaga An Spáinn
Dún Chaoin Co. Chiarraí	

2. **An dáta**

   Is mar seo a scríobhtar an dáta i litir:

   22 Márta 2011

3. **An beannú**

   Is mar seo a scríobhtar an beannú (*the greeting*) i litir phearsanta:

   A Phádraig, a chara,   A Úna, a chara,   A Mháthair,

4. **Corp na litreach**

   (*The body of the letter*)

5. **Críoch**

   (*Conclusion*)

   Mise do chara,
   Clíona

Mé féin agus mo mhuintir

Frásaí úsáideacha i gcomhair litir phearsanta

Tús na litreach

Cén chaoi a bhfuil tú? / Conas tá tú? / Cad é mar atá tú?	How are you?
Conas tá cúrsaí leatsa?	How are things with you?
Tá súil agam go bhfuil tú féin is do mhuintir i mbarr na sláinte	I hope you and your family are in the best of health
Aon scéal agat?	Any news?
Tabhair mo bheannacht do do mhuintir	Give your family my regards
Cén chaoi a bhfuil cúrsaí sa Spáinn?	How are things in Spain?
Conas tá cúrsaí sa scoil?	How are things in school?
Míle buíochas as do litir	Many thanks for your letter
Is fada ó chuala mé uait	It's been a long time since I heard from you

Corp na litreach

Is beag nár dhearmad mé a rá	I almost forgot to say
Dála an scéil	By the way
Pé scéal é	Anyway
Faoi mar is eol duit	As you know
De ghnáth	Usually
Ar chuala tú faoi …?	Did you hear about …?

Críoch na litreach

Caithfidh mé críochnú anois	I have to finish now
Feicfidh mé thú go luath	I will see you soon
Tá súil agam go bhfeicfidh mé thú go luath	I hope I'll see you soon
Tar ar cuairt chugam go luath	Come and visit me soon
Scríobh chugam go luath	Write soon
Le grá	With love
Slán go fóill	Goodbye for now
Go dtí go gcasfar lena chéile sinn arís	Until we meet again

Aois na Glóire 3

Litir phearsanta

Bhí do lá breithe ann le déanaí. Scríobh litir chuig cara pinn, ag insint dó/di faoin ócáid. I do litir luaigh:

- dáta do lá breithe agus d'aois anois
- dhá rud a rinne tú ar an lá
- an chaoi ar bhain tú taitneamh as an gcóisir
- bronntanas (nó bronntanais) a fuair tú.

Bóthar Eachroma
Béal Átha na Sluaighe
Co. na Gaillimhe

15 Lúnasa 2010

A Michelle, a chara,

Conas atá tú? Tá súil agam go bhfuil tú **i mbarr na sláinte**. **Tabhair mo bheannacht do** do mhuintir.

Inné mo lá breithe, 14 Lúnasa. Táim cúig bliana déag d'aois anois. Ní féidir liom é **a chreidiúint!** Táim ag scríobh chugat chun **na sonraí** go léir a thabhairt duit!

Is é an chéad rud a rinne mé inné ná siúl go dtí an baile mór le m'athair chun bronntanas **a roghnú**. Cheannaigh sé **rothar sléibhe úrnua** dom! Bhí áthas an domhain orm leis sin. Is breá liom rothaíocht, faoi mar is eol duit.

Ina dhiaidh sin bhuaileamar le mo mháthair agus chuamar go dtí an t-ollmhargadh chun bia agus deochanna a cheannach i gcomhair na cóisire.

D'ullmhaigh mise agus mo thuismitheoirí an bia, agus bhí rogha iontach againn: píotsa, borgairí, sceallóga, ispíní, ceapairí, agus mar sin de. Bhí m'athair tar éis cáca seacláide a dhéanamh freisin, agus bhí sé **thar a bheith** blasta.

Tháinig mo chairde go léir agus roinnt **gaolta** chomh maith, ina measc mo chol ceathracha atá **ar comhaois** liom. Bhí Fionn, cara liom, ag seinm ar an ngiotár ar feadh tamaill agus ina dhiaidh sin ag obair mar DJ ar an iPod.

Fuair mé bronntanais iontacha ó mo chairde, ina measc **dlúthdhioscaí**, **cluichí ríomhaire**, T-léinte, agus DVDanna. Bhí siad thar a bheith **flaithiúil**, agus bhí mé an-sásta liom féin!

Thógamar mórán **grianghraf**, agus beidh mé á gcur suas ar mo shuíomh Bebo más mian leat féachaint orthu.

Scríobh chugam go luath: is fada ó chuala mé uait.

Le meas mór,
Mise do chara,

Séamas

Mé féin agus mo mhuintir

Gluais

i mbarr na sláinte	in the best of health
tabhair mo bheannacht dóibh	give them my regards
a chreidiúint	to believe
na sonraí	the details
a roghnú	to choose
rothar sléibhe	a mountain bike
úrnua	brand-new
ullmhaigh	prepare
thar a bheith	more than
gaolta	relatives
ar comhaois	of the same age
dlúthdhioscaí	CDs
cluichí ríomhaire	computer games
flaithiúil	generous
grianghraif	photographs

Obair Bhaile

- Tá cara pinn nua agat. Scríobh litir chuige, ag insint dó fút féin agus faoin teaghlach.
  I do litir luaigh:
  - do chuma
  - do mhuintir
  - conas a réitíonn tú le do mhuintir
  - an caitheamh aimsire a thaitníonn leat.
- Fuair tú bronntanas ar leith le déanaí. Scríobh litir chuig do chara faoi. I do litir luaigh:
  - an fáth a bhfuair tú an bronntanas
  - an saghas bronntanais a fuair tú
  - dhá phointe faoin duine nó (na daoine) a thug an bronntanas duit
  - pointe amháin eile i dtaobh na hócáide.

Céim 9: Moltaí maidir leis an scéal

Scéal nó eachtra

- Is leor leathanach go leith a scríobh.
- Tá 50 marc ar fáil sa cheist seo ar pháipéar 1 i scrúdú an Teastais Shóisearaigh. Beidh rogha agat idir (A) aiste, (B) scéal nó eachtra, (C) díospóireacht nó óráid, agus (D) alt.
- Tá an aimsir chaite an-tábhachtach i scríobh an scéil nó na heachtra. Scríobhtar an scéal san aimsir chaite de ghnáth.
- Foghlaim frásaí úsáideacha a bheadh oiriúnach i scéal ar bith. (Féach ar an liosta thíos.)
- Léirigh an stór focal atá agat.
- Leag amach plean garbh ar pháipéar ar dtús a chuimsíonn tús an scéil, an ghné den scéal a bheidh i ngach alt, agus an chríoch. Scríobh síos na focail is tábhachtaí a bheidh á n-úsáid agat.
- Foghlaim conas mothúcháin a chur in iúl.
- Déan cur síos ar shonraí an scéil: conas a bhraith tú, cad a chonaic tú, cad a chuala tú, an saghas bolaidh a bhí ann, agus mar sin de.

Frásaí úsáideacha i gcomhair scéil nó eachtra

Tús an scéil

Lá álainn samhraidh a bhí ann	It was a beautiful summer's day
Lá fuar geimhridh a bhí ann	It was a cold winter's day
Oíche dhubh dhorcha a bhí ann	It was a pitch-black night
Oíche stoirmiúil ghaofar a bhí ann	It was a stormy, windy night
Ní dhéanfaidh mé dearmad ar an lá sin go deo	I will never forget that day

Frásaí úsáideacha i gcomhair scéil

Ní raibh duine ná deoraí le feiceáil	There wasn't a sinner to be seen
Gan choinne	Unexpectedly
Go tobann	Suddenly
Ar dtús	At first
Go gairid ina dhiaidh sin	Shortly after that
Chuaigh mé sa seans	I took a chance
Bhí mé in éadóchas	I was in despair
Baineadh geit asam	I got a fright
Thug mé faoi deara go raibh . . .	I noticed that . . .
Bhéic mé in ard mo ghutha / in ard mo chinn	I shouted at the top of my voice
Ghabh mé buíochas leis	I thanked him
Bhris an fuarallas amach tríom	I broke out in a cold sweat
Ní raibh gíog ná míog asam	There wasn't a sound out of me
Faoi dheireadh thiar / Ar deireadh thiar	At long last
Tháinig líonrith orm	I panicked
Mar bharr ar an donas	To make matters worse
Faraor	Alas
Ar ámharaí an tsaoil	Luckily, as luck would have it
Bhí mé gan mheabhair	I was unconscious
Thit sé ina chnap / Thit sé de phleist	He fell in a heap
Idir an dá linn	In the meantime
Diaidh ar ndiaidh	Gradually
Ar ndóigh / Dar ndóigh	Of course
Bhí mé slán sábháilte anois	I was safe and sound now
Bhí an chóisir faoi lánseol	The party was in full swing
Ní dhéanfaidh mé dearmad ar an lá sin go deo	I will never forget that day

Mé féin agus mo mhuintir

Mothúcháin

Bhí áthas orm	I was happy
Bhí fearg orm	I was angry
Bhí alltacht orm	I was amazed
Bhí díomá orm	I was disappointed
Bhí ionadh orm	I was surprised
Bhí líonrith orm	I panicked
Bhí eagla / scanradh / faitíos an domhain orm	I was terrified
Bhí brón orm	I was sad
Bhí uaigneas orm	I was lonely
Bhí sé ar buile	He was furious
Bhí mé ar bís	I was on tenterhooks

Focail agus frásaí a bhaineann le timpiste bhóthair

Rith mé amach ar an mbóthar gan féachaint ar dheis nó ar chlé	I ran out into the road without looking left or right
Shleamhnaigh mé ar dhuilleoga fliucha	I slipped on wet leaves
Thit mé ar an talamh	I fell on the ground
Bhí carr / gluaisrothar ag teacht i mbarr a luais	A car / motorbike was coming at top speed
Leagadh go talamh mé, agus bhuail mé mo cheann	I was knocked to the ground, and I hit my head
Bhí mé ag cur fola	I was bleeding
Bhí mé gan mheabhair	I was unconscious
Chuir an tiománaí glao ar otharcharr	The driver called an ambulance
Cuireadh ar shíntéan mé	I was put on a stretcher
Tugadh go dtí an t-ospidéal mé san otharcharr	I was taken to the hospital in the ambulance
Thóg an dochtúir X-gha de mo chos	The doctor took an X-ray of my foot
Bhí mo chos briste / leonta / ata	My leg was broken / sprained / swollen
Bhí pian uafásach i mo cheann agam	I had an awful pain in my head
Thug an dochtúir instealladh dom chun an phian a laghdú	The doctor gave me an injection to reduce the pain
Bhí imní an domhain ar mo thuismitheoirí	My parents were extremely worried

Aois na Glóire 3

Focail agus frásaí a bhaineann le robáil

Bhí mé i m'aonar sa teach	I was on my own in the house
Chuala mé torann aisteach thíos staighre	I heard a strange noise downstairs
Bhí eagla / sceon / sceimhle an domhain orm	I was terrified
Bhí mo chroí ag dul amach as mo bhéal	My heart was in my mouth
Bhí an oíche chomh dubh le pic	The night was pitch-dark
Scread mé in ard mo ghutha / in ard mo chinn	I screamed at the top of my voice
Ní raibh duine ná deoraí le feiceáil	There wasn't a sinner to be seen
Thosaigh mé ag crith le heagla	I began shaking with fear
Chuir mé glao ar na Gardaí	I rang the Gardaí
Chuir an áit drithlíní liom	The place gave me the shivers
Bhí ionróir thíos staighre!	There was an intruder downstairs!
Ní bhfuair mé néal codlata an oíche sin	I didn't get a wink of sleep that night

Focail agus frásaí a bhaineann le dóiteán

Ní dhearmadfaidh mé / Ní dhéanfaidh mé dearmad ar an oíche sin go deo	I will never forget that night
Bhí mé i mo chodladh sámh	I was fast asleep
Dhúisigh mé de phreab	I woke up suddenly
Fuair mé boladh deataigh	I got the smell of smoke
Fuair mé boladh dóite	I got the smell of burning
Le luas lasrach, léim mé as an leaba	With the speed of light I jumped out of bed
Thosaigh mé ag screadach in ard mo ghutha / in ard mo chinn	I began shouting at the top of my voice
Dhúisigh mé mo thuismitheoirí agus mo dheirfiúr	I woke my parents and my sister
Chuir mé glao ar an mbriogáid dóiteáin	I rang the fire brigade
Thosaigh an dóiteán sa seomra suí	The fire began in the sitting-room
Bhíomar inár seasamh taobh amuigh den teach	We were standing outside the house
Bhí gach duine slán sábháilte	Everyone was safe and sound
Bhí an teach dóite go talamh	The house was burnt to the ground
Tháinig na deora le mo shúile	Tears came to my eyes
Ní dhéanfaidh mé dearmad go lá mo bháis ar imeachtaí na hoíche sin	I will never forget the events of that night until my dying day

Críoch an scéil

Mairfidh an chuimhne sin i mo mheon go deo	That memory will last in my mind for ever
D'fhoghlaim mé ceacht tábhachtach an lá sin	I learnt an important lesson that day
Ní dhéanfaidh mé dearmad ar an oíche sin choíche	I will never forget that night
Bíonn an lá sin i gcúl mo mheoin de shíor	That day is always at the back of my mind
Bhíomar go léir slán sábháilte arís	We were all safe and sound again

Mé féin agus mo mhuintir

Scéal

'Ná bac leis an duine sin as seo amach.' Sin é an rud deireanach a dúirt mo thuismitheoirí liom agus mé ar mo shlí amach chuig an dioscó an oíche sin.

Bhí frustrachas an domhain orm. Bhí mo thuismitheoirí i gcónaí ag tabhairt amach faoi Lorcán, agus ní raibh mé ábalta é a thuiscint. Bhí mise agus Lorcán tar éis éirí mór le chéile, agus bhí mé an-cheanúil air. Agus bhí sé chomh dathúil sin! Bhí mo chairde go léir in éad liom toisc go raibh mé chomh cairdiúil leis. Ní raibh mo thuismitheoirí ceanúil air, áfach; ní raibh a fhios agam cén fáth. Is garda é m'athair, agus cheap mé go raibh sé i gcónaí róchosantach orm.

Chuaigh mé amach an doras agus fuair mé síob chuig an dioscó ó Shorcha agus a máthair. Bhí mé ar bís agus mé ag smaoineamh ar an oíche a bhí romhainn. Bheadh gach duine ón scoil ag an dioscó, agus bheadh Lorcán ann freisin. Bhí mé **ag tnúth leis** an oíche. Bhí mo ghúna is fearr á chaitheamh agam agus mo **shála arda**, agus bhí mo ghruaig stílithe go hálainn agam.

Nuair a shroicheamar an dioscó chuaigh mise agus Sorcha isteach. Bhí ár gcairde go léir ann, agus bhí an-spórt againn ag damhsa leis an gceol agus **ag cadráil** le chéile. Ansin chonaic mé Lorcán. Tháinig sé chugam, agus bhíomar ag caint agus ag gáire le chéile.

Nuair a bhí deireadh leis an dioscó bhíomar go léir ag caint lasmuigh den chlub. Bhí mé fós ag caint le Lorcán agus ag baint taitnimh as a **chomhluadar**. Ansin chonaic Lorcán carr de chuid na nGardaí ag stopadh os ár gcomhair ar thaobh an bhóthair. Go tobann tháinig líonrith air. Chuir sé bosca beag i mo lámh. 'Tabhair aire don bhosca sin,' ar seisean, agus rith sé leis **ar nós na gaoithe**. Bhí **ionadh** an domhain orm. Cad a bhí ar siúl?

Nuair a d'imigh sé, d'oscail mé an bosca. Cad a bhí ann ach deich **dtáibléad** ecstasy!

Ní raibh mé ábalta **fianaise mo shúl** a chreidiúint! Ba **mhangaire drugaí** é Lorcán! **Mar bharr air sin**, bhí sé tar éis na drugaí a thabhairt domsa nuair a chonaic sé na gardaí. Bhí sé chomh **leithleach** agus chomh **suarach** sin!

Tháinig na gardaí chugam agus **d'iarr siad orm** dul go stáisiún na nGardaí leo. **Bhí mo chroí ag dul amach as mo bhéal**. Bhí **náire** an domhain orm agus mé ag dul isteach i gcarr na nGardaí **os comhair** gach duine, ach **ní raibh an dara rogha agam**.

Aois na Glóire 3

Nuair a shroicheamar an stáisiún d'inis mé an scéal do na gardaí **ó thús deireadh**. Dúirt siad go raibh Lorcán á leanúint acu **le tamall anuas** agus go raibh a fhios acu go raibh sé ag díol drugaí. Bhí uafás orm!

Ghlaoigh na gardaí ar mo thuismitheoirí chun go dtabharfaidís abhaile mé. Ansin thuig mé an fáth nár thaitin Lorcán le m'athair; ach ní raibh sé ábalta an fáth sin a mhíniú dom ag an am, toisc go raibh na Gardaí **ag coimeád súile** ar Lorcán **go rúnda**.

Ní dhéanfaidh mé dearmad ar an oíche sin go deo!

Gluais

ag tnúth le	longing for, looking forward eagerly to
sála arda	high heels
ag cadráil	gossiping, chattering
comhluadar	company
ar nós na gaoithe	like the wind
ionadh	surprise
táibléid	tablets
fianaise mo shúl	the evidence of my eyes
mangaire drugaí	drug dealer
mar bharr air sin	on top of that
leithleach	selfish
suarach	mean, contemptible
d'iarr siad orm	they asked me
bhí mo chroí ag dul amach as mo bhéal	my heart was in my mouth
náire	embarrassment, shame
os comhair	in front of
ní raibh an dara rogha agam	I had no alternative
ó thús deireadh	from beginning to end
le tamall anuas	for some time
ag coimeád súile ar	keeping an eye on
go rúnda	secretly

Obair Bhaile

Eachtra

Scríobh scéal faoi chóisir a bhí agat i do theach nuair a bhí do thuismitheoirí as baile. Luaigh eachtra a tharla le linn na cóisire.

Céim 10: Athbhreithniú ar Aonad 1

Freagair na ceisteanna seo a leanas:

1. Cad is ainm duit?
2. Cá bhfuil cónaí ort?
3. Cén aois thú?
4. Cad as duit?
5. Cé mhéad duine atá sa teaghlach?
6. Cé hé an duine is óige den chlann?
7. Cé hé an duine is sine den chlann?
8. Cén post atá ag d'athair?
9. Cén post atá ag do mháthair?
10. An réitíonn tú go maith le baill eile an teaghlaigh?

Cuir Gaeilge ar na habairtí seo a leanas:

1. I'm from Limerick.
2. Liam is my name.
3. My surname is Ó Murchú.
4. My father is a garda.
5. My mother is a nurse.
6. I'm fourteen years old.
7. I have two brothers and three sisters.
8. I was born on the 5th of March.
9. I'm the eldest of the family.
10. Máire is the youngest of the family.

Cuir Gaeilge ar na habairtí seo a leanas:

1. Eithne has three brothers.
2. Pádraig is my father's name.
3. Máire is my mother's name.
4. I have two dogs and three cats at home.
5. I was happy yesterday, because it was my birthday.
6. I had a big party at home.
7. All my relatives and friends came to the party.
8. There was a lot of food and drinks, and my cousin worked as the DJ for the night.
9. I got lots of presents, including clothes, computer games, and T-shirts.
10. I sometimes argue with my parents when they don't allow me to go out.

Aonad 2

Mo Cheantar agus mo theach

Céim 1: Cá bhfuil tú i do chónaí? — 42

Céim 2: Logainmneacha — 44

Céim 3: Mo cheantar — 46

Céim 4: Litir phearsanta: 'Lárionad siopadóireachta' — 49

Céim 5: Mo theach — 53

Céim 6: Cleachtadh cainte agus obair bheirte — 59

Céim 7: Moltaí maidir leis an díospóireacht — 63

Céim 8: Achoimre ar an Aimsir Láithreach — 65
Trialacha teanga comhthéacsúla — 67

Céim 9: Moltaí maidir leis an litir fhoirmiúil — 68

Céim 10: Eachtra: 'Robáil' — 71

Céim 11: Athbhreithniú ar Aonad 2 — 72

Féach ar thriail a dó (lch 400)

Aois na Glóire 3

Céim 1: Cá bhfuil tú i do chónaí?

Tabhair faoi deara an aidiacht shealbhach sna habairtí seo a leanas:

Táim i **mo ch**ónaí i gContae Luimnigh.   Táimid in**ár gc**ónaí i gContae Bhaile Átha Cliath.
Tá tú i **do ch**ónaí i gContae Chiarraí.   Tá sibh in **bhur gc**ónaí i gContae Phort Láirge.
Tá sé in**a ch**ónaí i gContae na Gaillimhe.   Tá siad in**a gc**ónaí i gContae Loch Garman.
Tá sí in**a c**ónaí i gContae Dhún na nGall.

Tá dhá shlí eile ann chun an rud céanna a rá.

Cá bhfuil cónaí ort?—Tá cónaí orm i Luimneach.	Cá gcónaíonn tú?—Cónaím i mBaile Átha Cliath.
Tá cónaí ort …	Cónaíonn tú …
Tá cónaí air …	Cónaíonn sé …
Tá cónaí uirthi …	Cónaíonn sí …
Tá cónaí orainn …	Cónaímid …
Tá cónaí oraibh …	Cónaíonn sibh …
Tá cónaí orthu …	Cónaíonn siad …

Frásaí samplacha

Táim i mo chónaí i sráidbhaile	I live in a village
Táim i mo chónaí i mbaile mór	I live in a town
Táim i mo chónaí sa chathair	I live in the city
Táim i mo chónaí i mbruachbhaile	I live in a suburb

Pointe Gramadaí

i   Roimh chonsan: urú   Roimh ghuta: **in**
   ★ **Mar shampla**
   ▸ Baile Átha Cliath – **i mB**aile Átha Cliath   ▸ Ard Mhacha – **in** Ard Mhacha
   ▸ Port Láirge – **i bP**ort Láirge   ▸ Uachtar Ard – **in** Uachtar Ard
   ▸ Gaillimh – **i nG**aillimh   ▸ Inis Córthaidh – **in** Inis Córthaidh

42

Mo cheantar agus mo theach

i + an = sa   Roimh chonsan: séimhiú   Roimh ghuta: **san**
　　　　　　　Roimh **f**: **san** + séimhiú

⭐ **Mar shampla**
- an Caisleán Nua – **sa Ch**aisleán Nua
- an Muileann gCearr – **sa Mh**uileann gCearr
- an Ard Mhór – **san** Ard Mhór
- an Uaimh – **san** Uaimh
- an Fál Mór – **san Fh**ál Mór

i + na = sna   Roimh chonsan　　　Roimh ghuta

⭐ **Mar shampla**
- na Cealla Beaga – **sna** Cealla Beaga
- na Sceirí – **sna** Sceirí
- na hArda – **sna** hArda

NB: I gcás ainmneacha áirithe deirtear **ar** seachas **i**.
⭐ **Mar shampla:** ar an gCeathrú Rua.

Nóta
- Ní féidir séimhiú a chur ar **l**, **n** nó **r** ná ar **sc**, **sm**, **sp** nó **st**.
  ⭐ **Mar shampla:** sa Longfort, sa Nás, sa Spidéal.
- Ní féidir urú a chur ar **l**, **m**, **n**, **r**, ná **s**.
  ⭐ **Mar shampla:** i Luimneach, i Mainistir na Féile, i Ros Comáin, i Sligeach.

Léamhthuiscint: Seosamh Mac Carthaigh

Is mise Seosamh Mac Carthaigh. Táim i mo chónaí i dteach leathscoite in eastát tithíochta i gCluain Meala, Contae Thiobraid Árann. Teach mór compordach is ea é, agus tá gairdín cúil breá agus gairdín tosaigh beag againn. Tá ceithre sheomra codlata, dhá sheomra folctha, seomra suí, seomra bia, cistin agus seomra áise sa teach. Is fearr liomsa mo sheomra féin, toisc go bhfuil mo rudaí pearsanta, mo leabhair agus mo ríomhaire, ann. Tá mórán de mo chairde ina gcónaí san eastát céanna, agus tá an teach i ngar don scoil freisin. Siúlaim ar scoil gach lá, agus tá sin an-áisiúil.

Is breá liom Cluain Meala. Tá a lán áiseanna ann, ina measc bialanna, bainc, lárionad spóirt, ollmhargaí, lárionad siopadóireachta, agus cógaslanna. Is breá liom dul go dtí an lárionad spóirt, áit a n-imrím sacar faoi dhíon agus cispheil, agus téim ag snámh ann freisin.

Freagair na ceisteanna seo a leanas:

1. Cá bhfuil Seosamh ina chónaí?
2. Déan cur síos ar a theach.
3. Cén seomra is fearr leis sa teach?
4. Cad a deir sé faoina chairde?
5. Cén saghas áiseanna atá sa cheantar?
6. Cén caitheamh aimsire atá aige?

Céim 2: Logainmneacha

Léarscáil d'Éirinn agus de na contaetha

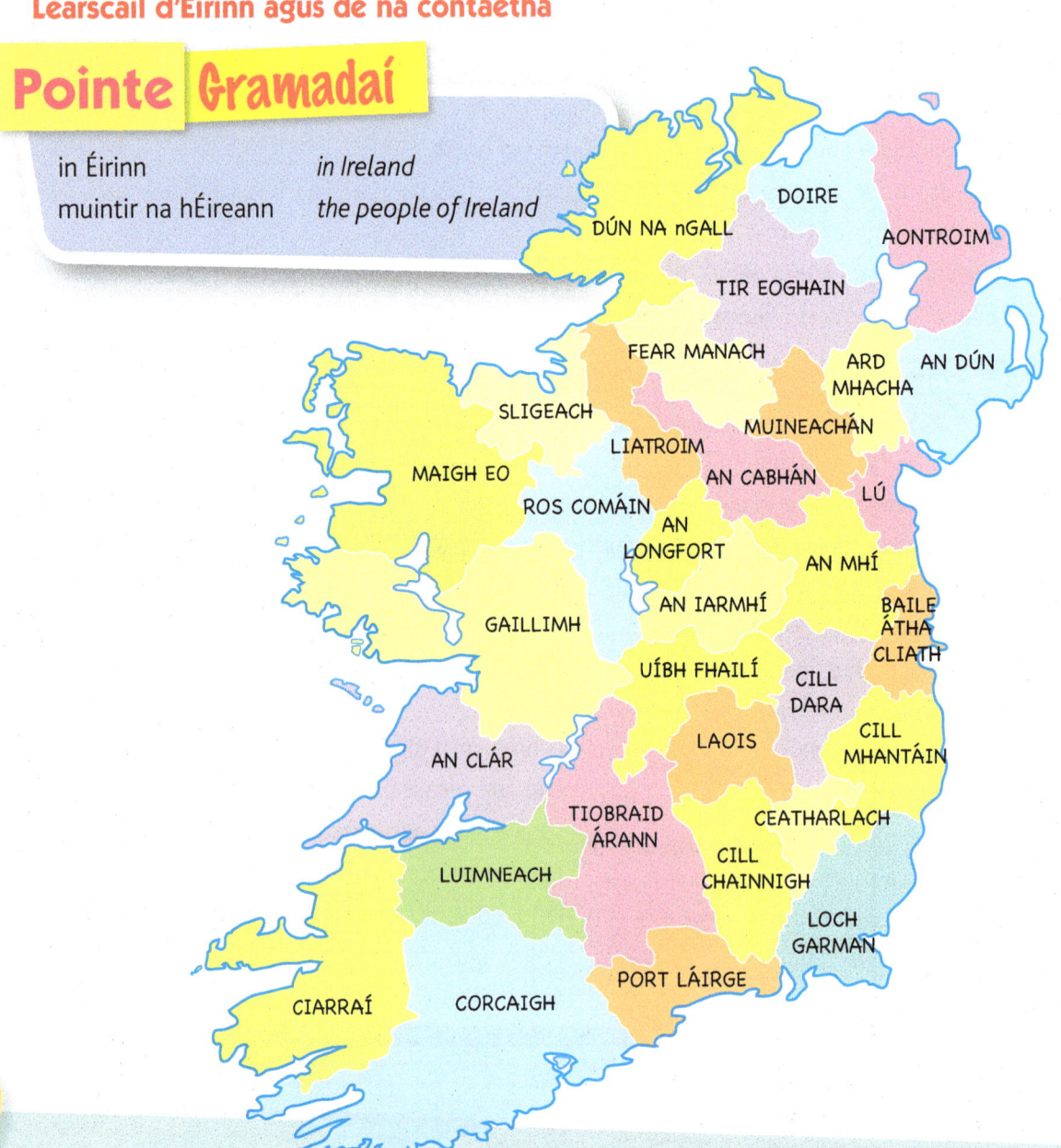

Pointe Gramadaí

in Éirinn	*in Ireland*
muintir na hÉireann	*the people of Ireland*

Counties shown on map:
DÚN NA nGALL, DOIRE, AONTROIM, TIR EOGHAIN, FEAR MANACH, ARD MHACHA, AN DÚN, SLIGEACH, MUINEACHÁN, LIATROIM, MAIGH EO, AN CABHÁN, LÚ, ROS COMÁIN, AN LONGFORT, AN MHÍ, AN IARMHÍ, BAILE ÁTHA CLIATH, GAILLIMH, UÍBH FHAILÍ, CILL DARA, LAOIS, CILL MHANTÁIN, AN CLÁR, CEATHARLACH, TIOBRAID ÁRANN, CILL CHAINNIGH, LUIMNEACH, LOCH GARMAN, PORT LÁIRGE, CIARRAÍ, CORCAIGH

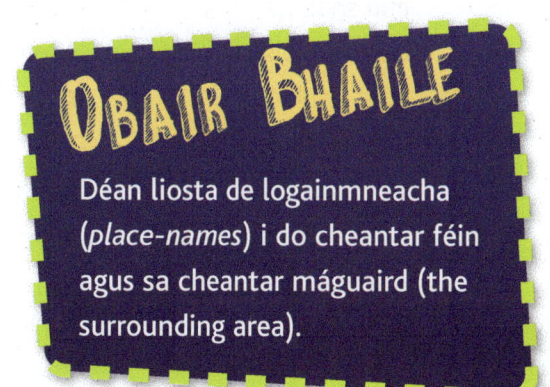

Mo cheantar agus mo theach

Na contaetha

Contae Aontroma	Contae Dhoire	Contae Luimnigh
Contae Ard Mhacha	Contae an Dúin	Contae Mhaigh Eo
Contae Bhaile Átha Cliath	Contae Dhún na nGall	Contae na Mí
Contae an Chabháin	Contae Fhear Manach	Contae Mhuineacháin
Contae Cheatharlach	Contae na Gaillimhe	Contae Phort Láirge
Contae Chiarraí	Contae na hIarmhí	Contae Ros Comáin
Contae Chill Chainnigh	Contae Laoise	Contae Shligigh
Contae Chill Dara	Contae Liatroma	Contae Thiobraid Árann
Contae Chill Mhantáin	Contae Loch Garman	Contae Thír Eoghain
Contae an Chláir	Contae an Longfoirt	Contae Uíbh Fhailí
Contae Chorcaí	Contae Lú	

Na cathracha

Baile Átha Cliath	Corcaigh	Port Láirge	Gaillimh
Béal Feirste	Luimneach	Doire	

Bailte móra (rogha)

Droichead Átha	Ceatharlach	Baile Átha Luain	Caisleán an Bharraigh
Dún Dealgan	Sligeach	Cluain Meala	Béal an Átha
Inis	an Muileann gCearr	Port Laoise	Mala
Trá Lí	Loch Garman	Cill Áirne	
Cill Chainnigh	Leitir Ceanainn	an Tulach Mhór	

Ceantair Ghaeltachta

Contae Dhún na nGall
Rann na Feirste, Gaoth Dobhair, Baile na Finne, Gleann Cholm Cille, Gort an Choirce, Árainn Mhór, Toraigh

Contae Mhaigh Eo
Ceathrú Thaidhg, an Eachléim, Tuar Mhic Éadaigh

Contae na Gaillimhe
An Spidéal, Ros Muc, an Cheathrú Rua, Indreabhán, Ceantar na nOileán, Oileáin Árann

Contae Chiarraí
Dún Chaoin, Baile an Fheirtéaraigh, Fionntrá, Ceann Trá, Baile na Sceilge, Lios Póil, Oileán Dairbhre

Contae Chorcaí
Baile Bhuirne, Cúil Aodha

Contae na Mí
Ráth Cairn

Contae Phort Láirge
an Rinn

Obair Bhaile

Déan liosta de logainmneacha (*place-names*) i do cheantar féin agus sa cheantar máguaird (the surrounding area).

Aois na Glóire 3

Céim 3: Mo cheantar

Focail agus frásaí le foghlaim

Cad is ainm do do cheantar?—An Charraig Dhubh is ainm don cheantar.

Cá bhfuil do cheantar?

Tá mo cheantar—

faoin tuath	in the countryside
sa chathair	in the city
i lár na cathrach	in the city centre
sna bruachbhailte	in the suburbs
ar imeall na cathrach	on the edge of the city
i mbaile mór	in a town
i sráidbhaile	in a village
cois farraige	by the sea

Déan cur síos ar do cheantar

Tá mo cheantar—

ciúin agus suaimhneach	quiet and peaceful
gnóthach agus torannach	busy and noisy
go hálainn	beautiful
iargúlta	remote
gránna	ugly

An bhfuil mórán áiseanna sa cheantar?

Tá a lán áiseanna sa cheantar, ina measc—

lárionad spóirt	a sports centre	lárionad pobail	a community centre
linn snámha	a swimming-pool	oifig phoist	a post office
cúirt leadóige	a tennis court	ollmhargadh	a supermarket
cúirt babhlála	a bowling alley	siopa grósaera	a grocery
club óige	a youth club	siopa nuachtán	a newspaper shop
pictiúrlann	a cinema	siopa éadaí	a clothes shop
amharclann	a theatre	siopa bróg	a shoe shop
músaem / iarsmalann	a museum	siopa crua-earraí	a hardware shop
dánlann / gailearaí ealaíne	an art gallery	cógaslann	a pharmacy
bialanna	restaurants	gruagaire	a hairdresser
caifé idirlín	an internet café	stáisiún garda	a garda station
óstán	a hotel	stáisiún dóiteáin	a fire station
banc	a bank		

46

Mo cheantar agus mo theach

Cleachtadh

Cuir na pictiúir agus na hainmneacha le chéile

A	banc
	gruagaire
	ollmhargadh
	páirc phoiblí
	cógaslann
	oifig phoist
	caifé
	pictiúrlann
	lárionad spóirt
	club óige
	stáisiún Garda
	séipéal

A B C D
E F G H
I J K L

Bialanna

bialann Iodálach	Italian restaurant
bialann Théalannach	Thai restaurant
bialann Indiach	Indian restaurant
bialann ghasta	fast-food restaurant
bialann Shíneach	Chinese restaurant
caifé	café, coffee shop

Siopaí

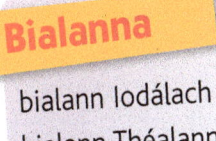

siopa grósaera	grocer's shop, grocery
siopa torthaí agus glasraí	fruit and vegetable shop
siopa búistéara	butcher's shop
ollmhargadh	supermarket
bacús	bakery
siopa nuachtán	newspaper shop
cógaslann	pharmacy (chemist's shop)
siopa crua-earraí	hardware shop
siopa éadaí	clothes shop
siopa ilranna	department store
siopa troscáin	furniture shop
siopa seodóra	jewellery shop
siopa peataí	pet shop
siopa ceardaíochta	craft shop
siopa ceoil	music shop
siopa spóirt	sports shop

47

Aois na Glóire 3

Siopaí

bacús	cógaslann	siopa ceoil
siopa peataí	siopa bróg	siopa grósaera
siopa nuachtán	siopa seodóra	siopa éadaí
siopa ilranna	siopa crua-earraí	siopa ríomhairí

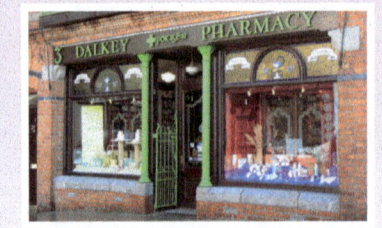

Cleachtadh Scríofa

Freagair na ceisteanna seo a leanas:

1. Cad is ainm do do cheantar?
2. Cá bhfuil sé?
3. An bhfuil mórán áiseanna sa cheantar?
4. An bhfuil an scoil cóngarach do do theach?
5. An bhfuil do chairde ina gcónaí in aice leat?
6. Cén saghas siopaí atá sa cheantar?
7. Cén cineál iompar poiblí atá sa cheantar?
8. Cén saghas bialann atá sa cheantar?

Mo cheantar agus mo theach

Céim 4: Litir phearsanta: Lárionad siopadóireachta

Osclaíodh lárionad siopadóireachta sa cheantar le déanaí. Scríobh litir chuig do chara pinn faoi. I do litir luaigh:

- dhá rud faoi oscailt oifigiúil an lárionaid
- dhá rud is maith leat faoin lárionad
- dhá rud nach maith leat faoi.

22 Páirc Dún Droma
Baile Átha Cliath 14

23 Meán Fómhair 2010

A Shiobhán, a chara,

Cad é mar atá tú? Is fada ó chuala mé uait. Tá súil agam go bhfuil tú féin agus do mhuintir **i mbarr na sláinte**.

Osclaíodh lárionad siopadóireachta nua anseo le déanaí. Is é an lárionad is mó sa tír é, **de réir tuairisce**. D'oscail Ardmhéara Bhaile Átha Cliath an lárionad go hoifigiúil, agus bhí Mundy, an t-amhránaí **cáiliúil**, agus Aslan ag seinm ann. Tugadh amach bia agus deochanna saor in aisce do gach duine a bhí i láthair. Bhain mé an-taitneamh as **an ócáid**.

Is breá liom **raon** na siopaí atá ann. Tá **rogha** iontach siopaí éadaí i gcomhair cailíní ann agus **iliomad** siopa bróg freisin. Chomh maith leis sin tá go leor áiseanna éagsúla ann, ina measc bialanna, **caiféanna**, agus pictiúrlann.

Ceapaim nach bhfuil go leor siopaí éadaí d'fhir ann. Nuair a chuaigh mé ann chun bronntanas a cheannach i gcomhair lá breithe m'athar ní raibh **rogha shásúil** siopaí ann. Níl mórán siopaí ríomhairí ann, ná aon siopa crua-earraí.

Sin í mo nuacht **faoi láthair**! Anois tá mo mháthair ag glaoch orm, agus ní mór dom críochnú.

Scríobh chugam go luath!
Mise do chara,

Maighréad

Gluais

i mbarr na sláinte	in the best of health
de réir tuairisce	reportedly
cáiliúil	famous
an ócáid	the occasion
raon	range
rogha	choice
iliomad	a great number
caiféanna	cafés, coffee shops
sásúil	satisfactory
faoi láthair	at present

49

Eibhlín Ní Loingsigh

Eibhlín Ní Loingsigh is ainm domsa. Táim i mo chónaí i nDún Chaoin, Contae Chiarraí. Ceantar tuaithe is ea é, agus is í an Ghaeilge **príomhtheanga** an phobail ann. Ceantar ciúin **suaimhneach** is ea é. Is ceantar cois farraige é, agus is féidir liom dul ag snámh nó ag **tonnmharcaíocht**. Le linn an tsamhraidh is breá liom dul ag **seoltóireacht** ar na báid a théann ón **mórthír** go dtí an **Blascaod Mór**, atá **os comhair** Dhún Chaoin. Tá an **tírdhreach** go hálainn, agus is breá liom siúl sna sléibhte agus sna páirceanna **máguaird**. Téim ag rothaíocht ar na bóithre go minic. Bíonn an-spórt againn ag **seisiúin cheoil** sa cheantar, toisc go bhfuil a lán **ceoltóirí traidisiúnta** agus **rinceoirí** ina gcónaí anseo. **Is gnách le** daoine amhrán a **chasadh** nó **port** a **sheinm** nó bheith ag damhsa ag na seisiúin sin.

Gluais

phríomhtheanga	principal language
suaimhneach	peaceful
tonnmharcaíocht	surfboarding
seoltóireacht	sailing
an mhórthír	the mainland
an Blascaod Mór	the Great Blasket Island
os comhair	opposite, in front of
tírdhreach	landscape
máguaird	surrounding
seisiúin cheoil	music sessions
ceoltóirí traidisiúnta	traditional musicians
rinceoirí	dancers
is gnách le	it's usual
a chasadh	to sing
port	a tune
seinn	play (an instrument)

Freagair na ceisteanna seo a leanas:

1. Cá bhfuil Eibhlín ina cónaí?
2. Cá bhfuil a ceantar dúchais?
3. Déan cur síos ar an gceantar.
4. Ainmnigh dhá chaitheamh aimsire atá aici.
5. Cad a bhíonn ar siúl sna seisiúin cheoil go minic?

Mo cheantar agus mo theach

Máirtín Ó Flaithearta

Is mise Máirtín Ó Flaithearta. Táim i mo chónaí i Sráid an Chaisleáin i nGaillimh. Tá an tsráid i lár na cathrach, agus is ceantar **fuadrach torannach** é. Ach bíonn atmaisféar iontach i sráideanna na cathrach, mórán **ceoltóirí sráide** ag seinm agus **seoda lámhdhéanta** á ndíol ar na sráideanna freisin. Bíonn a lán féilte ar siúl sa chathair le linn na bliana, ar nós **Féile na nOisrí** i mí Mheán Fómhair. **I mbliana** bhí féile ollmhór ann. **Ghlac** na bannaí agus na ceoltóirí is fearr sa tír **páirt** inti, **ina measc** Aslan, Sharon Shannon, agus Mundy. Bhí comórtas seoltóireachta freisin ann agus báid ó **gach cearn den domhan páirteach** ann. Bíonn Rásaí na Gaillimhe ar siúl ag deireadh mhí Iúil gach bliain, agus bíonn an áit **plódaithe**.

Tá a lán áiseanna sa cheantar: ollmhargadh, lárionad siopadóireachta, lárionad spóirt, siopaí éadaí, siopaí bróg, cógaslanna, tithe tábhairne, bialanna, caiféanna, agus amharclann. Tá formhór na bhfoirgneamh **ildathach** agus **gleoite**, rud a chuireann le **háilleacht** na cathrach. Is breá liom dul go dtí an phictiúrlann nó go dtí an chúirt babhlála ag an deireadh seachtaine le mo chairde. Tá abhainn mhór **i ngar dom** freisin, **mar atá** Abhainn na Gaillimhe ag bun Shráid na Céibhe. Ar an taobh eile den chathair tá Bóthar na Trá, ceantar álainn cois farraige ar féidir le daoine dul ar **siúlóidí** ann.

Gluais

fuadrach	busy
torannach	noisy
ceoltóirí sráide	street musicians
seoda lámhdhéanta	handmade jewellery
féile na noisrí	the oyster festival
i mbliana	this year
ghlac páirt	took part
ina measc	including
gach cearn den domhan	every corner of the world
páirteach	participating, taking part
plódaithe	crowded
ildathach	multicoloured
gleoite	charming, pretty
áilleacht	beauty
i ngar dom	near me
mar atá	namely
siúlóidí	walks

Freagair na ceisteanna seo a leanas:

1. Cá bhfuil Máirtín ina chónaí?
2. Cá bhfuil a cheantar?
3. Cad a bhíonn ar siúl sna sráideanna go minic?
4. Ainmnigh dhá fhéile a bhíonn ar siúl i nGaillimh.
5. Cén saghas áiseanna atá sa cheantar?
6. Cén saghas rudaí a dhéanann sé ag an deireadh seachtaine?

Aois na Glóire 3

Máire Ní Dhúghaill

Máire Ní Dhúghaill is ainm domsa. Táim i mo chónaí i nDún Laoghaire, **baile mór gar do** Bhaile Átha Cliath. Ceantar álainn is ea é, agus is breá liom é. Ceantar cois farraige is ea é, agus is féidir dul ar siúlóidí áille ann in aice na farraige, ó Rinn na Mara go Dún Laoghaire agus ó Dhún Laoghaire go Cuas an Ghainimh. Téann a lán daoine ag siúl ar an **gcé** i nDún Laoghaire freisin. Is breá liom dul ag **seoltóireacht**, agus is **ball** mé de **chlub seoltóireachta**. Chomh maith leis sin is ceantar **áisiúil** é. Tá **seirbhís mhaith iompar poiblí** ann, mórán busanna agus stáisiún DART. Is féidir liom dul go lár na cathrach ar an DART nó ar an mbus. Tá Deilginis agus an Charraig Dhubh **cóngarach dom** freisin. Tá mórán áiseanna i nDún Laoghaire, ina measc bialanna éagsúla (bialanna Iodálacha, bialanna Síneacha, bialann Théalannach, agus bialanna mearbhia), dhá lárionad siopadóireachta, pictiúrlann, amharclann, bainc, caiféanna, agus siopa troscáin. Tá mo chairde ina gcónaí i ngar dom freisin.

Gluais

baile mór	a town
gar do	near
cé	pier
seoltóireacht	sailing
ball	a member
club seoltóireachta	sailing club
áisiúil	convenient
seirbhís mhaith	a good service
iompar poiblí	public transport
cóngarach do	near

Freagair na ceisteanna seo a leanas:

1. Cá bhfuil Máire ina cónaí?
2. Cá bhfuil an ceantar?
3. Cén club ina bhfuil ballraíocht aici?
4. Ainmnigh dhá mhodh taistil atá ar fáil sa cheantar.
5. Cén áit a dtéann daoine ag siúl go minic?
6. Cé na bailte eile a luaitear atá cóngarach do Dhún Laoghaire?
7. Ainmnigh trí shaghas bialainne atá ann.
8. Ainmnigh trí shaghas siopa atá ann.

Cleachtadh Scríofa

Déan tionscadal (*a project*) ar do cheantar. Déan trácht ar chúlra stairiúil an cheantair, conas a fuair an ceantar a ainm, na háiseanna atá ann, an suíomh, agus mar sin de.

Mo cheantar agus mo theach

Céim 5: Mo theach

teach sraithe	teach leathscoite	teach scoite	bungaló
terrace house	*semi-detached house*	*detached house*	*bungalow*

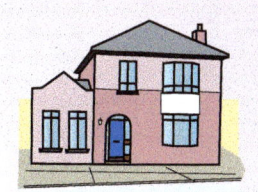

árasán	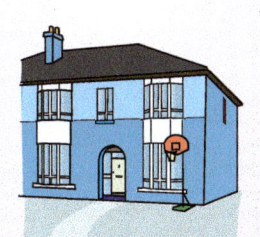 teach dhá urlár	 teach trí urlár
flat, apartment	*two-storey house*	*three-storey house*

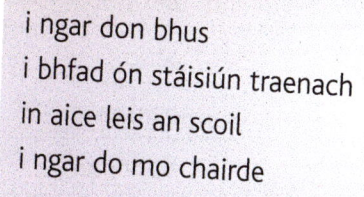

Tá an teach—

in eastát tithíochta — in a housing estate
ar phríomhbhóthar — on a main road
ar thaobh-bhóthar — on a side road
i sráid ghnóthach — in a busy street
i sráid chiúin — in a quiet street
i sráid chaoch — in a cul de sac

Tá an teach—

i ngar don bhus — near the bus
i bhfad ón stáisiún traenach — far from the railway station
in aice leis an scoil — beside the school
i ngar do mo chairde — near my friends

53

Aois na Glóire 3

Na seomraí sa teach

A	cistin	*kitchen*
B	seomra bia	*dining-room*
C	seomra suí	*sitting-room*
D	seomra áise	*utility room*
E	seomra súgartha	*playroom*
F	Seomraí codlata / seomraí leapa	*bedrooms*
G	seomra folctha	*bathroom*
H	áiléar	*attic*
I	garáiste	*garage*
J	gairdín tosaigh	*front garden*
K	gairdín cúil / cúlghairdín	*back garden*

Mo cheantar agus mo theach

An troscán sa seomra suí

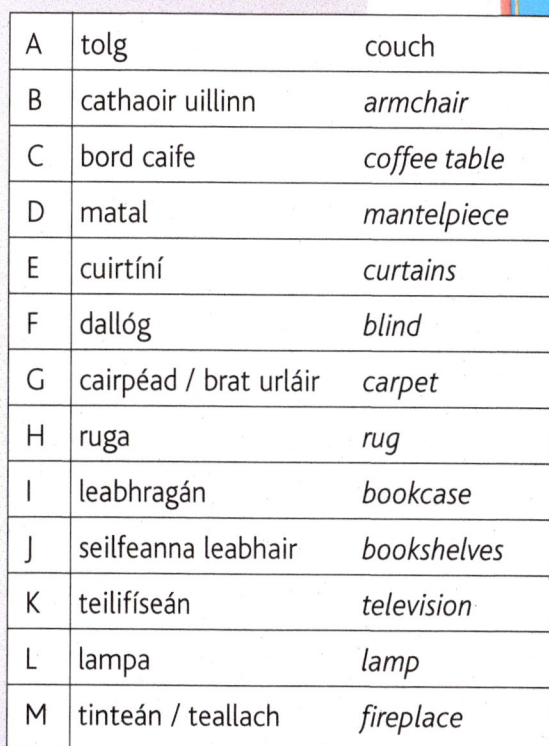

A	tolg	couch
B	cathaoir uillinn	armchair
C	bord caife	coffee table
D	matal	mantelpiece
E	cuirtíní	curtains
F	dallóg	blind
G	cairpéad / brat urláir	carpet
H	ruga	rug
I	leabhragán	bookcase
J	seilfeanna leabhair	bookshelves
K	teilifíseán	television
L	lampa	lamp
M	tinteán / teallach	fireplace

Rudaí a dhéanann tú sa seomra suí

Is breá liom mo scíth a ligean ar an tolg
Féachaim ar an teilifís
Lasann m'athair an tine sa gheimhreadh, agus bímid go breá teolaí

I love to relax on the couch
I watch television
My father lights the fire in the winter, and we are nice and cosy

Cleachtadh Scríofa

Déan cur síos ar an seomra suí sa bhaile, agus cuir ceist ar an duine in aice leat freisin. Déan cur síos ar na rudaí a dhéanann tú sa seomra suí.

Aois na Glóire 3

Trealamh sa chistin

Téarmaí breise

cupán	cup
muga	mug
fochupán / sásar	saucer
pláta	plate
scian, sceana	knife, knives
forc, foirc	fork, forks
spúnóg, spúnóga	spoon, spoons

A	doirteal	sink
B	miasniteoir	dishwasher
C	meaisín níocháin	washing machine
D	oigheann	oven
E	oigheann micreathonnach	microwave oven
F	bruthaire / cócaireán	cooker
G	cófraí	presses, cupboards
H	tarraiceán	drawer
I	gréithe	delph, dishes
J	sceanra	cutlery
K	potaí / sáspain	saucepans
L	triomadóir	dryer
M	cuisneoir	fridge
N	reoiteoir	freezer

Féach ar na nótaí ar an aimsir láithreach in aonad 12, leathanach 328.

Rudaí a dhéanann tú sa chistin

Bím ag cócaireacht sa chistin	I cook in the kitchen
Ullmhaím béilí ann	I prepare meals there
Ithim mo bhéilí sa chistin	I eat my meals in the kitchen
Bíonn comhluadar agus spórt i gcónaí sa chistin	There is always company and fun in the kitchen
Nuair a thagann cuairteoirí, suíonn siad timpeall an bhoird agus ólann siad tae agus caife	When visitors come, they sit around the table and drink tea and coffee

Mo cheantar agus mo theach

Cleachtadh Cainte

Déan cur síos ar an gcistin sa bhaile agus ar na rudaí a dhéanann tú inti. Ansin cuir an cheist chéanna ar an duine in aice leat.

An troscán sa seomra codlata

leaba	bed	tarraiceán	drawer
braillíní	sheets	taisceadán	locker
fannchlúmhán / duivé	duvet	clár maisiúcháin	dressing-table
cuilt	quilt	scáthán	mirror
piliúr	pillow	cuirtíní	curtains
cairpéad / brat urláir	carpet	lampa	lamp
cófra	press, cupboard	aonad ceoil	music centre
vardrús	wardrobe	ríomhaire	computer

Táim in aon seomra le mo dheartháir / mo dheirfiúr
Tá mo sheomra féin agam

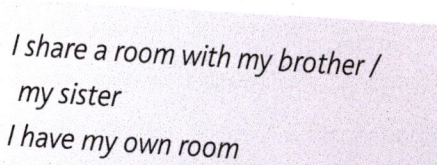

I share a room with my brother / my sister
I have my own room

Cad é an seomra is fearr leat sa teach?

Síle Nic Oisdealbha

Is é mo sheomra codlata féin an seomra is fearr liom. Tá mo rudaí pearsanta go léir ann: mo chuid éadaigh, seoda, smideadh, dlúthcheirníní, ríomhaire glúine, iPod, mo chuid grianghraf, agus eile. Is breá liom an phríobháid a bhíonn agam i mo sheomra féin. Is féidir liom éisteacht le ceol nó labhairt le mo chairde go príobháideach ar an bhfón ann. Is breá liom mo leaba freisin: tá sí an-chompordach! Bhí sé de rath orm gur thug mo thuismitheoirí cead dom na ballaí a phéinteáil mé féin. Anois tá dath corcra ar na ballaí agam—an dath is fearr liom!

Cleachtadh Cainte

Déan cur síos ar do sheomra codlata féin. Cad é an seomra is fearr leat sa teach?

Aois na Glóire 3

An seomra folctha

folcadán	bath
cithfholcadán	shower
báisín níocháin	handbasin
scáthán	mirror
leithreas	toilet

Obair Bhaile
Tarraing pictiúr de do theach, agus déan cur síos ar na seomraí agus ar na gairdíní atá ann.

Obair tí (*Housework*)

Cén obair tí a dhéanann tú?

Déanaim an folúsghlanadh	I do the vacuum-cleaning
Ním na gréithe	I wash the dishes
Scuabaim an t-urlár sa chistin	I sweep the floor in the kitchen
Ním an t-urlár sa chistin	I wash the floor in the kitchen
Líonaim an miasniteoir	I fill the dishwasher
Ním na héadaí	I wash the clothes
Déanaim an iarnáil	I do the ironing
Glanaim mo sheomra féin	I clean my own room
Cóirím na leapacha	I make the beds
Glanaim na seomraí folctha	I clean the bathrooms
Déanann mo mháthair an chócaireacht	My mother does the cooking
Déanann m'athair an gharraíodóireacht, agus cuireann sé an bruscar amach	My father does the gardening, and he puts out the rubbish
Lasann m'athair an tine i rith an gheimhridh, agus glanann sé amach an teallach	My father lights the fire during the winter, and he cleans out the fireplace

Na cúraimí tí is maith leat nó is fuath leat

Is fuath liom an iarnáil	I hate the ironing
Is breá liom cócaireacht	I love cooking
Ní chuireann obair tí isteach orm	Housework doesn't bother me
Ní dhéanann mo dhearthair / mo dheirfiúr faic sa teach	My brother / sister doesn't do a thing in the house
Bímid ag argóint faoin obair tí go minic	We often argue about the housework

Féach ar na nótaí ar an aimsir láithreach in aonad 12, leathanach 328.

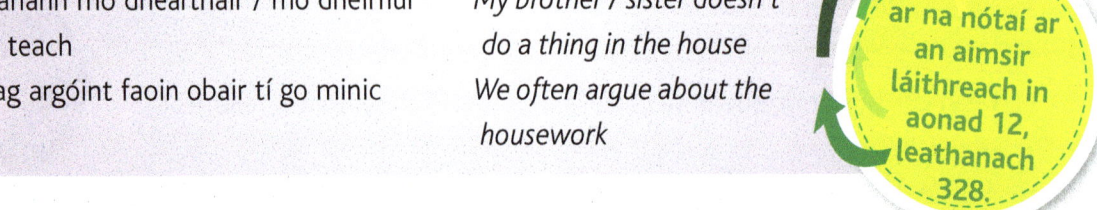

58

Mo cheantar agus mo theach

Céim 6: Cleachtadh cainte agus obair bheirte

Ceisteanna agus freagraí samplacha

Múinteoir: Cá bhfuil tú i do chónaí?

Séamas: Táim i mo chónaí sa Charraig Dhubh i gContae Bhaile Átha Cliath.

Múinteoir: Déan cur síos ar an gceantar.

Séamas: Baile beag deas is ea é idir Baile Átha Cliath agus Dún Laoghaire. Ceantar cois farraige is ea é. Tá sé measartha gnóthach ach tá mo bhóthar féin measartha ciúin.

Múinteoir: Déan cur síos ar na háiseanna sa cheantar.

Séamas: Tá a lán áiseanna ar fáil sa Charraig Dhubh, ina measc dhá lárionad siopadóireachta, mórán ollmhargaí, caifé, bialann Iodálach, bialann Shíneach, bialann Indiach, bialann ghasta, bainc, oifig phoist, gruagairí, siopaí éadaí, siopaí bróg, agus siopa crua-earraí.

Múinteoir: An maith leat an ceantar?

Séamas: Is maith liom é, toisc go bhfuil a lán áiseanna ann. Tá sé áisiúil i gcomhair an DART agus i gcomhair na mbusanna, agus is breá liom an fharraige. Is breá liom dul ag siúl cois farraige nuair a bhíonn an aimsir go deas.

Múinteoir: Inis dom faoi do theach.

Séamas: Is bungaló é. Teach mór compordach is ea é. Tá ceithre sheomra codlata, dhá sheomra folctha, seomra suí, seomra bia, cistin agus grianán ann. Tá a lán plandaí agus bláthanna sa ghairdín freisin.

Múinteoir: Cad é an seomra is fearr leatsa sa teach?

Séamas: Is é an seomra suí an seomra is fearr liom. Tá teilifíseán ann a bhfuil scáileán mór air, agus tá an tolg an-chompordach! Tá an ríomhaire ansin freisin.

Múinteoir: An ndéanann tú mórán obair tí?

Séamas: Ní mór dom a admháil gur fuath liom obair tí; ach cuireann mo thuismitheoirí brú orm í a dhéanamh. Cóirím na leapacha gach lá, glanaim na gréithe tar éis an dinnéir, agus cuirim amach an bruscar. Uaireanta ním na fuinneoga, go háirithe nuair a bhím ag iarraidh airgead póca ó m'athair!

Cleachtadh cainte agus obair bheirte

Cuir na ceisteanna seo a leanas ar an duine in aice leat, agus scríobh na freagraí a bhaineann le d'áit chónaithe i do chóipleabhar:

1. Cá bhfuil tú i do chónaí?
2. Déan cur síos ar do cheantar.
3. Déan cur síos ar na háiseanna i do cheantar.
4. An maith leat do cheantar? Cén fáth?
5. Ainmnigh na modhanna taistil atá ar fáil sa cheantar.
6. Inis dom faoi do theach.
7. Cad é an seomra is fearr leat sa teach?
8. An ndéanann tú mórán obair tí sa teach? Conas a roinneann sibh (*divide*) an obair sa teach?

Aois na Glóire 3

Dráma sa rang

Lig ort gur láithreoir (*presenter*) teilifíse tú agus go bhfuil tú ag cur duine mór le rá faoi agallamh ar an gclár 'MTV Cribs'. Ba chóir don 'láithreoir' agus don 'duine mór le rá' an dráma a léiriú os comhair an ranga. Féach ar na treoracha thíos chun cabhrú libh an dráma a léiriú.

Treoracha
(*Guidelines*)

1. Ar dtús, cuir an duine in aithne don rang, ag lua an fáth a bhfuil cáil air. *Mar shampla:* 'Tháinig mé anseo inniu le MTV chun bualadh le Ronaldo, an peileadóir sacair cáiliúil, agus chun léargas (*insight*) a fháil ar a shaol galánta (*elegant, luxurious*), agus féachaint ar an teach álainn agus ar na gluaisteáin áille atá aige.'
2. Ansin scríobh an comhrá idir tú féin agus an duine agus sibh ag dul timpeall an tí. *Mar shampla:* Ronaldo: 'Is é seo an seomra suí. Roghnaigh mo mháthair an teilifíseán ollmhór sin, agus fuair mé an tolg galánta seo ón Iodáil.'
3. Cuir ceist ar an duine faoin teach atá aige, na seomraí, an troscán i ngach seomra, na gairdíní, nó aon áis ar leith atá sa teach nó lasmuigh de (mar shampla linn snámha, cúirt cispheile, beárbaiciú) agus na gluaisteáin nó gluaisrothair atá aige.

Téarmaí úsáideacha

cuir in aithne	introduce
galánta	elegant, luxurious
seo mo linn snámha	this is my swimming-pool
folcadán	bath
tolg	sofa

Dráma samplach

Mise: Céad fáilte chuig ár scoil, a Ronaldo.

Ronaldo: Go raibh maith agat.

Mise: Táim ag scríobh ailt i gcomhair **iris na scoile** faoi theach na pearsan spóirt is fearr liom, agus roghnaigh mé thusa toisc gur duine de na peileadóirí is fearr ar domhan tú, i mo thuairim. **An miste leat** roinnt ceisteanna a fhreagairt faoi do theach?

Ronaldo: **Ní miste. Abair leat!**

Mise: Inis dom beagán faoin teach.

Ronaldo: Cheannaigh mé an teach mór galánta seo i Maidrid **anuraidh**, toisc go mbím ag traenáil go rialta le Real Madrid, agus dá bhrí sin tá sé an-áisiúil dom. Tá an teach i ngar don staid. Is teach scoite dhá urlár é. Tá geataí móra os comhair an tí chun strainséirí a choimeád amach agus mo **phríobháid** a **chosaint**.

Mo cheantar agus mo theach

Mise: Inis dom faoin **taobh istigh**.

Ronaldo: **Laistigh** tá cúig sheomra codlata, trí sheomra folctha, seomra suí, cistin ollmhór, seomra bia, seomra siamsa, agus íoslach. **Lasmuigh** tá linn snámha mhór agus beárbaiciú deas, toisc go mbíonn an aimsir grianmhar agus te i rith an tsamhraidh **de ghnáth**. Tá gairdín mór agam freisin agus mórán plandaí agus bláthanna éagsúla ann.

Mise: Cad é an seomra is fearr leat sa teach?

Ronaldo: Is é an seomra siamsa an seomra is fearr liom, gan amhras. Is féidir liom am a chaitheamh le mo chairde ann. Imrímid **snúcar** agus cluichí ar na **meaisíní cluiche** ann.

Mise: Inis dom faoin gceantar seo.

Ronaldo: Is bruachbhaile de Mhaidrid é. Is ceantar gnóthach fuadrach é agus ceantar an-fhaiseanta chomh maith. Tá mórán áiseanna agus **siamsa le fáil** i ngar dom, ar nós bialanna deasa, **tithe tábhairne**, **clubanna oíche**, lárionad spóirt, agus siopaí. Bíonn sé an-áisiúil nuair a **theastaíonn uaim** dul amach le mo chairde.

Mise: Go raibh maith agat as labhairt liom, a Ronaldo.

Ronaldo: Go raibh maith agat féin.

Gluais

iris na scoile	the school magazine	lasmuigh	outside
an miste leat?	do you mind?	de ghnáth	usually
ní miste	I don't mind	snúcar	snooker
abair leat	carry on	meaisíní cluiche	games machines
anuraidh	last year	siamsa	entertainment
staid	stadium	le fáil	to be had, available
príobháid	privacy	tithe tábhairne	pubs
cosain	protect, defend	clubanna oíche	night clubs
an taobh istigh	the inside	teastaíonn uaim	I want
laistigh	Inside		

Obair Bhaile

Alt

Scríobh alt d'iris na scoile bunaithe ar an agallamh thuas.

Cleachtadh Scríofa

Lig ort gur gníomhaire eastáit (*estate agent*) nó ceantálaí (*auctioneer*) tú agus cruthaigh fógra faoi theach álainn.

Aois na Glóire 3

Litir phearsanta

Beidh tú ag aistriú tí leis an teaghlach. Scríobh litir chuig cara leat, ag insint dó faoin aistriú. I do litir luaigh:

- an fáth a bhfuil sibh ag aistriú
- difríocht amháin idir do cheantar nua agus an ceantar ina raibh cónaí oraibh roimhe seo
- gnéithe (*features*) an tí nua
- na comharsana nua.

An Bóthar Buí
Cill na Lochanna
Co. Chorcaí

25 Lúnasa 2010

A Mhuireann, a chara,

Conas atá tú? Tá súil agam go bhfuil tú féin agus do mhuintir i mbarr na sláinte. Is fada ó chuala mé uait!

Táimid tar éis aistriú ó Bhaile Átha Cliath go Cill na Lochanna i gContae Chorcaí, toisc go bhfuair m'athair post nua i monarcha i Mala, an baile mór is gaire dúinn. Sráidbhaile beag is ea Cill na Lochanna, agus tá sé an-éagsúil le Baile Átha Cliath! Ós rud é go bhfuilimid i lár na tuaithe tá a lán áiteanna áille ar féidir liom dul ar shiúlóid iontu, agus tá fothrach seanchaisleáin le feiceáil fós ar imeall an bhaile.

Sa sráidbhaile féin tá banc, siopa grósaera, bunscoil, meánscoil, oifig phoist, siopa nuachtán, tithe tábhairne, agus páirc imeartha. Nuair a bhíonn fonn orm dul go dtí an phictiúrlann is féidir liom dul go Mala, áit a bhfuil níos mó siopaí, scoil aisteoireachta agus damhsa, agus bialanna deasa.

Tá an teach nua i bhfad níos mó ná ár seanteach sa chathair, agus tá i bhfad níos mó fairsinge againn. Tá cúig sheomra codlata, trí sheomra folctha, seomra suí ollmhór, seomra bia, cistin, grianán, seomra súgartha agus seomra áise ann. Tá cúlghairdín mór againn freisin agus mórán bláthanna agus plandaí ann, chomh maith le luascán agus sleamhnán—rud a choimeádann Dónall Óg sona sásta!

Tá ár gcomharsana béal dorais an-chairdiúil. Tá beirt mhac acu agus iníon amháin atá ar comhaois liomsa. Siobhán is ainm di, agus tá sí fáilteach agus cainteach. Beidh mé ag tosú sa mheánscoil áitiúil go luath. Beidh mé neirbhíseach!

Ní mór dom críochnú anois. Caithfidh tú cuairt a thabhairt orm go luath!

Mise do chara,

Áine

Mo cheantar agus mo theach

Céim 7: Moltaí maidir leis an díospóireacht

- Tá an díospóireacht i roinn IV ar pháipéar 1 i scrúdú an Teastais Shóisearaigh.
- Tá 50 marc ar fáil sa cheist seo.
- Beidh rogha agat sa cheist seo idir aiste, scéal, alt nuachtáin, agus díospóireacht.
- Bain úsáid as an tús ceart, mar atá thíos. Abair cén rún a bheidh á phlé agat.

An tús

'A chathaoirligh, a mholtóirí, a lucht an fhreasúra, agus a chomhdhaltaí, is mise . . . agus is mian liom labhairt ar son / in aghaidh an rúin . . .'

Sula dtosaíonn tú ag scríobh, leag amach plean de na pointí a dhéanfaidh tú i ngach alt.

Táim ar son an rúin	I'm in favour of the motion
Táim in aghaidh an rúin	I'm against the motion
Aontaím leis an rún go huile is go hiomlán	I agree with the motion completely
Ní aontaím leis an rún	I disagree with the motion

Bain úsáid as na frásaí seo a leanas chun ligean ort go bhfuil tú i ndíospóireacht:

Dúirt lucht an fhreasúra	The opposition said
Mhaígh lucht an fhreasúra	The opposition claimed
Tá súil agam go n-aontóidh sibh liom nuair a deirim . . .	I hope you will agree with me when I say . . .
Ar an gcéad dul síos	In the first place
Chomh maith leis sin	In addition
Ní féidir a shéanadh	It cannot be denied
Chun an fhírinne a rá	To tell the truth
Mar chríoch / Mar fhocal scoir	Finally, to conclude

Plean i gcomhair díospóireachta bunaithe ar an rún 'Tá saol na tuaithe níos fearr ná saol na cathrach'. Tá tú i gcoinne an rúin.

Alt 1: An tús.
Alt 2: Pléigh na modhanna taistil atá sa chathair, agus abair go bhfuil siad níos fearr.
Alt 3: Pléigh na háiseanna atá sa chathair agus an siamsa atá ar fáil nach bhfuil ar fáil faoin tuath.

Aois na Glóire 3

Alt 4: Pléigh raon na scoileanna agus raon na bpost atá ar fáil sa chathair.

Alt 5: Déan tagairt d'argóintí an fhreasúra agus séan iad. Mar shampla, luaigh go ndéantar coireanna faoin tuath mar a dhéantar sa chathair.

Alt 6: Déan achoimre ar na pointí go léir a luaigh tú.

Díospóireacht shamplach
Tá saol na tuaithe níos fearr ná saol na cathrach

A chathaoirigh, a mholtóirí, a lucht an fhreasúra, agus a chomhdhaltaí, is mise Dáithí Ó Loingsigh agus is mian liom labhairt ar son an rúin 'Tá saol na tuaithe níos fearr ná saol na cathrach.'

I dtosach báire, **luafaidh** mé na **modhanna iompair** atá ar fáil sa chathair, atá i bhfad níos fearr ná na modhanna iompair atá ar fáil faoin tuath. Táimidne, daltaí scoile, ró-óg chun **ceadúnas tiomána** a fháil, agus dá bhrí sin táimid go léir **ag brath ar** an gcóras iompair poiblí nó ar **shíob** ónár dtuismitheoirí. Sa chathair tá **raon leathan** modhanna iompair ar fáil, mar atá busanna, tramanna, agus an DART. Faoin tuath níl an córas iompair go maith, agus bíonn daoine óga ag brath go hiomlán ar shíob óna dtuismitheoirí, rud a **laghdaíonn** ar a **neamhspleáchas**.

Chomh maith leis sin tá raon na n-áiseanna agus raon an tsiamsa i bhfad níos fearr sa chathair. Sa chathair tá raon iontach bialann, caiféanna, amharclann, dánlann, pictiúrlann, lárionad siopadóireachta, lárionad spóirt, agus mar sin de. Faoin tuath ní bhíonn an rogha sin d'áiseanna ar fáil, agus bíonn saol **leadránach** ag daoine óga go minic in áiteanna **iargúlta**.

Dúirt lucht an fhreasúra go bhfuil praghas na dtithe sa chathair agus an **costas maireachtála** sa chathair i bhfad níos airde ná mar atá faoin tuath. Ach is cuma cén costas atá ag baint leo mura bhfuil post agat; agus tá i bhfad níos mó scoileanna, **ollscoileanna** agus post le fáil sa chathair ná mar atá faoin tuath. Ní mór do **mhic léinn** dul go cathair nó go baile mór chun freastal ar ollscoil. Bíonn níos mó **deiseanna fostaíochta** sa chathair. **Ar an ábhar sin**, go minic bíonn ar dhuine ón tuath **aistriú** chun na cathrach chun post a fháil i **gcomhlacht**, i **monarcha**, in oifig, i siopa, nó sa **státseirbhís**.

Dúirt lucht an fhreasúra go bhfuil níos mó **coiriúlachta** sa chathair ná mar atá faoin tuath. Ní aontaím leis sin ar chor ar bith. Má éisteann tú leis an nuacht cloisfidh tú scéalta go minic faoi sheandaoine a **ionsaíodh** ina dteach i gceantair tuaithe. **Ós rud** é nach mbíonn comharsana ina gcónaí cóngarach do roinnt tithe i gceantair tuaithe, agus go mbíonn stáisiún na nGardaí níos faide uathu, b'fhéidir go mbíonn sé níos éasca do ghadaithe briseadh isteach i dteach faoin tuath ná mar atá sé i dtithe sa chathair.

Mo cheantar agus mo theach

Mar fhocal scoir, tá súil agam go n-aontóidh sibh liom go bhfuil níos mó deiseanna, áiseanna, poist, ollscoileanna, siamsa agus modhanna iompair sa chathair ná mar atá faoin tuath. **Dá bhrí sin**, creidim go bhfuil saol na cathrach níos fearr ná saol na tuaithe.

Gluais

luafaidh	will mention	deiseanna fostaíochta	employment opportunities
modhanna iompair	modes of transport		
ceadúnas tiomána	driving licence	ar an ábhar sin	for this reason
ag brath ar	depending on	aistriú	to move
síob	a lift	comhlacht	a company
raon leathan	a wide range	monarcha	a factory
laghdaíonn	reduces	an státseirbhís	the civil service
neamhspleáchas	independence	coir	a crime
leadránach	boring	coiriúlacht	crime (in general)
iargúlta	remote	ionsaíodh	were attacked
an costas maireachtála	the cost of living	ós rud é	given that
ollscoil	university	mar fhocal scoir	in conclusion
mic léinn	students	dá bhrí sin	for this reason

Céim 8: Achoimre ar an Aimsir Láithreach

Féach ar na nótaí in aonad 12, leathanach 328.

An Chéad Réimniú

Briathra a bhfuil siolla amháin iontu agus briathra a bhfuil dhá shiolla iontu agus síneadh fada ar an dara siolla atá sa chéad réimniú.

Is iad na foircinn (*endings*) seo a leanas a chuirimid le briathra an chéad réimniú san aimsir láithreach:

Más consan leathan é consan deiridh an bhriathair	Más consan caol é consan deiridh an bhriathair
–aim	–im
–ann tú	–eann tú
–ann sé / sí	–eann sé / sí
–aimid	–imid
–ann sibh	–eann sibh
–ann siad	–eann siad
–tar (saorbhriathar)	–tear (saorbhriathar)

⭐ **Mar shampla:**

glanaim	coimeádaim	cuirim	tiomáinim
glanann tú	coimeádann tú	cuireann tú	tiomáineann tú
glanann sé / sí	coimeádann sé / sí	cuireann sé / sí	tiomáineann sé / sí
glanaimid	coimeádaimid	cuirimid	tiomáinimid
glanann sibh	coimeádann sibh	cuireann siad	tiomáineann sibh
glanann siad	coimeádann siad	cuireann siad	tiomáineann siad
glantar	coimeádtar	cuirtear	tiomáintear

An fhoirm dhiúltach

Más briathar é a bhfuil consan mar thús air	Más briathar é a bhfuil guta mar thús air
ní + *séimhiú*	**ní**

⭐ **Mar shampla:**

ní ghlanaim	**ní** ólaim

An fhoirm cheisteach

Más briathar é a bhfuil consan mar thús air	Más briathar é a bhfuil guta mar thús air
an + *urú*	**an**

⭐ **Mar shampla:**

an nglanann tú?	**an** ólann tú?

An Dara Réimniú

Briathra a bhfuil dhá shiolla iontu agus a bhfuil **–igh**, **–il**, **–in**, **–ir** nó **–is** mar chríoch orthu (chomh maith le grúpa beag eile) atá sa dara réimniú.

1. Maidir leis na briathra a bhfuil **–igh** nó **–aigh** mar chríoch orthu, bainimid an chríoch sin chun an fhréamh a fháil.
2. Maidir leis na briathra a bhfuil **–il** nó **–ail**, **–in** nó **–ain**, **–ir** nó **–air** nó **–is** mar chríoch orthu, bainimid an **i** nó an **ai** chun an fhréamh a fháil.

Ansin, cuirimid na foircinn seo a leanas leis an bhfréamh san aimsir láithreach:

Más consan leathan é consan deiridh na fréimhe	Más consan caol é consan deiridh na fréimhe
–aím	–ím
–aíonn tú	–íonn tú
–aíonn sé / sí	–íonn sé / sí
–aímid	–ímid
–aíonn sibh	–íonn sibh
–aíonn siad	–íonn siad
–aítear (saorbhriathar)	–ítear (saorbhriathar)

Mo cheantar agus mo theach

⭐ **Mar shampla:**

ceannaím	osclaím	bailím	imrím
ceannaíonn tú	osclaíonn tú	bailíonn tú	imríonn tú
ceannaíonn sé / sí	osclaíonn sé / sí	bailíonn sé / sí	imríonn sé / sí
ceannaímid	osclaímid	bailímid	imrímid
ceannaíonn sibh	osclaíonn sibh	bailíonn sibh	imríonn sibh
ceannaíonn siad	osclaíonn siad	bailíonn siad	imríonn siad
ceannaítear	osclaítear	bailítear	imrítear

An fhoirm dhiúltach

Más briathar é a bhfuil consan mar thús air	Más briathar é a bhfuil guta mar thús air
ní + *séimhiú*	**ní**

⭐ **Mar shampla:**

ní thosaím	**ní** imrím

An fhoirm cheisteach

Más briathar é a bhfuil consan mar thús air	Más briathar é a bhfuil guta mar thús air
an + *urú*	**an**

⭐ **Mar shampla:**

an dtosaíonn sibh?	**an** imríonn sibh?

Féach ar aonad 12 agus foghlaim na briathra neamhrialta ar leathanach 337.

Trialacha teanga comhthéacsúla

Cuid A

Bhí Muireann Ní Raghailligh ag scríobh ailt i gcomhair nuachtáin faoi na fáthanna ar chóir do dhaoine teacht go hÉirinn ar saoire. Ar chúis éigin, chum Muireann an t-alt san aimsir chaite. Bhí uirthi é a athscríobh san aimsir láithreach.

Scríobh an cuntas a chum Muireann san aimsir láithreach. Mar chabhair duit, tá líne faoi na focail a chaithfidh tú a athrú.

<u>Ba</u> <u>thír</u> iontach í seo. <u>Bhí</u> mórán radharc álainn le feiceáil sa tír. <u>Bhí</u> tránna iontacha timpeall na tíre. <u>B'fhéidir</u> le daoine a <u>bhain</u> taitneamh as tonnmharcaíocht, seoltóireacht, iascaireacht nó snámh cuairt a thabhairt ar chósta álainn na tíre. <u>B'fhéidir</u> le daoine <u>ar thaitin</u> siúlóid leo dul ag siúl sna cnoic. <u>B'fhéidir</u> leo dul ag dreapadóireacht sna sléibhte chomh maith. San oíche <u>b'fhéidir</u>

67

Aois na Glóire 3

le daoine <u>ar thaitin</u> bia deas leo dul go dtí na tithe tábhairne fáilteacha. <u>Bhí</u> rogha ollmhór bialann ann a <u>chuir</u> seirbhís iontach ar fáil. <u>Rinne</u> na hóstáin a seacht ndícheall le fáilte Uí Cheallaigh a chur roimh chuairteoirí, agus <u>chuir</u> siad seirbhís den chéad scoth ar fáil dóibh.

Seo cur síos ó Chaitlín ar a ceantar. Athscríobh na habairtí seo, líon na bearnaí leis na focail is oiriúnaí, agus scríobh an leagan ceart de na focail idir lúibíní.

1. Bré is ainm _____ mo cheantar.
2. Táimid in ár gcónaí _____ mbaile mór.
3. Tá mórán (áis) _____ sa cheantar.
4. Is áit (gnóthach) _____ é.
5. Táim i mo chónaí i lár _____.
   (*a*) an bhaile   (*b*) na baile   (*c*) na mbaile
6. Tá mo bhuachaill ina (cónaí) _____ i Seanchill.

Céim 9: Moltaí maidir leis an litir fhoirmiúil

1. Beidh rogha agat i scrúdú an Teastais Shóisearaigh idir trí litir: dhá litir phearsanta agus litir fhoirmiúil.
2. Mar an gcéanna leis an ngnáthlitir, is leor leathleathanach a scríobh, agus is fiú 30 marc sa scrúdú í.
3. De ghnáth beidh tú ag scríobh chuig bainisteoir, comhairleoir, teachta Dála nó eagarthóir nuachtáin, irise nó teilifíse chun gearán a dhéanamh faoi rud éigin nó chun rud áirithe a mholadh.
4. Bíonn téarmaí agus frásaí níos foirmiúla sa litir seo.
5. Seo roinnt téarmaí úsáideacha:

Mo cheantar agus mo theach

Más litir dhiúltach í:

Táim ag scríobh chugat chun gearán a dhéanamh faoi . . .	I am writing to you to complain about . . .
Ní raibh an t-alt / an clár cothrom	The article / programme was not fair
Beidh mé ag súil le leithscéal uait / uaibh	I will expect an apology from you
Is cúis náire é	It is a disgrace
Is oth liom a rá	I regret to say
Dúradh ar an gclár / san alt	It was said on the programme / in the article
Mhaígh an láithreoir / an t-iriseoir / an scríbhneoir . . .	The presenter / journalist / writer claimed . . .
Ní aontaím leis sin ar chor ar bith	I don't agree with that at all
Mar bharr air sin	Furthermore, in addition
Ar an iomlán	On the whole
Ní raibh sé thar moladh beirte	It left a lot to be desired
Bhí an láithreoir / an scríbhneoir drochbhéasach agus ardnósach	The presenter / writer was rude and arrogant

Más litir mholtach í:

Táim ag scríobh chugat chun mo bhuíochas a ghabháil leat as . . .	I am writing to you to thank you for . . .
Cheap mé go raibh an t-alt / an clár cruinn agus inmholta	I thought the article / programme was accurate and praiseworthy
Níl go leor iriseoirí / láithreoirí ann cosúil le . . .	There are not enough journalists / presenters like . . .
Bhí an t-alt / an clár an-suimiúil / an-spéisiúil	The article / programme was very interesting
Mholfainn d'aon duine an t-alt a léamh / féachaint ar an gclár	I would recommend anyone to read the article / watch the programme

Leagan amach na litreach foirmiúla
- Do sheoladh féin
- An dáta
- Seoladh an té a bhfuil tú ag scríobh chuige
- An beannú (*the greeting*)
- Corp na litreach
- An chríoch.

Litir fhoirmiúil shamplach

Tá fearg ort toisc go bhfuil an iomarca bruscair sa pháirc áitiúil agus níl aon duine ag déanamh faic na fríde faoin bhfadhb. Scríobh litir chuig teachta Dála áitiúil ag gearán faoi. I do litir luaigh:

- an áit ina bhfuil an fhadhb
- méid na faidhbe
- cad ba chóir dó a dhéanamh faoi.

24 Bóthar na Trá
Deilginis
Co. Bhaile Átha Cliath

14 Márta 2011

An Comhairleoir Seán de Paor
Halla an Chontae
Bóthar na Mara
Dún Laoghaire
Co. Bhaile Átha Cliath

A chara,

Táim ag scríobh chugat chun gearán a dhéanamh faoi Pháirc Dheilginise agus an **bhail** atá uirthi. Táimse ag freastal ar an meánscoil áitiúil, agus tá an pháirc in aice na scoile. **De ghnáth** is breá liom siúl sa pháirc agus taitneamh a bhaint aisti, ach **le tamall anuas** ní mar sin atá an scéal.

Tá **fadhb an bhruscair** sa pháirc **imithe chun donais** ar fad. Bíonn mórán leanaí ag súgradh sa pháirc i ngar do na **luascáin** agus na **sleamhnáin** lena dtuismitheoirí. **Ligeann** na tuismitheoirí **dóibh** bruscar, páipéar agus plaisteach a chaitheamh i ngach áit. Is cúis náire í sin i mo thuairim, agus ní mór don **chomhairle contae** rud éigin a dhéanamh faoi.

Níl an chomhairle ag déanamh **faic na fríde** faoin bhfadhb, agus tá an pháirc **ag dul in olcais dá bharr**. **Ar an gcéad dul síos** ba chóir don chomhairle **maoir bhruscair** a **fhostú** chun an áit a ghlanadh, ansin níos mó **boscaí bruscair** a chur ar fáil, agus **pionós géar** a **ghearradh** ar aon duine a chaitheann bruscar timpeall na háite. Ba cheart go bhfeicfí feabhas mór ar an bpáirc dá **gcuirfí na beartais** sin **i bhfeidhm**.

Táim ag súil le litir uait go luath faoin gcás seo.
Mise le meas,

Méabh Nic an Bhaird

Gluais

bail	state, condition
de ghnáth	usually
le tamall anuas	recently
fadhb an bhruscair	the litter problem
imithe chun donais	deteriorated
luascáin	swings
sleamhnáin	slides
lig dóibh	allow them
an chomhairle contae	the county council
faic	an iota, the smallest amount
faic na fríde	the tiniest amount
ag dul in olcais	getting worse
dá bharr	as a result
ar an gcéad dul síos	in the first place
maoir bhruscair	litter wardens
a fhostú	to employ
boscaí bruscair	litter bins
pionós géar	a sharp penalty
gearr	impose
a chur i bhfeidhm	to implement
beartais	policies

Mo cheantar agus mo theach

Céim 10: Eachtra

Déan cur síos ar eachtra a tharla nuair bhí tú i d'aonar sa teach oíche amháin.

Robáil

Oíche **stoirmiúil ghaofar** a bhí ann. Bhí mé **i m'aonar** sa teach; bhí mo thuismitheoirí **as baile**, agus bhí mo dheartháir ag fanacht i dteach a charad. Bhí mé **saghas neirbhíseach** sa teach i m'aonar, ach bhí Bran, mo mhadra, in éineacht liom i mo sheomra codlata.

Bhí mé tar éis titim a chodladh nuair a chuala mé torann thíos staighre. Dhúisigh mé **de gheit**. Thosaigh Bran **ag tafann**, agus bhí mé ag crith le heagla. Cé a bhí ann? An raibh **ionróir** thíos staighre? Cad a dhéanfainn?

Go tobann chuala mé duine ag siúl timpeall na cistine. Bhí mo chroí ag dul amach as mo bhéal.

D'éirigh mé as an leaba. Bhí mé ag lorg m'**fhón póca**, ach ansin chuimhnigh mé go raibh sé i mo mhála, thíos staighre! **Bheartaigh mé** ar iarracht a dhéanamh ar **éalú** ón teach. Chuir mé mo chuid éadaigh orm. Chuaigh mé amach ar an **léibheann**. Bhris an **fuarallas** amach tríom. Thóg mé an **bláthchuach** ón mbord ar an léibheann mar uirlis chosanta. B'fhéidir go raibh scian nó gunna fiú ag an ionróir. Bhí **sceon an domhain** orm!

Chuaigh mé síos an staighre go ciúin. Chuala mé an duine ag dul isteach sa seomra suí. Is dócha gur chuala sé mé ag siúl síos an staighre, agus anois bhí sé ag bogadh i dtreo dhoras an tseomra suí. **Bhí líonrith orm**. Nuair a tháinig sé amach as an seomra suí chaith mé an bláthchuach ag a cheann, agus leag mé go talamh é. Thit sé **ina chnap**.

Ansin nuair a chonaic mé aghaidh an fhir ní raibh mé ábalta fianaise mo shúl a chreidiúint. Mo dheartháir a bhí ann! Cheap mé go raibh sé ag fanacht i dteach a charad, ach ba léir gur athraigh sé a intinn. Bhí **aiféala** an domhain orm.

Bhí mo dheartháir **ag magadh fúm** ar feadh míosa faoin eachtra. Ní dhéanfaidh mé dearmad ar an oíche sin go deo!

Gluais

stoirmiúil	stormy
gaofar	windy
i m'aonar	on my own
as baile	away from home
saghas neirbhíseach	rather nervous
de gheit	suddenly
ag tafann	barking
ionróir	an intruder
fón póca	mobile phone
bheartaigh mé	I decided
éalú	to flee, escape
léibheann	landing
fuarallas	a cold sweat
bláthchuach	a vase
sceon an domhain	great terror
bhí líonrith orm	I panicked
ina chnap	in a heap
aiféala	regret
ag magadh fúm	mocking me

71

Céim 11: Athbhreithniú ar Aonad 2

Freagair na ceisteanna seo a leanas:
1. Cá bhfuil tú i do chónaí?
2. An gcónaíonn tú sa chathair, in eastát tithíochta, i sráidbhaile, nó amuigh faoin tuath?
3. Déan cur síos ar an gceantar.
4. An maith leat an ceantar? An bhfuil do chairde ina gcónaí in aice leat?
5. An ceantar áisiúil é? An bhfuil an córas iompair go maith?
6. Déan cur síos ar do theach.
7. Cad é an seomra is fearr leat sa teach?
8. An bhfuil cúlghairdín agat? Déan cur síos air.
9. An fearr leat saol na cathrach nó saol na tuaithe?
10. Cén fáth?

Cuir Gaeilge ar na habairtí seo a leanas:
1. I live in Tralee, County Kerry.
2. Seán lives in Clonmel, County Tipperary.
3. Maighréad lives in Rann na Feirste, County Donegal.
4. My area is remote but beautiful.
5. My area is noisy and busy but convenient.
6. My school is nearby.
7. I live in a housing estate.
8. I prefer city life to country life.
9. There is less pollution and less noise in the country.
10. The community is very close in the country.

Aonad 3

Mo scoil

Céim 1: Mo scoil — 74

Céim 2: Na hábhair scoile — 75

Céim 3: Na háiseanna sa scoil — 77

Céim 4: Léamhthuiscint: 'Muiris Ó Conchúir'; 'Emilia Novak' — 78

Céim 5: Tuairisc scoile — 82

Céim 6: Cleachtadh cainte agus obair bheirte — 83

Céim 7: Achoimre ar an Aimsir Fháistineach — 86
Trialacha teanga comhthéacsúla — 88

Céim 8: Díospóireacht: 'Tá sé níos fearr do dhaltaí éide scoile a chaitheamh'. — 88

Céim 9: Litir phearsanta: 'Scoil nua' — 90

Céim 10: Eachtra: 'Timpiste sa Róimh' — 91

Céim 11: Athbhreithniú ar Aonad 3 — 94

Féach ar thriail a trí (lch 403)

Céim 1: Mo scoil

Focail agus frásaí le foghlaim

Táim ag freastal ar—

mheánscoil	a secondary school
scoil phobail	a community school
scoil chuimsitheach	a comprehensive school
scoil ghairmoideachais	a vocational school
scoil chailíní	a girls' school
scoil bhuachaillí	a boys' school
scoil mheasctha	a mixed school
scoil chónaithe	a boarding school

Pointe Gramadaí

De ghnáth, cuireann **'ar'** séimhiú ar an ainmfhocal a thagann ina dhiaidh (más focal é a bhfuil consan mar thús air).

De ghnáth, cuireann **'ar an'** urú ar an ainmfhocal a thagann ina dhiaidh.

⭐ Mar shampla:
ar **bh**unscoil, ar **mh**eánscoil

⭐ Mar shampla:
ar an **mb**unscoil

- Ní féidir séimhiú a chur ar **l**, **n** nó **r** ná ar **sc**, **sm**, **sp** nó **st**.
- Ní féidir urú a chur ar **l**, **m**, **n**, **r**, ná **s**.

Tá mo dheartháir / mo dheirfiúr ag freastal ar—

naíonra	creche, nursery
bhunscoil	primary school
an ollscoil	university

Daoine sa scoil

dalta, daltaí	pupil, pupils
múinteoir, múinteoirí	teacher, teachers
an príomhoide	the principal
an leas-phríomhoide	the vice-principal
an rúnaí	the secretary
an sparánaí	the bursar
an leabharlannaí	the librarian
daltaí cónaithe	boarders

Mo Scoil

Céim 2: Na hábhair scoile

Gaeilge	Irish
Béarla	English
Matamaitic	Mathematics
Oideachas saoránaíochta, sóisialta, agus polaitiúil (OSSP)	Civic, social and political education (CSPE)
eolas imshaoil agus daoneolas	Environmental and social studies (ESS)
Corpoideachas	Physical education (PE)
Stair	History
Tíreolaíocht	Geography
Tíos / Eacnamaíocht bhaile	Home economics
Fraincis	French
Gearmáinis	German
Iodáilis	Italian
Spáinnis	Spanish
Laidin	Latin
Sean-Ghréigis	Ancient Greek
Léann clasaiceach	Classical studies
Ealaín, ceardaíocht, agus dearadh	Art, craft, and design
Ceol	Music
Eolaíocht	Science
Eolaíocht (in éineacht le staidéar áitiúil)	Science (with local studies)
Teicneolaíocht ábhar (adhmad)	Materials technology (wood)
Miotalóireacht	Metalwork
Grafaic theicniúil	Technical graphics
Teicneolaíocht	Technology
Clóscríobh	Typing
Staidéar gnó	Business studies

Cleachtadh Scríofa

Scríobh do chlár ama i do chóipleabhar agus liosta de na hábhair atá á ndéanamh agat. Sa chlár ama cuir isteach:
- na hábhair
- an t-am a thosaíonn an lá scoile
- an t-am a thosaíonn gach rang
- an t-am a thosaíonn an sos agus am lóin
- an t-am a chríochnaíonn an lá scoile.

75

Aois na Glóire 3

Frásaí úsáideacha

Conas do thuairim faoi na hábhair is maith leat nó nach maith leat a chur in iúl:

Is breá liom / is maith liom matamaitic, mar —

tá sí suimiúil / spéisiúil	it's interesting
tá sí spreagúil	it's inspiring
tá sí dúshlánach	it's challenging
tá sí éasca	it's easy
táim go maith aici	I'm good at it
tá an múinteoir cabhrach / spreagúil	the teacher is helpful / inspiring
táim go maith ag uimhreacha	I'm good with numbers

Is breá liom Gaeilge, mar—

táim go maith ag teangacha	I'm good at languages
is aoibhinn liom fuaim na teanga	I love the sound of the language
is cuid dár n-oidhreacht agus dár bhféiniúlacht í	it's part of our heritage and our identity

Is fuath liom / ní maith liom matamaitic, mar—

tá sí leadránach	it's boring
tá sí ródheacair	it's too difficult
ní maith liom an múinteoir	I don't like the teacher
ní mhíníonn an múinteoir rudaí	the teacher doesn't explain things
nílim go maith aici	I'm not good at it
tá sí leamh	it's dull
nílim go maith ag uimhreacha	I'm not good with numbers

Pointe Gramadaí

Ag comhaireamh

- 1–6: Cuirimid séimhiú ar an bhfocal (más focal é a bhfuil consan mar thús air).
- 7–10: Cuirimid urú ar an bhfocal.

Mo Scoil

Táim ag déanamh staidéir ar—

(aon) ábhar amháin	one subject
dhá ábhar	two subjects
trí ábhar	three subjects
ceithre ábhar	four subjects
cúig ábhar	five subjects
sé ábhar	six subjects
seacht n-ábhar	seven subjects
ocht n-ábhar	eight subjects
naoi n-ábhar	nine subjects
deich n-ábhar	ten subjects
aon ábhar déag	eleven subjects
dhá ábhar déag	twelve subjects

I mo mhála scoile tá—

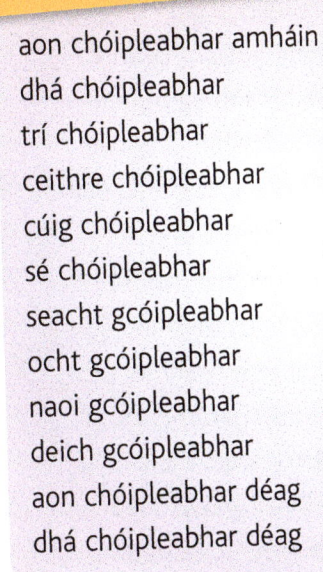

aon chóipleabhar amháin	one copybook
dhá chóipleabhar	two copybooks
trí chóipleabhar	three copybooks
ceithre chóipleabhar	four copybooks
cúig chóipleabhar	five copybooks
sé chóipleabhar	six copybooks
seacht gcóipleabhar	seven copybooks
ocht gcóipleabhar	eight copybooks
naoi gcóipleabhar	nine copybooks
deich gcóipleabhar	ten copybooks
aon chóipleabhar déag	eleven copybooks
dhá chóipleabhar déag	twelve copybooks

Céim 3: Na háiseanna sa scoil

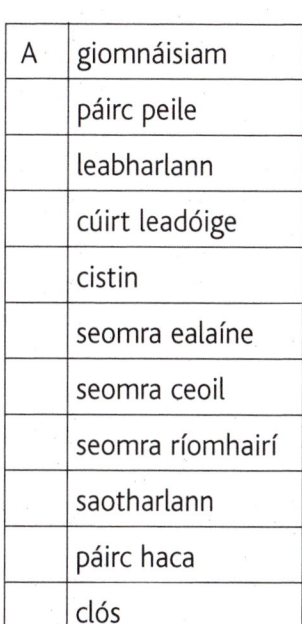

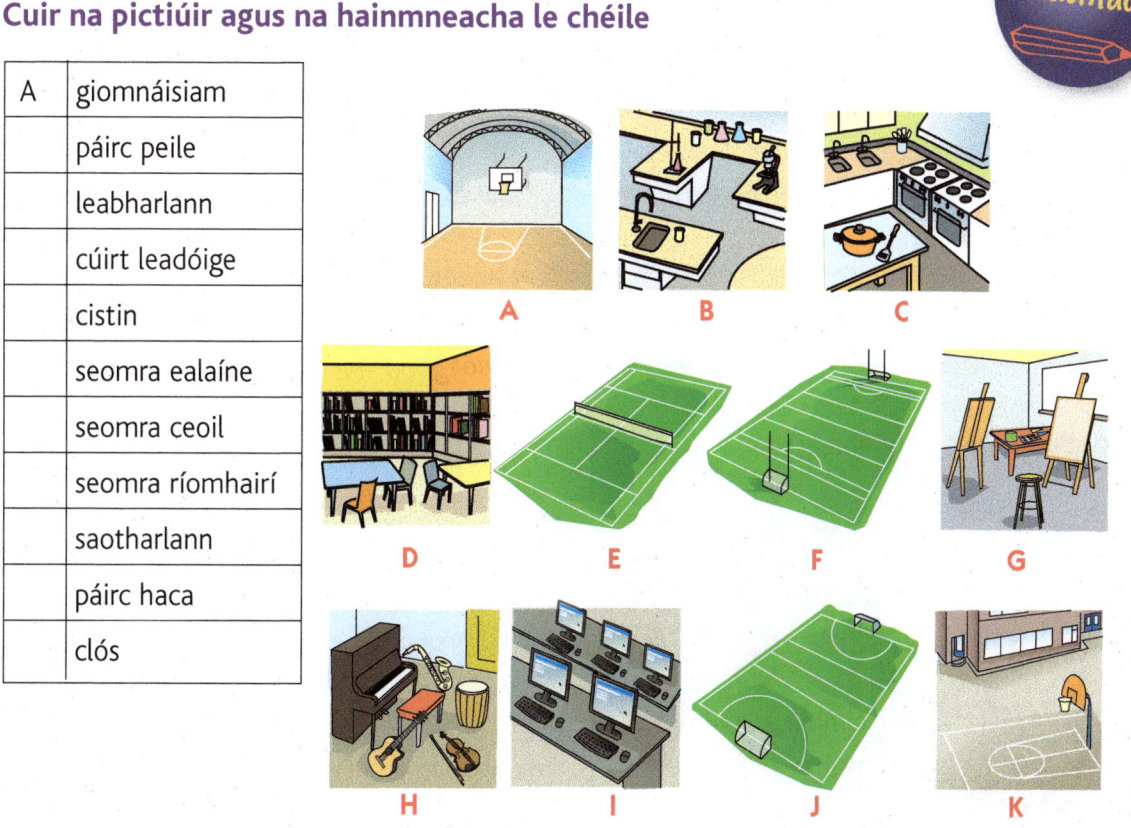

Cleachtadh

Cuir na pictiúir agus na hainmneacha le chéile

A	giomnáisiam
	páirc peile
	leabharlann
	cúirt leadóige
	cistin
	seomra ealaíne
	seomra ceoil
	seomra ríomhairí
	saotharlann
	páirc haca
	clós

A B C
D E F G
H I J K

Céim 4: Léamhthuiscint

Muiris Ó Conchúir

Is mise Muiris Ó Conchúir. Táim ceithre bliana déag d'aois, agus táim ag freastal ar Scoil Phobail na nDéise i nDún Garbhán, Contae Phort Láirge. Tá seacht gcéad dalta ag freastal ar an scoil, agus tá seacht múinteoir is daichead ag obair inti. Táim sa dara bliain faoi láthair, agus táim ag déanamh staidéir ar dheich n-ábhar: Gaeilge, Béarla, Spáinnis, matamaitic, tíreolaíocht, eolaíocht, grafaic theicniúil, ealaín, ceol, agus staidéar gnó. Is breá liom ealaín agus grafaic theicniúil. Táim go maith ag **tarraingt**, agus tá na múinteoirí spreagúil. Ba mhaith liom bheith i m'**ailtire** nuair a fhágaim an scoil. Is fuath liom tíreolaíocht: ceapaim go bhfuil sí leamh agus leadránach.

Tá go leor áiseanna sa scoil, ina measc giomnáisiam, ceithre pháirc imeartha, leabharlann, seomra ealaíne, seomra ceoil, cistin, agus go leor seomraí ranga. Is breá liom spórt, agus tá rogha iontach spóirt le fáil sa scoil. Imrím peil le foireann na scoile, agus is **ball** mé den **fhoireann** cispheile freisin. Bím ag traenáil leis an bhfoireann peile trí huaire sa tseachtain agus leis an bhfoireann cispheile dhá uair sa tseachtain. Imrím cispheil dhá uair sa tseachtain, agus imrímid i gcraobhacha go minic. Anuraidh bhuamar **Craobh na Scoileanna**, agus bhí áthas an domhain orainn.

Is breá liom an t-atmaisféar sa scoil. Tá na daltaí cairdiúil, agus tá na múinteoirí **cabhrach**. Is é mo thuairim ná go bhfuil **an iomarca** rialacha sa scoil, agus tá an **córas smachta dian** go leor. Má bhíonn duine déanach don rang nó don scoil faigheann sé **duillín**, agus má fhaigheann sé trí dhuillín ní mór dó **fanacht siar**! Bhí orm fanacht siar an tseachtain seo caite, agus **ní mó ná sásta** a bhí mo thuismitheoirí faoi sin!

Gluais

tarraingt	drawing
ailtire	an architect
ball	a member
foireann	team
Craobh na Scoileanna	the Schools Championship
cabhrach	helpful
an iomarca	too many
an córas smachta	the discipline system
dian	severe
duillín	a docket
fanacht siar	stay back (in detention)
ní mó ná sásta	not at all pleased

Mo Scoil

Freagair na ceisteanna seo a leanas:
1. Cad is ainm do scoil Mhuiris?
2. Cén saghas scoile í?
3. Cé na hábhair atá á ndéanamh aige?
4. Cé na hábhair a thaitníonn leis?
5. Cén t-ábhar nach dtaitníonn leis?
6. Cad ba mhaith leis a dhéanamh nuair a fhágfaidh sé an scoil?
7. Cén saghas áiseanna atá sa scoil?
8. Cén saghas spóirt a imríonn sé?
9. Cad a deir sé faoi na daoine ar scoil?
10. Cén córas smachta atá sa scoil?

Cuir Gaeilge ar na habairtí seo a leanas:
1. I attend a community school.
2. I play football with the school team.
3. I train three times a week.
4. There are a lot of facilities in the school, including two tennis courts, a hockey pitch, a music room, a laboratory, and an art room.
5. I study ten subjects.
6. I love music, because it's interesting and the teacher is inspiring.
7. The discipline in the school is very strict.
8. I got detention yesterday.
9. The teacher gave me a docket because I was late for class.
10. My mother was not at all pleased about it.

Léamhthuiscint: Emilia Novak

Is mise Emilia Novak. Táim ceithre bliana déag d'aois. Tá cónaí orm i nDurlas, Contae Thiobraid Árann, agus táim ag freastal ar Scoil Fhionnbhairr. Is scoil mheasctha í. **Sílim** go bhfuil scoileanna measctha i bhfad níos fearr ná scoileanna eile, toisc go **n-ullmhaíonn** siad na daltaí don saol tar éis na scoile, nuair a bheidh fir agus mná ag staidéar le chéile ar an ollscoil, ag obair le chéile, agus ag bualadh le chéile ina **saol sóisialta**.

Táim sa dara bliain faoi láthair. D'**aistrigh** mo mhuintir go hÉirinn ón bPolainn nuair a bhí mé ocht mbliana d'aois, agus anois táimid inár gcónaí i nDurlas. Labhraímid **idir Pholainnis agus Bhéarla** sa bhaile, agus táim ag foghlaim Gaeilge, Béarla, Spáinnis agus Fraincis ar scoil. Is breá liom teangacha, agus ba mhaith liom bheith i **m'aistritheoir amach anseo**. Chomh maith leis sin táim ag déanamh staidéir ar mhatamaitic, eolaíocht, staidéar gnó, eacnamaíocht bhaile, tíreolaíocht, agus ealaín. Is breá liom ceol: is féidir liom dearmad a dhéanamh ar gach rud nuair a bhím ag éisteacht le ceol.

Is maith liom an éide scoile. Caithim sciorta glas, geansaí glas, léine bhán, **carbhat** glas, agus stocaí bána. **Is é mo thuairim** go mbíonn sé i bhfad níos éasca ullmhú ar maidin má tá éide scoile agat. **Ní gá** bheith **ag roghnú** éadaí éagsúla gach maidin. Bíonn gach duine **mar a chéile** ar scoil, agus ní bhíonn aon **chomórtas** faisin idir na cailíní dá bharr.

Tá go leor áiseanna spóirt sa scoil, ina measc trí pháirc haca, dhá chúirt leadóige, cúirt cispheile, agus giomnáisiam. Is breá liom spórt, go háirithe leadóg agus haca. Is ball mé d'fhoireann haca na scoile, agus imrím mar thosaí san fhoireann. Bímid ag traenáil dhá uair sa tseachtain, agus **glacaimid páirt** i **sraith na scoileanna** gach bliain. Bíonn an **iomaíocht** géar i gcónaí, ach bhuamar anuraidh, agus bhí áthas an domhain orainn.

Is breá liom an t-atmaisféar sa scoil, toisc go bhfuil gach duine cairdiúil, agus tá mórán cairde nua agam ann.

Gluais

sílim	i think
ullmhaíonn	prepares
saol sóisialta	social life
aistrigh	moved
idir Pholainnis agus Bhéarla	both Polish and English
aistritheoir	a translator
amach anseo	in the future
carbhat	a tie
is é mo thuairim	it's my opinion
ní gá	there's no need
ag roghnú	choosing
mar a chéile	alike, the same
comórtas	competition
glacaimid páirt	we take part
sraith na scoileanna	the schools league
iomaíocht	competition

Mo Scoil

Freagair na ceisteanna seo a leanas:
1. (a) Cad as d'Emilia ó dhúchas? (b) Cá bhfuil sí ina cónaí anois?
2. (a) Cad is ainm dá scoil? (b) Cén saghas scoile í?
3. (a) Déan cur síos ar an éide scoile a chaitheann Emilia. (b) Cé na hábhair a thaitníonn léi?
4. Cén t-alt sa sliocht thuas a dtagraíonn an abairt seo a leanas dó?—

   'Is breá liom teangacha, agus ba mhaith liom bheith i m'aistritheoir amach anseo.'

   Alt 1 ☐   Alt 2 ☐   Alt 3 ☐   Alt 4 ☐   Alt 5 ☐
5. Cén t-alt sa sliocht thuas a dtagraíonn an abairt seo a leanas dó?—

   'Is é mo thuairim go mbíonn sé i bhfad níos éasca ullmhú ar maidin má tá éide scoile agat.'

   Alt 1 ☐   Alt 2 ☐   Alt 3 ☐   Alt 4 ☐   Alt 5 ☐

Bain úsáid as na focail thíos chun na bearnaí sna habairtí seo a leanas a líonadh:
1. Is breá liom m'éide scoile, toisc go mbíonn gach duine _____ ar scoil.
2. Labhraím mórán teangacha, _____, _____ agus _____ ina measc
3. Glacann m'fhoireann haca páirt i _____ na scoileanna gach bliain.
4. Táim ag freastal ar scoil _____.
5. Is breá liom spórt, _____ _____ haca agus cispheil.
6. Bíonn an _____ géar i gcraobh na cispheile gach bliain.
7. Tá a lán áiseanna spóirt sa scoil, ina measc dhá _____, trí _____, agus _____.
8. Tá _____ iontach sa scoil, agus tá na daoine inti cairdiúil.
9. _____ mo mhuintir ón Spáinn go hÉirinn sa bhliain 2009.
10. Is breá liom ealaín, agus déanaim _____ ar gach rud nuair a bhím ag tarraingt.

dearmad, mheasctha, Gaeilge, atmaisféar, iomaíocht, d'aistrigh, Béarla, mar a chéile, go háirithe, Fraincis, sraith, chúirt leadóige, pháirc imeartha, giomnáisiam.

Cleachtadh Cainte

Déanaigí plé ar na buntáistí agus ar na míbhuntáistí a bhaineann le scoileanna éagsúla.

'Cé acu atá níos fearr, scoileanna measctha nó scoileanna do chailíní nó do bhuachaillí amháin?'

Aois na Glóire 3

Caithim (I wear)

sciorta	dubh / liath / corcra / gorm / dúghorm / glas / donn / dearg / breacáin [*tartan*]
briste	liath
léine	ghorm / bhán / liath
blús	bán / bánbhuí
carbhat	stríocach / …
bléasar (*blazer*)	dubh / liath / corcra / …
stocaí	liatha / bána
bróga	dubha / donna

Céim 5: Tuairisc scoile (School report)

Ainm agus sloinne	Cathal Ó Dálaigh	
Dáta	8 Lúnasa 2011	
Ábhar	**Grád**	**Tuairisc an mhúinteora**
OSSP	C	Cuibheasach. D'fhéadfadh Cathal níos mó oibre a dhéanamh.
Matamaitic	E	Bíonn Cathal giodamach agus cainteach sa rang.
Gaeilge	A	Is dalta iontach é Cathal.
Eolaíocht	A	Tá suim iontach ag Cathal san eolaíocht.
Fraincis	B	Go maith.
Tíreolaíocht	D	Níl Cathal ag obair sa rang. Tá sé leisciúil agus díomhaoin.
Béarla	B	Is dalta maith é Cathal.
Staidéar gnó	C	D'fhéadfadh sé níos mó oibre a dhéanamh.
Corpoideachas	A	Tá cumas iontach ag Cathal sa chorpoideachas.
Stair	B	Oibríonn Cathal go dian sa stair.

Frásaí a bhaineann le tuairiscí scoile

D'éirigh liom sa scrúdú	*I passed the exam*	Theip orm sa scrúdú	*I failed the exam*
D'éirigh leat	*You passed*	Theip ort	*You failed*
D'éirigh leis / léi	*He / she passed*	Theip air / uirthi	*He / she failed*
D'éirigh linn	*We passed*	Theip orainn	*We failed*
D'éirigh libh	*You passed*	Theip oraibh	*You failed*
D'éirigh leo	*They passed*	Theip orthu	*They failed*

Mo Scoil

Fuair mé A i matamaitic — I got an A in maths
Fuair mé D i stair — I got a D in history

Cuir Gaeilge ar na habairtí seo a leanas:
1. I was delighted when I passed the exam.
2. I failed maths.
3. At least I got an A in history.
4. My parents are very hard on me.
5. It upset me when I failed French.
6. Tell me a story.
7. Would you mind opening the door for me?
8. The Spanish teacher explains things well.
9. I don't understand science.
10. I have an aptitude for languages.

Céim 6: Cleachtadh cainte agus obair bheirte

Comhrá samplach

Múinteoir: Conas tá tú, a Néill?

Niall: Táim go breá, go raibh maith agat.

Múinteoir: Inis dom beagán faoi do scoil.

Niall: Táim ag freastal ar an scoil phobail áitiúil. Tá seacht gcéad dalta ag freastal uirthi.

Múinteoir: Inis dom faoi na háiseanna atá ann.

Niall: Tá a lán áiseanna sa scoil, mar shampla giomnáisiam, dhá chúirt cispheile, trí pháirc imeartha, seomra ceoil, seomra ealaíne, agus leabharlann. Is breá liom rogha na n-áiseanna spóirt, toisc gur breá liom spórt.

Múinteoir: An imríonn tú spórt ar son na scoile?

Niall: Imrím cispheil le foireann na scoile, agus imrím peil Ghaelach ar son na scoile chomh maith.

Múinteoir: Cé na hábhair atá á ndéanamh agat, agus cad é an t-ábhar is fearr leat?

Niall: Tá deich n-ábhar á ndéanamh agam, **mar atá** Gaeilge, Béarla, matamaitic, Spáinnis, grafaic theicniúil, eolaíocht, ealaín, ceol, Fraincis, agus stair. Is í stair an t-ábhar is fearr liom, toisc go bhfuil sí an-suimiúil, agus tá an múinteoir an-spreagúil.

Múinteoir: An bhfuil aon ábhar ann nach maith leat?

Aois na Glóire 3

Niall: Is fuath liom Fraincis. Tá an **ghramadach** agus an **fuaimniú** an-deacair.

Múinteoir: Déan cur síos ar an éide scoile.

Niall: Caithim bríste liath, geansaí dúghorm, léine liath, carbhat stríocach, agus stocaí bána. Tá sí compordach go leor.

Múinteoir: Cad é an rud is fearr leat faoin scoil?

Niall: Is breá liom an t-atmaisféar cairdiúil agus an spraoi a bhíonn agam le mo chairde ar scoil.

Múinteoir: An bhfuil aon rud ann nach maith leat?

Niall: Ní maith liom an **córas smachta**. Má bhím déanach faighim **duillín**, nó má dhéanaim botún i m'obair bhaile faighim duillín. Má fhaighim trí dhuillín bíonn orm **fanacht siar** tar éis na scoile. Má bhím **giodamach** sa rang bíonn orm fanacht siar. Ní thaitníonn sé sin liom—ach is dócha go bhfuil córas smachta éigin **riachtanach** nó bheadh **rírá** sa scoil!

Múinteoir: Déan cur síos ar ghnáthlá scoile.

Niall: Éirím ar maidin ar a seacht a chlog. Bíonn cithfholcadh agam, cuirim mo chuid éadaigh orm, agus ithim mo bhricfeasta. Faighim an bus scoile ag a hocht a chlog. **Sroichim** an scoil leathuair tar éis a hocht, agus ansin bíonn **tionól** againn. Tosaíonn obair na ranganna ar a naoi, agus bíonn trí rang againn roimh an sos. Maireann na ranganna daichead nóiméad. Bíonn sos fiche nóiméad againn ag a haon déag. Ansin bíonn trí rang eile againn, agus bíonn an lón againn ag fiche tar éis a haon. Críochnaíonn obair na scoile ag a ceathair a chlog. Uaireanta bíonn traenáil agam leis an bhfoireann peile. Maireann an traenáil **uair go leith**. Téim abhaile ar an mbus, agus déanaim m'obair bhaile. Ithim mo dhinnéar ag a seacht a chlog, féachaim ar roinnt sraithchlár nó scannán ar an teilifís. Faoin am sin bíonn tuirse orm, agus téim a luí timpeall leathuair tar éis a deich.

> Tá na briathra san aimsir láithreach an-tábhachtach sa cheist seo. Féach ar na nótaí ar an aimsir láithreach in aonad 12, leathanach 328.

mar atá	*namely*	giodamach	*giddy*
gramadach	*grammar*	riachtanach	*necessary*
fuaimniú	*pronunciation*	rírá	*chaos*
córas smachta	*discipline system*	sroichim	*I reach, arrive*
duillín	*a docket*	tionól	*assembly*
fanacht siar	*stay back (in detention)*	uair go leith	*an hour and a half*

Mo Scoil

Rialacha na scoile

A	Níl cead agat bheith déanach don scoil.	*You are not allowed to be late for school.*
B	Níl cead agat bheith déanach don rang.	*You are not allowed to be late for class.*
C	Níl cead agat smideadh ná seoda a chaitheamh.	*You are not allowed to wear make-up or jewellery.*
D	Níl cead agat bheith drochbhéasach don mhúinteoir.	*You may not be rude to the teacher.*
E	Níl cead agat bheith ag caint sa rang.	*You may not talk in class.*
F	Tá cosc ar thobac sa scoil.	*Cigarettes are forbidden in the school.*
G	Tá cosc ar alcól sa scoil.	*Alcohol is forbidden in the school.*
H	Tá cosc ar dhrugaí sa scoil.	*Drugs are forbidden in the school*

Cuir na ceisteanna seo a leanas ar an duine in aice leat:

1. Inis dom beagán faoi do scoil.
2. Déan cur síos ar na háiseanna atá sa scoil. Cé na háiseanna is mó a úsáideann tú?
3. Cé mhéad ábhar atá á ndéanamh agat?
4. Cad é an t-ábhar is fearr leat, agus cén fáth sin?
5. An bhfuil aon ábhar ann nach maith leat?
6. An gcaitheann tú éide scoile?
7. Déan cur síos ar an éide scoile.
8. Cad é an rud is fearr leat faoin scoil?
9. An bhfuil aon rud ann nach maith leat?
10. Déan cur síos ar ghnáthlá scoile.

Obair Bheirte

Céim 7: Achoimre ar an Aimsir Fháistineach

An Chéad Réimniú

Briathra a bhfuil siolla amháin iontu agus briathra a bhfuil dhá shiolla iontu agus síneadh fada ar an dara siolla atá sa chéad réimniú.

Is iad na foircinn seo a leanas a chuirimid le briathra an chéad réimniú san aimsir fháistineach:

Féach ar na nótaí ar an aimsir fháistineach in aonad 12, leathanach 342.

Más consan leathan é consan deiridh an bhriathair	Más consan caol é consan deiridh an bhriathair
–faidh mé	–fidh mé
–faidh tú	–fidh tú
–faidh sé / sí	–fidh sé / sí
–faimid	–fimid
–faidh sibh	–fidh sibh
–faidh siad	–fidh siad
–far	–fear

⭐ Mar shampla:

glanfaidh mé	coimeádfaidh mé	cuirfidh mé	tiomáinfidh mé
glanfaidh tú	coimeádfaidh tú	cuirfidh tú	tiomáinfidh tú
glanfaidh sé / sí	coimeádfaidh sé / sí	cuirfidh sé / sí	tiomáinfidh sé / sí
glanfaimid	coimeádfaimid	cuirfimid	tiomáinfimid
glanfaidh sibh	coimeádfaidh sibh	cuirfidh sibh	tiomáinfidh sibh
glanfaidh siad	coimeádfaidh siad	cuirfidh siad	tiomáinfidh siad
glanfar	coimeádfar	cuirfear	tiomáinfear

An fhoirm dhiúltach

Más briathar é a bhfuil consan mar thús air	Más briathar é a bhfuil guta mar thús air
ní + *séimhiú*	**ní**

⭐ Mar shampla:

ní ghlanfaidh mé	**ní** ólfaidh mé

An fhoirm cheisteach

Más briathar é a bhfuil consan mar thús air	Más briathar é a bhfuil guta mar thús air
an + urú	**an**

⭐ Mar shampla:

an nglanfaidh tú?	**an** ólfaidh tú?

Mo Scoil

An Dara Réimniú

Briathra a bhfuil dhá shiolla iontu agus a bhfuil **–igh**, **–il**, **–in**, **–ir** nó **–is** mar chríoch orthu (chomh maith le grúpa beag eile) atá sa dara réimniú.

1. Maidir leis na briathra a bhfuil **–igh** nó **–aigh** mar chríoch orthu, bainimid an chríoch sin chun an fhréamh a fháil.
2. Maidir leis na briathra a bhfuil **–il** nó **–ail**, **–in** nó **–ain**, **–ir** nó **–air** nó **–is** mar chríoch orthu, bainimid an **i** nó an **ai** chun an fhréamh a fháil.

Ansin, cuirimid na foircinn seo a leanas leis an bhfréamh san aimsir fháistineach:

Más consan leathan é consan deiridh na fréimhe	Más consan caol é consan deiridh na fréimhe
–óidh mé	–eoidh mé
–óidh tú	–eoidh tú
–óidh sé / sí	–eoidh sé / sí
–óimid	–eoimid
–óidh sibh	–eoidh sibh
–óidh siad	–eoidh siad
–ófar (saorbhriathar)	–eofar (saorbhriathar)

⭐ **Mar shampla:**

ceannóidh mé	osclóidh mé	baileoidh mé	imreoidh mé
ceannóidh tú	osclóidh tú	baileoidh tú	imreoidh tú
ceannóidh sé / sí	osclóidh sé / sí	baileoidh sé / sí	imreoidh sé / sí
Ceannóimid	osclóimid	baileoimid	imreoimid
ceannóidh sibh	osclóidh sibh	baileoidh sibh	imreoidh sibh
ceannóidh siad	osclóidh siad	baileoidh siad	imreoidh siad
Ceannófar	osclófar	baileofar	imreofar

An fhoirm dhiúltach

Más briathar é a bhfuil consan mar thús air	Más briathar é a bhfuil guta mar thús air
ní + *séimhiú*	**ní**

⭐ **Mar shampla:**

ní **th**osóidh mé	ní imreoidh mé

An fhoirm cheisteach

Más briathar é a bhfuil consan mar thús air	Más briathar é a bhfuil guta mar thús air
an + *urú*	**an**

⭐ **Mar shampla:**

an **dt**osóidh tú?	an imreoidh tú?

Féach ar aonad 12 agus foghlaim na briathra neamhrialta ar leathanach 349.

Aois na Glóire 3

Trialacha teanga comhthéacsúla

Cuid A

D'iarr an múinteoir ar Dhónall cuntas a scríobh ar an lá scoile a bheidh aige amárach, ach d'fhreagair sé an cheist san aimsir láithreach. Athscríobh an cuntas a chum Dónall san aimsir fháistineach. Mar chabhair duit, tá líne faoi na focail a chaithfidh tú a athrú.

<u>Éirím</u> maidin amárach ar a seacht a chlog. <u>Bíonn</u> cithfholcadh agam, <u>cuirim</u> mo chuid éadaigh orm, agus <u>ithim</u> mo bhricfeasta. <u>Faighim</u> an bus scoile ag a hocht a chlog. <u>Sroichim</u> an scoil leathuair tar éis a hocht, agus ansin <u>bíonn</u> tionól againn. <u>Tosaíonn</u> obair na ranganna ar a naoi, agus <u>bíonn</u> trí rang againn roimh an sos. <u>Maireann</u> na ranganna daichead nóiméad. <u>Bíonn</u> sos fiche nóiméad againn ag a haon déag. <u>Bíonn</u> an lón againn ag fiche tar éis a haon. <u>Críochnaíonn</u> obair na scoile ag a ceathair a chlog. <u>Téim</u> abhaile ar an mbus, agus <u>déanaim</u> m'obair bhaile. <u>Ithim</u> mo dhinnéar ag a seacht, <u>féachaim</u> ar roinnt sraithchlár nó scannán ar an teilifís, agus <u>téim</u> a luí timpeall leathuair tar éis a deich.

Cuid B

Is tusa Cillín sa phictiúr. Tá Cillín ag déanamh cur síos ar a scoil. Athscríobh na habairtí seo a leanas, agus athraigh na focail idir lúibíní más gá:

1. Táim ag freastal _____ mheánscoil.
2. Is scoil do (buachaillí) _____ amháin é.
3. Déanaim staidéar ar thrí (ábhar) _____ déag.
4. Tá cúirt (leadóg) _____ sa scoil.
   (a) leadóige   (b) leadóg   (c) leadóigeanna
5. Tá cúirt (cispheil) _____ sa scoil freisin.
   (a) cispheil   (b) cispheile   (c) cispheileanna
6. Is breá liom an (atmaisféar) _____ sa scoil.

Céim 8: Díospóireacht

'Tá sé níos fearr do dhaltaí éide scoile a chaitheamh.' Scríobh an chaint a dhéanfá faoin **rún** sin.

A chathaoirligh, a mholtóirí, a lucht an fhreasúra, agus a chomhdhaltaí, is mise Muireann de Búrca agus is mian liom labhairt ar son an rúin 'Tá sé níos fearr do dhaltaí éide scoile a chaitheamh.'

Ní féidir a shéanadh go bhfuil sé níos fearr éide scoile a bheith agat ar scoil. Tá sí níos saoire, tá sí níos praiticiúla, agus bíonn sé níos éasca do dhaltaí a gcuid éadaigh **a roghnú** ar maidin. Chomh maith leis sin, má chaitheann daltaí éide scoile bíonn gach duine mar a chéile agus ní bhíonn aon chomórtas faisin eatarthu. **Ar an ábhar sin** ní bhíonn idirdhealú idir dhaltaí ó thaobh faisin nó airgid de.

Mo Scoil

Mura mbeadh éide scoile ann bheadh roinnt daltaí ag iarraidh a **maoin** a thaispeáint trí mheán a gcuid éadaigh. Bheadh **deighilt** mhór idir na daltaí a raibh éadaí **costasacha** acu agus na daltaí gan na **hacmhainní** sin, agus bheadh **bearna** i bhfad níos mó idir na daltaí i gcoitinne. Leis an éide scoile tá gach dalta **cothrom** agus ar an leibhéal céanna.

Déarfaidh lucht an fhreasúra go gcuireann an éide scoile isteach ar **indibhidiúlacht** agus ar **phearsantacht** an dalta féin, agus chomh maith leis sin nach bhfuil sí compordach. Déarfaidh siad gur **uirlis smachta** í an éide scoile. Táimse ag rá gur **seafóid** í sin. Is féidir le daltaí iad féin a chur in iúl trína gcuid éadaigh ag an deireadh seachtaine, nó ar ócáidí sóisialta, agus **is leor sin** i mo thuairim. Agus is féidir leo iad féin a chur in iúl ar bhealaí éagsúla ar scoil. **Ar an dea-uair**, níl gach rud bunaithe ar chuma an duine!

Tá sé i bhfad níos tábhachtaí go mothódh na daltaí go léir cothrom nuair atá siad ar scoil. Ní bhíonn orthu **déileáil leis** an saghas **tomhaltachais** agus **iomaíochta** a bheadh ann dá mbeadh daltaí ag caitheamh a n-éadaí féin ar scoil agus in iomaíocht lena chéile maidir le **lipéid** agus le héadaí daora.

Chomh maith leis sin, is féidir le daltaí a **n-aird** a dhíriú ar a gcuid staidéir agus a gcaitheamh aimsire nuair a bhíonn siad ar scoil in ionad í a dhíriú ar éadaí. De réir mo **thaithí** féin bíonn an éide scoile compordach go leor, agus bíonn sí i bhfad níos éasca ar maidin má tá d'éide scoile **leagtha amach** agat agus nach gá duit bheith ag roghnú **feisteas** éagsúil gach maidin.

Ar an ábhar sin, tá súil agam go n-aontóidh sibh liom go bhfuil sé i bhfad níos fearr do dhaltaí éide scoile a chaitheamh.

Gluais

rún	motion
ní féidir a shéanadh	it cannot be denied
a roghnú	to choose
ar an ábhar sin	for this reason
maoin	wealth
deighilt	division
costasach	expensive
acmhainní	resources
bearna	a gap
cothrom	equal, level
indibhidiúlacht	individuality
pearsantacht	personality
uirlis smachta	a means of control
seafóid	nonsense
is leor sin	that's enough
ar an dea-uair	fortunately
déileáil le	deal with
tomhaltachas	consumerism
iomaíocht	competition
lipéid	labels
aird	attention
taithí	experience
leagtha amach	laid out
feisteas	an outfit

Cleachtadh Scríofa

Cad a cheapann tú féin faoi d'éide scoile? An maith leat í? Cad iad na buntáistí a bhaineann léi, i do thuairim? Nó arbh fhearr leat do chuid éadaigh féin a chaitheamh ar scoil? Scríobh alt ar do thuairimí faoin éide scoile.

Aois na Glóire 3

Céim 9: Litir phearsanta

D'aistrigh tú scoil le déanaí toisc gur aistrigh do mhuintir go ceantar nua. Scríobh litir chuig do chara pinn, ag insint dó/di faoin scoil. I do litir luaigh:

- gnéithe éagsúla na scoile nua
- an éide scoile
- an rud is fearr leat faoin scoil
- rud nach maith leat faoin scoil.

25 Lána na Dúcharraige
Corcaigh

24 Deireadh Fómhair 2011

A Shiobhán, a chara,

Conas atá tú? Tá súil agam go bhfuil tú féin agus do mhuintir i mbarr na sláinte.

D'aistrigh mise agus mo mhuintir go Corcaigh le déanaí, agus d'aistrigh mé freisin go scoil nua anseo sa chathair. Scoil Phobail na Dúcharraige is ainm don scoil. Is scoil chailíní í. Tá sé chéad dalta ag freastal ar an scoil, agus tá daichead múinteoir ann. Tá a lán áiseanna sa scoil. Tá giomnáisiam, cúirt leadóige, dhá chúirt cispheile, seomra ceoil, seomra ealaíne, cistin, leabharlann agus amharclann ann. Is breá liomsa spórt, mar is eol duit, agus dá bhrí sin is breá liom rogha na n-áiseanna.

Is maith liom an éide scoile sa scoil nua. Caithimid léine bhán, geansaí corcra, sciorta corcra, carbhat dubh, agus stocaí bána. Is é corcra an dath is fearr liom.

Ach is é an t-atmaisféar sa scoil an rud is fearr liom. Tá na daltaí cairdiúil, agus tá cairdeas déanta agam le mórán díobh cheana. Tá na múinteoirí cabhrach agus fáilteach freisin.

Is é an t-aon rud nach maith liom faoin scoil ná go bhfuil na rialacha ródhian, i mo thuairim. Níl cead againn seoda a chaitheamh ná dath ingne fiú! Is athrú mór é sin domsa!

Tá súil agam go gcloisfidh mé uait go luath. Tabhair mo bheannacht do do mhuintir.

Mise do chara,
Áine

Mo Scoil

Céim 10: Eachtra

Déan cur síos ar eachtra a tharla duit nuair a bhí tú ar thuras scoile thar lear.

Timpiste sa Róimh

Is cuimhin liom go maith é. Bhí an rang uile ag dul ar thuras scoile go dtí an Róimh. Bhí gach duine **ar bís** faoin turas. Ar mhaidin an turais **shroich** mé an scoil ar a naoi a chlog, agus ansin chuamar go léir ar an mbus speisialta go dtí an t-aerfort. Mhair an **turas aeir trí huaire go leith**, agus bhí sé compordach go leor.

Nuair a shroicheamar an Róimh chuamar ar an mbus go dtí an **brú óige** a bhí **curtha in áirithe** ag an scoil, agus d'fhágamar ár málaí inár seomraí. Bhí an brú óige an-deas agus compordach.

Ansin, nuair a bhí gach duine réidh, chuamar isteach go lár na cathrach. Chuamar ar thuras go dtí an Colosseum, agus chonaiceamar **Fuarán Trevi**. Bhí na **foirgnimh stairiúla** go hálainn, agus **chuaigh siad go mór i gcion orm**. Ansin chuamar go bialann dheas agus bhí bia álainn Iodálach againn: píotsa, pasta, agus uachtar reoite.

Lá arna mhárach chuamar go léir chun **an Séipéal Sistíneach** a fheiceáil. Bhí an phéinteáil ar an tsíleáil le Michelangelo dochreidte. Ina dhiaidh sin chuamar go dtí **iarsmalann** agus **dánlann**.

Ar an tríú lá den turas chuamar go dtí an Vatacáin arís. Bhí na foirgnimh agus na séipéil ann go hálainn. Ar ár mbealach go dtí an bhialann an oíche sin, áfach, tharla timpiste uafásach. Bhí na carranna á dtiomáint go han-tapa ar fad sa Róimh, agus bhí sé deacair na sráideanna a thrasnú. Nuair a bhí Sinéad, cara liom, ag trasnú na sráide níor fhéach sí ar chlé ná ar dheis. Bhí carr ag teacht **i mbarr a luais**, agus bhuail an carr í. Thit sí ar an talamh, agus bhuail sí a ceann. Bhí sí **gan mheabhair**, agus bhí imní an domhain orm. Ghlaoigh duine de na múinteoirí ar otharcharr **láithreach**, agus **chuaigh sí in éineacht le** Sinéad go dtí an t-ospidéal.

Lá arna mhárach thugamar cuairt ar Shinéad. Dúirt an dochtúir go raibh a **rúitín leonta** agus **ata** ach nach raibh a ceann gortaithe go dona agus go mbeadh sí ceart go leor. Thug sé **instealladh** di chun an phian **a laghdú**, agus chuireadar plástar ar a cos. Bhí uirthi siúl ar **mhaidí croise** ar feadh an chuid eile den turas, ach **seachas sin** bhí **biseach** ag teacht **uirthi**. Bhí an-trua agam di, ach bhí sí ceart go leor anois, cé gur chaill sí **lá nó dhó** den turas.

Dhá lá ina dhiaidh sin chuamar abhaile. Ní dhéanfaidh mé dearmad ar an turas sin go deo!

91

Aois na Glóire 3

Gluais

is cuimhin liom	I remember	i mbarr a luais	at its top speed
ar bís	excited	gan mheabhair	unconscious
shroich	reached	láithreach	immediately
turas aeir	air journey	chuaigh sí in éineacht léi	she accompanied her
trí huaire go leith	three-and-a-half hours		
brú óige	youth hostel	rúitín	ankle
curtha in áirithe	booked, reserved	leonta	sprained
Fuarán Trevi	the Trevi Fountain	ata	swollen
foirgnimh stairiúla	historic buildings	instealladh	an injection
chuaigh siad i gcion orm	they made an impression on me	a laghdú	to reduce
		maidí croise	crutches
lá arna mhárach	the following day	seachas sin	apart from that
an Séipéal Sistíneach	the Sistine Chapel	ar biseach	better
iarsmalann	a museum	lá nó dhó	a day or two
dánlann	an art gallery		

Obair Scríofa

Déan cur síos ar eachtra a tharla duit agus tú ar thuras scoile

nó

Ceap scéal a mbeadh an giota seo a leanas oiriúnach mar thús leis: 'D'éirigh mé go luath an mhaidin sin. Bhí mé ag tnúth leis an lá a bhí romham …'

Scéal

Ceap scéal a mbeadh an giota seo a leanas oiriúnach mar thús leis: 'Bhí mé i gclós na scoile in éineacht le mo chairde. Go tobann chonaiceamar an príomhoide ag teacht inár dtreo …'

Cailín scanrúil

Bhí mé i gclós na scoile in éineacht le mo chairde. Go tobann chonaiceamar an príomhoide ag teacht inár dtreo. Bhí cuma fheargach uirthi. Ní raibh a fhios againn cad ba chúis leis.

'Cad atá cearr le Bean Uí Néill?' a d'fhiafraigh mé **i gcogar**, **ar eagla** go gcloisfeadh an príomhoide mé.

'Níl a fhios agam,' a dúirt Siobhán.

Ansin bhí an príomhoide ina seasamh díreach os ár gcomhair. 'A Aoife Ní Shé,' ar

Mo Scoil

sise liom i nglór feargach, 'tar go dtí m'oifig láithreach.'

Cad a rinne mé **as an tslí**? Ní raibh mé ábalta smaoineamh ar aon rud. Bhí mo chroí ag dul amach as mo bhéal. Ba léir go raibh mé i dtrioblóid.

Lean mé an príomhoide trí phasáistí na scoile i dtreo a hoifige. Bhí gach duine **ag stánadh** orm agus **ag cogarnach**. Bhí náire an domhain orm. Bhris an **fuarallas** amach tríom. Theastaigh uaim **éalú** ón scoil, ach ní raibh aon slí agam chun é a dhéanamh. Bhí orm dul go hoifig an phríomhoide.

Chuamar isteach san oifig, agus dhún Bean Uí Néill an doras. 'Anois, a Aoife,' a dúirt sí. 'Inis dom cad a tharla don airgead a bhailigh do rang do Thrócaire an tseachtain seo caite.'

Bhí ionadh an domhain orm. Bhailigh mise an t-airgead go léir sa rang, **ós rud é** gur ball mé den **choiste** bailiúcháin. Ansin thug mé an t-airgead do Chlíona Ní Bhuachalla, toisc gurbh ise **cathaoirleach** an choiste. Dúirt Clíona gur thug sí an t-airgead don phríomhoide. Ba léir ón méid a bhí á rá ag an bpríomhoide nach ndearna sí sin.

Bhris an príomhoide isteach ar mo smaointe go garbh. 'Cá bhfuil an t-airgead sin?' a d'fhiafraigh sí díom arís.

Bhí m'**aigne trína chéile**. Ba bhulaí uafásach í Clíona, agus bhí eagla an domhain orm roimpi. Ar an lámh eile de, bhí orm an fhírinne a insint don phríomhoide, nó cheapfadh sí gur ghadaí mise.

'Thug mé an t-airgead do Chlíona,' a dúirt mé.

'An bhfuil tú cinnte?' a d'fhiafraigh an príomhoide. 'Dúirt Clíona nár thug tú an t-airgead di **ar chor ar bith**.'

'**Is oth liom a rá** go bhfuil Clíona **ag insint bréige**,' a dúirt mé.

Bhí an príomhoide ar buile. 'Tá brón orm, a Aoife,' a dúirt sí. 'Fan go labhróidh mé le Clíona arís. Tá an cailín sin i dtrioblóid anois!'

D'fhág mé an oifig, agus bhí **faoiseamh** an domhain orm. Bheadh orm Clíona **a sheachaint**, áfach. Ba chailín **scanrúil** í!

Gluais

i gcogar	in a whisper
ar eagla go	for fear that
as an tslí	out of the ordinary
ag stánadh	staring
ag cogarnach	whispering
fuarallas	a cold sweat
éalú	escape, flee
ós rud é	given that
coiste	committee
cathaoirleach	chairperson
aigne	mind
trína chéile	in confusion
ar chor ar bith	at all
is oth liom a rá	I regret to say
ag insint bréige	telling a lie
faoiseamh	relief
a sheachaint	to avoid
scanrúil	frightening

Céim 11: Athbhreithniú ar Aonad 3

Freagair na ceisteanna seo a leanas:
1. Déan cur síos ar do scoil.
2. Cé mhéad dalta atá ag freastal ar an scoil?
3. Cad is ainm don phríomhoide?
4. An bhfuil mórán áiseanna sa scoil? Ainmnigh iad.
5. Cad é an t-ábhar is fearr leat? Cén fáth?
6. An bhfuil aon ábhar á dhéanamh agat nach maith leat? Cén fáth?
7. An gcaitheann tú éide scoile? Déan cur síos uirthi.
8. Arbh fhearr leat éide scoile a chaitheamh nó do chuid éadaigh féin?
9. Cad é an rud is fearr leat faoin scoil?
10. An bhfuil aon rud sa scoil nach maith leat?

Cuir Gaeilge ar na habairtí seo a leanas:
1. I attend a girls' school.
2. Dónall attends a boys' school.
3. I attend a mixed school.
4. There are six hundred pupils attending this school.
5. Mr Ó Murchú is the principal.
6. There are a lot of facilities in the school.
7. English is my favourite subject, because it is interesting and challenging.
8. I failed maths in the Christmas exam.
9. I got an A in history.
10. I passed the French exam.

Cuir Gaeilge ar na habairtí seo a leanas:
1. The discipline is very strict in my school.
2. Smoking is prohibited in the school.
3. I got detention last week, because I got three dockets.
4. We went to France last year on our school tour.
5. We went to an art gallery and a museum.
6. We went to the theatre one night.
7. The school uniform restricts the individuality of the person.
8. It's easier to wear a uniform than to choose clothes every morning.
9. We are not allowed to wear make-up or jewellery in the school.
10. I have nine classes every day.

Aonad 4

spórt

Céim 1: Téarmaí a bhaineann le spórt — 96

Céim 2: Cleachtadh cainte agus obair bheirte — 99

Céim 3: Achoimre ar an Modh Coinníollach — 100
Trialacha teanga comhthéacsúla — 102

Céim 4: Áiseanna agus trealamh spóirt — 103

Céim 5: Aiste: 'An phearsa spóirt is fearr liom' — 105

Céim 6: Léamhthuiscint: 'Brian O'Driscoll' — 107

Céim 7: Aiste: 'Tábhacht an spóirt i saol an duine' — 108

Céim 8: Scéal: 'Cluiche a chonaic mé' — 110

Céim 9: Alt nuachtáin: 'Kieran Donaghy' — 113

Céim 10: Athbhreithniú ar Aonad 4 — 115

Féach ar thriail a ceathair (lch 406)

Céim 1: Téarmaí a bhaineann le spórt

Cineálacha spóirt

peil / peil Ghaelach	football (Gaelic football)
sacar	soccer
rugbaí	rugby
iomáint / iománaíocht	hurling
haca	hockey
leadóg	tennis
leadóg bhoird	table tennis
badmantan	badminton
cispheil	basketball
eitpheil	volleyball
líonpheil	netball
lúthchleasaíocht / lúthchleasa	athletics
cliathreathaíocht	hurdles
sodar	jogging
rothaíocht	cycling
dreapadóireacht	climbing
clárscátáil	skateboarding
galf	golf
snámh	swimming
seoltóireacht	sailing
tonnmharcaíocht	surfing

Spórt

Téarmaí a bhaineann le spórt agus le cluichí

foireann	team
cúl	goal
cúilín	point
úd	try
scóráil	score
imir	play
cúlaí	defender
tosaí	forward
imreoir lár páirce	midfield player
cúl báire	goalkeeper
réiteoir	referee
ionadaí	substitute
i gcoinne / in aghaidh	against
craobh	championship
Craobh na hÉireann	the Irish championship
Corn an Domhain	the World Cup
Cumann Lúthchleas Gael	Gaelic Athletic Association (GAA)
an chéad leath	the first half
an dara leath	the second half
leath-am	half time
chun tosaigh	ahead

Briathra agus frásaí a bhaineann le spórt

d'imir mé	I played
d'imir tú	you played
d'imir sé / sí	he / she played
d'imríomar	we played
d'imir sibh	you played
d'imir siad	they played
imríodh an cluiche	the match was played
níor imir mé	I didn't play
ar imir tú?	did you play?
bhuaigh mé	I won
bhuaigh tú	you won
bhuaigh sé / sí	he / she won
bhuamar	we won
bhuaigh sibh	you won
bhuaigh siad	they won
buadh an cluiche	the game was won
níor bhuaigh mé	I didn't win
ar bhuaigh tú?	did you win?
chaill mé	I lost
chaill tú	you lost
chaill sé / sí	he / she lost
chailleamar	we lost
chaill sibh	you lost
chaill siad	they lost
cailleadh an cluiche	the match was lost
níor chaill mé	I didn't lose
ar chaill tú?	did you lose?

Aois na Glóire 3

Líon na bearnaí sa ghreille seo a leanas:

imrím	I play	buaim	I win
imríonn tú	you play	buann tú	you win
sé	he plays	sé	he wins
sí	she plays	buann sí	she wins
	we play	buaimid	we win
imríonn sibh	you play	buann sibh	you win
imríonn siad	they play	buann siad	they win
imrítear cluiche	the match is played		the match is won
ní	I don't play	ní bhuaim	I don't win
an imríonn tú?	do you play?	an tú?	do you win?

Tuilleadh téarmaí a bhaineann le spórt

trasnán	the crossbar
an líontán	the net
calaois	a foul
an cárta dearg	the red card
cic saor	free kick
cic pionóis	penalty kick
cluiche ceannais	the final game
cluiche leathcheannais	a semi-final game
comhscór	a draw

Cuir Gaeilge ar na habairtí seo a leanas:

1. I'm a member of the local basketball club.
2. Órlaith is very fit.
3. We won the basketball championship.
4. I play hockey three times a week.
5. I train five times a week.
6. Kerry played against Cork in the Munster final.
7. I play as a forward on the hockey team.
8. She won the gold medal for running in the Olympic Games.
9. We won the schools hockey league last year.
10. Exercise is very important for health.

Céim 2: Cleachtadh cainte agus obair bheirte

Comhrá samplach

Múinteoir: An maith leat spórt?

Deirbhile: Is breá liom é.

Múinteoir: Cén saghas spóirt a imríonn tú?

Deirbhile: Imrím haca le foireann na scoile, agus imrím leadóg leis an gclub leadóige áitiúil.

Múinteoir: Cé mhéad uair sa tseachtain a théann tú ag traenáil?

Deirbhile: Maidir le haca, déanaim traenáil trí huaire sa tseachtain leis an bhfoireann scoile, agus imrímid cluiche gach Satharn. Imrím cluiche leadóige dhá uair sa tseachtain leis an gclub leadóige.

Múinteoir: Cén áit atá agat san fhoireann?

Deirbhile: Is tosaí mé.

Múinteoir: An imríonn d'fhoireann haca i gcomórtais?

Deirbhile: Imrímid i sraith na scoileanna. Anuraidh bhuamar an tsraith, agus bhí áthas an domhain orainn. Mise a scóráil an cúl a bhuaigh an cluiche dúinn! Tá súil agam go mbuafaimid arís i mbliana, cé go mbíonn an iomaíocht géar.

Múinteoir: Cad a fuair sibh nuair a bhuaigh sibh an tsraith?

Deirbhile: Bhuamar trófaí agus céad euro don scoil. Bhíomar an-bhródúil asainn féin. Chuamar amach le chéile ag ceiliúradh an oíche sin, agus bhí béile breá againn i mbialann.

Múinteoir: An cuid thábhachtach do do shaol é an spórt?

Deirbhile: Cuid an-tábhachtach é. Tugann spórt faoiseamh dom ón staidéar, is caitheamh aimsire iontach é, agus chomh maith leis sin is slí iontach é chun cairdeas a dhéanamh. Agus, dar ndóigh, tá cleachtadh coirp tábhachtach don chorp agus don tsláinte.

Bíodh comhrá agat leis an duine in aice leat.

1. An maith leat spórt?
2. Cén saghas spóirt a imríonn tú?
3. An imríonn tú spórt le foireann? Cén fhoireann? Cén club?
4. Ar bhuaigh tú cluiche nó comórtas spóirt riamh? Déan cur síos air.
5. Cé hé an phearsa spóirt is fearr leat?
6. An bhfuil spórt tábhachtach i do shaol? Cén fáth?
7. Cad iad na buntáistí a bhaineann le spórt i do thuairim?

Céim 3: Achoimre ar an Modh Coinníollach

An Chéad Réimniú

Briathra a bhfuil siolla amháin iontu agus briathra a bhfuil dhá shiolla iontu agus síneadh fada ar an dara siolla atá sa chéad réimniú.

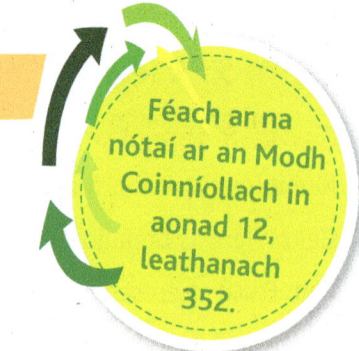

Féach ar na nótaí ar an Modh Coinníollach in aonad 12, leathanach 352.

Más briathar é a bhfuil consan mar thús air	Más briathar é a bhfuil guta mar thús air	Más briathar é a bhfuil **f** mar thús air
séimhiú	**d'**	**d'** + *séimhiú*

⭐ **Mar shampla:**

ghlanfainn	**d'**ólfainn	**d'fh**ágfainn

Is iad na foircinn seo a leanas a chuirimid le briathra an chéad réimniú sa mhodh coinníollach:

Más consan leathan é consan deiridh an bhriathair	Más consan caol é consan deiridh an bhriathair
–fainn	–finn
–fá	–feá
–fadh sé / sí	–feadh sé / sí
–faimis	–fimis
–fadh sibh	–feadh sibh
–faidís	–fidís
–faí (saorbhriathar)	–fí (saorbhriathar)

⭐ **Mar shampla:**

ghlanfainn	chuirfinn
ghlanfá	chuirfeá
ghlanfadh sé	chuirfeadh sé
ghlanfadh sí	chuirfeadh sí
ghlanfaimis	chuirfimis
ghlanfadh sibh	chuirfeadh sibh
ghlanfaidís	chuirfidís
ghlanfaí	chuirfí

An fhoirm dhiúltach

Más briathar é a bhfuil consan mar thús air	Más briathar é a bhfuil guta mar thús air
ní + *séimhiú*	**ní**

⭐ **Mar shampla:**

ní ghlanfainn	ní ólfainn

An fhoirm cheisteach

Más briathar é a bhfuil consan mar thús air	Más briathar é a bhfuil guta mar thús air
an + urú	**an**

⭐ **Mar shampla:**

an nglanfá?	an ólfá?

An Dara Réimniú

Briathra a bhfuil dhá shiolla iontu agus a bhfuil **–igh**, **–il**, **–in**, **–ir** nó **–is** mar chríoch orthu (chomh maith le grúpa beag eile) atá sa dara réimniú.

1. Maidir leis na briathra a bhfuil **–igh** nó **–aigh** mar chríoch orthu, bainimid an chríoch sin chun an fhréamh a fháil.
2. Maidir leis na briathra a bhfuil **–il** nó **–ail**, **–in** nó **–ain**, **–ir** nó **–air** nó **–is** mar chríoch orthu, bainimid an **i** nó an **ai** chun an fhréamh a fháil.

Ansin, cuirimid na foircinn seo a leanas leis an bhfréamh sa mhodh coinníollach:

Más consan leathan é consan deiridh na fréimhe	Más consan caol é consan deiridh na fréimhe
–óinn	–eoinn
–ófá	–eofá
–ódh sé / sí	–eodh sé / sí
–óimis	–eoimis
–ódh sibh	–eodh sibh
–óidís	–eoidís
–ófaí (saorbhriathar)	–eofaí (saorbhriathar)

⭐ **Mar shampla:**

cheannóinn	d'osclóinn	bhaileoinn	d'imreoinn
cheannófá	d'osclófá	bhaileofá	d'imreofá
cheannódh sé / sí	d'osclódh sé / sí	bhaileodh sé / sí	d'imreodh sé / sí
cheannóimis	d'osclóimis	bhaileoimís	d'imreoimís
cheannódh sibh	d'osclódh sibh	bhaileodh sibh	d'imreodh sibh
cheannóidís	d'osclóidís	bhaileoidís	d'imreodís
cheannófaí	d'osclófaí	bhaileofaí	d'imreofaí

Aois na Glóire 3

An fhoirm dhiúltach

Más briathar é a bhfuil consan mar thús air	Más briathar é a bhfuil guta mar thús air
ní + *séimhiú*	**ní**

⭐ Mar shampla:

ní thosóinn	**ní** imreoinn

An fhoirm cheisteach

Más briathar é a bhfuil consan mar thús air	Más briathar é a bhfuil guta mar thús air
an + *urú*	**an**

⭐ Mar shampla:

an dtosófá?	**an** imreofá?

Pointe Gramadaí

Úsáidimid an focal **dá** (*if*) go minic in abairtí sa mhodh coinníollach. Bíonn urú ar an bhfocal ina dhiaidh.

> Féach ar na nótaí ar an Modh Coinníollach in aonad 12, agus foghlaim na briathra neamhrialta ar leathanach 360.

Trialacha teanga comhthéacsúla

Cuid A

Scríobh Aisling an cuntas seo a leanas ina dialann faoi na rudaí a dhéanfadh sí dá mbuafadh sí an Crannchur Náisiúnta. De thimpiste, áfach, scríobh sí na briathra san aimsir fháistineach. Athscríobh cuntas Aisling sa mhodh coinníollach. Mar chabhair duit, tá líne faoi na focail a chaithfidh tú a athrú.

Dá <u>mbuafaidh mé</u> an Crannchur Náisiúnta <u>beidh</u> áthas an domhain orm. <u>Ceannóidh mé</u> teach nua i gcomhair an teaghlaigh. <u>Caithfidh mé</u> mórán ama ag siopadóireacht. <u>Ceannóidh mé</u> carr nua do mo thuismitheoirí. <u>Tabharfaidh mé</u> airgead do mo ghaolta agus do mo chairde. <u>Eagróidh mé</u> cóisir mhór chun an bua a cheiliúradh le mo mhuintir agus le mo chairde. <u>Beidh</u> ceol, bia iontach agus deochanna againn. <u>Tabharfaidh mé</u> airgead do Thrócaire freisin.

Cuid B

> Is tusa Órlaith sa phictiúr leis an bhfoireann haca. Líon na bearnaí thíos leis na focail is oiriúnaí, agus athraigh na focail idir lúibíní más gá.
>
> 1. Imrím haca le foireann na (scoil) _____.
>   (a) scoil (b) scoile (c) scoileanna
> 2. Imrím mar (tosaí) _____ ar an bhfoireann.
> 3. Bím ag traenáil dhá uair _____ tseachtain.
> 4. Bhí bród an domhain _____ nuair a scóráil mé an cúl a bhuaigh an cluiche dúinn.
> 5. Bhí áthas _____ gach duine.
> 6. Is breá _____ haca!

Céim 4: Áiseanna agus trealamh spóirt

páirc imeartha	*playing-field*	sliotar	*sliotar*
páirc peile	*football field*	camán	*hurley*
raon reatha	*running track*	raicéad leadóige	*tennis racket*
páirc haca	*hockey pitch*	liathróid peile	*football*
cúirt leadóige	*tennis court*	liathróid rugbaí	*rugby ball*
giomnáisiam	*gym*	líontán	*net*
linn snámha	*swimming-pool*	bróga peile	*football boots*
ionad babhlála	*bowling alley*	bróga reatha	*runners*
lárionad spóirt	*sports centre*	culaith reatha	*tracksuit*
club leadóige	*tennis club*	clogad	*helmet*
club gailf	*golf club*		

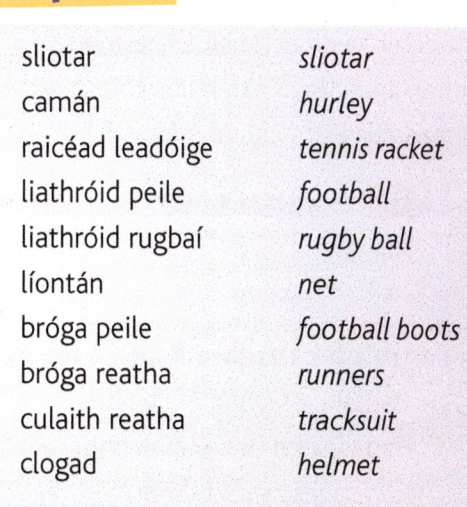

Léamhthuiscint

Léigh an giota seo a leanas agus freagair na ceisteanna a ghabhann leis:

Mícheál de Paor

Is mise Mícheál de Paor. Táim ceithre bliana déag d'aois, agus is as Contae na Gaillimhe dom. Táim ag freastal ar Scoil na mBráithre Críostaí sa Chlochán. Is breá liom spórt de gach saghas—bheinn caillte gan spórt!

Tá a lán áiseanna spóirt sa cheantar: páirc imeartha, lárionad spóirt, linn snámha, club leadóige, agus club gailf. Imrím peil Ghaelach agus iománaíocht leis an bhfoireann shinsearach. Bím ag traenáil leis an bhfoireann peile trí huaire sa tseachtain agus dhá uair sa tseachtain leis an bhfoireann

Aois na Glóire 3

iománaíochta. Bím an-ghnóthach ar fad, ach is breá liom é!

Tá traidisiún láidir de pheil Ghaelach sa cheantar. Anuraidh d'éirigh liom áit a fháil i bhfoireann peile an chontae faoi shé bliana déag, agus bhí lúcháir orm! Ba phribhléid é! Bhí mo mhuintir agus mo chlub an-bhródúil asam. Shroicheamar cluiche leathcheannais na hÉireann anuraidh i gcoinne Mhaigh Eo. Imrím mar chosantóir i bhfoireann an chontae; dá bhrí sin bíonn sé de dhualgas orm an cúl a chosaint go cróga agus an liathróid a choimeád as ár líontán!

Tá súil agam go sroichfimid an cluiche ceannais i mbliana. Tá a lán cairde agam i measc bhaill na foirne, agus téimid amach le haghaidh béile tar éis ár dtraenála Dé Sathairn. Is cuid lárnach de mo shaol é an spórt.

Freagair na ceisteanna seo a leanas:
1. Cathain a rugadh Micheál?
2. Cad is ainm don scoil a bhfuil sé ag freastal uirthi?
3. Cén saghas spóirt a imríonn sé?
4. Cé na foirne a n-imríonn sé leo?
5. Cé mhéad uair sa tseachtain a bhíonn sé ag traenáil leis an bhfoireann peile?
6. Conas a mhothaigh a mhuintir agus a chlub nuair a bhuaigh sé áit i bhfoireann an chontae?
7. Cén áit atá ag Micheál san fhoireann?
8. Ainmnigh an contae a bhí ag imirt i gcoinne fhoireann Mhichíl sa chluiche leathcheannais anuraidh.
9. Ainmnigh buntáiste amháin a thugann spórt do Mhicheál.
10. Cad a dhéanann Micheál agus a chairde tar éis na traenála gach Satharn?

Spórt

Céim 5: Aiste

An phearsa spóirt is fearr liom

Plean i gcomhair aiste faoi David Beckham

Alt 1: An tús: cén fáth ar fearr leat David Beckham.
Alt 2: A chúlra.
Alt 3: A shaol mar pheileadóir.
Alt 4: A shaol pearsanta.
Alt 5: Críoch.

Frásaí úsáideacha i gcomhair na haiste

Is é an phearsa spóirt is fearr liom (ná) …	My favourite sportsperson is …
Tá an-mheas agam ar … mar …	I have great respect for … because …
Is peileadóir rathúil tallannach é	He is a successful and talented footballer
Thosaigh sí ag imirt nuair a bhí sí an-óg	She began playing when she was very young
Bhuaigh sé …	He won …
bonn Oilimpeach	an Olympic medal
an comórtas	the competition
an chraobh	the championship
an corn	the cup
an tsraith	the league

Aiste

(Is féidir leat an aiste seo a leanas a úsáid freisin i gcomhair na haiste dar teideal 'Duine a bhfuil meas agam air.')

An phearsa spóirt is fearr liom

Is é David Beckham an phearsa spóirt is fearr liom. Tá **meas** mór agam air mar is duine **dathúil tallannach** é agus is duine deas **séimh béasach** é chomh maith.

Rugadh David Beckham i Londain ar 2 Bealtaine 1975. Chuir sé spéis i sacar ó bhí sé óg. Nuair nach raibh sé ach aon bhliain déag d'aois bhuaigh sé an Bobby Charlton Soccer Skills Competition, agus bhuaigh sé mar dhuais traenáil le Terry Venables i mBarcelona. Ó bhí sé óg lean sé Manchester United, agus sa bhliain 1991 thosaigh sé mar **phrintíseach** leis an bhfoireann chéanna, ag traenáil leis an bhfoireann **sóisearach**. Bhuaigh an fhoireann sin an chraobh shóisearach sa bhliain 1992.

D'imir sé i bhfoireann **sinsearach** Manchester United, agus ba dhuine **lárnach** den fhoireann é nuair a bhuaigh sí **an Phríomhshraith** sé huaire idir 1996 agus 2003.

Tá an-mheas agam ar Beckham toisc go raibh sé ina chaptaen ar fhoireann sacair Shasana sa bhliain 2000. Faoi **cheannaireacht** Beckham bhuaigh Sasana **Corn an Domhain** sa bhliain 2002.

Aois na Glóire 3

Is **pribhléid** iontach é imirt ar son do thíre, **feictear domsa**. D'imir sé le Real Madrid ar feadh tamaill agus le LA Galaxy, ach faoi láthair tá sé ag imirt le AC Milan, cé go bhfuil **conradh** aige fós le LA Galaxy. Tá an-chuid **taithí** aige ar imirt le foirne éagsúla.

Maidir lena shaol pearsanta, tá David **pósta ar** Victoria Adams, agus tá triúr mac acu, mar atá Brooklyn, Romeo, agus Cruz.

Ní féidir nuachtán nó iris a oscailt gan léamh faoi David Beckham. Tá cáil air féin agus ar a bhean ar fud an domhain. Gan aon agó is é an phearsa spóirt is fearr liom.

Gluais

meas	respect
dathúil	attractive
tallannach	talented
séimh	gentle
béasach	well-mannered
printíseach	an apprentice
sóisearach	junior
sinsearach	senior
lárnach	central
an Phríomhshraith	the Premier League
ceannaireacht	leadership
Corn an Domhain	the World Cup
pribhléid	privilege
feictear domsa	it seems to me
conradh	a contract
taithí	experience
pósta ar	married to

Cuir Gaeilge ar na habairtí seo a leanas:
1. My favourite sportsperson is Pádraig Harrington.
2. He is a very successful sportsperson.
3. We won the competition and the prize.
4. I played on the junior hockey team for three years.
5. Ireland won the World Cup.
6. Robbie Keane played on the Irish soccer team.
7. Pádraig Harrington has won a large number of competitions.
8. David Beckham is one of the best footballers in the world.
9. He played for Manchester United when he was very young.
10. Without a doubt Roy Keane is my favourite sportsperson.

Céim 6: Léamhthuiscint

Brian O'Driscoll

Rugadh Brian O'Driscoll ar 21 Eanáir 1979. Is as Cluain Tarbh i mBaile Átha Cliath dó ó dhúchas. Agus é fós sa bhunscoil d'imir sé peil Ghaelach, sacar, galf, agus leadóg. D'imir sé ina chéad chluiche rugbaí le Scoil Pháirc na Sailí i mBaile an Bhóthair nuair a bhí sé aon bhliain déag d'aois. Agus é ag freastal ar Choláiste na Carraige Duibhe **bhláthaigh** a **phaisean** do rugbaí.

D'imir O'Driscoll le foireann rugbaí Laighean den chéad uair sa bhliain 1999. Sa bhliain sin **roghnaíodh** é d'fhoireann rugbaí na hÉireann freisin. Sa bhliain 2000 scóráil sé trí **úd i ndiaidh a chéile** i gcoinne na Fraince sna Sé Náisiún i bPáras. Sa bhliain 2003, **ainmníodh** é mar chaptaen ar fhoireann rugbaí na hÉireann. Sa bhliain sin bhuaigh an fhoireann an dara háit i gCraobh na Sé Náisiún faoi **cheannaireacht** O'Driscoll.

Sa bhliain 2006 bhí O'Driscoll ina chaptaen ar fhoireann Laighean, agus **faoina stiúir bhuaigh** an fhoireann **ar** Bath agus ar Toulouse i Sraith Magners. I gcluiche ceannais na hÉireann i mBóthar Lansdowne, áfach, chaill foireann Laighean an cluiche i gcoinne fhoireann na Mumhan.

Sa bhliain 2009 roghnaíodh O'Driscoll arís mar chaptaen ar fhoireann na hÉireann, agus faoina stiúir bhuaigh sí **an Choróin Thriarach**, Craobh na Sé Náisiún, agus an chéad 'Grand Slam' a bhuaigh foireann na hÉireann le haon bhliain is seasca anuas.

Scóráil O'Driscoll úd i ngach cluiche acu **seachas** ceann amháin.

I mí an Mhárta 2009 ainmníodh O'Driscoll mar Imreoir is Fearr i gCraobh na Sé Náisiún, 2009. **Bronnadh** an **gradam** Imreoir na Bliana air freisin sa bhliain 2009.

Sa bhliain 2005 **d'fhoilsigh** O'Driscoll leabhar dar teideal *A Year in the Centre*, agus foilsíodh a **bheathaisnéis**, *In BOD We Trust*, sa bhliain 2009.

Aois na Glóire 3

Gluais

bhláthaigh	*flowered*	faoina stiúir	*under his direction*
paisean	*passion*	bhuaigh ar	*defeated*
roghnaíodh	*was selected*	an Choróin Thriarach	*the Triple Crown*
úd	*try*	seachas	*other than*
i ndiaidh a chéile	*one after the other, consecutively*	bronnadh	*was awarded*
		gradam	*award*
ainmníodh	*was named*	d'fhoilsigh	*published*
ceannaireacht	*leadership*	beathaisnéis	*biography*

Freagair na ceisteanna seo a leanas:

1. Cathain a rugadh Brian O'Driscoll?
2. Cé na scoileanna ar fhreastail sé orthu?
3. Ainmnigh dhá fhoireann ar imir sé iontu.
4. Cad a tharla sa bhliain 1999?
5. Cathain a ainmníodh é mar chaptaen ar fhoireann rugbaí na hÉireann?
6. Ainmnigh trí chomórtas rugbaí ar imir O'Driscoll iontu.
7. Cén fhoireann a bhuaigh ar fhoireann Laighean i mBóthar Lansdowne?
8. Cad is teideal don leabhar faoi O'Driscoll a foilsíodh sa bhliain 2005?
9. Ainmnigh dhá dhuais nó gradam a bhuaigh sé.
10. Cad is teideal do bheathaisnéis Brian O'Driscoll?

Céim 7: Aiste

Tábhacht an spóirt i saol an duine

Is **iomaí** fáth a bhfuil tábhacht ag baint le spórt inár saol. Ligeann sé dúinn **éalú** ó **bhrú na scoile**, ó **bhrú na scrúduithe**, agus ó bhrú **chóras na bpointí**. Slí iontach é an spórt freisin le **corpacmhainn** a fháil; agus cabhraíonn an chorpacmhainn linn **strus** a laghdú agus **faoiseamh** a fháil ó **bhuairt** agus ó **chúraimí** an tsaoil. Caitheann a lán daoine **an iomarca** ama ag féachaint ar an teilifís nó ar an ríomhaire, ach tá **géarghá** le **haclaíocht** má theastaíonn uainn bheith **sláintiúil**. Tá tábhacht **ar leith** le haclaíocht

Spórt

maidir leis na scamhóga, leis an gcroí, agus le sláinte an duine **i gcoitinne**.

Fadhb **ollmhór** i dtíortha **an Iarthair** is ea an **raimhre**. Itheann mórán daoine an iomarca bia próiseáilte agus an iomarca mearbhia **in ionad** bia folláin, ar nós glasraí agus torthaí. Is **modh** iontach é an spórt le **dul i ngleic le** fadhb na raimhre agus le **smacht** a choimeád ar **mheáchan** an duine. Dá bhrí sin ba cheart do scoileanna agus do thuismitheoirí níos mó béime a chur ar spórt do dhaoine óga.

Nuair a imríonn duine óg—nó duine fásta—spórt le foireann, foghlaimíonn sé scileanna iontacha: conas **feidhmiú** mar bhall d'fhoireann, conas **comhoibriú** le daoine, agus conas bheith **freagrach as** a chuid **gníomhartha** mar chuid den fhoireann agus ar son na foirne. Foghlaimíonn daoine **cumas sóisialta** freisin, agus is slí iontach é an spórt chun cairdeas a dhéanamh. Tugann spórt **fuinneamh** don duine, agus **scaoileann** sé **ceimiceáin** sa chorp a chuireann feabhas ar **aoibh** an duine! **Cuireann páirteachas** i spórt **lenár bhféinmhuinín** agus lenár **bhféinsmacht**. Déanann daoine **íobairtí** chun cluiche a bhuachan, agus is ceacht iontach é sin don saol.

I ndeireadh an lae, tá spórt tábhachtach ar mhórán bealaí éagsúla i saol an duine, maidir leis an tsláinte, cumas sóisialta, cairdeas, **comhar foirne**, agus féinmhuinín.

Gluais

iomaí	many	modh	method
éalú	escape	dul i ngleic le	getting to grips with
brú na scoile	the pressure of school	smacht	control
brú na scrúduithe	exam pressure	meáchan	weight
córas na bpointí	the points system	feidhmiú	to function
corpacmhainn	fitness	comhoibriú	to co-operate
strus	stress	freagrach as	responsible for
faoiseamh	relief	gníomhartha	actions
buairt	worry	cumas sóisialta	social competence
cúraimí	cares	fuinneamh	energy
an iomarca	too much	scaoileann	releases
géarghá	urgent need	ceimiceáin	chemicals
aclaíocht	exercise	aoibh	humour
sláintiúil	healthy	cuireann le	contributes to
ar leith	particular	páirteachas	participation
maidir le	relating to	féinmhuinín	self-confidence
i gcoitinne	in general	féinsmacht	self-discipline
ollmhór	huge	íobairtí	sacrifices
an t-Iarthar	the West	i ndeireadh an lae	'at the end of the day,' when all is said and done
raimhre	obesity		
in ionad	in place of	comhar foirne	team spirit

Aois na Glóire 3

Bain úsáid as na focail thíos chun na bearnaí sna habairtí seo a leanas a líonadh:

1. Tá spórt an- _____ i saol an duine.
2. Cuireann spórt le _____ agus le _____ an duine.
3. Tá spórt tábhachtach don _____.
4. Tá fadhb mhór le _____ i dtíortha an Iarthair.
5. Déanann imreoirí _____ ar son an spóirt.
6. Cabhraíonn spórt linn éalú ó _____ an tsaoil.
7. Foghlaimíonn daltaí _____ _____ nuair a imríonn siad spórt mar chuid d'fhoireann.
8. Foghlaimíonn siad conas bheith _____ as a gcuid gníomhartha mar chuid den fhoireann.
9. Itheann daoine an iomarca _____ agus bia _____ sa lá atá inniu ann.
10. Tá a lán _____ ag duine a ghlacann páirt i spórt.

féinmhuinín, féinsmacht, íobairtí, freagrach, bhrúnna, tábhachtach, mearbhia, próiseáilte, raimhre, tsláinte, buntáistí, cumas sóisialta.

Cuir Gaeilge ar na habairtí seo a leanas:

1. Sport is important for a person's health.
2. There are many advantages associated with sport.
3. Sport helps people escape from the worries and stress of life.
4. Through sport, young people learn social competence and how to function as part of a team.
5. Exercise is extremely important for the heart and the lungs.
6. Exercise is important in avoiding obesity and keeping control of one's weight.
7. Young people learn how to function as part of a team.
8. Parents and teachers should put more emphasis on the importance of sport for young people.
9. Sport helps young people deal with the stress of exams.
10. Sport teaches people self-discipline and how to be responsible for their actions.

Céim 8: Scéal

Plean i gcomhair an scéil

Is féidir leat úsáid a bhaint as na pointí seo a leanas agus plean á leagan amach agat i gcomhair an scéil:

Alt 1: Cathain a bhí an cluiche ar siúl?
Cá raibh an cluiche ar siúl?
Conas a bhí an aimsir?
Cé na foirne a bhí ag imirt?
Cén fhoireann a raibh tú ag tabhairt tacaíochta di?
Conas a bhí an t-atmaisféar?

Alt 2: Cad a chuir tús leis an gcluiche?
Cé a bhí ag imirt mar thosaí / mar chúlaí san fhoireann?
Ar scóráil aon duine cúl?

Alt 3: Cad eile a tharla sa chluiche?
Conas a d'imir na himreoirí?
Cén scór a bhí ann ag leath-am? Cé a bhí chun tosaigh?

Alt 4: An ndearna aon duine calaois ar imreoir?
Conas a mhothaigh an slua nuair a chonaic siad an chalaois?
Cad a rinne an réiteoir nuair a rinneadh í?

Alt 5: Cad a rinne tú ag leath-am?
Ar cheannaigh tú deoch nó bia?

Alt 6: Cén chríoch a bhí ar an gcluiche?
Conas a mhothaigh tú faoin toradh?

Cluiche a chonaic mé

Lá breá grianmhar a bhí ann. Ní raibh scamall sa spéir. Bhí mé **ar bís** ó dhúisigh mé: inniu lá an chluiche ceannais sa pheil Ghaelach idir Meánscoil Charraig Ard agus Scoil Phobail Bhaile an Chaistil. Bhuail mé le Séamas, cara liom, ag a haon a chlog taobh amuigh den pháirc. Bhí an bheirt againn ag caitheamh dathanna Charraig Ard, agus bhíomar ann chun **tacaíocht** a thabhairt don fhoireann, toisc go raibh mórán dár gcairde ag imirt inti. Bhí an t-atmaisféar leictreach!

Thosaigh an cluiche ar **bhuille a dó**. Shéid an réiteoir **an fheadóg**, agus rith Tomás Ó Sé, cara linn, **ar nós na gaoithe** síos an pháirc leis an liathróid. Bhí sé ag imirt mar **lántosaí**, agus bhí **faitíos** an domhain ar an scoil eile roimhe, toisc gur **sárpheileadóir** é. Ansin scóráil sé cúl. Bhí gach duine **ar mire**, ag screadach agus ag léim. Cúl sa chéad chúig nóiméad! Bhí sé dochreidte.

Níor thaitin sin leis an bhfoireann eile **ar chor ar bith**! Nuair a chiceáil an cúl báire an

Aois na Glóire 3

liathróid amach, rug cúlaí de chuid Bhaile an Chaistil **greim daingean** ar an liathróid, agus **ar aghaidh leis** suas an pháirc. Chaith sé an liathróid chuig imreoir lár páirce. **Thug cosantóirí** ár bhfoirne **iarracht chróga** ar ár gcúl a chosaint, ach níor leor í. Bhí mo chroí ag dul amach as mo bhéal. Ba bheag nár thit mé i laige! Ansin fuair siad cúl. Ó, a thiarcais! Cad a dhéanfaimis anois? Bhíomar **ar comhscór**. Níor éirigh le haon duine eile cúl ná pointe a scóráil, agus tar éis tamaill bhig bhí leath-am ann.

Cheannaigh mise agus Tomás burgair agus sceallóga le linn an tsosa, agus ansin thosaigh an dara leath.

Bhí an **teannas as cuimse**. Bhí **iomaíocht ghéar** idir an dá fhoireann. Theastaigh uathu go léir an cluiche ceannais a bhuachan agus an trófaí a thabhairt leo go dtí a scoil féin.

Gan choinne, rug tosaí de chuid Charraig Ard ar an liathróid. **Bhí an t-ádh leis** agus é **ag druidim leis** an gcúl, nuair a leag imreoir den fhoireann eile é **d'aon ghnó**. **Calaois** ba ea é **gan aon agó**. Bhí an slua ar mire, agus bhíomar go léir ag screadach. Chonaic an réiteoir cad a tharla, agus fuaireamar cic saor! Ní raibh ach cúig nóiméad fágtha. **Shocraigh** captaen ár bhfoirne ar an gcic saor a thógáil. An ndéanfadh sé **an beart**? Le cic láidir **cumasach** chuir sé an liathróid thar an **trasnán**. Shéid an réiteoir an fheadóg. Bhí deireadh leis an gcluiche. Bhí an cluiche buaite againn!

Chuamar amach an oíche sin ag ceiliúradh. Bhí oíche iontach againn. Ní dhéanfaidh mé dearmad ar an lá sin **go deo**.

Gluais

ar bís	on tenterhooks, excited	ar comhscór	level
tacaíocht	support	teannas	tension
ar buille a dó	on the stroke of two, at two sharp	as cuimse	extreme
		iomaíocht	competition
feadóg	whistle	géar	sharp
ar nós na gaoithe	like the wind	gan choinne	without warning
lántosaí	full-forward	bhí an t-ádh leis	he was in luck
faitíos	worry	ag druidim le	heading for
sárpheileadóir	excellent footballer	d'aon ghnó	deliberately
ar mire	wild	calaois	a foul
ar chor ar bith	at all	gan aon agó	without any doubt
greim daingean	a firm grip	shocraigh sé ar	he decided
ar aghaidh leis	off with him, off he goes	an beart	the deed
cosantóirí	defenders	cumasach	effective, powerful
thug siad iarracht	they made an effort	trasnán	crossbar
cróga	courageous	go deo	for ever

Spórt

Obair Bhaile

Eachtra
Déan cur síos ar eachtra a tharla nuair a bhí tú sa lucht féachana ag cluiche peile le déanaí.

Litir
Bhí do scoil ag imirt cluiche haca i gcoinne scoile eile le déanaí. Scríobh an litir a chuirfeá chuig cara leat, ag insint dó faoin ócáid. I do litir luaigh:
- dhá rud a thaitin leat faoin gcluiche
- dhá rud nár thaitin leat faoin gcluiche
- timpiste a tharla le linn an chluiche.

Céim 9: Alt nuachtáin

Tháinig pearsa spóirt cháiliúil go dtí an scoil. Iarradh ortsa agallamh a chur air d'iris na scoile. Scríobh an t-alt sin.

Kieran Donaghy

Chuir mé agallamh ar Kieran Donaghy ar 22 Bealtaine. Imríonn Kieran mar **lántosaí** le foireann peile Chiarraí, agus is **laoch** é do mhórán daoine óga a leanann peil Ghaelach.

Rugadh Kieran i dTrá Lí ar 1 Márta 1983. Ba bhreá leis spórt i gcónaí, agus thosaigh sé ag imirt peile le **foireann sóisearach** Austin Stacks, an club áitiúil, nuair a bhí sé óg. D'imir sé cispheil freisin le Tralee Tigers. Sa bhliain 2005 **bheartaigh sé ar dhíriú go hiomlán** ar pheil.

Sa bhliain 2005 d'imir sé den chéad uair i **bhfoireann sinsearach** Chiarraí i gcoinne Bhaile Átha Cliath, agus bhuaigh sé **bonn** i gcraobh shinsearach na Mumhan an bhliain sin. Bhí áthas air de bharr an bhua sin agus thug sé **féinmhuinín** dó, **cé go** raibh a fhios aige go raibh níos mó oibre le déanamh aige. Ag an am sin bhí sé ag imirt mar imreoir **lár páirce**, ach sa bhliain 2006 d'aistrigh an bainisteoir é go háit nua san fhoireann, agus **ó shin i leith** tá sé ag imirt mar lántosaí.

Aois na Glóire 3

Tá an áit nua **níos oiriúnaí** dó, agus tá sé an-sásta leis an athrú.

Ós rud é gur scóráil sé cúl agus dhá chúilín i gcluiche ceannais na hÉireann i gcoinne Mhaigh Eo i 2006, **is léir** go raibh a áit mar lántosaí san fhoireann an-oiriúnach dó.

Bhuaigh sé a lán gradam an bhliain sin, ina measc an GAA All-Stars agus Peileadóir na Bliana.

Chuir mé ceist ar Kieran faoi na daoine a **mhúscail** a spéis i bpeil. D'inis sé dom go bhfuil traidisiún láidir de pheil Ghaelach i gContae Chiarraí **le fada an lá**. Spreag iarpheileadóirí Chiarraí é, **leithéidí** Pháidí Ó Sé, an Bomber Liston, agus Pat Spillane.

Tá an-mheas aige freisin ar na himreoirí atá san fhoireann faoi láthair, ina measc Darragh Ó Sé agus Colm Cooper.

Phléamar na **dúshláin** agus na **deacrachtaí** a bhaineann le saol an pheileadóra. Dúirt Kieran dom **nach mór do** pheileadóir a lán traenála a dhéanamh chun é féin a choimeád **corpacmhainneach** agus nach mór dó **íobairtí** a dhéanamh. Go minic bíonn peileadóirí ag traenáil nó ag imirt chluiche ag an deireadh seachtaine, agus **cuireann sin isteach** go mór ar a saol sóisialta.

Is duine **lách béasach macánta** é Kieran Donaghy, agus bhí sé an-suimiúil **léargas** a fháil uaidh ar shaol an pheileadóra.

Gluais

lántosaí	*full-forward*	dúshláin	*challenges*
laoch	*a hero*	deacrachtaí	*difficulties*
foireann sóisearach	*junior team*	nach mór dó	*he must*
bheartaigh sé ar	*he decided*	corpacmhainneach	*fit*
díriú	*to concentrate*	íobairtí	*sacrifices*
go hiomlán	*completely*	cuireann sé isteach	*it interferes*
foireann sinsearach	*senior team*	lách	*good-natured*
bonn	*a medal*	béasach	*well-mannered*
féinmhuinín	*self-confidence*	macánta	*decent, honest*
cé go	*although*	léargas	*a view*
lár páirce	*midfield*		
ó shin i leith	*from then on*		
níos oiriúnaí	*more suitable*		
ós rud é	*given that*		
is léir	*it's clear*		
mhúscail	*awoke, inspired*		
le fada an lá	*for a very long time*		
leithéidí	*the likes of*		

Obair Bhaile

Alt

Tháinig pearsa spóirt cháiliúil chun na scoile le déanaí. Chuir tú agallamh air i gcomhair ailt d'iris na scoile. Scríobh an t-alt sin.

Céim 10: Athbhreithniú ar Aonad 4

Freagair na ceisteanna seo a leanas:
1. An imríonn tú spórt?
2. Cén saghas spóirt a imríonn tú?
3. An ball tú de chlub ar leith?
4. An imríonn tú le foireann?
5. Cé mhéad uair sa tseachtain a imríonn tú?
6. An nglacann tú páirt i gcomórtais, i gcluichí, nó i sraitheanna?
7. An dóigh leat go bhfuil spórt tábhachtach i saol an duine?
8. Cad iad na buntáistí a bhaineann le spórt?
9. An bhféachann tú ar spórt ar an teilifís?
10. An leanann tú aon fhoireann ar leith?
11. Cé hé an phearsa spóirt is fearr leat?
12. Cén fáth?

Cuir Gaeilge ar na habairtí seo a leanas:
1. Sonia O'Sullivan won an Olympic medal in athletics.
2. Derval O'Rourke won a medal in hurdling.
3. Pádraig Harrington is one of the best golfers in the world.
4. I play hockey with my school team.
5. We train three times a week.
6. I support Manchester United.
7. I love watching soccer every Sunday.
8. I follow the Galway football team.
9. I was proud when Kerry won the All-Ireland final last year.
10. Ireland won the Six Nations in 2009.

Cuir Gaeilge ar na habairtí seo a leanas:

1. Sport is important for a person's health.
2. It's important to take exercise to remain fit.
3. Cork scored two goals and three points in the first half of the game.
4. The referee blew the whistle.
5. A forward from the other team fouled me during the hockey match.
6. David Beckham has played soccer since he was a child.
7. I was injured and sprained my ankle.
8. I play as a defender in the school team.
9. David Beckham is a midfield player.
10. I have great respect for Brian O'Driscoll.

Aonad 5

Ceol

Céim 1: Téarmaí a bhaineann le ceol — 118

Céim 2: Cleachtadh cainte agus obair bheirte — 120

Céim 3: Aiste: 'An phearsa cheoil is fearr liom' — 122

Céim 4: Scéal: 'Ceolchoirm a chonaic mé' — 124

Céim 5: Trialacha teanga comhthéacsúla — 126

Céim 6: Litir phearsanta: 'Banna nua' — 127

Céim 7: Léamhthuiscint: 'Beyoncé Knowles'; 'Sharon Shannon' — 128

Céim 8: Aiste: 'Ceol agus rince: An tábhacht a bhaineann leo i saol an duine' — 133

Céim 9: Dráma sa rang — 134

Céim 10: Athbhreithniú ar Aonad 5 — 138

Féach ar thriail a cúig (lch 408)

Aois na Glóire 3

Céim 1: Téarmaí a bhaineann le ceol

Cineálacha ceoil

ceol tíre	*traditional music (Irish)*
ceol pobail	*folk music*
ceol clasaiceach	*classical music*
snagcheol	*jazz*
ceol tuaithe	*country music (American)*
rithim agus gormacha	*rhythm and blues*
pop-cheol	*pop music*
rac-cheol	*rock music*
miotal trom	*heavy metal*
rap-cheol	*rap music*

Cleachtadh Scríofa

Cuir na pictiúir agus na hainmneacha le chéile.

B	sacsafón
	pianó
	veidhlín / fidil
	fliúit / feadóg mhór
	drumaí
	feadóg stáin
	giotár

A, B, C, D, E, F, G

Gléasanna ceoil

méarchlár	*keyboard*	olldord	*double bass*
cairdín	*accordion*	cruit / cláirseach	*harp*
mileoidean / bosca ceoil	*melodeon*	cláirnéid	*clarinet*
fliúit adhmaid	*wooden flute*	óbó	*oboe*
bainseó	*banjo*	basún	*bassoon*
giotár leictreach	*electric guitar*	trumpa	*trumpet*
dordghiotár	*bass guitar*	trombón	*trombone*
vióla	*viola*	tiúba	*tuba*
dordveidhil	*cello*	corn Francach	*French horn*

Ceol

Tuilleadh téarmaí a bhaineann le ceol

amhrán	song	lipéad	label
amhránaí	singer	léiritheoir ceoil	music producer
glór / guth	voice	innealtóir fuaime	sound engineer
can / cas	to sing	ceolfhoireann	orchestra
port	tune	ceolfhoireann shiansach	symphony orchestra
liricí	lyrics		
comhcheol	harmony	an Ceoláras Náisiúnta	the National Concert Hall
cór	choir		
seinn	play (music)	ceoldráma	an opera
banna	band	ceolsiamsa	a musical
banna tacaíochta	support band	cumadóir	composer
bainisteoir	manager	léiriú	performance
ceirneoir	DJ	trialacha	auditions
comhlacht taifeadta	recording company / record company	moltóir	adjudicator, judge
		lucht leanúna	followers, fans
dlúthcheirnín / dlúthdhiosca	CD	lucht féachana / lucht éisteachta	audience

Briathra úsáideacha a bhaineann le ceol san aimsir láithreach

seinnim	I play
seinneann tú	you play
seinneann sé / sí	he / she plays
seinnimid	we play
seinneann sibh	you play
seinneann siad	they play

seinntear ceol	music is played
seinnim sa cheolfhoireann	I play in the orchestra
seinnimid i mbanna	we play in a band

canaim	I sing
canann tú	you sing
canann sé / sí	he / she sings
canaimid	we sing
canann sibh	you sing
canann siad	they sing

canaim sa chór	I sing in the choir
cantar an t-amhrán sin gach oíche	that song is sung every night

Cuir Gaeilge ar na habairtí seo a leanas:

1. I play the piano.
2. He sings in the school choir.
3. She plays in a band.
4. I love watching 'The X Factor'.
5. It's exciting to watch auditions.
6. It's great entertainment to watch the contestants and the judges.
7. He is a sound engineer with TG4.
8. A musical is put on in my school every year.
9. Brian loves opera.
10. I go to the National Concert Hall to listen to the National Symphony Orchestra every Friday.
11. Beyoncé sings with a lot of emotion.
12. I love listening to the harmony in the songs of the Beatles.
13. I play in the school orchestra.
14. Brahms is my favourite composer
15. Dido has a sweet voice.

Céim 2: Cleachtadh cainte agus obair bheirte

Comhrá samplach

Múinteoir: An maith leat ceol?

Áine: Is breá liom ceol.

Múinteoir: Cén saghas ceoil is fearr leat?

Áine: Is breá liom pop-cheol agus ceol clasaiceach.

Múinteoir: Cé hé an t-amhránaí is fearr leat?

Áine: Is é Justin Timberlake an t-amhránaí is fearr liom. Tá glór breá binn aige, tá sé go hiontach ar an stáitse, agus tá sé go hiontach ag damhsa. Chomh maith leis sin scríobhann sé a chuid amhrán féin. Is breá liom a fhíseáin freisin. Is é Mozart an cumadóir is fearr liom. Is breá liom éisteacht le ceol ar m'iPod agus ar mo raidió cluaise.

Múinteoir: An ndeachaigh tú chuig ceolchoirm riamh?

Áine: Chuaigh mé chuig ceolchoirm Pink san O2. Bhí sí dochreidte. Bhí na ticéid daor, ach b'fhiú iad. Bhí sí go hiontach ag canadh agus ag damhsa, agus bhí láithreacht an-láidir aici ar an stáitse. Is breá liom a hamhráin. Bhain mé sárthaitneamh as an oíche.

Ceol

Múinteoir: An seinneann tú gléas ceoil tú féin?

Áine: Seinnim. Táim ag foghlaim an veidhlín le hocht mbliana anuas. Tá grád 4 de chuid an RIAM déanta agam. Seinnim an veidhlín i gceolfhoireann na scoile, agus canaim i gcór na scoile.

Múinteoir: An raibh tú i gcomórtas ceoil riamh?

Áine: Bhí. Ghlac ár gceolfhoireann páirt san fheis idir-scoile, agus bhuamar an chéad áit. Fuaireamar trófaí, agus bhí bród an domhain orainn.

Múinteoir: An bhféachann tú ar chláir cheoil ar an teilifís?

Áine: Féachaim. Is breá liom féachaint ar 'The X Factor.' Bíonn Simon Cowell, an moltóir, an-ghreannmhar. Tá sé macánta freisin, agus bíonn sé searbhasach uaireanta, faoi na hiomaitheoirí. Bíonn roinnt de na hiomaitheoirí dona go leor agus roinnt eile an-tallannach sna trialacha. Is siamsa iontach é an clár.

Múinteoir: Go hiontach ar fad. Slán leat, a Áine.

Áine: Slán agat, a mhúinteoir.

Cleachtadh cainte agus obair bheirte

Cuir na ceisteanna seo a leanas ar an duine in aice leat:

1. An maith leat ceol?
2. Cén saghas ceoil is fearr leat?
3. Cé hé an phearsa cheoil is fearr leat?
4. An bhfaca tú an duine sin i gceolchoirm riamh?
5. An seinneann tú gléas ceoil?
6. An gcanann tú i gcór na scoile nó i mbanna?
7. An seinneann tú i gceolfhoireann na scoile, nó an bhfuil tú ag freastal ar ranganna ceoil?
8. An bhfuil ceol tábhachtach i do shaol? Cén fáth?
9. An bhféachann tú ar chláir cheoil? Cé na cláir?
10. An éisteann tú le ceol ar iPod nó ar raidió cluaise?
11. An gceannaíonn tú dlúthdhioscaí, nó an ndéanann tú ceol a íoslódáil den idirlíon?

Céim 3: Aiste

An phearsa cheoil is fearr liom

Is féidir leat an aiste seo a úsáid freisin i gcomhair aiste dar teideal 'Duine a bhfuil meas agam air'.

Frásaí úsáideacha i gcomhair na haiste seo

Is é . . . an t-amhránaí is fearr liom	My favourite singer is . . .
Tá glór binn / láidir / saibhir aici	She has a sweet / strong / rich voice
Canann sé le mothú	He sings with emotion, with feeling
Scríobhann sí a hamhráin féin	She writes her own songs
Tá sé go hiontach ag damhsa	He is great at dancing
Is ceoltóir í freisin	She is a musician also
Seinneann sé an giotár / an pianó	He plays the guitar / the piano
Is breá liom a físeáin	I love her videos
Is breá liom a stíl faisin	I like her fashion style

Plean i gcomhair na haiste

Alt 1: Na rudaí is fearr leat faoin bpearsa cheoil. A ghlór, a íomhá, a stíl ceoil, a amhráin.

Alt 2: Cúlra na pearsan. Conas a thosaigh an duine amach i ndomhan an cheoil.

Alt 3: A chnaig agus na halbaim atá eisithe aige.

Alt 4: Ceolchoirm ina bhfaca tú an phearsa cheoil.

Pointe Gramadaí

Pointe gramadaí a bhaineann leis an aiste

Bí cúramach leis an aidiacht shealbhach. An bhfuil an phearsa cheoil is fearr leat fireann (*male*) nó baineann (*female*)?

Aiste shamplach

An phearsa cheoil is fearr liom

Is í Rihanna an phearsa cheoil is fearr liom gan aon agó. Tá glór iontach aici, agus is amhránaí **den scoth** í. Canann sí amhráin sa stíl **rithim agus gormacha**. Tá **íomhá** láidir aici. Tá stíl gruaige fhaiseanta aici, agus de ghnáth caitheann sí éadaí dubha. **Comhscríobhann** sí **formhór** na n-amhrán atá ar a halbaim. Tá **láithreacht** iontach aici ar an stáitse. Is duine **cumasach tallannach** í.

Is as na Barbadós sa **Chairib** do Rihanna. Nuair a bhí sí óg, chan sí dá muintir agus dá cairde. Ansin bhuail sí le hEvan Rodgers, **léiritheoir** Meiriceánach. Chuir siad **diosca samplach** le chéile agus **sheol** siad é chuig

Ceol

comhlacht taifeadta éagsúla. **Faoi dheireadh thiar shínigh** siad le Def Jam Recordings.

Bhí **cnag** aici leis an amhrán 'Pon de Replay.' Sa bhliain 2005 sheol sí a halbam *Music of the Sun*. Bhí **an-rath** air. Ansin sa bhliain 2008 **d'eisigh** sí *Good Girl Gone Bad*. Bhí cnag aici leis na hamhráin 'Umbrella', 'Shut Up and Drive', agus 'Rehab' ón albam sin.

Chuaigh mé chuig ceolchoirm de chuid Rihanna san O2 i mBaile Átha Cliath le déanaí **in éineacht le** cara liom. **Chosain** na ticéid ochtó euro, ach **b'fhiú iad**, agus ceolchoirm iontach ba ea í. Bhí Rihanna go hiontach ar an stáitse, agus bhí an slua ar mire. Chan sí an t-amhrán is fearr liom, 'Umbrella'. Bhí an banna ar fheabhas, bhí na soilse dochreidte, agus bhí an t-atmaisféar leictreach. Bhí gach duine ag canadh, ag rince, agus **ag luascadh** ó thaobh go taobh. Cheannaigh mé T-léine a bhfuil pictiúr de Rihanna uirthi, a halbam nua, agus póstaeir. Chuaigh mé abhaile go sona sásta.

Is amhránaí agus scríbhneoir **den chéad scoth** í Rihanna, agus is breá liom a híomhá agus a físeáin. Is féidir liom a rá gan aon agó gurb í Rihanna an t-amhránaí is fearr liom.

Gluais

den scoth	excellent
rithim agus gormacha	rhythm and blues
íomhá	image
comhscríobhann	jointly writes
formhór	most, the majority
láithreacht	presence
cumasach	effective, powerful
tallannach	talented
an Chairib	the Caribbean
léiritheoir	producer
diosca samplach	a sample disc
sheol	sent
comhlachtaí taifeadta	recording companies
faoi dheireadh thiar	at long last
shínigh	signed
cnag	a hit
an-rath	a great success
d'eisigh	issued
in éineacht le	with, in the company of
chosain	cost
b'fhiú iad	they were worth it
ag luascadh	swaying
den chéad scoth	excellent, the very best

123

Aois na Glóire 3

m'albam	my album	m'amhrán	my song
d'albam	your album	d'amhrán	your song
a albam	his album	a amhrán	his song
a halbam	her album	a hamhrán	her song
ár n-albam	our album	ár n-amhrán	our song
bhur n-albam	your album	bhur n-amhrán	your song
a n-albam	their album	a n-amhrán	their song

Cleachtadh Scríofa

Scríobh aiste faoin bpearsa cheoil is fearr leat.

Céim 4: Scéal

Ceolchoirm a chonaic mé

Plean i gcomhair an scéil

Úsáid na ceisteanna seo a leanas chun struchtúr a chur ar an scéal:

Alt 1: Cathain a bhí an cheolchoirm? Cén áit ina raibh sí?
Cé a bhí ag seinm?
Conas a chuala tú faoin gceolchoirm?
Cé a bhí leat?

Alt 2: Conas a mhothaigh tú?
Conas a thaistil tú chuig an gceolchoirm?
Cén banna a thug taca don phríomhbhanna?

Alt 3: Cé na gléasanna ceoil a bhí ag an mbanna?
Conas a bhí an t-atmaisféar nuair a tháinig siad amach ar an stáitse?
Cad a bhí á dhéanamh ag an slua?

Alt 4: Cé na hamhráin a chan siad?
Conas a bhí amhránaíocht / damhsa / láithreacht an phríomhamhránaí?

Alt 5: Cad a rinne sibh tar éis na ceolchoirme?
Ar cheannaigh tú aon rud?

Scéal: Ceolchoirm a chonaic mé

Dé Sathairn seo caite chuaigh mise agus Éamann chuig ceolchoirm de chuid U2 i bPáirc Uí Chaoimh i gCorcaigh. Chonaic mé **fógra** faoin gceolchoirm san *Irish Examiner*, agus **bheartaigh mé** go rachainn chuig an gceolchoirm le hÉamann. Chuir mé glao ar oifig na dticéad agus cheannaigh mé dhá thicéad dom féin agus d'Éamann. **Chosain** siad céad euro **an ceann**, ach **ba chuma liomsa**: is breá liom U2, agus **b'fhiú iad**!

Tháinig lá na ceolchoirme, agus bhí mé ar bís! Bhuail mé le hÉamann i lár na cathrach, agus chuamar ar an mbus go dtí Páirc Uí Chaoimh. Ba iad Kings of Leon a bhí **ag tacú le** U2, agus nuair a shroicheamar an **staid** bhí siad ag seinm. Amhráin **bheoga chumhachtacha** a bhí acu, agus bhain mé an-taitneamh as a **léiriú**. Bhí gach duine ag canadh leo agus ag rince, agus bhí an t-atmaisféar leictreach!

Ansin tháinig U2 amach ar an **ardán**, agus chuaigh an slua **as a meabhair**! **Ba bheag nár thit mé i laige**. Labhair Bono leis an slua agus dúirt sé go raibh áthas air bheith i gCorcaigh leis an mbanna. Bhí gach duine **ag bualadh bos** agus ag screadach. Bhí an slua ar mire. Ansin thosaigh siad ag seinm amhráin ón albam is déanaí uathu, agus chan siad an singil is fearr liomsa. Bhí áthas an domhain orm. Bhí glór iontach ag Bono, bhí Larry Mullen ag seinm na ndrumaí, sheinn Adam Clayton an dordghiotár, agus sheinn The Edge an giotár leictreach agus an méarchlár. Bhí siad dochreidte. Bhí na focail go léir **ar eolas ag** an slua, agus bhí gach duine ag canadh, ag damhsa, agus ag screadach.

Ansin chan siad 'One', a n-amhrán cáiliúil, agus ba bheag nach raibh Éamann ag caoineadh!

Tar éis na ceolchoirme cheannaigh mise agus Éamann albam agus póstaeir. Bhí gach duine **ar aon aigne** faoin oíche, is é sin gurbh í an cheolchoirm ab fhearr dá bhfacamar riamh. Chuaigh mise agus Éamann abhaile ar an mbus agus muid tuirseach **traochta** ach sásta. Ní dhéanfaidh mé dearmad ar an lá sin go deo.

Aois na Glóire 3

Gluais

fógra	announcement, advertisement	léiriú	performance
bheartaigh	decided	ardán	platform
chosain	cost	as a meabhair	out of their minds
an ceann	each	ba bheag nár thit mé i laige	I almost fainted
ba chuma liom	I didn't care	ag bualadh bos	clapping
b'fhiú iad	they were worth it	ar eolas ag	known to
ag tacú le	supporting	ar aon aigne	of one mind, in agreement
staid	stadium		
beoga	lively	traochta	exhausted
cumhachtach	powerful		

Obair Bhaile

Scéal

Lig ort go bhfuil cara leat tar éis ticéid le haghaidh ceolchoirm de chuid an amhránaí is fearr leat a bhuachan. Scríobh scéal faoin gceolchoirm a mbeadh an giota seo a leanas oiriúnach mar thús leis: 'Léigh mé an teachtaireacht a bhí ar an bhfón siúil: "Cuir glao orm láithreach. Tá scéal iontach agam duit." . . .'

Céim 5: Trialacha teanga comhthéacsúla

Cuid A

Scríobh Máirtín cuntas d'iris na scoile faoin tábhacht a bhaineann le ceol i saol an duine óig. De thimpiste scríobh sé an leagan garbh den alt san aimsir láithreach. Chuaigh sé siar ar an alt ansin agus chuir sé líne faoi na briathra ar cheart dóibh a bheith sa mhodh coinníollach. Athscríobh an cuntas a chum Máirtín sa mhodh coinníollach, agus athraigh na focail a bhfuil líne fúthu.

Má bhíonn níos mó áiseanna ceoil ar fáil do dhaoine óga is féidir bheith cinnte nach bhfuil leath na bhfadhbanna leis an aos óg ann agus atá ann faoi láthair. Éalaíonn daoine óga trí mheán an cheoil ó strus an tsaoil. Déanann siad dearmad ar a bhfadhbanna nuair a sheinneann siad gléas ceoil nó má chanann siad i gcór. Má bhíonn daoine óga díomhaoin agus ag máinneáil thart, is é sin an t-am a iompaíonn siad ar alcól nó ar dhrugaí mar shlí mhíshláintiúil le héalú ó strus an tsaoil. Má bhíonn deis níos fearr acu ar theacht ar cheol, nó má thugann an Rialtas iarracht níos fearr ar áiseanna a chur ar fáil i scoileanna i gceantair faoi mhíbhuntáiste, bíonn feabhas mór ar

Ceol

iompar na ndaltaí, mar a tharla i scoil i gceantar amháin i mBaile Átha Cliath nuair a cuireadh scéim dá leithéid sin ar bun le déanaí de bharr iarrachtaí a rinne múinteoirí flaithiúla.

Cuid B

Líon na bearnaí sna habairtí seo a leanas:

1. Is _____ liom ceol.
2. Is breá liom bheith ag seinm an _____.
   (a) giotár (b) an ghiotáir (c) na giotárach
3. Éistim _____ ceol go minic ar m'Ipod.
4. Is í Rihanna an phearsa _____ is fearr liom.
   (a) cheoil (b) ceol (c) ceola
5. Téim _____ ceolchoirmeacha san O2 go rialta.
6. Tá láithreacht iontach _____ Bono ar an stáitse.

Céim 6: Litir phearsanta

Bhunaigh tú banna le déanaí. Scríobh an litir a chuirfeá chuig do chara faoi. I do litir luaigh:

- na gléasanna ceoil sa bhanna
- do pháirt féin sa bhanna
- cathain agus cén áit a mbíonn sibh ag cleachtadh
- ceolchoirm a thug sibh

Bóthar Bhaile na Finne
Leitir Ceanainn
Co. Dhún na nGall

25 Lúnasa 2010

A Éamainn, a chara,

Cad é mar atá tú? Tá súil agam go bhfuil tú féin agus do mhuintir i mbarr na sláinte. Tabhair mo bheannacht dóibh.

Bhunaigh mise agus roinnt cairde liom banna le déanaí, agus táimid ag baint an-sult as.

Bhí mé ag caint le mo chairde ar scoil lá amháin agus shocraíomar go mba mhaith linn ár mbanna féin a bhunú. Is mise an príomhamhránaí, agus seinnim an giotár leictreach fosta. Seinneann Seán an dordghiotár, seinneann Micheál na drumaí, agus seinneann Pól an méarchlár.

Scríobhaimid ár n-amhráin féin, ach seinnimid amhráin de chuid bannaí eile fosta, ar nós Greenday agus Nirvana. Bímid ag cleachtadh gach Satharn inár ngaráiste. Uaireanta bíonn m'athair ag gearán faoin torann, ach deirim leis gur ceol é, seachas torann!

Sheinneamar ag ceolchoirm an mhí seo caite i halla an phobail chun airgead a bhailiú do Thrócaire. Bhí slua mór ann, agus bhí na cailíní go léir ag screadach agus sa tóir orainn! Bhí sí ar fheabhas, agus d'éirigh linn a lán airgid a bhailiú.

Sin deireadh na nuachta agam. Scríobh chugam go luath!

Mise do chara,

Stiofán

Obair Bhaile
Litir

Scríobh litir faoi cheolchoirm a chonaic tú le déanaí. I do litir luaigh:

1. conas a chuala tú faoin gceolchoirm
1. an t-amhránaí nó an banna a bhí ann
1. an rud is fearr faoin gceolchoirm
1. eachtra a tharla le linn na ceolchoirme.

127

Aois na Glóire 3

Céim 7: Léamhthuiscint

Léigh an sliocht seo a leanas agus ansin freagair na ceisteanna a ghabhann leis.

Beyoncé Knowles

Rugadh Beyoncé Giselle Knowles ar 4 Meán Fómhair 1981 i Houston, Texas. Mathew Knowles is ainm dá hathair, fear **de shliocht Afracach**, agus Tina Beyincé is ainm dá máthair, bean de shliocht Creole. **Ainmníodh** Beyoncé **as** sloinne a máthar, toisc nach raibh ach fear nó dhó ann a raibh an sloinne sin acu chun é a choimeád beo.

D'fhreastail Beyoncé ar Bhunscoil Mhuire i dTexas, áit ar fhreastail sí ar ranganna rince, a **chuimsigh bailé** agus **rince snagcheoil**.

Nuair a bhí sí ocht mbliana d'aois bhunaigh sí banna cailíní darbh ainm Girl's Tyme. Sa bhliain 1993 d'athraigh an grúpa an t-ainm go Destiny's Child, ainm a fuair siad ó Leabhar Íseáia sa Bhíobla. Sa bhliain 1995 d'éirigh athair Beyoncé as a phost le bheith ina **bhainisteoir** lánaimseartha ar an mbanna. **Dhear** máthair Beyoncé na **feistis** don bhanna. Tar éis ceithre bliana ar an mbóthar shínigh an grúpa le Columbia Records, an comhlacht taifeadta.

Sa bhliain 1998 bhí a gcéad chnag acu, darbh ainm 'No, No, No'. Bhuaigh siad a lán **gradam** de bharr an amhráin sin, agus sa bhliain 1999 d'eisigh siad a n-albam The Writing's on the Wall. **Díoladh** seacht milliúin cóip den albam sin, agus bhí cnaig acu leis na singil 'Bills Bills Bills', 'Jumpin Jumpin' agus 'Say My Name'. Bhuaigh an grúpa go leor **gradam** de bharr an albaim sin sna gradaim Grammy i 2001.

Ceol

Sa bhliain 2003 d'eisigh Beyoncé a céad albam mar **amhránaí aonair**, dar teideal *Dangerously in Love,* agus bhí **an-rath** air. Bhí cnag mór aici leis an amhrán 'Crazy in Love,' agus taispeánadh an físeán a bhain leis ar MTV **de ló is d'oíche**. Sa bhliain 2004 chuir Destiny's Child a n-albam deireanach amach, dar teideal *Destiny Fulfilled,* agus **scar siad** i 2005.

Chuir Beyoncé a lipéad faisin amach lena máthair faoin teideal House of Dereon i 2004. Is bean **uaillmhianach** í Beyoncé, agus sa bhliain 2005 **ghlac sí** an **phríomhpháirt** in *Dreamgirls*, scannán a **bunaíodh** ar shaol Diana Ross agus an grúpa darbh ainm 'na Supremes'. Ina dhiaidh sin d'eisigh sí a halbam *B'Day* i 2006 agus chuir sí amach a halbam *I am . . . Sasha Fierce* sa bhliain 2008.

Is í Beyoncé an chéad bhean riamh a bhuaigh an gradam **Ealaíontóir Idirnáisiúnta** sna Gradaim Cheoil Mheiriceánacha. Bhuaigh sí an-chuid duaiseanna ag na gradaim Grammy sa bhliain 2010 chomh maith.

Gluais

de shliocht Afracach	of African descent	díoladh	were sold
ainmníodh as	was named after	amhránaí aonair	solo singer
chuimsigh	included	an-rath	great success
bailé	ballet	de ló is d'oíche	day and night
rince snagcheoil	jazz dancing	scar siad	they separated, split up
bainisteoir	manager	uaillmhianach	ambitious
lánaimseartha	full-time	ghlac	took
dhear	designed	príomhpháirt	principal part
feistis	outfits	bunaíodh	was established
gradam	award	Ealaíontóir Idirnáisiúnta	International Artist

Aois na Glóire 3

Freagair na ceisteanna seo a leanas:
1. Cathain agus cá háit a rugadh Beyoncé?
2. Cén fáth a bhfuil cáil uirthi sa lá atá inniu ann?
3. Déan cur síos ar pháirt a máthar agus páirt a hathar ina saol mar amhránaí.
4. Déan cur síos ar chúlra athair Beyoncé agus máthair Beyoncé.
5. Cad is ainm don ghrúpa cáiliúil ina raibh Beyoncé?
6. Cé a dhear na feistis a chaith an banna?
7. Cad is ainm don chéad albam a d'eisigh sí?
8. Cén cnag a bhí aici leis an albam sin?
9. Cé na rudaí atá déanta aici seachas amhránaíocht?
10. Cén gradam a bhuaigh sí le déanaí?

Bain úsáid as na focail thíos chun na bearnaí sna habairtí seo a leanas a líonadh:
1. Is breá liom rince de gach saghas, rince _____ agus _____ san áireamh.
2. Tá mo mháthair de _____ Iodálach agus is as Éirinn do m'athair.
3. _____ Beyoncé ar Bhunscoil Mhuire i dTexas.
4. Is _____ den scoth í Beyoncé.
5. Bhí a gcéad _____ ag Destiny's Child leis an amhrán 'No No No.'
6. Bhí an-. _____ ar an singil, agus shroich sé uimhir 1 sna _____.
7. Ba í máthair Beyoncé a _____ feistis an bhanna.
8. Scannán is ea *Dreamgirls* atá _____ ar shaol Diana Ross agus na Supremes.
9. Bhunaigh Beyoncé a _____ faisin féin.
10. Is bean _____ í.

lipéad, shliocht, bunaithe, uaillmhianach, amhránaí, d'fhreastail, rath, Gaelach, bailé, chnag, cairteacha, dhear.

Ceol

Léamhthuiscint

Léigh an giota seo a leanas agus freagair na ceisteanna a ghabhann leis:

Sharon Shannon

Is duine í Sharon Shannon de na ceoltóirí traidisiúnta **is mó a bhfuil meas orthu sa lá atá inniu ann** de bharr a **cumas iontach** ar an gcairdín. Rugadh agus tógadh Sharon i gCora Finne, Contae an Chláir, sa bhliain 1968. Ba **rinceoirí seit** iad a tuismitheoirí, agus seinneann a beirt deirfiúracha agus a deartháir **gléasanna** traidisiúnta freisin. Nuair a bhí sí óg, thosaigh Sharon ag seinm na **feadóige stáine**, agus sula raibh sí deich mbliana d'aois bhí sí ag seinm an chairdín. D'fhoghlaim sí an fhidil chomh maith ó Frank Cuspy, ceoltóir agus múinteoir agus fear a **chuir béim** ar an **sult** a bhaineann le ceol. Dúirt sé go raibh **bua an cheoil** ag Sharon ach gur oibrigh sí go dian chun an tallann sin a **fhorbairt** freisin.

Nuair a bhí sí ceithre bliana déag d'aois thaistil Sharon ar fud Mheiriceá mar bhall den ghrúpa Disert Tola. Chaith sí **seal** in Ollscoil na hÉireann, Corcaigh, ach níor thaitin sin léi. Tar éis di an ollscoil a fhágáil d'fhorbair sí a cumas ar an bhfidil, agus deir sí féin go bhfuil **tionchar** mór ag an bhfidil ar a stíl ar an gcairdín.

Sa bhliain 1989 thosaigh Sharon ag seinm le grúpa darb ainm Arcady, in éineacht le Frances Black, Seán Keane, agus Cathal Hayden. Ansin **d'iarr na** Waterboys, racbhanna, **uirthi** dul ar **camchuairt** leo timpeall an domhain. Sa bhliain 1991 d'eisigh Sharon a céad albam, a bhfuil meascán de stíleanna éagsúla ceoil air: ceol Éireannach agus ceol Cajun, poirt ón bPortaingéil agus ó Cheanada.

Sa bhliain 1992 d'oibrigh Sharon ar an albam *A Woman's Heart* **i dteannta le** hamhránaithe eile. Dhíol an t-albam sin níos mó cóipeanna ná aon albam Éireannach roimhe sin. Sa bhliain 1992 thug Gay Byrne clár iomlán do cheol Sharon Shannon.

Le linn a saoil d'oibrigh Sharon Shannon le roinnt de na ceoltóirí is fearr in Éirinn, ina measc U2, Mundy, Steve Earle, Sinéad O'Connor, Dónal Lunny, agus Gerry O'Connor. **Ó shin i leith** d'eisigh sí mórán albam **rathúil** eile, agus **bhain** *The Galway Girl* uimhir 1 **amach** sna cairteacha Éireannacha sa bhliain 2008. I mí an Mhárta 2009 **bronnadh** an Lifetime Achievement Award uirthi sna gradaim Meteor.

Aois na Glóire 3

Gluais

is mó a bhfuil meas orthu	most highly regarded	forbairt	develop
		seal	a short time
sa lá atá inniu ann	at the present time	tionchar	influence
cumas iontach	exceptional ability	d'iarr siad uirthi	they requested her
rinceoirí seit	set dancers	camchuairt	tour
gléasanna	instruments	i dteannta le	together with
an fheadóg stáin	the tin whistle	ó shin i leith	since then
cuir béim ar	emphasise	rathúil	successful
sult	enjoyment	bain amach	achieve
bua an cheoil	a natural talent for music	bronnadh	was awarded

Freagair na ceisteanna seo a leanas:

1. Cathain a rugadh Sharon Shannon? Cár rugadh í?
2. Cé na gléasanna ceoil a sheinneann sí?
3. Cad is ainm don mhúinteoir fidle a bhí aici?
4. Cad a rinne sí nuair a bhí sí ceithre bliana déag d'aois?
5. Cad a chuaigh i bhfeidhm ar a stíl ar an gcairdín?
6. Cén banna a d'iarr uirthi dul ar camchuairt leo sa bhliain 1991?
7. Cén t-alt sa sliocht thuas a dtagraíonn an abairt seo a leanas dó?—
   'Sa bhliain 1992 d'oibrigh Sharon ar an albam *A Woman's Heart* i dteannta le hamhránaithe eile.'
   Alt 1 ☐ Alt 2 ☐ Alt 3 ☐ Alt 4 ☐ Alt 5 ☐
8. Cén t-alt sa sliocht thuas a dtagraíonn an abairt seo a leanas dó?—
   'I mí an Mhárta 2009 bronnadh an Lifetime Achievement Award uirthi sna gradaim Meteor.'
   Alt 1 ☐ Alt 2 ☐ Alt 3 ☐ Alt 4 ☐ Alt 5 ☐

Cuir Gaeilge ar na habairtí seo a leanas:

1. I play the accordion and the tin whistle.
2. I love Irish dancing and set dancing.
3. He travelled all over Australia last year.
4. She released her album called *The Galway Girl* last year.
5. Music has a big influence on my life.
6. Dónall has a natural talent on the fiddle.
7. Bono is one of the most famous singers in the world.
8. Mundy was presented with the award of Best Male Singer in the Meteor Awards last year.
9. The Chieftains were honoured at the Meteor Awards last year.
10. Her song reached number 1 in the charts.

Céim 8: Aiste

Ceol agus rince: An tábhacht a bhaineann leo i saol an duine

Creidim go láidir go bhfuil ceol agus rince an-tábhachtach i saol an duine. Tá siad tábhachtach mar chaitheamh aimsire mar tugann siad **faoiseamh** dúinn ó **strus** agus ó **bhuairt** an tsaoil.

Tugann ceol agus rince deis dúinn **éalú** ó bhuairt agus ó **chúraimí** an tsaoil. Tugann siad sos dúinn ónar bhfadhbanna. Is caitheamh aimsire iontach iad an ceol agus an rince, agus is féidir le daoine dearmad a dhéanamh ar a bhfadhbanna nuair a bhíonn siad ag rince, ag seinm ceoil, nó ag éisteacht le ceol.

Nuair a éisteann daoine le ceol is féidir leo **ionannú le hatmaisféar** an cheoil nó na liricí, agus go minic sa tslí sin faigheann siad faoiseamh ó fhadhbanna nó ó bhrón. **Mar an gcéanna**, nuair a bhíonn áthas ar dhuine is féidir leis ceol **beoga** a **chasadh** a **oireann** dá **aoibh**.

Má chanann duine, má sheinneann sé ceol nó má chumann sé ceol is féidir leis é féin a chur in iúl trí **mheán** an cheoil. Mar an gcéanna, is breá le daoine áirithe rince a dhéanamh chun **iad féin a chur in iúl** agus chun **fuascailt** a fháil.

Chomh maith leis sin, tá rogha iontach stíleanna ceoil agus rince ann. Maidir le ceol, is féidir le duine rogha a dhéanamh as popcheol, rac-cheol, rithim agus gormacha, miotal trom, **snagcheol**, **ceol tíre**, ceol clasaiceach, agus eile. Mar an gcéanna, tá a lán stíleanna rince ann, ina measc rince Gaelach, bailé, rince hip-hop, flamenco, rince sráide, agus rince Laidineach.

Is caitheamh aimsire **spraíúil** iad ceol agus rince. Maidir le **corpacmhainn**, is **gníomhaíocht** iontach é rince, dar ndóigh, agus déanann sé an-**mhaitheas** don tsláinte. Téann a lán daoine chuig ranganna rince nuair a bhíonn siad ag iarraidh **meáchan a chailleadh**, nó fiú amháin i gcomhair an spraoi! Bíonn siad **ag cur allais** nuair a bhíonn siad ag rince, agus ardaíonn rince **ráta croí** an duine.

Is cuid thábhachtach iad ceol agus rince de shaol sóisialta an duine. Is breá le daoine óga dul ag rince sa chlub ag an deireadh seachtaine. Nuair a bhíonn daoine **ag ceiliúradh** lá breithe nó **pósadh** nó aon ócáid thábhachtach eile is cuid lárnach den cheiliúradh iad ceol agus rince de ghnáth. Fiú más ócáid bhrónach í, **sochraid fiú amháin**, bíonn an ceol tábhachtach do mhórán daoine chun **cur le dínit** na hócáide agus **sa chaoi sin** chun ómós a thabhairt don duine marbh.

Mar is léir ón méid seo, tá ceol agus rince an-tábhachtach i saol an duine: dá shláinte choirp agus dá **shláinte mheabhrach**, mar fhuascailt, mar chaitheamh aimsire, agus mar chuid dá shaol sóisialta.

Gluais

Irish	English	Irish	English
Creidim go láidir	*I strongly believe*	ceol tíre	*traditional music*
faoiseamh	*relief*	spraíúil	*playful*
strus	*stress*	corpacmhainn	*fitness*
buairt	*worry*	gníomhaíocht	*activity*
éalú	*escape*	maitheas	*good, benefit*
cúraimí	*cares*	meáchan	*weight*
ionannú le	*identify with*	a chailleadh	*to lose*
atmaisféar	*mood*	ag cur allais	*sweating*
mar an gcéanna	*likewise, similarly*	ráta croí	*heart rate*
beoga	*lively*	ag ceiliúradh	*celebrating*
casa	*to play*	pósadh	*wedding*
oireann	*suits*	sochraid	*funeral*
aoibh	*humour*	fiú amháin	*even*
meán	*medium, means*	cur le	*add to*
muid féin a chur in iúl	*express ourselves*	dínit	*dignity*
fuascailt	*release*	sa chaoi sin	*in that way*
snagcheol	*jazz*	sláinte mheabhrach	*mental health*

Cleachtadh breise

1. Luaigh *ocht bpointe* a thaispeánann go bhfuil ceol agus rince tábhachtach i saol an duine.
2. Scríobh aiste faoin teideal 'An tábhacht a bhaineann le caitheamh aimsire i saol an duine.'

Céim 9: Dráma sa rang

Lig oraibh go bhfuil an rang go léir ag glacadh páirte sa chomórtas tallainne ar 'The X Factor'.

Tógann duine amháin páirt an láithreora; tógann ceathrar eile páirt na moltóirí. Tógann roinnt eile páirt na n-iomaitheoirí, agus ligeann an chuid eile den rang orthu gurb iad an lucht féachana. Bain úsáid as na focail agus na frásaí thíos mar chabhair duit.

Ceol

Tús an chláir

Tráthnóna maith agaibh go léir, agus bhur gcéad fáilte chuig 'The X Factor'.	Good evening everyone, and you're very welcome to 'The X Factor'.
Anocht beidh deichniúr iomaitheoirí ó gach cearn den tír ar an stáitse.	Tonight there will be ten contestants from all over the country on the stage.
Ní féidir ach le seisear dul ar aghaidh go dtí an chéad bhabhta eile an tseachtain seo chugainn.	Only six can go ahead to the next round next week.
Dá bhrí sin, ní mór do cheathrar iomaitheoirí dul abhaile.	Therefore, four contestants have to go home.
Ar an ábhar sin, beidh cinneadh deacair le déanamh ag ár gceathrar moltóirí!	As a result, our four judges will have a difficult decision to make.
Cuirigí fáilte mhór roimh ár moltóirí: Simon Cowell, Cheryl Cole, Dannii Minogue agus Louis Walsh.	Give a big welcome to our judges: Simon Cowell, Cheryl Cole, Dannii Minogue and Louis Walsh.

Conas na hiomaitheoirí a chur in aithne

Is as Corcaigh don bhuachaill / don chailín / don ghrúpa seo.	This boy / girl / group comes from Cork.
Tá sé / sí / siad ag canadh ó bhí sé / sí / síad óg, agus seinneann sé / sí an giotár.	He / she / they have been singing since he / she was young, and he / she plays the guitar.
Tá fáilte romhat, a Aoife Ní Dhónaill!	Welcome, Aoife Ní Dhónaill!

Aois na Glóire 3

Conas labhairt leis na daoine atá sa bhaile

Is agaibhse atá an chumhacht.	It's you who have the power.
Is féidir libh bhur n-iomaitheoir is fearr a shábháil ar feadh seachtaine eile.	You can save your favourite contestant for another week.
Tá a seacht ndícheall déanta ag na hiomaitheoirí le dul i bhfeidhm ar na moltóirí agus oraibh sa bhaile.	The contestants have done their absolute best to impress the judges and you at home.
Bhuel, tá na línte fóin ar oscailt anois.	Well, the phone lines are open now.
Más maith leat tacaíocht a thabhairt don iomaitheoir is fearr leat, cuir téacs chuig na huimhreacha seo a leanas: . . .	If you want to support your favourite contestant, send a text message to the following numbers: . . .
Ar an drochuair, tá na línte dúnta anois.	Unfortunately, the lines are now closed.
Is é an chéad duine a rachaidh ar aghaidh go dtí an chéad bhabhta eile an tseachtain seo chugainn ná . . .	The first person who will be going ahead to the next round next week will be . . .
Comhghairdeas! An bhfuil tú sásta, a Aoife?	Congratulations! Are you happy, Aoife?
Tá brón orm, a Dhonncha! Conas a mhothaíonn tú?	My sympathies, Donncha. How do you feel?

Frásaí i gcomhair na n-iomaitheoirí

Is mise . . .	I am . . . / My name is . . .
Táim neirbhíseach.	I feel nervous.
Tá a lán féinmhuiníne agam.	I have a lot of confidence / I am very confident.
Is as . . . dom.	I'm from . . .
Táim . . . bliana (déag) d'aois.	I'm . . . years old.
Táim ag canadh le ceithre bliana anuas.	I've been singing for the last four years.
Seinnim an pianó / an giotár / an fheadóg stáin chomh maith.	I play the piano / guitar / tin whistle also.

Nuair atá an t-iomaitheoir ag caint leis na moltóirí

Míle buíochas!	Many thanks!
Ní aontaím leat ar chor ar bith!	I don't agree with you at all!
Níl sé sin cothrom!	That's not fair!

Ceol

Na moltóirí

A Dhónaill! Cén chaoi a bhfuil tú inniu?	Dónall! How are you today?
Inis dom beagán fút féin.	Tell me a bit about yourself.
Tá go maith.	All right. / Very well.
Cad a chasfaidh tú dúinn inniu?	What will you sing for us today?
Rogha mhaith! Ar aghaidh leat.	Good choice! On you go.
Togha fear / cailín. Bhí sé sin ar fheabhas.	Good man / girl. That was excellent.
Ó, a thiarcais! Bhí sé sin go huafásach! Mo náire thú!	O, heavens! That was awful! Shame on you!
Comhghairdeas leat! Is tusa an t-amhránaí is fearr a chualamar inniu.	Congratulations! You're the best singer we heard today.

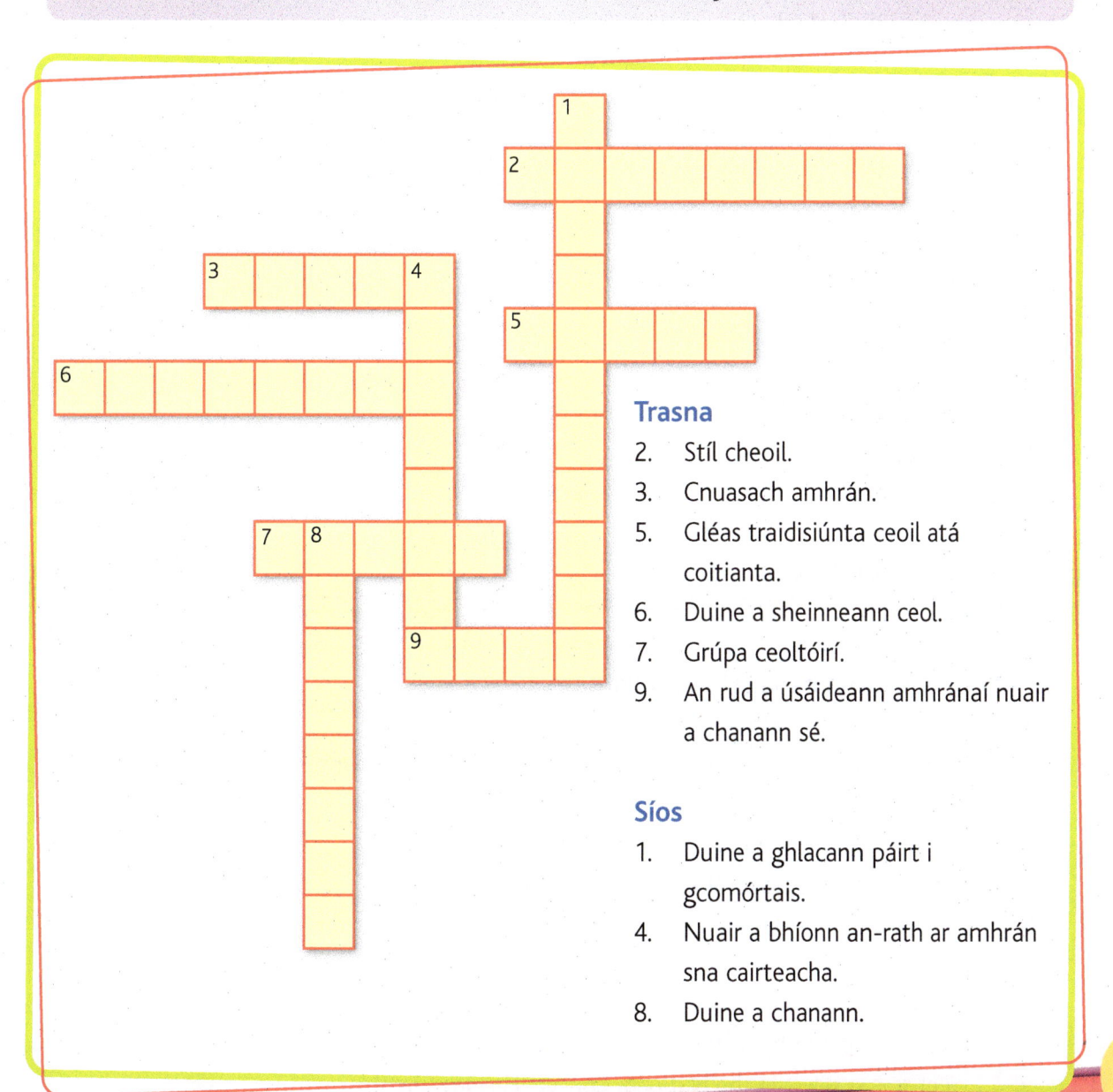

Trasna

2. Stíl cheoil.
3. Cnuasach amhrán.
5. Gléas traidisiúnta ceoil atá coitianta.
6. Duine a sheinneann ceol.
7. Grúpa ceoltóirí.
9. An rud a úsáideann amhránaí nuair a chanann sé.

Síos

1. Duine a ghlacann páirt i gcomórtais.
4. Nuair a bhíonn an-rath ar amhrán sna cairteacha.
8. Duine a chanann.

Céim 10: Athbhreithniú ar Aonad 5

Freagair na ceisteanna seo a leanas:
1. Cén saghas ceoil is fearr leat?
2. An seinneann tú gléas ceoil?
3. An bhfreastalaíonn tú ar ranganna ceoil nó ar ranganna amhránaíochta?
4. An gcanann tú?
5. Cé hé an t-amhránaí is fearr leat? Cén fáth?
6. Cad é an banna is fearr leat?
7. An ndeachaigh tú chuig ceolchoirm le déanaí?
8. Déan cur síos uirthi.
9. An éisteann tú le ceol?
10. An gceannaíonn tú dlúthdhioscaí, nó an íoslódálann tú ceol den idirlíon?

Cuir Gaeilge ar na habairtí seo a leanas:
1. I love pop music.
2. My favourite singer is Beyoncé.
3. My favourite band is Snowpatrol.
4. I love classical music.
5. My favourite composer is Tchaikovsky.
6. I play the violin with the school orchestra.
7. Brian sings in the school choir.
8. I have been playing the piano for five years.
9. She has completed grade 8.
10. She plays the flute.

Cuir Gaeilge ar na habairtí seo a leanas:
1. Micheál loves rap music.
2. Sorcha loves Lady Gaga, because she has a great voice, she writes her own songs, and plays the piano.
3. I love Madonna's videos.
4. Oisín and Pádraig set up their own rock band.
5. They practise three times a week.
6. The crowd were going wild at the concert.
7. I download music from the internet regularly.
8. I love Rihanna's fashion style.
9. I went to a concert in the National Concert Hall last night.
10. Máirín loves watching the contestants on 'The X Factor'.

Aonad 6

Na meáin chumarsáide, scannáin, agus leabhair

Céim 1: Téarmaí a bhaineann leis na meáin — 140

Céim 2: Aiste: 'Clár teilifíse nach maith liom' — 144

Céim 3: Aiste: 'An clár teilifíse is fearr liom' — 146

Céim 4: Léamhthuiscint: 'Daithí O'Sé'; 'Gráinne Seoige' — 148

Céim 5: Aiste: 'An leabhar nó an scannán is fearr liom' — 152

Céim 6: Trialacha teanga comhthéacsúla — 154

Céim 7: Aiste: 'Tionchar na meán ar dhaoine óga' — 154

Céim 8: Cleachtadh cainte agus obair bheirte — 156

Céim 9: Aiste: 'Ré na teicneolaíochta' — 158

Céim 10: Litir fhoirmiúil: 'Gearán faoi chlár teilifíse' — 160

Céim 11: Athbhreithniú ar Aonad 6 — 162

Féach ar thriail a sé (lch 411)

Céim 1: Téarmaí a bhaineann leis na meáin

Téarmaí a bhaineann leis na meáin

na meáin chumarsáide	the media (communications media, mass media)
iris, irisí	magazine, magazines
nuachtán, nuachtáin / páipéar nuachta, páipéir nuachta	newspaper, newspapers
raidió	the radio
teilifís	television
cláir theilifíse	television programmes
an t-idirlíon	the internet
suíomh gréasáin	web site
fón siúil	mobile phone
DVDanna	DVDs
físeáin	videos

Scannáin agus leabhair

scannáin uafáis	horror films
scannáin rómánsacha	romantic films
scannáin eachtraíochta	action films
scannáin ficsean-eolaíochta	science fiction films
scannáin ghrinn	comedy films
scannáin bhleachtaireachta	detective films
scannáin eipice	epic films
scannáin fantaisíochta	fantasy films
beathaisnéis	biography
dírbheathaisnéis	autobiography
úrscéalta uafáis	horror novels
úrscéalta rómánsacha	romance novels
leabhair eachtraíochta	adventure books
leabhair ficsean-eolaíochta	science fiction books
leabhair ghrinn	humorous books
leabhair bhleachtaireachta	detective books
úrscéalta eipice	epic novels

Na meáin chumarsáide, scannáin, agus leabhair

Focail agus frásaí a bhaineann le scannáin

an stiúideo	*the studio*
láithreán / seit	*the set*
aisteoir	*actor*
aisteoireacht	*acting*
réalta scannán	*film star*
na pearsana	*the characters*
an phríomhphearsa	*the principal character*
an phríomhpháirt	*the main role*
an léiritheoir	*the producer*
an stiúrthóir	*the director*
an fhoireann	*the crew*
oibreoir ceamara / ceamaradóir	*camera operator*
ealaíontóir smididh	*make-up artist*
maisíocht	*special effects*
tá an scannán bunaithe ar … / bunaíodh an scannán ar …	*the film is based on …*
an scéal	*the plot, story*

Téarmaí a bhaineann le leabhair

scríbhneoir	*writer*
údar	*author*
úrscéal	*novel*
úrscéalaí	*novelist*
an scéal	*the story, the plot*
na pearsana	*the characters*
foilsitheoir	*publisher*
foilsigh	*publish*
eagarthóir	*editor*
file	*poet*
filíocht	*poetry*
cnuasach filíochta	*poetry collection*
dán	*poem*
drámadóir	*playwright, dramatist*
seoladh leabhair	*book launch*
léirmheas	*review*

141

Aois na Glóire 3

Cleachtadh Scríofa

Cuir Gaeilge ar na habairtí seo a leanas:

1. I love romantic films.
2. The plot of the film was excellent.
3. The acting was incredible.
4. I hate science fiction films.
5. Katherine Heigl is my favourite actor.
6. My brother published a collection of poems.
7. The film *Bridget Jones* is based on a book written by Helen Fielding.
8. Stephanie Meier is my favourite author.
9. I would love to be a make-up artist when I leave school.
10. Pádraig loves comedy films.

Teilifís agus cláir theilifíse

clár nuachta	news programme
clár cúrsaí reatha	current affairs programme
clár faisnéise	documentary
clár oideachais	educational programme
clár dúlra	nature programme
clár ceoil	music programme
clár siamsa	entertainment programme
irischlár	magazine programme
clár taistil agus saoire	travel and holiday programme
clár ceistiúcháin / quiz	quiz programme
clár grinn	comedy
clár faisin	fashion programme
clár spóirt	sports programme
beochan	animation
cartún	cartoon
clár 'réaltachta'	'reality' programme
sraith	series
sraithscéal	serial
clár leantach	sequel
sobalchlár	soap

Na meáin chumarsáide, scannáin, agus leabhair

Téarmaí a bhaineann le teilifís

craoltóir	broadcaster
léiritheoir	producer
láithreoir	presenter
léitheoir nuachta	newsreader
stiúrthóir	director
fógraíocht	advertising
fógra	advertisement
réamhaisnéis na haimsire	weather forecast
ealaíontóir smididh	make-up artist
taighdeoir	researcher
teicneoir fuaime	sound technician
teicneoir solais	lighting technician
oibreoir ceamara / ceamaradóir	camera operator
foireann feistis	wardrobe staff
iriseoir	journalist

Obair Scríofa

Cuir Gaeilge ar na habairtí seo a leanas:

1. Holly Willoughby is my favourite presenter.
2. My cousin is a researcher for 'The Late Late Show'.
3. Sharon Ní Bheoláin is a newsreader with RTE.
4. My sister works as a sound technician with TG4.
5. My father works as a producer on the music programme 'Pop 4'.
6. Did you see the programme about the new mobile phone?
7. Brendan O'Connor is my favourite journalist.
8. Jim Sheridan is an excellent film director.
9. I love comedies.
10. The series 'Friends' is my favourite programme.

Obair Scríofa

1. Déan suirbhé sa rang ar na scannáin, na cláir, na leabhair agus na haisteoirí is fearr le gach duine.
2. Scríobh beathaisnéis ghearr den aisteoir is fearr leat.
3. Scríobh léirmheas de scannán a chonaic tú le déanaí. Luaigh:
   - an saghas scannáin a bhí ann
   - an scéal
   - an aisteoireacht
   - na haisteoirí.

Céim 2: Aiste

Clár teilifíse nach maith liom
Nóra Ní Riain

Is fuath liomsa **sraithscéalta** i gcoitinne, ach ní mór dom a rá gurb é 'Eastenders' an clár is mó a bhfuil fuath agam air. Tá an sraithscéal seo **suite** in oirthear London, é bunaithe ar shaol na **ngnáthdhaoine**, **mar dhea**, atá ina gcónaí i gCearnóg Albert. Deir roinnt daoine go dtaitníonn sraithscéalta leo toisc gur **scáthán** iad ar shaol **ár linne**; ach is é mo thuairim go mbíonn an-chuid **áibhéile**, **áiféise** agus **méaldráma** sa chlár **áirithe** seo. Bíonn **atmaisféar gruama** dorcha sa chlár freisin, agus **níl gá leis** sin. Ní thuigim na daoine a deir go mbaineann siad sult as an gclár: is iad **anró**, **cruatan**, trioblóid agus argóintí idir na **pearsana** a bhíonn ann an t-am ar fad.

Glacaim leis go mbíonn **gnéithe** den **fhíorshaol** i sraithscéalta uaireanta. Léiríonn siad fadhbanna éagsúla, ina measc fadhbanna le **caidreamh pearsanta**, **fadhbanna teaghlaigh**, **bochtaineacht**, **dífhostaíocht**, agus **coireacht**. Caithfidh mé a admháil gur daoine iad roinnt de na pearsana atá an-chosúil le daoine a bhfuil aithne againn orthu. Feicimid pearsana cneasta a chabhraíonn le daoine eile, pearsana **suaracha** oilc, agus pearsana greannmhara freisin. Gan amhras is féidir linn **ionannú le** roinnt de na pearsana.

Is í an fhadhb atá agamsa le 'Eastenders', áfach, ná go mbíonn an bhéim i gcónaí ar ócáidí tragóideacha brónacha, agus chuirfeadh sé **gruaim** agus brón ar aon duine bheith ag féachaint ar chlár **dá leithéid** gach lá. Is iomaí uair a fheicimid dóiteán, timpiste bhóthair, bás, tinneas, **feall**, agus daoine ag **fulaingt** ar bhealaí éagsúla. **Léiríonn** an clár an domhan mar áit bhaolach atá lán d'anró, cruatan, agus fulaingt. Tá a fhios agam go bhfuil cuid de sin fíor, ach an gá é a lua gach lá? Ceapaim go mbíonn an bhéim ar eachtraí gruama **thar fóir** sa chlár seo.

Chomh maith leis sin, tá an iomarca áibhéile agus áiféise sa **scéal**, i mo thuairim. Mar shampla, bhí fear **meánaosta** ag dul amach le **cailín** a mhic **go rúnda**, scéal a bhí **áibhéalach** agus **áiféiseach**, i mo thuairim. Ní maith liom méaldráma **ar son** an mhéaldráma féin, go háirithe nuair is méaldráma **diúltach** é a bhfuil **teachtaireacht** dhiúltach ann. Sin an fáth nach maith liom 'Eastenders'.

Na meáin chumarsáide, scannáin, agus leabhair

Gluais

sraithscéalta	*serials, 'soaps'*	fadhbanna teaghlaigh	*family problems*
suite	*set*	bochtaineacht	*poverty*
gnáthdhaoine	*ordinary people*	dífhostaíocht	*unemployment*
mar dhea	*'as if,' so called, supposedly*	coireacht	*wickedness*
		suarach	*mean*
scáthán	*mirror*	ionannú le	*identify with*
ár linn	*our era*	gruaim	*gloom*
áibhéil	*exaggeration*	dá leithéid	*of this sort*
áiféis	*nonsense*	feall	*treachery*
méaldráma	*melodrama*	fulaingt	*suffering*
áirithe	*particular*	léiríonn	*presents*
atmaisféar	*mood*	thar fóir	*over the top*
gruama	*gloomy*	scéal	*plot*
níl gá le	*there's no need for*	meánaosta	*middle-aged*
anró	*misery*	cailín	*girl-friend*
cruatan	*hardship*	go rúnda	*secretly*
pearsana	*characters*	áibhéalach	*exaggerated*
glacaim leis	*I accept*	áiféiseach	*nonsensical*
gnéithe	*aspects*	ar son	*for the sake of*
an fíorshaol	*the real world*	diúltach	*negative*
caidreamh pearsanta	*personal relationships*	teachtaireacht	*message*

Obair Bhaile
Aiste
Scríobh aiste ar chlár teilifíse nach maith leat.

Gramadach chomhthéacsúla

1. Is fuath _____ sraithscéalta i gcoitinne.
2. Tá 'Eastenders' suite _____ oirthear Londan.
3. Tá sé bunaithe _____ shaol gnáthdhaoine.
4. Ní féidir _____ é a thuiscint.
5. Baineann daoine áirithe sult as cruatan daoine eile, i _____ thuairim.
6. Is _____ an fhadhb atá agam le 'Eastenders' ná go mbíonn an bhéim ar ócáidí tragóideacha.
7. Chuirfeadh an clár brón _____ aon duine.
8. Léiríonn an clár an domhan _____ áit bhaolach ghruama.
9. Bhí fear meánaosta ag dul amach _____ bean óg.
10. Ní maith _____ méaldráma ar son an mhéaldráma féin.

Céim 3: Aiste

An clár teilifíse is fearr liom

Is breá liomsa 'Friends'. Sraithscéal greannmhar **taitneamhach** is ea é, agus is féidir liom **ionannú** leis na **pearsana** ann.

Is i Nua-Eabhrac atá an clár **suite**. Is scéal é faoi sheisear cairde, faoina **gcaidreamh** agus faoina saol. **Pléann** an clár **lena** gcaidreamh rómánsach, a gcairdeas le daoine éagsúla, a gcaidreamh leis an teaghlach, a bpost, a bhfadhbanna lena bpost uaireanta, agus na **dúshláin** ina saol; ach pléann sé leis **na cúrsaí sin** ar shlí **éadrom** ghreannmhar. Joey, Ross agus Chandler is ainm do na fir óga; Phoebe, Monica agus Rachel is ainm do na mná óga.

Is é Joey an phearsa is fearr liom. Tá sé **dúr** agus greannmhar **araon**, agus deir sé a lán rudaí **amaideacha** uaireanta. Ní éiríonn sé as ithe ar chor ar bith, agus dhéanfadh sé rud ar bith chun bia deas a fháil! Is aisteoir é atá i gcónaí **ar lorg oibre**, agus fuair sé airgid ó Chandler '**ar iasacht**'; ach sa deireadh éiríonn leis post a fháil i gclár teilifíse.

Is breá liom Phoebe freisin, toisc gur bean **ait fhiáin** í a bhíonn **rómhacánta** uaireanta. **Suathaire** is ea í. Deir sí rud ar bith **a ritheann léi**, agus déanann sí rudaí greannmhara go minic. Is **leathchúpla** í, ach ní réitíonn sí go maith lena deirfiúr. Is breá léi ainmhithe, agus is **feoilséantóir** í.

Ní maith liom Monica, toisc go bhfuil sí **gafa le** hobair tí agus ní mór di bheith **i gceannas ar** gach rud. Sa deireadh pósann Monica duine de na fir óga, Chandler, atá greannmhar agus **searbhasach**.

Ag tús na sraithe is **freastalaí** í Rachel i gcaifé darb ainm Central Perk. Níl sí ábalta post maith a fháil. Is breá léi éadaí agus cúrsaí faisin, agus sa deireadh faigheann sí an post ab fhearr léi, mar **cheannaitheoir** le comhlacht éadaigh. Feicimid freisin an caidreamh rómánsach agus na fadhbanna idir í féin agus Ross. **Beirtear leanbh dóibh** ag deireadh na sraithe.

I ndeireadh an lae is breá liom 'Friends' toisc go bpléann sé le **hábhair dháiríre**, ar nós fadhbanna **fostaíochta**, **teaghlaigh scartha**, agus caidreamh pearsanta, ar shlí éadrom ghreannmhar. Is féidir liom ionannú leis na pearsana, toisc go bhfuil **tréithe** éagsúla ag gach duine acu agus go ndeir siad agus go ndéanann siad rudaí amaideacha **náireacha** uaireanta—**ar ár nós féin** anois is arís! Chomh maith leis sin, ceapaim go bhfuil an aisteoireacht go hiontach. Sin iad na fáthanna arb é 'Friends' an clár is fearr liom.

Na meáin chumarsáide, scannáin, agus leabhair

Gluais

taitneamhach	*pleasing*	a ritheann léi	*that occurs to her*
ionannú	*identify*	leathchúpla	*a twin*
pearsana	*characters*	feoilséantóir	*vegetarian*
suite	*set*	gafa le	*occupied with, caught up in*
caidreamh	*relationship*		
pléann sé le	*it deals with*	i gceannas ar	*in control of*
dúshláin	*challenges*	searbhasach	*sarcastic*
na cúrsaí sin	*these matters*	freastalaí	*waiter*
éadrom	*light*	ceannaitheoir	*buyer*
dúr	*taciturn, surly*	beirtear leanbh dóibh	*they have a baby*
araon	*both*	i ndeireadh an lae	*'at the end of the day,' when all is said and done*
amaideach	*foolish*		
ar lorg oibre	*seeking work*	ábhair dháiríre	*serious subjects*
ar iasacht	*on loan*	fostaíocht	*employment*
ait	*odd*	teaghlaigh scartha	*separated families*
fiáin	*wild*	tréithe	*traits, characteristics*
rómhacánta	*too honest*	náireach	*embarrassing*
suathaire	*masseuse*	ar ár nós féin	*like ourselves*

Obair Bhaile

Aiste

Scríobh aiste ar an gclár teilifíse is fearr leat. San aiste:
- luaigh an saghas cláir é
- abair cá bhfuil sé suite
- déan cur síos ar an scéal (the plot)
- déan cur síos ar na pearsana agus an fáth a dtaitníonn siad leat (nó nach dtaitníonn siad leat); an féidir leat ionannú leo?
- déan cur síos ar an aisteoireacht agus ar na haisteoirí a ghlacann páirt ann.

Céim 4: Léamhthuiscint

Dáithí Ó Sé

Is **láithreoir** é Dáithí Ó Sé ar RTÉ. Tógadh é san Fheothanach in iarthar Chiarraí. Is é Maidhc Dainín Ó Sé a athair, údar **aitheanta** a scríobh *A Thig, Ná Tit Orm* agus leabhair eile.

Sular thosaigh Dáithí ag obair mar láithreoir, rinne sé staidéar ar Ghaeilge agus Tíreolaíocht i gColáiste Mhuire gan Smál i Luimneach, agus bhain sé **céim** amach. Bhí poist aige mar thiománaí báid, mar bhúistéir, agus mar **mháistir cró** i sorcas mhuintir Duffy! Tar éis dó a chéim a bhaint amach d'oibrigh sé mar mhúinteoir sa Daingean agus i mBaile Átha Luain ar feadh tamaill.

Sa bhliain 2001 fuair sé post mar láithreoir ar TG4, ag cur **réamhaisnéis na haimsire** i láthair. Sa bhliain 2006 ghlac sé páirt sa chomórtas tallainne 'You're a Star Charity Special', agus **thiomsaigh sé** mórán airgid don Make a Wish Foundation. Chuir an tír aithne níos fearr air le linn an chomórtais sin, agus bhí an-spórt aige le Louis Walsh agus Linda Martin, beirt de na moltóirí. Is 'ambasadóir' é ar son an **charthanais** sin ó shin i leith. Chuir an clár leis an gcáil a bhí air ar fud na tíre toisc a phearsantachta greannmhaire **beoga** chomh maith lena **chumas** mar amhránaí.

Ó shin i leith tá Dáithí ag cur go leor **sraitheanna** i láthair, ina measc 'Glór Tíre', comórtas tallainne ina dtéann amhránaithe **ceol tuaithe** in iomaíocht le chéile, agus 'Dáithí ar Route 66', clár ina dtéann Dáithí ag taisteal ar an bpríomhbhóthar ó Chicago go Los Angeles. Is **amhránaí ar an sean-nós** é féin, agus is duine é de na 'Three Fivers' in éineacht le Séamus Begley agus Laurence Conway. Chan sé leo ar albam leis na Chieftains dar teideal *Water from the Well* agus ar *Éist Arís*.

I 2010, roghnaíodh Dáithí mar láithreoir don seó teilifíse Rós Thrá Lí. Thosaigh Daithí ag obair ar RTÉ i 2010 agus cuireann sé 'The Daily Show' i láthair le Clare Byrne ar RTÉ faoi láthair. Is moltóir é ar an seó 'All Ireland Talent Show' chomh maith. Is minic a bhíonn sé i mbéal an phobail agus sna nuachtáin agus irisí. Is láithreoir rathúil é Dáithí i measc na láithreoirí óga atá **ag cruthú íomhá** óg bheoga do theanga na Gaeilge.

Na meáin chumarsáide, scannáin, agus leabhair

Gluais

láithreoir	*presenter*	beoga	*lively*
aitheanta	*well-known, recognised*	cumas	*ability*
		sraitheanna	*series*
céim	*degree*	ceol tuaithe	*country music*
máistir cró	*ringmaster*	amhránaí ar an sean-nós	*sean-nós (traditional-style) singer*
réamhaisnéis na haimsire	*the weather forecast*		
thiomsaigh	*gathered*		
carthanas	*charity (organisation)*	ag cruthú	*creating*
		íomhá	*image*

Freagair na ceisteanna seo a leanas:

1. Cén post atá ag Dáithí Ó Sé faoi láthair?
2. Cad as dó?
3. Ainmnigh leabhar a scríobh athair Dháithí.
4. Cén ollscoil ar fhreastail sé uirthi?
5. Ainmnigh trí phost a bhí aige sular thosaigh sé ag obair le TG4.
6. Cén comórtas ar ghlac sé páirt ann sa bhliain 2006?
7. Cén saghas pearsantachta atá ag Dáithí?
8. Cé na cláir a chuireann sé i láthair?
9. Cén saghas cláir é 'Glór Tíre'?
10. Cén saghas cláir é 'Dáithí ar Route 66'?

Bain úsáid as na focail thíos chun na bearnaí sna habairtí seo a leanas a líonadh:

1. Is _____ í Miriam O'Callaghan.
2. Cuireann sí 'Prime Time' _____.
3. Is clár _____ é 'Prime Time'.
4. Tá pearsantacht _____ _____ ag Dáithí Ó Sé.
5. Is clár _____ é 'Route 66'.
6. Is minic a fheictear Dáithí mar _____ ar chláir éagsúla.
7. Is iontach an _____ í Féile Rós Thrá Lí.
8. Bhí _____ ghéar i 'The X Factor' i mbliana.
9. Thosaigh Dáithí Ó Sé ag obair le TG4 sa bhliain 2001, agus tá sé ag obair mar láithreoir _____.
10. Is láithreoir _____ é.

rathúil, ghreannmhar, bheoga, taistil, aoi, fhéile, ó shin i leith, iomaíocht, i láthair, cúrsaí reatha, láithreoir.

149

Gráinne Seoige

Is **láithreoir** teilifíse í Gráinne Seoige le RTE. **Rugadh agus tógadh í** sa Spidéal i gContae na Gaillimhe. Is garda é a hathair, Máirtín; is as Inis Meáin dá máthair, Phil. Rinne sí staidéar ar Bhéarla, **Socheolaíocht** agus **Eolaíocht Pholaitiúil** in Ollscoil na hÉireann, Gaillimh, agus **ghnóthaigh sí ard-dioplóma** i **gcumarsáid** ann freisin. Is láithreoir í a deirfiúr, Síle, chomh maith.

Thosaigh Gráinne a hobair mar láithreoir nuair a bunaíodh TG4 i mí Dheireadh Fómhair 1996. D'oibrigh sí mar léitheoir nuachta ansin, agus sa bhliain 1998 **bhog sí** go TV3, a bhí tar éis **teacht ar an saol**. **Chuir sí lena taithí** mar léitheoir nuachta agus mar láithreoir ar TV3. Ansin sa bhliain 2004 bhog sí go Sky News mar láithreoir nuachta. Sa bhliain chéanna bhuaigh sí duais dar teideal 'An Bhean Is Faiseanta in Éirinn' sna gradaim a eagraíonn VIP, **iris** faisin.

Tar éis di dhá bhliain a chaitheamh le Sky bhog Gráinne go RTÉ, áit ar oibrigh sí mar láithreoir ar **chlár irise** darbh ainm 'Seoige agus O'Shea', agus ansin d'oibrigh sí ar feadh bliana ar an gclár céanna le Síle, a deirfiúr. Faoi láthair cuireann sí an All-Ireland Talent Show i láthair, comórtas ina dtéann amhránaithe agus rinceoirí in **iomaíocht** le chéile. Leis sin, oibríonn sí mar thuairisceoir ar an gclár 'Daybreak' don BBC.

Tá an-suim ag Gráinne i spórt Gaelach agus i gCumann Lúthchleas Gael. Cuireann sí 'Up for the Match', clár spóirt, i láthair in éineacht le Des Cahill gach Lúnasa agus Meán Fómhair. **Is léir** gur chabhraigh a **dathúlacht**, a cuid Gaeilge nádúrtha agus a **cumas** mar láithreoir go mór lena **rath** i ndomhan na teilifíse. Is í an t-aon láithreoir a d'oibrigh leis na trí stáisiún teilifíse in Éirinn, **mar atá** RTE, TG4, agus TV3.

Na meáin chumarsáide, scannáin, agus leabhair

Gluais

láithreoir	presenter	chuir sí lena taithí	she added to her experience
rugadh agus tógadh í	she was born and reared	iris	magazine
Socheolaíocht	sociology	clár irise	magazine programme
Eolaíocht pholaitiúil	Political science	iomaíocht	competition
gnóthaigh	to achieve	is léir	it's clear
ard-dioplóma	higher diploma	dathúlacht	good looks
Cumarsáid	Communications	cumas	ability
bog	to move	rath	success
teacht ar an saol	coming into being	mar atá	namely

Freagair na ceisteanna seo a leanas:

1. (a) Cárb as do Ghráinne Seoige? (b) Cén ollscoil ar fhreastail sí uirthi?
2. (a) Cé na hábhair a rinne sí dá céim? (b) Cén cúrsa a rinne sí i ndiaidh na céime?
3. (a) Cén stáisiún ar thosaigh sí ag obair ann sa bhliain 1996? (b) Ainmnigh an stáisiún teilifíse ar bhog sí ann sa bhliain 1998, agus abair cad a bhí á dhéanamh aici ann.
4. Cén t-alt sa sliocht thuas a dtagraíonn an abairt seo a leanas dó?—
   'Thosaigh Gráinne a hobair mar láithreoir nuair a bunaíodh TG4 i mí Dheireadh Fómhair 1996.'
   Alt 1 ☐   Alt 2 ☐   Alt 3 ☐   Alt 4 ☐
5. Cén t-alt sa sliocht thuas a dtagraíonn an abairt seo a leanas dó?—
   'Is léir gur chabhraigh a dathúlacht, a cuid Gaeilge nádúrtha agus a cumas mar láithreoir go mór lena rath i ndomhan na teilifíse.'
   Alt 1 ☐   Alt 2 ☐   Alt 3 ☐   Alt 4 ☐

Cleachtadh Scríofa

Cuir Gaeilge ar na habairtí seo a leanas:

1. Hector Ó hEochagáin is a television presenter.
2. My sister did a degree in Communications in NUIG.
3. Ryan Tubridy has great ability and talent as a presenter.
4. I love magazine programmes.
5. Miriam O'Callaghan won the award for best presenter in the 'TV Now' awards last night.
6. Ryan Tubridy presents 'The Late Late Show' every Friday night.
7. Gráinne Seoige moved from TG4 to TV3 in 1998.
8. TG4 was established in 1996.
9. I don't enjoy news programmes or current affairs programmes.
10. I love travel programmes, music programmes, and magazine programmes.

Céim 5: Aiste

An leabhar nó an scannán is fearr liom

Is é *Twilight* an leabhar agus an scannán is fearr liom gan aon agó. **Sraith úrscéalta** is ea 'Twilight' a scríobh Stephanie Meier. *Twilight* is ainm don chéad leabhar agus don scannán a rinneadh de. Is breá liom freisin *New Moon, Eclipse,* agus *Breaking Dawn*, leabhair eile sa tsraith.

I *Twilight* **aistríonn** cailín darb ainm Bella ó chathair mhór go baile beag darb ainm Forks. Tá a tuismitheoirí **scartha**, agus pósann a máthair **athuair**. **Ar an ábhar sin**, cuireann a máthair í chun cónaí lena hathair, Charlie Swan. Is cailín **neamhghnách** í **ar cuma léi** cad a cheapann déagóirí eile.

Nuair a théann sí ar an meánscoil áitiúil buaileann sí le buachaill **dathúil mistéireach** darb ainm Edward. Tá deartháireacha agus deirfiúracha Edward ag freastal ar an scoil chéanna. **Baineann rud éigin aisteach leis** an gclann seo. Ar dtús ní maith le hEdward bheith i ngar do Bella toisc go mbeadh baol ann go **ngéillfeadh sé don fhonn** atá air, is é sin a fuil a ól. Tar éis tamaill insíonn sé a rún di, is é sin gur vaimpír é. Ní ólann a mhuintir fuil daoine, áfach, ach ólann siad fuil ainmhithe.

Duine dathúil **éirimiúil greannmhar** is ea Edward. Fásann **caidreamh domhain** eatarthu, agus titeann siad i ngrá le chéile. Uaireanta bíonn Edward **ag streachailt leis** an bhfonn atá air fuil Bella a ól nuair atá sé róchóngarach di.

Tá Bella cairdiúil le buachaill eile, darb ainm Jacob. Baineann Jacob leis na Quilete, **treibh** Indiach, agus tá a rún féin ag an treibh seo, is é sin gur féidir leo **mic tíre** a dhéanamh díobh féin. Tá Jacob i ngrá le Bella freisin, cé nach bhféachann Bella ar Jacob ach mar chara.

Tagann **scata** vaimpírí olca chun na háite ansin darb ainm James, Laurent, agus Victoria. Ólann na vaimpírí seo fuil daoine. **Cuireann** na vaimpírí olca **cath ar** Edward agus a mhuintir. **Fuadaíonn** siad Bella, ach téann Edward i gcabhair uirthi (ar ndóigh), agus sábhálann sé í.

Tá 85 milliún cóip den tsraith leabhar díolta go dtí seo, agus tá sé **aistrithe** go hocht dteanga is tríocha. Sa scannán tá páirt Bella ag Kirsten Stewart agus tá páirt Edward ag Robert Pattinson.

Leabhar **corraitheach** rómánsach is ea *Twilight*, lán de **mhistéir** agus de **theannas**. **Ní haon ionadh** é gurb é an scannán agus an leabhar is fearr liom.

Na meáin chumarsáide, scannáin, agus leabhair

Gluais

sraith úrscéalta	a series of novels	greannmhar	amusing
aistríonn	move	caidreamh	relationship
scartha	separated	domhain	deep
athuair	again, for the second time	ag streachailt	struggling
		treibh	tribe
ar an ábhar sin	for this reason	mic tíre	wolves
neamhghnách	unusual	scata	a group
ar cuma léi	who doesn't care	cuireann cath ar	wages war on
dathúil	attractive	fuadaíonn	abducts, kidnaps
mistéireach	mysterious	aistrithe	translated
baineann rud éigin aisteach le	there is something strange about	corraitheach	exciting
		mistéir	mystery
géill do	give in to	teannas	tension
fonn	desire	ní haon ionadh	it's no wonder
éirimiúil	intelligent		

Freagair na ceisteanna seo a leanas:

1. Cad is ainm d'údar an úrscéil *Twilight*?
2. Cén fáth a sheolann a máthair Bella go teach a hathar?
3. Cén fáth go bhfuil Bella éagsúil le déagóirí eile?
4. Cén rud neamhghnách a bhaineann le hEdward agus a mhuintir?
5. Cad a tharlaíonn idir Bella agus Edward?
6. Cén fáth a bhíonn Edward ag streachailt uaireanta nuair atá sé cóngarach do Bella?
7. Cad is ainm do chara Bella?
8. Cén rud neamhghnách a bhaineann leis an mbuachaill sin agus a threibh?
9. Conas tá na vaimpírí olca éagsúil le hEdward agus a mhuintir?
10. Cad is ainm do na haisteoirí a ghlacann páirt Bella agus páirt Edward?

Obair Bhaile

Litir

Chonaic tú scannán nua le déanaí. Scríobh litir chuig do chara pinn, ag insint dó faoin scannán. I do litir luaigh:
- conas a chuala tú faoin scannán
- scéal an scannáin
- dhá rud a thaitin leat faoin scannán
- dhá rud nár thaitin leat faoin scannán.

Céim 6: Trialacha teanga comhthéacsúla

Abairtí bunaithe ar an aiste thuas atá anseo. Athscríobh na habairtí agus líon na bearnaí leis na focail is oiriúnaí. (Tá an cheist shamplach seo níos faide ná an cheist i scrúdú an Teastais Shóisearaigh, ach déan é mar chleachtadh i gcomhair chuid B.)

1. Bella Swan is ainm _____ dhuine de phríomhphearsana na sraithe 'Twilight'.
2. _____ déagóir neamhghnách í Bella ar cuma léi cad a cheapann déagóirí eile.
3. Tá sí seacht _____ déag d'aois sa scannán.
4. Tá Bella agus Edward ag freastal _____ an meánscoil chéanna.
5. Ar dtús ní maith _____ hEdward a bheith i ngar _____ Bella.
6. Tar éis tamaill insíonn Edward a rún _____ Bella.
7. Ní ólann Edward agus a mhuintir fuil _____.
8. Titeann Edward agus Bella _____ ngrá le chéile sa scannán.
9. Tarlaíonn cath uafásach _____ na vaimpírí olca agus muintir Edward sa scannán.
10. Gan amhras is é *Twilight* an scannán is fearr _____.

Céim 7: Aiste

Tionchar na meán ar dhaoine óga

Ní féidir a shéanadh go bhfuil **tionchar thar na bearta** ag na meáin ar dhaoine óga **sa lá atá inniu ann**, agus **san iomlán** ní dóigh liom gur tionchar maith é. Tá a lán cláir theilifíse, fógraí agus irisí **dírithe ar** dhaoine óga, agus is é mo thuairim go ndéanann siad **dúshaothrú** orthu go minic.

Cuireann mórán de na hirisí, na cláir agus na fógraí béim ar **thomhaltachas** agus ar **nithe ábhartha**, rud a **théann go mór i bhfeidhm ar** dhaoine óga. Ar chláir ar nós 'Access Hollywood' agus 'Sweet Sixteen' ar MTV feiceann daoine óga pearsana mór le rá agus déagóirí saibhre a bhfuil éadaí, seoda agus bróga acu a chosain na mílte euro. Nuair a fheiceann siad na héadaí, na málaí nó na bróga **costasacha** sin is minic a theastaíonn a leithéidí uathu, ach ní féidir le tuismitheoirí ar **ghnáth-thuarastal** na rudaí sin a chur ar fáil dóibh, agus bíonn siad faoi bhrú. Téann roinnt daoine óga **thar fóir** ag lorg rudaí nach bhfuil **indéanta**.

Is é an clár is measa i mo thuairim ná 'Sweet Sixteen' ar MTV. Ar an gclár sin feictear déagóirí atá **millte** ag a dtuismitheoirí saibhre. Caitheann na

Na meáin chumarsáide, scannáin, agus leabhair

tuismitheoirí céad míle euro nó níos mó ar chóisirí lá breithe dá bpáistí, agus bíonn na páistí **ag súil le** bronntanais chostasacha, ar nós carranna, seoda agus feistis a chosnaíonn na mílte euro. Cé go dtugann na tuismitheoirí sin gach rud is mian leo dá gclann, is minic a bhíonn na páistí drochbhéasach dá dtuismitheoirí seachas bheith buíoch as an **gcaiteachas** go léir. Tugann na cláir sin **eiseamláir** uafásach do dhaoine óga, agus **spreagann** siad **saint** iontu.

Mar bharr air sin, cuireann a lán irisí, **suíomhanna gréasáin** agus cláir theilifíse an iomarca béime ar chuma daoine. **Ní haon iontas é** go bhfuil mórán daoine óga ag **fulaingt** ó **anoireicse** nó **búilime** nuair a fheiceann siad na hirisí agus na cláir sin ag moladh, nó ag cáineadh, daoine mór le rá **de réir a gcuma**. Go minic ní bhíonn aon **tagairt** do **phearsantacht** an duine: bíonn an bhéim uile ar an gcorp. Is cúis náire í sin, i mo thuairim. Rud an-mhíshláintiúil maidir le **meon** daoine óga is ea é nuair a fheiceann siad an **dearcadh** sin timpeall orthu sna meáin.

Is cúis náire freisin é an méid **gáirsiúlachta** agus **pornagrafaíochta** a thaispeántar ar an teilifís agus in irisí áirithe. Mar bharr air sin, tá a lán cláir 'réaltachta' agus irisí ann a dhíríonn ar iompar drochbhéasach nó **frithshóisialta**, rud a thugann eiseamláir uafásach do dhaoine óga. Is minic a fheictear gáirsiúlacht agus **foréigean** i bhfíseáin agus i scannáin freisin.

Is léir go bhfuil tionchar láidir ag na meáin ar mheon an aosa óig, agus ní dócha gur tionchar maith é.

Gluais

tionchar	influence	spreagann	encourages
thar na bearta	too far	saint	greed
sa lá atá inniu ann	nowadays	suíomhanna gréasáin	web sites
san iomlán	on the whole	ní haon iontas é	it's no wonder
dírithe ar	aimed at	fulaingt	suffering
dúshaothrú	exploitation	anoireicse	anorexia (anorexia nervosa)
tomhaltachas	consumerism		
nithe ábhartha	material things	búilime	bulimia
téann go mór i bhfeidhm ar	has a great influence on	de réir a gcuma	according to their appearance
costasach	expensive	tagairt	reference
gnáth-thuarastal	ordinary salary	pearsantacht	personality
thar fóir	over the top	meon	mentality
indéanta	possible	dearcadh	outlook
millte	spoiled	gáirsiúlacht	obscenity
ag súil le	expecting	pornagrafaíocht	pornography
caiteachas	expenditure	frithshóisialta	anti-social
eiseamláir	example	foréigean	violence

155

Aois na Glóire 3

Abairtí atá bunaithe ar an aiste thuas atá anseo. Athscríobh na habairtí agus líon na bearnaí leis na focail is oiriúnaí.

1. Tá tionchar mór _____ na meáin _____ dhaoine óga.
2. Ní dóigh _____ gur tionchar maith é.
3. Díríonn a lán clár _____ dhaoine óga.
4. Téann cláir theilifíse go mór i _____ ar dhaoine óga.
5. Bíonn na tuismitheoirí _____ bhrú.
6. Bíonn na páistí ag súil _____ bronntanais chostasacha.
7. Ní bhíonn na daoine óga buíoch _____ na bronntanais go léir a thugtar dóibh.
8. Bíonn irisí áirithe ag cáineadh daoine go minic de réir a _____.
9. Bhí mé ag féachaint ar an suíomh _____ sin inné.
10. Tugann roinnt daoine mór le rá eiseamláir uafásach _____ dhaoine óga.

Bain úsáid as na focail thíos chun na bearnaí sna habairtí seo a leanas a líonadh:

1. Tá an- _____ ag na meáin ar _____ an aosa óig.
2. Tá an iomarca _____ ar _____ sna meáin.
3. Feiceann daoine óga feistis a _____ na mílte euro sna hirisí.
4. Spreagann a lán clár _____ in aigne na ndaoine óga.
5. Déanann cláir theilifíse, irisí agus fógraí _____ ar dhaoine óga go minic.
6. Tá a lán daoine óga ag fulaingt ó _____ agus ó _____ sa lá atá inniu ann.
7. Cuireann na meáin an iomarca béime ar _____ daoine.
8. Is cúis _____ í.
9. Bíonn na hirisí ag _____ agus ag _____ daoine mór le rá go minic de réir a gcuma.
10. Léiríonn a lán fógraí agus cláir theilifíse domhan _____.

míréalaíoch, béime, thomhaltachas, tionchar, chosain, náire, mheon, cáineadh, moladh, chuma, anoireicse, bhúilime, saint, dúshaothrú.

Céim 8: Cleachtadh cainte agus obair bheirte

Ceisteanna agus freagraí samplacha

Múinteoir: Inis dom faoi do chaitheamh aimsire.

Éadaoin: Is breá liom dul go dtí an phictiúrlann le mo chairde. Téim go minic ag an deireadh seachtaine má bhíonn scannáin nua tar éis teacht amach.

Múinteoir: Cén saghas scannáin a thaitníonn leat?

Éadaoin: Is breá liom **scannáin uafáis** agus **scannáin ghrinn**.

Na meáin chumarsáide, scannáin, agus leabhair

Múinteoir: Inis dom faoin scannán is fearr a chonaic tú le déanaí.

Éadaoin: Chonaic mé *The Ugly Truth* le déanaí. Bhí sé an-ghreannmhar ar fad. Scéal is ea é faoi **léiritheoir** atá ag obair i stiúideo teilifíse. Teastaíonn uaithi **smacht** a bheith aici ar gach rud ina saol. Ansin tagann **láithreoir** nua le bheith ar a clár, agus is fuath léi é. Ceapann sí go bhfuil sé **ardnósach**, agus **drochbhéasach** do mhná. Sa deireadh, áfach, titeann siad i ngrá le chéile.

Múinteoir: Cén caitheamh aimsire eile atá agat?

Éadaoin: Is breá liom teilifís agus léitheoireacht. Is iad cláir cheoil na cláir is fearr liom. Is breá liom féachaint ar fhíseáin cheoil agus ar fheisteas na gceoltóirí sna físeáin.

Múinteoir: Cén saghas leabhar a thaitníonn leat?

Éadaoin: Is breá liom leabhair **chorraitheacha** a bhaineann le stair agus le mistéir. Is é an t-údar is fearr liom ná Dan Brown. Cheap mé go raibh 'The Da Vinci Code' go hiontach ar fad. Scéal corraitheach is ea é. Baineann sé le stair, reiligiún, agus **dúnmharú**. Ní raibh mé ábalta an leabhar a chur síos, bhí sé chomh corraitheach sin.

Múinteoir: Cérbh é an phearsa ab fhearr leat sa leabhar?

Éadaoin: Ba é Robert Langdon an phearsa ab fhearr liom. Ba dhuine **éirimiúil cróga** é.

Múinteoir: Go raibh maith agat as caint liom. Slán leat.

Éadaoin: Slán agat.

Gluais

scannáin uafáis	horror films
scannáin ghrinn	comedy films
léiritheoir	producer
smacht	control
láithreoir	presenter
ardnósach	haughty, snobbish
drochbhéasach	ill-mannered, rude
corraitheach	exciting
dúnmharú	murder
éirimiúil	intelligent
cróga	courageous

Aois na Glóire 3

Obair Bheirte

Cuir na ceisteanna seo a leanas ar an duine in aice leat:

1. An maith leat scannáin? Cén saghas scannán a thaitníonn leat?
2. Cá mhinice a théann tú go dtí an phictiúrlann?
3. Déan cur síos ar an scannán is fearr a chonaic tú le déanaí.
4. An bhféachann tú ar an teilifís?
5. Cén saghas cláir theilifíse is fearr leat?
6. An maith leat léamh?
7. Cé hé an t-údar is fearr leat?
8. Cad is teideal don leabhar is fearr a léigh tú le déanaí?
9. Déan cur síos ar scéal an leabhair.
10. Cén phearsa is fearr leat sa leabhar? Cén fáth?

Céim 9: Aiste

Ré na teicneolaíochta: an bhfuil sí chun ár leasa nó ár n-aimhleasa?

Is iontach an méid **giuirléidí teicneolaíocha** atá againn sa lá atá inniu ann. Cabhraíonn siad linn i ngach **gné** den saol. Tá giuirléidí againn chun cabhrú linn an obair tí a dhéanamh nach raibh ar an saol caoga bliain ó shin, agus tá giuirléidí teicneolaíocha againn chun **cumarsáid** níos mó agus níos éasca a dhéanamh le chéile, is cuma má táimid cúig nóiméad síos an bóthar nó na mílte míle óna chéile.

Ní féidir a shéanadh gur cabhair iontach í an teicneolaíocht nua atá againn sa bhaile. Tá **meaisín níocháin** againn chun ár gcuid éadaigh a ní, rud a shábhálann an-chuid ama. Tá a fhios againn gur chaith ár seanaithreacha agus seanmháithreacha na huaireanta fada ag déanamh obair dá leithéid sin. Tá folúsghlantóir againn chun na cairpéid a ghlanadh, miasniteoir chun na gréithe a ní, agus triomadóir chun na héadaí a thriomú. Sábhálann na giuirléidí sin **an t-uafás** ama dúinn agus obair dá leithéidí sin á déanamh againn sa teach.

Lé teacht na **bhfón póca** is féidir le daoine **teagmháil** a dhéanamh lena chéile ag aon

158

Na meáin chumarsáide, scannáin, agus leabhair

am den lá. Le **suíomhanna gréasáin** ar nós Bebo, Facebook agus Myspace is féidir le daoine labhairt lena gcairde a chónaíonn cúig nóiméad síos an bóthar nó ar an taobh eile den domhan. Is féidir le daoine mórán eolais a fháil ón **ngréasán domhanda** le cabhair **innill chuardaigh** ar nós Google agus Yahoo: ní gá dul go dtí an leabharlann a thuilleadh chun an t-eolas is déanaí a fháil ar ábhar ar bith.

Ní féidir áibhéil a dhéanamh ar an tábhacht a bhaineann leis na **gléasanna** nua-aimseartha sin; ach bíonn taobh maith agus taobh olc ag baint le gach rud, is dócha. Tagann a lán dainséir leis an **idirlíon** freisin, go háirithe maidir le páistí agus le déagóirí. Bíonn mórán **péidifileach** ag iarraidh teagmháil a dhéanamh le leanaí i **seomraí cainte** ar an idirlíon, daoine a ligeann orthu go bhfuil siad **ar comhaois leis** na leanaí chun iad **a mhealladh** chun cainte agus fiú bualadh leo. Chomh maith leis sin is minic a úsáideann na daoine sin an t-idirlíon mar uirlis chun **pornagrafaíocht** a scaipeadh i measc péidifiligh eile. Gné dhorcha ghránna den idirlíon is ea é seo. Is é an t-aon **réiteach** a fheicimse ar an bhfadhb seo ná go gcaithfidh tuismitheoirí a bheith i láthair nuair a úsáideann leanaí óga an t-idirlíon chun iad a chosaint ó na daoine gránna sin.

Míbhuntáiste eile a bhaineann leis an idirlíon is ea an **chibearbhulaíocht** a bhíonn ar siúl uaireanta. Le teacht na suíomhanna gréasáin agus na bhfón póca tá sé i bhfad níos éasca do dhaoine bulaíocht a dhéanamh ar dhaoine eile. Dá bhrí sin tá sé **thar a bheith** tábhachtach go gcoimeádfadh tuismitheoirí **súil ghéar** ar a mbíonn ar siúl ag a leanaí ar an idirlíon agus ar a bhfón póca.

Taitníonn an teilifís agus **cluichí ríomhaire** le mórán daoine. I mo thuairimse tá áit ann do na rudaí sin go léir; ach tá sé tábhachtach nach **ndéanfadh** daoine **faillí ar aclaíocht** a dhéanamh. Uaireanta éiríonn daoine leisciúil má chaitheann siad an iomarca ama ag féachaint ar an teilifís nó ag imirt ar an ríomhaire. **Cuireann sé sin le drochshláinte** agus le fadhb na **raimhre**. Dá bhrí sin tá sé thar a bheith tábhachtach go gcaithfeadh daoine a ndóthain ama ag déanamh aclaíochta freisin **ar mhaithe lena** sláinte.

Caithfimid a admháil go bhfuil a lán buntáistí agus a lán míbhuntáistí ag baint leis an teicneolaíocht sa lá atá inniu ann. Is é an rud is tábhachtaí, dar liom, ná an **chothromaíocht** ceart a bheith againn inár saolanna.

Aois na Glóire 3

Gluais

giuirléidí	*gadgets*	seomra cainte	*chat room*
teicneolaíoch	*technological*	ar comhaois le	*of the same age*
gné	*aspect*	a mhealladh	*to entice*
cumarsáid	*communication*	pornagrafaíocht	*pornography*
meaisín níocháin	*washing machine*	réiteach	*solution*
an t-uafás	*a huge amount*	míbhuntáiste	*disadvantage*
fón póca	*mobile phone*	cibearbhulaíocht	*cyberbullying*
teagmháil	*contact*	thar a bheith	*extremely*
suíomhanna ghréasáin	*web sites*	súil ghéar	*a sharp eye*
an gréasán domhanda	*the worldwide web (the web)*	cluichí ríomhaire	*computer games*
		déan faillí ar	*neglect*
innill chuardaigh	*search engines*	aclaíocht	*exercise*
ní féidir áibhéil a dhéanamh ar	*it's impossible to overstate*	cuireann sé le drochshláinte	*it adds to ill-health*
gléasanna	*appliances*	raimhre	*obesity*
an t-idirlíon	*the internet*	ar mhaithe le cothrom	*for the sake of balance*
péidifileach	*paedophile*		

Obair Bhaile

Luaigh *trí bhuntáiste* agus *trí mhíbhuntáiste* a bhaineann le giuirléidí teicneolaíocha inár saol sa lá atá inniu ann.

Céim 10: Litir fhoirmiúil: Gearán faoi chlár teilifíse

Chonaic tú scannán ar TV3 aréir a bhí déistineach agus lán de gháirsiúlacht. Scríobh litir chuig ceannasaí an stáisiúin ag gearán faoin gclár. I do litir luaigh:
- ainm an scannáin agus an fáth ar chuir sé isteach ort
- an tionchar diúltach a bheadh ag an scannán ar mheon na n-óg
- an méid a theastaíonn uait ón stáisiún amach anseo.

Na meáin chumarsáide, scannáin, agus leabhair

Ceannasaí TV3
Páirc Ghnó an Gheata Thiar
Ascaill Bhaile an Mhóta
Baile Átha Cliath 24

11 Feabhra 2011

A chara,

Táim ag scríobh chugat chun **gearán** a dhéanamh faoin scannán 'Borat' a chonaic mé ar TV3 aréir. Bím ag féachaint ar TV3 go rialta, agus de ghnáth taitníonn na scannáin go mór liom. **Is oth liom** a rá, áfach, nárbh é sin an scéal aréir.

Tá an scannán 'Borat' **déistineach**, **maslach**, agus lán de **gháirsiúlacht**. Rinneadh a lán **scigphictiúir** de **chiníocha** éagsúla sa scannán, rud a **chuir as go mór dom**.

Ba chóir go mbeadh a fhios agat go mbíonn **tionchar ollmhór** ag na meáin ar **mheon** na n-óg. Uaireanta ceapann daoine óga go mbíonn sé ceart go leor rudaí áirithe a rá nó a dhéanamh má fheiceann siad ar an teilifís iad. Tá **dualgas** ar stáisiún teilifíse **cloí le caighdeán** éigin **measa** agus **béasa**.

Tá súil agam go gcuirfidh tú stop leis an saghas **cacamais** seo ar do stáisiún **as seo amach**.

Mise le meas,

Clíona Ní Ghallchóir

Obair Bhaile
Litir fhoirmiúil

Chonaic tú alt i nuachtán le déanaí ag caitheamh anuas ar dhaoine óga. Scríobh litir chuig an eagarthóir ag gearán faoi. I do litir luaigh:
- dhá argóint a bhí san alt nach n-aontaíonn tú leo
- dhá argóint uait féin ag moladh daoine óga
- rud amháin eile san alt a chuir fearg ort.

Gluais

gearán	a complaint
is oth liom	I regret
déistineach	disgusting, offensive
maslach	insulting
gáirsiúlacht	vulgarity, obscenity
scigphictiúir	caricature
ciníocha	races, peoples
a chuir as dom	that offended me
tionchar	influence
ollmhór	huge
meon	mentality, outlook
dualgas	duty
cloí le	adhere to
caighdeán	standard
meas	respect
béas	decency
cacamas	trash
as seo amach	from now on, in the future

Céim 11: Athbhreithniú ar Aonad 6

Freagair na ceisteanna seo a leanas:
1. An maith leat scannáin?
2. Cén saghas scannán?
3. Déan cur síos ar an scannán is fearr a chonaic tú le déanaí.
4. An bhféachann tú ar chláir theilifíse?
5. Déan cur síos ar an gclár is fearr leat.
6. An léann tú leabhair?
7. Cén saghas leabhar is fearr leat?
8. Déan cur síos ar an leabhar is fearr a léigh tú le déanaí.
9. Cad iad na buntáistí a bhaineann leis an idirlíon?
10. Cad iad na míbhuntáistí a bhaineann leis an idirlíon?

Cuir Gaeilge ar na habairtí seo a leanas:
1. I love humorous books.
2. My favourite writer is J. K. Rowling.
3. I go to the cinema with my friends every week.
4. I hate romantic films.
5. Meryl Streep is my favourite actor.
6. My favourite series is 'Glee'.
7. It is based on the lives of teenagers who attend secondary school.
8. The plot is very exciting.
9. The acting in the film *Lord of the Rings* was very good.
10. Sarah Jessica Parker had the main part in the film *Something about the Morgans*.

Cuir Gaeilge ar na habairtí seo a leanas:
1. The media concentrate too much on people's appearance.
2. Magazines praise and criticise famous people according to their appearance.
3. There is too much violence and obscenity on television these days.
4. We have vacuum-cleaners and dishwashers today to help us clean our houses.
5. There is a serious problem with anorexia nervosa and bulimia at the moment.

Aonad 7

Saoire, taisteal agus na séasúir

Céim 1: Téarmaí a bhaineann le saoire agus le taisteal — 164

Céim 2: Cleachtadh cainte: 'Saoire cois trá' — 170

Céim 3: Cleachtadh cainte: 'Saoire i gcathair thar lear' — 171

Céim 4: Litir phearsanta: 'Ar saoire cois trá' — 174

Céim 5: Trialacha teanga comhthéacsúla — 176

Céim 6: Focail agus frásaí a bhaineann leis an nGaeltacht — 177

Céim 7: Litir phearsanta: 'Sa choláiste samhraidh' — 178

Céim 8: Léamhthuiscint: 'Turas Aoife go Zimbabwe'; 'Turas Mhuiris go dtí an Áise' — 180

Céim 9: Léamhthuiscint: 'An t-earrach' — 186

Céim 10: Aiste: 'An séasúr is fearr liom' — 187

Céim 11: Léamhthuiscint: 'An fómhar' — 189

Céim 12: Léamhthuiscint: 'An geimhreadh' — 191

Céim 13: Athbhreithniú ar Aonad 7 — 194

Féach ar thriail a seacht (lch 414)

Aois na Glóire 3

Céim 1: Téarmaí a bhaineann le saoire agus le taisteal

Tíortha

NB: Tabhair faoi deara go bhfuil tromlach mór na n-ainmneacha seo baininscneach.

Sasana	England
Albain	Scotland
an Bhreatain Bheag	Wales
an Fhrainc	France
an Ghearmáin	Germany
an Spáinn	Spain
an Ostair	Austria
an Eilvéis	Switzerland
an Tuirc	Turkey
an Ghréig	Greece
an Rúis	Russia
an tSín	China
an tSeapáin	Japan
an Astráil	Australia
na Stáit Aontaithe	the United States

Mór-ranna

an Eoraip	Europe
an Áise	Asia
an Afraic	Africa
Meiriceá Thuaidh	North America
Meiriceá Theas	South America

Pointe Gramadaí

Más cuid den ainm é **an** nó **na**, deirimid **go dtí** agus **sa** nó **san** (roimh ghuta) nó **sna** (uimhir iolra).

⭐ Mar shampla

an Bhreatain Bheag	Beidh mé ag dul **go dtí an** Bhreatain Bheag.	Táim **sa** Bhreatain Bheag.
an Astráil	Beidh mé ag dul **go dtí an** Astráil.	Táim **san** Astráil.
na Stáit Aontaithe	Beidh mé ag dul **go dtí na** Stáit Aontaithe.	Táim **sna** Stáit Aontaithe.

Saoire, taisteal, agus na séasúir

An tuiseal ginideach

| an Afraic | muintir na hAfraice |
| an Áise | muintir na hÁise |

an Fhrainc	muintir na Fraince
an Bhreatain Bheag	muintir na Breataine Bige
an Astráil	muintir na hAstráile
na Stáit Aontaithe	muintir na Stát Aontaithe
an Ghréig	muintir na Gréige
an Spáinn	muintir na Spáinne
an Eilvéis	muintir na hEilvéise
an Ghearmáin	muintir na Gearmáine
an Ostair	muintir na hOstaire

Mura bhfuil **an** nó **na** roimh ainm na tíre, deirimid **go** agus **i** nó **in** (roimh ghuta).

| Sasana | Beidh mé ag dul **go** Sasana. | Táim **i** Sasana. |
| Albain | Beidh mé ag dul **go h**Albain. | Táim **in** Albain. |

An tuiseal ginideach

| Sasana | Muintir Shasana |
| Meiriceá | Muintir Mheiriceá |

Eisceachtaí
Maidir le roinnt bheag logainmneacha nach bhfuil an t-alt (an nó na) rompu, cuirimid an t-alt rompu sa tuiseal ginideach.

| in Éirinn | muintir **na h**Éireann |
| in Albain | muintir **na h**Alban |

Airde (directions)

an tuaisceart	*the north*
an deisceart	*the south*
an t-oirthear	*the east*
an t-iarthar	*the west*
an t-oirthuaisceart	*the north-east*
an t-iarthuaisceart	*the north-west*
an t-oirdheisceart	*the south-east*
an t-iardheisceart	*the south-west*

An ndeachaigh tú ar saoire an samhradh seo caite?

Chuaigh mé ar saoire thar lear.	I went on a holiday abroad.
Chuaigh mé go dtí an Fhrainc. Tá teach saoire againn ann.	I went on a holiday to France. We have a holiday home there.
Chuaigh mé ar saoire in Éirinn. Tá gaolta againn i gContae Shligigh.	We went on a holiday in Ireland. We have relatives in County Sligo.

Cá raibh tú ar saoire?

Bhí mé ar saoire—

cois farraige i ndeisceart na Spáinne	by the sea in the south of Spain
cois farraige i ndeisceart na Fraince	by the sea in the south of France
i lár na cathrach i bPáras	in the city centre in Paris
i lár na cathrach i Nua-Eabhrac	in the city centre in New York
faoin tuath i gContae Chorcaí	in the countryside in County Cork
i gContae Dhún na nGall	in County Donegal
i nGaillimh	in Galway

Conas a bhí an ceantar?

Bhí an ceantar dochreidte.	The area was unbelievable.
Bhí na radhairc go hálainn.	The views were beautiful.
Bhí an tírdhreach go hálainn.	The landscape was beautiful.
Bhí an trá in aice láimhe go hálainn.	The beach nearby was beautiful.
Bhíomar i ngar do na sléibhte.	We were near the mountains.
Bhí a lán rudaí le déanamh sa chathair.	There were lots of things to do in the city.
Bhí gailearaí ealaíne / iarsmalann / amharclann / mórán séadchomharthaí ann.	There was an art gallery / a museum / a theatre / lots of monuments there.
Bhí a lán foirgneamh stairiúil sa bhaile mór.	There were lots of historic buildings in the town.
Ba cheantar iargúlta é.	It was a remote area.
Bhí an t-ionad saoire plódaithe le turasóirí.	The holiday resort was packed with tourists.
Bhí mé tuirseach traochta tar éis an turais.	I was exhausted after the journey.

Saoire, taisteal, agus na séasúir

Cá raibh tú ag fanacht?

Bhí mé ag fanacht—

in árasán	in an apartment
in óstán	in a hotel
i dteach saoire	in a holiday home
le mo ghaolta	with my relatives
i mbrú óige	in a youth hostel
in ionad campála	in a campsite

Conas a bhí na háiseanna ann?

Óstán mór galánta compordach a bhí ann.	It was a big, luxurious and comfortable hotel.
Bhí linn snámha, cúirt leadóige, bialann agus giomnáisiam ann.	There was a swimming-pool, a tennis court, a restaurant and a gym there.
Bhí an t-ionad campála an-áisiúil, agus bhí na háiseanna go hiontach.	The campsite was convenient, and the facilities were great.
Bhí seomraí cithfholctha, seomra níocháin, seomra teilifíse, linn snámha agus cúirteanna leadóige ann.	There were shower rooms, a laundry room, a television room, a swimming-pool and tennis courts there.
Tá ár dteach saoire gleoite agus áisiúil.	Our holiday home is attractive and convenient.
Tá sé i ngar don trá, agus tá linn snámha faoin aer ann.	It is near the beach, and there is an open-air swimming-pool there.
Bhí an t-árasán glan agus compordach.	The apartment was clean and comfortable.
Bhí sé i ngar don trá, agus bhí linn snámha faoin aer in aice leis an gceap árasán.	It was near the beach, and there was an open-air swimming-pool beside the apartment block.

Conas a thaistil sibh?

Chuamar—

ar eitleán *by plane*

ar long farantóireachta *on a ferry*

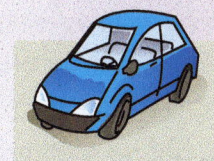

sa charr *in the car*

i veain champála *in a camper van*

ar an traein *on the train*

Aois na Glóire 3

Conas a bhí an turas?

Bhí an turas—

taitneamhach	enjoyable
fada	long
compordach	comfortable
míchompordach	uncomfortable
gearr	short
tuirsiúil	tiring
uafásach	awful
corraitheach	exciting

Cén saghas rudaí a rinne tú gach lá?

Chuaigh mé ag snámh gach lá.	I went swimming every day.
D'imir mé leadóg agus eitpheil ar an trá.	I played tennis and volleyball on the beach.
D'éist mé le m'iPod, agus léigh mé úrscéalta agus irisí.	I listened to my Ipod, and I read novels and magazines.
Lig mé mo scíth.	I relaxed.
Chonaic mé na radhairc.	I saw the sights.
Chonaic mé na foirgnimh stairiúla.	I saw the historic buildings.

Conas a bhí an bia?

Bhí an bia—

an-deas	very good
blasta	tasty
do-ite	inedible
déistineach	disgusting

Bhain mé triail as roinnt de na miasa áitiúla.	I tried some of the local dishes.
Bhain mé triail as paella / gazpacho / …	I tried paella / gazpacho / …

Conas a bhí na daoine?

Bhí muintir na háite—

cairdiúil	friendly
fáilteach	hospitable, welcoming
fiosrach	inquisitive
doicheallach	inhospitable
drochbhéasach	bad-mannered, rude

Saoire, taisteal, agus na séasúir

Cleachtadh Scríofa

Bain úsáid as na focail thíos chun na bearnaí sna habairtí seo a leanas a líonadh:

1. Chuaigh mé _____ saoire thar lear an samhradh seo caite.
2. Chuaigh mise agus an teaghlach _____ _____ an Fhrainc.
3. D'fhan mé _____ óstán galánta compordach.
4. Bhíomar ar an long _____ _____ dhá uair an chloig.
5. Chuamar _____ eitleán.
6. Bhí muintir na _____ cairdiúil.
7. Chaith mé gach lá ag ligean _____ _____ agus ag snámh.
8. D'éist mé _____ ceol ar m'iPod, agus léigh mé mo leabhair.
9. Bhí an aimsir go _____.
10. D'ith mé bia Francach, agus bhain mé _____ as bouillabaisse.

in, ar feadh, le, ar, Fraince, triail, mo scíth, hálainn, ar, go dtí.

Cleachtadh Cainte

Conas a chaith tú an samhradh seo caite?

Briathra tábhachtacha san aimsir chaite

Chuaigh mé go dtí an Spáinn an samhradh seo caite.	I went to Spain last summer.
Chaith mé seachtain / coicís / mí ann.	I spent a week / a fortnight / a month there.
D'fhan mé in árasán / in óstán / i dteach saoire.	I stayed in an apartment / a hotel / a holiday home.
Chuaigh mé go dtí an trá gach lá.	I went to the beach every day.
Chonaic mé na radhairc.	I saw the sights.
Lig mé mo scíth.	I relaxed.
Bhain mé an-taitneamh as.	I enjoyed it greatly.
Chaith mé a lán ama le mo chairde.	I spent a lot of time with my friends.
D'oibrigh mé i mbialann / i siopa.	I worked in a restaurant / in a shop.
Chaith mé a lán ama ag imirt spóirt / ag seinm ceoil.	I spent a lot of time playing sport / playing music.
Chuaigh mé ag siopadóireacht go minic.	I went shopping often.

Aois na Glóire 3

Cuir Gaeilge ar na habairtí seo a leanas:

1. I went on a holiday to Portugal last summer with my family.
2. We went on a plane.
3. We spent a fortnight in Portugal.
4. We stayed in our holiday home.
5. Every day I went to the beach and I swam in the sea.
6. I listened to my iPod and I read novels.
7. At night we went to restaurants.
8. I tried Portuguese food.
9. I went shopping, and I bought presents for my friends at home.
10. I really enjoyed the holiday.

Céim 2: Cleachtadh cainte

Saoire cois trá

Múinteoir: Cén chaoi a bhfuil tú?

Éamann: Táim go maith, go raibh maith agat.

Múinteoir: Cad a rinne tú an samhradh seo caite?

Éamann: Chuaigh mé ar saoire leis an teaghlach. Chuamar go dtí an Spáinn.

Múinteoir: Go hiontach! Cén áit sa Spáinn?

Éamann: Chuamar go Marbella, i ndeisceart na Spáinne. Ba **shaoire phacáiste** í.

Múinteoir: Conas a bhí an turas go dtí an Spáinn?

Éamann: Chuamar ar eitleán. Bhí an turas gearr agus compordach. Níor mhair sé ach dhá uair go leith; ach bhí an bia ar an eitleán go huafásach.

Múinteoir: Cén áit ar fhan sibh?

Éamann: D'fhanamar in **árasán** cois farraige. Bhí **linn snámha** mhór agus caifé in aice leis na hárasáin.

Múinteoir: Conas a bhí an aimsir?

Éamann: Bhí an aimsir go hálainn. Bhí an ghrian **ag taitneamh** gach lá, agus ní raibh **scamall** sa spéir.

Múinteoir: Cad a rinne tú gach lá?

Éamann: Chuaigh mé ag snámh gach lá san fharraige. D'imir mé eitpheil agus leadóg ar an trá le mo dheartháireacha, agus lá amháin chuamar ag **seoltóireacht**, ag **tumadh**, agus ag **clársheoltóireacht**. Gach oíche chuaigh an teaghlach go léir go bialann, ach uaireanta chuaigh mise agus mo dheartháir chuig dioscó.

Saoire, taisteal, agus na séasúir

Múinteoir: Conas a bhí na daoine ann?
Éamann: Bhí siad **cairdiúil** agus **cainteach**. Rinne mé cairdeas le mórán cairde nua. Bhain mé an-taitneamh as an tsaoire.
Múinteoir: Go hiontach! Go raibh maith agat, a Éamainn. Slán leat.
Éamann: Slán agat.

Gluais

saoire phacáiste	package holiday
árasán	apartment
linn snámha	swimming-pool
ag taitneamh	shining
scamall	cloud
seoltóireacht	sailing
tumadh	diving
clársheoltóireacht	windsurfing
cairdiúil	friendly
cainteach	talkative, chatty

Céim 3: Cleachtadh cainte

Saoire i gcathair thar lear

Múinteoir: Conas tá tú, a Chaitlín?
Caitlín: Táim go breá, go raibh maith agat.
Múinteoir: Inis dom cad a rinne tú **an Cháisc** seo caite.
Caitlín: Chuaigh mé go Páras ar thuras scoile.
Múinteoir: Cá fhad a bhí sibh ann?
Caitlín: Bhíomar i bPáras ar feadh seachtaine.
Múinteoir: Cár fhan sibh?
Caitlín: D'fhanamar i **mbrú óige** i lár na cathrach. Bhí an **chóiríocht bhunúsach** go leor, ach bhí an brú **an-áisiúil**. Bhí Páras dochreidte!
Múinteoir: Cén saghas rudaí a chonaic tú ann?
Caitlín: Chonaiceamar an Túr Eiffel, **Ardeaglais** Notre Dame, agus Montmartre. Chuamar go dtí an Louvre, **gailearaí ealaíne**, agus chuamar go **hiarsmalann** freisin. Lá amháin chuamar go Disneyland, agus bhaineamar an-taitneamh as an lá a chaitheamar ansin. Chuamar ag siopadóireacht freisin.
Múinteoir: Cad a rinne tú sa tráthnóna?
Caitlín: Bhíomar **tuirseach traochta** tar éis na **spaisteoireachta** go léir san oíche, ach chuamar go **ceolsiamsa** san amharclann oíche amháin, agus bhí sé ar fheabhas. Chonaiceamar 'La Bete et la Belle', agus bhí sé **thar cionn**. Oíche eile chuamar ar thuras báid ar an Seine, agus bhí soilse na cathrach go hálainn ar fad.
Múinteoir: **Is cosúil** go raibh am breá agat! Ar cheannaigh tú aon bhronntanas ann do do mhuintir?

171

Aois na Glóire 3

Caitlín: Cheannaigh mé dialann, milseáin agus T-léine i nDisneyland do mo dheirfiúr. Cheannaigh mé dialann sa Louvre do m'athair, agus cheannaigh mé **féilire** álainn agus pictiúir le Rembrandt uirthi do mo mháthair.

Múinteoir: Maith an cailín! Go raibh maith agat as labhairt liom, a Chaitlín. Slán leat.

Caitlín: Slán agat.

Gluais

an Cháisc	Easter
brú óige	youth hostel
cóiríocht	accommodation, facilities
bunúsach	basic
áisiúil	convenient
ardeaglais	cathedral
gailearaí ealaíne	art gallery
iarsmalann	museum
tuirseach traochta	exhausted
spaisteoireacht	walking about, strolling
ceolsiamsa	a musical
thar cionn	excellent
is cosúil	it seems
féilire	calendar

Cleachtadh Scríofa

Cuir Gaeilge ar na habairtí seo a leanas:

1. I went on a school tour to London last year.
2. We stayed in a youth hostel.
3. I saw the historic buildings and monuments.
4. We visited an art gallery and a museum.
5. We saw the Tower of London and Big Ben.
6. One night we went to the theatre.
7. Another night we went to a musical.
8. We spent one day in London shopping.
9. I bought a dress for my sister and a T-shirt for my brother.
10. We saw a huge cathedral and Westminster Palace.

Cleachtadh cainte agus obair bheirte

An ndeachaigh tú ar saoire an samhradh seo caite?

1. Cén áit ar fhan tú?
2. Cé a bhí ar saoire leat?
3. Déan cur síos ar an gceantar ina raibh tú.
4. Conas a thaistil tú go dtí an áit?
5. Conas a bhí an aimsir?
6. Cén saghas rudaí a rinne tú gach lá?
7. Cén saghas rudaí a rinne tú gach oíche?
8. An bhfaca tú aon rud ar leith?
9. Ar bhain tú taitneamh as an tsaoire?

Saoire, taisteal, agus na séasúir

Briathra úsáideacha san aimsir fháistineach

Rachaidh mé ar saoire.	I will go on a holiday.
Beidh mé ag snámh gach lá.	I will be swimming every day.
Caithfidh mé am ag léamh.	I will spend time reading.
Buailfidh mé le mo chairde gach lá.	I will meet my friends every day.
Feicfidh mé na radhairc.	I will see the sights.
Oibreoidh mé i mbialann / i siopa.	I will work in a restaurant / in a shop.
Ligfidh mé mo scíth.	I will relax.
Bainfidh mé taitneamh as.	I will enjoy it.

Ceisteanna san aimsir fháistineach

1. Cad a dhéanfaidh tú an samhradh / an Cháisc / an sos lár téarma seo chugainn?
2. Cé a rachaidh leat?
3. Cén sórt áite í? An mbeidh sé thar lear, in Éirinn, faoin tuath, nó i gcathair?
4. Cá bhfanfaidh tú?
5. Conas a bheidh tú ag taisteal go dtí an áit?
6. Cad a dhéanfaidh tú gach lá?
7. Conas a chaithfidh tú gach tráthnóna?
8. An ndéanfaidh tú aon rud ar leith? An dtabharfaidh tú cuairt ar iarsmalann / ar dhánlann / ar amharclann?
9. An bhfeicfidh tú séadchomharthaí nó foirgnimh stairiúla?
10. An gceannóidh tú bronntanais do ghaolta nó do do chairde?

Obair Bheirte

Céim 4: Litir phearsanta: An saoire cois trá

Tá tú ar saoire leis an teaghlach sa Spáinn. Scríobh litir chuig do chara fúithi. I do litir luaigh:
- cá bhfuil tú ag fanacht
- cad a dhéanann tú gach lá
- an aimsir
- rud ba mhaith leat a dhéanamh sula dtéann tú abhaile
- cathain a fheicfidh tú do chara arís.

Hotel de la Playa
Camino de Mijas
Málaga

15 Iúil 2010

A Phádraig, a chara,

Conas tá tú? Tá súil agam go bhfuil tú féin is do mhuintir i mbarr na sláinte. **Tabhair mo bheannacht dóibh.**

Táim anseo ar saoire i Málaga na Spáinne faoi láthair leis an teaghlach. Táim ag fanacht in óstán anseo cois farraige. Óstán mór galánta compordach **ar imeall na cathrach** is ea é. Tá a lán áiseanna san óstán, ina measc linn snámha, cúirt leadóige, bialann, agus mar sin de.

Táim ag baint an-taitnimh as an tsaoire. Gach lá téim ag snámh sa linn snámha nó san fharraige, imrím eitpheil ar an trá le Siobhán, bím ag léamh irisí agus leabhair, nó éistim leis an iPod. Sa tráthnóna téim go bialann dheas sa chathair leis an teaghlach. Tá **rogha iontach** bialanna i Málaga, ina measc bialanna Spáinneacha, bialanna Iodálacha, bialanna Síneacha, agus bialanna Indiacha.

Tá an aimsir anseo go hálainn. Bíonn an ghrian ag taitneamh i gcónaí, agus níl scamall sa spéir. Inné chuaigh mé go **hiarsmalann na cathrach**, agus bhain mé an-sult aisti. Ba mhaith liom cuairt a thabhairt ar an ngailearaí ealaíne i lár na cathrach sula dtéimid abhaile. Mar is eol duit, tá an-suim agam san ealaín.

Feicfidh mé thú an tseachtain seo chugainn. An féidir leat bualadh liom Dé Luain seo chugainn ag an stáisiún traenach?

Tá mo mháthair ag glaoch orm anois agus ní mór dom críochnú!

Mise do chara,

Liam

Gluais

tabhair mo bheannacht dóibh	give them my regards
ar imeall na cathrach	on the edge of the city
rogha iontach	a wonderful choice
iarsmalann na cathrach	the city museum

Saoire, taisteal, agus na séasúir

Cuir Gaeilge ar na habairtí seo a leanas:
1. Give your parents my regards.
2. I'm staying in a hotel.
3. The hotel is large, luxurious, and comfortable.
4. There are lots of facilities in the hotel, including a swimming-pool, a tennis court, and a gym.
5. I play volleyball on the beach every day.
6. I go swimming in the swimming-pool every day.
7. I love sitting on the beach.
8. I would like to visit the art gallery before I go home.
9. We go to restaurants every evening, including Italian, Chinese and Indian restaurants.
10. I went to the museum yesterday.

Obair Bhaile
Eachtra

Déan cur síos ar eachtra a tharla nuair a bhí tú ar saoire thar lear.

Plean

Is féidir leat úsáid a bhaint as na pointí seo a leanas agus plean á leagan amach agat i gcomhair na heachtra:

Alt 1: Abair cá ndeachaigh tú ar saoire.
Cathain a d'éirigh tú an mhaidin sin?
Cad a rinne tú ansin?
Conas a mhothaigh tú?
Cé a bhí in éineacht leat?
Conas a thaistil sibh? Ar eitleán? Ar long?
Conas a bhí an turas?
Cá raibh tú ag fanacht sa tír sin?
An raibh an áit ina raibh sibh ag fanacht go deas?

Alt 2: Luaigh roinnt de na rudaí a rinne tú ansin.
An raibh tú cois trá nó i gcathair?
An ndeachaigh tú go dtí an trá nó go dtí an linn snámha?
Ar thug tú cuairt ar dhánlann / ar iarsmalann / ar amharclann?
An bhfaca tú séadchomharthaí suimiúla?

Alt 3: Luaigh an eachtra a tharla.
Ar bhain timpiste duit nó do chara leat?
Má bhain, cén saghas timpiste?

Ar gortaíodh aon duine?
An raibh ar aon duine dul go dtí an dochtúir nó go dtí an t-ospidéal?

Nó

Ar bhuail sibh le haon duine mór le rá?
Ar thug amhránaí cáiliúil ticéid daoibh i gcomhair ceolchoirme?
Ar bhuail sibh le peileadóir cáiliúil?
Ar thug sé ticéid daoibh i gcomhair cluiche?
Ar bhuaigh sibh duais i gcrannchur?

Nó

Déan cur síos ar aon eachtra eile más fearr leat.

Alt 4: **Cén chríoch a bhí leis an tsaoire?**
Cathain a tháinig sibh abhaile?

Céim 5: Trialacha teanga comhthéacsúla

Cuid A

Scríobh Áine cuntas dialainne faoina saoire san Iodáil. Rinne sí botún, áfach: scríobh sí na briathra san aimsir fháistineach. Athscríobh an cuntas a chum Áine san Aimsir Chaite, agus déan aon athrú eile is gá. Mar chabhair duit, tá líne faoi na focail a chaithfidh tú a athrú.

Rachaidh mé go dtí an Iodáil leis an teaghlach an samhradh seo chugainn. Caithfidh mé coicís ann. Ceannóidh mo mháthair na ticéid, agus rachaimid ar an eitleán go dtí an Iodáil. Mairfidh an turas trí huaire go leith. Fanfaimid in óstán ar chósta Amalfi i ndeisceart na hIodáile. Beidh an ghrian ag taitneamh gach aon lá. Rachaimid ar thuras lae ó Amalfi go Capri, agus feicfimid na radhairc áille ansin. Gheobhaimid bád ar chíos íseal gach lá agus rachaimid ag seoltóireacht go minic ar an bhfarraige. Ligfidh mé mo scíth, agus bainfidh mé taitneamh as an tsaoire.

Saoire, taisteal, agus na séasúir

Cuid B

Is tusa Rónán sa phictiúr thuas. Athscríobh na habairtí seo a leanas, líon na bearnaí leis na focail is oiriúnaí, agus scríobh an leagan cuí de na huimhreacha atá idir lúibíní.

Is mise Rónán.
Tá (5) _____ sa teaghlach.
Anuraidh chuamar _____ saoire.
Chuamar _____ _____ an Spáinn.
Bhain mé an-taitneamh _____ an tsaoire.
Lig mé _____ scíth gach lá.

Céim 6: Focail agus frásaí a bhaineann leis an nGaeltacht

Ceantair Ghaeltachta

Contae Dhún na nGall
Rann na Feirste
Gaoth Dobhair
Gort an Choirce

Contae na Gaillimhe
Ros Muc
An Spidéal
Bearna
Indreabhán
An Cheathrú Rua

Contae na Mí
Ráth Cairn

Contae Mhaigh Eo
Ceathrú Thaidhg agus Tuar Mhic Éadaigh

Contae Chiarraí
Dún Chaoin
An Fheothanach
Baile an Fheirtéaraigh
Ceann Trá

Contae Phort Láirge
An Rinn

Na daoine

na múinteoirí	the teachers
na ceannairí	the leaders
na daltaí	the pupils
bean an tí	the woman of the house
muintir na háite	the local people

Aois na Glóire 3

Cad a dhéanann tú sa choláiste samhraidh?

Táim ag cur feabhais ar mo chuid Gaeilge.	I'm improving my Irish.
Ar maidin bíonn ranganna Gaeilge againn.	In the morning we have Irish classes.
Bíonn gramadach, comhrá agus léamhthuiscint againn.	We have grammar, conversation, and reading comprehension.
Imrímid cluichí.	We play games.
San iarnóin imrímid cluichí, ina measc cispheil / eitpheil / leadóg / peil / sacar / rugbaí.	In the afternoon we play games, including basketball / volleyball / tennis / football / soccer / rugby.
San oíche eagraímid céilithe / quizeanna / comórtais tallainne.	At night we organise céilithe / quizzes / talent competitions.

Frásaí eile

Tá cairdeas déanta agam le mórán daoine.	I've made a lot of new friends.
Tá áiseanna an-mhaith anseo.	There are good facilities here.

Céim 7: Litir phearsanta

Sa choláiste samhraidh

Tá tú ag freastal ar chúrsa Gaeilge i gcoláiste samhraidh. Scríobh litir chuig do thuismitheoirí ag insint dóibh faoi. I do litir luaigh:

- an áit ina bhfuil tú ag fanacht
- na rudaí a dhéanann tú gach maidin agus iarnóin
- cad a dhéanann tú gach oíche
- cara nua atá agat.

Saoire, taisteal, agus na séasúir

Bóthar Cheann Trá
Dún Chaoin
Co. Chiarraí

23 Iúil 2010

A athair agus a mháthair,

Conas atá sibh? Tá súil agam go bhfuil an bheirt agaibh go maith.

Táim ag baint taitnimh as an gcoláiste agus as an gceantar. Ar dtús bhí mé beagán **uaigneach**, ach anois táim **sona sásta**, toisc go bhfuil go leor cairde nua agam.

Táim ag fanacht i dteach mór compordach. Tá bean an tí cairdiúil agus cainteach, rud atá an-**chabhrach** domsa, toisc gur féidir liom caint léi i nGaeilge an t-am ar fad! Bíonn béilí deasa againn gach lá, mar is cócaire iontach í chomh maith.

Gach maidin bíonn ranganna Gaeilge againn sa choláiste, atá **míle slí ón teach**. Bíonn gramadach agus léamhthuiscint againn leis na múinteoirí, bímid ag caint agus ag comhrá i nGaeilge, agus uaireanta bíonn quizeanna againn. San **iarnóin** imrímid cluichí. Tá rogha leathan ar fáil: cispheil, peil, iománaíocht, sacar, rugbaí, leadóg, agus eile. Nuair a bhíonn an aimsir go maith téimid chun na trá agus téimid ag snámh, nó téimid ag siúl sna cnoic.

Gach tráthnóna bíonn comórtais tallainne nó céilí nó quiz againn. Bíonn an-spórt againn, toisc go bhfuil na daltaí agus na múinteoirí an-chairdiúil. Rinne mé cairdeas le cara nua as Contae Chiarraí freisin. Is as Cill Áirne di. Éadaoin is ainm di, cailín **spraíúil greannmhar**, agus bím i gcónaí sna **trithí** gáire nuair a bhím in éineacht léi.

Sin í mo nuacht uile faoi láthair. Tá bean an tí ag glaoch orm, agus ní mór dom críochnú anois. Tá an dinnéar réidh!

Scríobhaigí chugam go luath.

Mise le díograis,

Sorcha

Gluais

uaigneach	lonely
sona sásta	happy, content
cabhrach	helpful
míle slí ón teach	a mile from the house
an iarnóin	the afternoon
spraíúil	playful
greannmhar	funny, amusing
trithí	convulsions
mise le díograis	yours affectionately

Obair Bhaile

Litir

Bhí tú ar chúrsa i gcoláiste samhraidh i mbliana. Scríobh litir chuig do chara pinn faoi. I do litir luaigh:
- cá raibh tú ag fanacht
- dhá rud a thaitin leat faoin gceantar
- duine a ndearna tú cairdeas leis
- eachtra a tharla le linn an chúrsa.

Céim 8: Léamhthuiscint

Léigh an sliocht seo a leanas agus ansin freagair na ceisteanna a ghabhann leis:

Turas Aoife go Zimbabwe
Aoife Ní Thiarnaigh

Is as an gClochán i gContae na Gaillimhe domsa, agus táim ceithre bliana is fiche d'aois. Tá seisear sa teaghlach: mé féin, mo bheirt deartháireacha, Dónall agus Cathal, mo dheirfiúr, Fionnuala, agus mo thuismitheoirí.

Is breá liom taisteal. An bhliain seo caite chríochnaigh mé mo **chéim** i mBéarla agus stair san ollscoil, agus **bheartaigh mé ar** bhliain a chaitheamh san Afraic. Chuaigh mé go Zimbabwe le Trócaire. Ba é an ról a bhí agam ná Béarla a mhúineadh do na leanaí i scoil i Zimbabwe agus cabhrú leis an obair **dheonach** a bhí ar siúl ann. Theastaigh uaim i gcónaí dul go dtí an Afraic agus cabhrú leis na daoine ansin. Ar 30 Meitheamh 2010 **d'eitil mé** go Zimbabwe. Turas an-fhada a bhí ann: mhair sé deich n-uaire go leith. Nuair a **thuirling** an t-eitleán bhí orm taisteal ar bhus ar feadh uair go leith go dtí ár **gceann scríbe**.

Saol eile ar fad atá san Afraic. Bhí mé ag fanacht i bhfoirgneamh **bunúsach seanfhaiseanta**, agus bhí an aimsir te agus brothallach.

Gach maidin ag a naoi a chlog chuaigh mé go dtí an scoil a bhí sa champa, agus mhúin mé Béarla do na leanaí go dtí am lóin. Ba bhreá liom oibriú leis na leanaí ansin; bhí sé níos fearr ná rud ar bith a **shamhlaigh** mé riamh. Bhí **caidreamh** iontach agam leo roimh dheireadh na bliana, agus bhí an-bhrón orm nuair a bhí sé **in am agam** teacht abhaile go hÉirinn. Leanaí **soineanta** ba ea iad, agus ba bhreá leo canadh agus damhsa. Bhí siad an-**cheanúil** orm agus buíoch as gach rud a rinne mé dóibh. San **iarnóin** d'oibrigh mé leis na hoibrithe deonacha eile. Bhíomar ag tabhairt bia speisialta do na máithreacha agus na leanaí chun iad a **chothú**. Bhí dochtúirí agus altraí ann freisin a chuir **cóir leighis** ar dhaoine a bhí breoite. Faraor, bhí galair ar nós **SEIF**, **maláire** agus **calar forleathan** i Zimbabwe, agus bhí a lán leanaí i mbaol báis de bharr ocrais agus easpa uisce glan. Rinneamar ár ndícheall le cabhrú leo in aon slí arbh fhéidir linn.

Saoire, taisteal, agus na séasúir

Chaitheamar mí ag tógáil tithe do theaghlaigh éagsúla freisin, agus cé gur obair **dhian** a bhí ann bhí áthas an domhain orainn nuair a d'éirigh linn céad teach a thógáil agus **an tionscadal** a **chur i gcrích**. Ansin bhí orainn an phéinteáil agus eile a dhéanamh, agus bhí **tógálaithe**, **péintéirí**, **siúinéirí**, **leictreoirí** agus **pluiméirí ó chian is ó chóngar** ag obair linn. Bhí an-spórt againn, daoine ó chultúir éagsúla ag obair le chéile.

Bhí an saol san Afraic an-simplí ó thaobh **rudaí ábhartha** de. Bhí easpa scoileanna agus easpa **bonneagair** ann, gan amhras, agus bhí ganntanas bia agus **ganntanas** uisce ghlan ann. Bhí **gorta** agus **triomach** ann freisin agus rudaí brónacha le feiceáil. Ach bhí spiorad na ndaoine áitiúla go hálainn, agus rinne mé cairdeas iontach le daoine as **gach cearn den domhan**. Ní dhéanfaidh mé dearmad go deo ar an mbliain a chaith mé san Afraic.

Gluais

céim	degree	calar	cholera
bheartaigh mé ar	I decided to	forleathan	widespread
deonach	voluntary	dian	hard
d'eitil	flew	tionscadal	project
tuirling	landed	cur i gcrích	complete
ceann scríbe	destination	tógálaithe	builders
bunúsach	basic, primitive	péintéirí	painters
seanfhaiseanta	old-fashioned	siúinéirí	carpenters
shamhlaigh	imagined	leictreoirí	electricians
caidreamh	relationship	pluiméirí	plumbers
in am agam	time for me	ó chian is ó chóngar	from far and near
soineanta	innocent	rudaí ábhartha	material things
ceanúil	affectionate	bonneagar	infrastructure
iarnóin	afternoon	ganntanas	lack
cothú	feed, nourish	gorta	famine
cóir leighis	medical treatment	triomach	drought
SEIF	AIDS	gach cearn den domhan	every corner of the world
maláire	malaria		

Aois na Glóire 3

Cleachtadh

1. (a) Cárb as d'Aoife? (b) Cad iad na hábhair a ndearna sí staidéar orthu i gcomhair a céime?
2. (a) Cén cinneadh a rinne sí tar éis di an chéim a bhaint amach? (b) Cén eagraíocht a ndeachaigh sí ag obair léi?
3. (a) Cén obair a bhí aici maidir leis na leanaí i Zimbabwe? (b) Cén saghas oibre eile a bhí á dhéanamh ag na hoibrithe deonacha ann?
4. Cén t-alt sa sliocht thuas a dtagraíonn an abairt seo a leanas dó?—
San iarnóin d'oibrigh mé leis na hoibrithe deonacha eile.
Alt 1 ☐   Alt 2 ☐   Alt 3 ☐   Alt 4 ☐   Alt 5 ☐   Alt 6 ☐
5. Cén t-alt sa sliocht thuas a dtagraíonn an abairt seo a leanas dó?—
'Bhí an saol san Afraic an-simplí ó thaobh rudaí ábhartha de.'
Alt 1 ☐   Alt 2 ☐   Alt 3 ☐   Alt 4 ☐   Alt 5 ☐   Alt 6 ☐

Bain úsáid as na focail thíos chun na bearnaí sna habairtí seo a leanas a líonadh:

1. Theastaigh _____ i gcónaí dul go dtí an Afraic.
2. Thóg an turas uair go leith sular shroicheamar ár _____.
3. Bhí an aimsir te agus _____.
4. Bhí áthas an domhain orainn an _____ a chur i _____.
5. Bhí galair ar nós _____, _____ agus _____ forleathan i Zimbabwe.
6. Bhí na leanaí _____ as gach rud a rinneamar dóibh.
7. Bhí _____, _____ agus _____ ag obair le chéile chun na tithe a thógáil.
8. Bhí easpa bonneagair, _____ agus uisce _____ sa cheantar.
9. Bhí spiorad _____ ag muintir na háite.
10. Rinne mé cairdeas le daoine as gach _____ den _____.

tionscadal, buíoch, gcrích, SEIF, oideachais, glan, cearn, domhan, álainn, maláire, pluiméirí, gceann scríbe, brothallach, tógálaithe, calar, siúinéirí, uaim.

Saoire, taisteal, agus na séasúir

Léamhthuiscint: Turas Mhuiris go dtí an Áise
Muiris Ó Súileabháin

Anuraidh chuaigh mé ar thuras go dtí an Áise agus an Astráil. **Thaistil m**é go dtí an Théalainn, go Vietnam agus go dtí an Chambóid. Bhí sé dochreidte. Mhair an turas go Bangkok trí huaire déag. Ní raibh an t-eitleán compordach, toisc go raibh mo shuíochán róbheag agus go raibh sé idir bheirt phaisinéirí eile. Ba mhór an **faoiseamh** a fuair mé nuair a shroicheamar Bangkok.

D'fhan mise agus mo bheirt chairde i mbrú óige. Bhí an **chóiríocht bunúsach** go leor ach **rinne sí cúis**, **ós rud é** go raibh sí **saor** agus go rabhamar ar **bhuiséad teoranta**. Cathair **ghnóthach thorannach shalach** é Bangkok, é **plódaithe** le daoine, agus níor thaitin sé liom i ndáiríre. Ba iad na rudaí ba mhó a thaitin liom ná na **teampaill** áille **Budaíocha** agus na hearraí saora a bhí ar díol sna **margaí**, ar nós málaí, bróga, agus **earraí** eile **leathair**.

Ina dhiaidh sin chuamar go dtí na hoileáin i ndeisceart na tíre, agus thugamar cuairt ar Phuket agus ar Ko Phi Phi. Is í seo an áit a ndearnadh *The Beach*, an scannán cáiliúil, sa bhliain 1990.

Agus muid ag fanacht ansin rinneamar cúrsa **tumadóireachta**. Bhí eagla orm roimh an tumadóireacht agus bhí mé go dona ar fad ar dtús, ach tar éis tamaill **chuaigh mé i dtaithí uirthi**. Nuair a cheap an traenálaí go raibh ár ndóthain **féinmhuiníne** againn chuamar amach san fharraige timpeall Ko Phi Phi. Bhí dath na n-iasc agus na bplandaí **thar a bheith** álainn.

183

Aois na Glóire 3

Tar éis tamaill bhí **fonn taistil** orainn arís agus chuamar go tuaisceart na Téalainne, go háit darb ainm Chaing Mai. Bhí an tírdhreach ansin an-**drámata**, le mórán **foraoiseacha trópaiceacha**. Chuamar ar thuras sna foraoiseacha go Mae Hong Son le treoraí áitiúil, agus chonaiceamar an Salawin, abhainn mhór. D'fhanamar i mbotháin na **dtreibheanna** a bhí ina gcónaí sna foraoiseacha thuas ar na sléibhte. Chuaigh mé ag marcaíocht ar eilifint lá amháin, agus cé go raibh eagla orm ar dtús bhain mé an-taitneamh as. Chonaic mé a lán ainmhithe agus **feithidí** éagsúla.

Chaitheamar **seal** i Vietnam freisin, ach bhí sé róghnóthach agus róthorannach domsa. Tar éis sin chuamar go dtí an Chambóid, agus d'fhoghlaim mé faoi stair bhrónach na tíre sin. De réir dealraimh mharaigh Pol Pot, an deachtóir, na mílte duine ann i rith na n-ochtóidí, agus **bhí alltacht orm** gur tharla rud chomh **tubaisteach** sin le déanaí. Thugamar cuairt ar na **huaigheanna** agus ar na músaeim a bhain leis an **ré** sin, agus bhí atmaisféar **sceirdiúil** iontu. Bhí an turas an-suimiúil, áfach. Ansin bhí ár n-airgead go léir **caite** againn agus bhí orainn teacht abhaile.

Caithfidh mé a rá go raibh saoire iontach agam san Áise. Bhí tírdhreach, muintir agus cultúr na hÁise an-éagsúil le hÉirinn; ach d'fhoghlaim mé mórán faoi chultúr agus faoi thíortha éagsúla. Ceann de na himeachtaí is fearr i mo shaol go dtí seo ba ea é.

Gluais

anuraidh	*last year*	teampaill	*temples*
thaistil mé	*I travelled*	Budaíoch	*Buddhist*
faoiseamh	*relief*	margaí	*markets*
cóiríocht	*accommodation*	earraí leathair	*leather goods*
bunúsach	*basic*	tumadóireacht	*diving*
rinne sé cúis	*it sufficed*	chuaigh mé i dtaithí	*I became accustomed*
ós rud é	*given that*	féinmhuinín	*self-confidence*
saor	*cheap*	thar a bheith	*extremely*
buiséad teoranta	*a limited budget*	fonn taistil	*the desire for travel*
gnóthach	*busy*	drámata	*dramatic*
torannach	*noisy*	foraoiseacha	*forests*
salach	*dirty*	trópaiceach	*tropical*
plódaithe	*crowded*		

Saoire, taisteal, agus na séasúir

treibheanna	*tribes*	tubaisteach	*disastrous*
feithidí	*insects*	uaigheanna	*graves*
seal	*a while*	ré	*era*
deachtóir	*dictator*	sceirdiúil	*terrifying*
chuir sé alltacht orm	*it astounded me*	caite	*spent*

Freagair na ceisteanna seo a leanas:
1. Ainmnigh na tíortha san Áise ar thug Muiris cuairt orthu.
2. Conas a bhí an turas go Bangkok?
3. Ar thaitin Bangkok leis? Cén fáth?
4. Cén saghas rudaí a rinne sé sna hoileáin i ndeisceart na Téalainne?
5. Cén scannán a rinneadh sna hoileáin sin sa bhliain 1990?
6. Cén áit ar fhan Muiris agus a chairde nuair a chuaigh siad ar thuras sna foraoiseacha?
7. Cad a cheap Muiris faoi Viet Nam?
8. Cad a tharla sa Chambóid i rith na n-ochtóidí, dar le Muiris?
9. Cad is ainm don deachtóir a bhí i gceannas ag an am?
10. Cén fáth ar tháinig Muiris abhaile sa deireadh?

Cuir Gaeilge ar na habairtí seo a leanas:
1. The food in Spain didn't agree with me.
2. The tropical forests were unbelievable.
3. I finished a diving course last summer.
4. I loved the beautiful Buddhist temples that I saw.
5. We were on a budget when we were on holiday.
6. Hongkong was busy and noisy.
7. The film *Ryan's Daughter* was made in County Kerry.
8. I was afraid of diving at first, but I got used to it.
9. The dictator Hitler killed millions of people.
10. I decided to travel to Viet Nam last summer.

Céim 9: Léamhthuiscint: An t-earrach

Pointe Gramadaí

Tar éis réamhfhocal comhshuite (*compound preposition*), ar nós **i rith**, bíonn an t-ainmfhocal sa tuiseal ginideach.

an t-earrach	*spring*	i rith an earraigh	*during the spring*
an samhradh	*summer*	i rith an tsamhraidh	*during the summer*
an fómhar	*autumn*	i rith an fhómhair	*during the autumn*
an geimhreadh	*winter*	i rith an gheimhridh	*during the winter*

An t-earrach
Sorcha Ní Shé

Is breá liomsa an t-earrach. Is iad Feabhra, Márta agus Aibreán míonna traidisiúnta an earraigh. I rith an earraigh bíonn **athbhreith** agus **athfhás** le feiceáil sa nádúr. Feicimid na **bachlóga** ag teacht amach ar na crainn agus na bláthanna ag fás **in athuair** tar éis **dhuairceas** an gheimhridh. Is breá liom dathanna na mbláthanna, ar nós **lus an chromchinn**. Cuireann na feirmeoirí a **síolta**, agus tagann ainmhithe nua ar an saol, ina measc na **huain** agus na **gamhna**.

Is séasúr an **dóchais** é an t-earrach, **feictear domsa**. Tar éis bhás agus chiúnas an gheimhridh bíonn saghas athbhreithe sa nádúr. Chomh maith leis sin, éiríonn na laethanta **níos faide** agus **níos gile diaidh ar ndiaidh**.

Lá Fhéile Bríde is ea an chéad lá de mhí Feabhra, agus is breá liom an fhéile sin. Déanaimid **cros Bríde** as **luachair** sa **rang ealaíne**, agus tugaimid abhaile iad.

Is breá liom Máirt na bPancóg freisin. Agus is breá liom Lá Fhéile Pádraig, an seachtú lá déag de Mhárta. Caitheann an teaghlach seamróg ar Lá Fhéile Pádraig gach bliain, agus téimid isteach i lár na cathrach chun féachaint ar an bparáid. Bíonn a lán rudaí **dathúla siamsúla** le feiceáil sa pharáid, agus tugann a lán **compántas aisteoireachta** agus **siamsa**, ar nós Macnas agus Samhlaíocht, iarracht iontach ar chur lena **héifeacht**. Bíonn bannaí éagsúla ag seinm ceoil ar fud na cathrach an oíche sin. Is breá liom an Cháisc freisin; agus ithim **an t-uafás uibheacha seacláide** i gcónaí!

Saoire, taisteal, agus na séasúir

Gluais

athbhreith	*rebirth*	diaidh ar ndiaidh	*gradually*
athfhás	*regrowth*	cros Bríde	*St Brigid's cross*
bachlóga	*buds*	luachair	*rushes*
in athuair	*again*	rang ealaíne	*art class*
duairceas	*gloom*	dathúil	*colourful*
lus an chromchinn	*daffodil*	siamsúil	*entertaining*
síolta	*seeds*	compántas	*company*
uain	*lambs*	aisteoireacht	*acting*
gamhna	*calves*	siamsa	*entertainment*
dóchas	*hope*	éifeacht	*effectiveness*
feictear domsa	*it seems to me*	an t-uafás	*an awful lot of*
níos faide	*longer*	uibheacha seacláide	*chocolate eggs*
níos gile	*brighter*		

Freagair na ceisteanna seo a leanas:

1. Cad a thaitníonn le Sorcha faoin earrach?
2. Cad iad míonna an earraigh?
3. Cad é an bláth a luaigh sí a fhásann san earrach?
4. Cad a dhéanann Sorcha ar scoil ar Lá Fhéile Bríde?
5. Cad a chaitheann an teaghlach ar Lá Fhéile Pádraig?
6. Cad a dhéanann an teaghlach an lá sin?
7. Cad a tharlaíonn sa chathair an oíche sin?
8. Cad a dhéanann Sorcha um Cháisc?

Céim 10: Aiste

An séasúr is fearr liom
Aifric Ní Chonaola

Gan aon agó is é an samhradh an séasúr is fearr liom. Is iad Bealtaine, Meitheamh agus Iúil míonna an tsamhraidh. Is breá liom an samhradh toisc go mbíonn an aimsir níos fearr ná sa chuid eile den bhliain agus go mbíonn na laethanta **níos faide** agus na hoícheanta **níos giorra**.

I mí na Bealtaine bím **ar bís** i gcónaí, **ag tnúth le** teacht na saoire scoile. Ní thaitníonn scrúduithe an tsamhraidh liom, ach bíonn a fhios agam go mbeidh trí mhí iontacha **i ndán dom** nuair a bheidh mé saor ón scoil tar éis na scrúduithe.

Aois na Glóire 3

Is breá liom an samhradh nuair a thagann na laethanta saoire. De ghnáth téann an teaghlach ar saoire thar lear, toisc go bhfuil teach saoire againn sa Spáinn. Is breá liom luí faoin ngrian, snámh ar an bhfarraige, nó mo scíth a ligean ar an trá. Taitníonn an teas go mór liom! Nuair a théimid abhaile ansin bainim an-sult as an am saor. Caithim níos mó ama le mo chairde, agus bíonn i bhfad níos mó ama againn i gcomhair ár gcaitheamh aimsire. Téimid ag siopadóireacht le chéile nó chuig scannán.

Imrím níos mó spóirt i rith an tsamhraidh—seoltóireacht, tonnmharcaíocht, agus snámh—agus bíonn deis agam ar bheith amuigh faoin aer agus **éalú** ó **shíorbhrú** na scoile agus an obair bhaile. Is breá liom an **tsaoirse** agus an **neamhspleáchas** sin.

Tá **gaolta** agam i gContae Mhaigh Eo, agus is minic a thugaim cuairt orthu sa samhradh. Is breá liom taisteal agus am a chaitheamh in áiteanna éagsúla, agus taitníonn an **éagsúlacht** go mór liom. Uaireanta téim ar chúrsa Gaeilge i gcoláiste samhraidh, agus bíonn an saol sóisialta agus an neamhspleáchas ann go hiontach. Nuair a fhillim ar scoil san fhómhar, **bím ar mo shuaimhneas** agus **mothaím sláinte níos fearr** tar éis an tsosa. Bíonn **fuinneamh** nua ag gach duine.

Creidim go bhfuil laethanta saoire an-tábhachtach i saol daltaí scoile. Tugann siad **faoiseamh** dóibh ó **bhrú** agus ó **chúraimí** na scoile, bíonn níos mó ama le caitheamh acu lena gcairde, agus bíonn níos mó ama acu lena scíth a ligean agus le taitneamh a bhaint as a gcaitheamh aimsire. Caithfidh mé a rá gurb é an samhradh an séasúr is fearr liom, gan aon agó!

Gluais

gan aon agó	without any doubt	saoirse	freedom
níos faide	longer	neamhspleáchas	independence
níos giorra	shorter	gaolta	relatives
ar bís	excited	éagsúlacht	variety
ag tnúth le	longing for, looking forward eagerly to	bím ar mo shuaimhneas	I feel at ease
		mothaím sláinte níos fearr	I feel healthier
		fuinneamh	energy
i ndán dom	in store for me	faoiseamh	relief
éalú	escape	brú	pressure
síorbhrú	constant pressure	cúraimí	cares

Saoire, taisteal, agus na séasúir

Freagair na ceisteanna seo a leanas:
1. Cad iad míonna an tsamhraidh?
2. Cén fáth ar maith le hAifric an samhradh?
3. Cén saghas rudaí a dhéanann Aifric ina ham saor?
4. Cén áit a bhfanann teaghlach Aifric nuair a théann siad go dtí an Spáinn?
5. Cé na rudaí a dhéanann Aifric sa Spáinn?
6. Cén saghas rudaí a dhéanann Aifric lena cairde?
7. Cén contae ina gcónaíonn a gaolta?
8. Cén fáth a gceapann Aifric go bhfuil laethanta saoire tábhachtach do dhaltaí?

Obair Bhaile

Aiste

Scríobh aiste faoin teideal 'Tábhacht saoire i saol an duine.'
Is féidir leat úsáid a bhaint as na pointí a bhaineann leis an aiste thuas agus plean á leagan amach agat.

Céim 11: Léamhthuiscint

An fómhar
Pádraig Ó Murchú

Is breá liomsa an fómhar. Is iad Lúnasa, Meán Fómhair agus Deireadh Fómhair míonna an fhómhair. Éiríonn na laethanta níos giorra agus na hoícheanta níos faide san fhómhar. Bíonn na feirmeoirí **ag baint an fhómhair** i mí Lúnasa, agus bíonn na duilleoga ildathacha **ag titim de** na crainn. Is breá liom dathanna na nduilleog: donn, glas, **rua**, agus buí. Éiríonn an aimsir **níos fuaire**, **níos gaofaire**, agus **níos fliche**—ach uaireanta bíonn **samhradh beag** againn i mí Mheán Fómhair!

Is breá liom na héadaí **teolaí** a chaithim i rith an fhómhair. Caithim hata, scaif, agus seaicéad ildathach. Lasann m'athair an tine sa seomra suí nuair a bhíonn an lá fuar, agus ansin bímid go deas teolaí. **Fillimid** ar scoil ag deireadh mhí Lúnasa, agus bíonn sos lár théarma againn ag deireadh mhí Dheireadh Fómhair.

Gach **Oíche Shamhna** gléasaim mé féin agus mo chairde mar phearsana i scannáin éagsúla. Caithimid **maisc** agus **peiriúicí**, agus téimid chuig **cóisir chulaith bhréige**. Bíonn an-spórt againn i gcónaí, agus is breá liom féachaint ar na **feistis** agus na peiriúicí a bhíonn á gcaitheamh ag daoine eile an oíche sin. Téann na leanaí san eastát thart, iad gléasta mar **phúcaí**, mar **chailleacha** nó mar **arrachtaí** ag iarraidh torthaí, cnónna, agus milseáin, agus bíonn atmaisféar iontach ann.

Aois na Glóire 3

Gluais

ag baint an fhómhair	saving the harvest	Oíche Shamhna	Halloween
ag titim de	falling from	gléasaim mé féin	I dress up
rua	red	maisc	masks
níos fuaire	colder	peiriúicí	wigs
níos gaofaire	windier	cóisir chulaith bhréige	fancy-dress party
níos fliche	wetter	feistis	outfits
samhradh beag	an Indian summer (late summer)	púcaí	ghosts
		cailleacha	witches
teolaí	cosy, snug	arrachtaí	monsters
fillimid	we return		

Pointe Gramadaí

Céimeanna comparáide na haidiachta

gearr	short	níos giorra	shorter
fada	long	níos faide	longer
fliuch	wet	níos fliche	wetter
gaofar	windy	níos gaofaire	windier

Freagair na ceisteanna seo a leanas:
1. Cad iad míonna an fhómhair?
2. Cad a tharlaíonn do na laethanta agus do na hoícheanta i rith an fhómhair?
3. Cad a dhéanann feirmeoirí san fhómhar?
4. Cad is breá le Pádraig faoin bhfómhar?
5. Conas a bhíonn an aimsir san fhómhar?
6. Cad a dhéanann athair Phádraig nuair a bhíonn an aimsir fuar?
7. Cad a dhéanann Pádraig Oíche Shamhna?
8. Cad a dhéanann na leanaí Oíche Shamhna?

Céim 12: Léamhthuiscint

An geimhreadh
Gráinne Ní Loingsigh

Is iad mí na Samhna, mí na Nollag agus mí Eanáir míonna an gheimhridh. Ní maith liom an geimhreadh ar chor ar bith, ach caithfidh mé a rá go mbainim taitneamh as an Nollaig. De ghnáth bíonn an aimsir crua sa gheimhreadh. Éiríonn sé fliuch, fuar, gaofar, agus stoirmeach. Uaireanta bíonn **sioc** ar an talamh, agus anois is arís bíonn sneachta agus **oighear** againn má bhíonn an **teocht** an-íseal. Is breá liom fanacht istigh agus féachaint ar an teilifís nuair a bhíonn an aimsir go dona.

Bíonn na crainn **lom**, gan duilleoga orthu, agus bíonn an nádúr ciúin i rith an gheimhridh. Is é an t-aon **sólás** a bhaineann leis an ngeimhreadh ná an Nollaig. Is breá liom na **maisiúcháin** a chuirtear suas sna siopaí. Sa bhaile cuirimid suas **cuileann** agus **eidhneán** chun an teach a mhaisiú, agus bíonn crann Nollag againn agus é maisithe go hálainn. Ceannaím **bronntanais** do mo mhuintir, agus dar ndóigh faighim bronntanais freisin.

Is breá liom dinnéar na Nollag: na prátaí rósta, turcaí rósta agus **liamhás**, agus **bachlóga Bruiséile**. Déanann mo mháthair **maróg** Nollag agus císte Nollag, agus tagann ár ngaolta chun dinnéir linn. Bíonn brón orm i gcónaí nuair a bhíonn deireadh leis an Nollaig, toisc **gur fuath liom** mí Eanáir!

Gluais

sioc	frost
oighear	ice
teocht	temperature
lom	bare
sólás	comfort
maisiúcháin	decorations
cuileann	holly
eidhneán	ivy
bronntanais	presents
liamhás	ham
bachlóga Bruiséile	Brussels sprouts
maróg	pudding
is fuath liom	I hate

Téarmaí breise le foghlaim

coinneal, coinnle	a candle, candles
Daidí na Nollag	Santa Claus
Oíche Nollag	Christmas Eve
Lá Nollag	Christmas Day
Oíche Chinn Bhliana	New Year's Eve
Lá Caille	New Year's Day

Saoire, taisteal, agus na séasúir

Freagair na ceisteanna seo a leanas:

1. An maith le Gráinne an geimhreadh?
2. Cad é an t-aon sólás a bhaineann leis an ngeimhreadh, dar le Gráinne?
3. Conas a bhíonn an nádúr i rith an gheimhridh, dar léi?
4. Conas a bhíonn an aimsir i rith an gheimhridh?
5. Cén saghas maisiúchán a chuireann muintir Ghráinne suas sa teach?
6. Cad a bhíonn aici do dhinnéar na Nollag?
7. Cé a thagann chun dinnéir an lá sin?
8. Conas a mhothaíonn Gráinne nuair a bhíonn an Nollaig thart?

Cleachtadh cainte agus obair bheirte

Cuir na ceisteanna seo a leanas ar an duine in aice leat, agus ansin freagair na ceisteanna tú féin:

1. Cad é an séasúr is fearr leat? Cén fáth?
2. Cad iad míonna an tséasúir sin?
3. Conas a bhíonn an aimsir sa séasúr sin?
4. Déan cur síos ar an nádúr sa séasúr sin.
5. Cad iad na rudaí a dhéanann tú sa séasúr sin?
6. Cén fhéile is fearr leat sa bhliain?
7. Cén saghas siamsa a bhíonn agat le linn na féile sin?
8. Cad a dhéanann tú de ghnáth gach Lá Nollag?

Saoire, taisteal, agus na séasúir

Aimsigh na focail seo a leanas sa lúbra:

treoraí	tumadóireacht	óstán	turas
taisteal	muintir na tíre	brú óige	
áiseanna	iarsmalann	séadchomhartha	
tírdhreach	gailearaí ealaíne	amharclann	

F	V	J	Q	Z	S	I	A	R	S	M	A	L	A	N	N
C	S	Z	A	T	U	R	A	S	O	S	C	A	Y	L	U
Y	N	N	D	G	B	G	J	X	C	Q	H	N	H	G	G
G	A	I	L	E	A	R	A	Í	E	A	L	A	Í	N	E
P	F	T	U	Y	U	F	S	K	H	O	H	C	H	T	T
O	Ó	S	T	U	M	A	D	Ó	I	R	E	A	C	H	T
L	S	M	U	I	N	T	I	R	N	A	T	Í	R	E	Í
W	T	U	K	N	G	N	T	N	H	Y	P	G	E	R	R
M	Á	S	B	R	Ú	Ó	I	G	E	E	G	T	A	D	D
A	N	N	A	E	S	I	Á	A	N	Z	Z	R	D	R	H
L	I	C	T	A	I	S	T	E	A	L	S	E	A	E	R
N	N	A	L	C	R	A	H	M	A	K	P	O	Í	A	E
R	D	S	É	A	D	C	H	O	M	H	A	R	T	H	A
R	O	E	R	T	J	O	X	Q	J	I	M	A	L	H	C
Q	S	Y	U	F	S	K	H	O	H	H	K	Í	A	E	H

Céim 13: Athbhreithniú ar Aonad 7

Freagair na ceisteanna seo a leanas:
1. An maith leat na laethanta saoire?
2. An ndeachaigh tú ar saoire an samhradh seo caite? Déan cur síos uirthi.
3. Cad a rinne tú gach lá?
4. An raibh tú i gceantar Gaeltachta riamh?
5. Cén saghas rudaí a rinne tú ann?
6. Ar bhain tú taitneamh as? Cén fáth?
7. Cad é an séasúr is fearr leat? Cén fáth?
8. Cad a dhéanfaidh tú an samhradh seo chugainn?
9. Cad a rinne tú an Nollaig seo caite?
10. Cad a rinne tú Lá Fhéile Pádraig?

Cuir Gaeilge ar na habairtí seo a leanas:
1. I went on holiday to Spain last summer.
2. We stayed in an apartment.
3. I went swimming in the sea every day.
4. I enjoyed sitting on the beach.
5. We went to Rome last year on our school tour.
6. We went to an art gallery and a museum.
7. In the evening we went to the theatre.
8. We saw the Trevi Fountain and the Sistine Chapel.
9. My favourite season is summer.
10. I ate lots of chocolate eggs on Easter Sunday.

Aonad 8

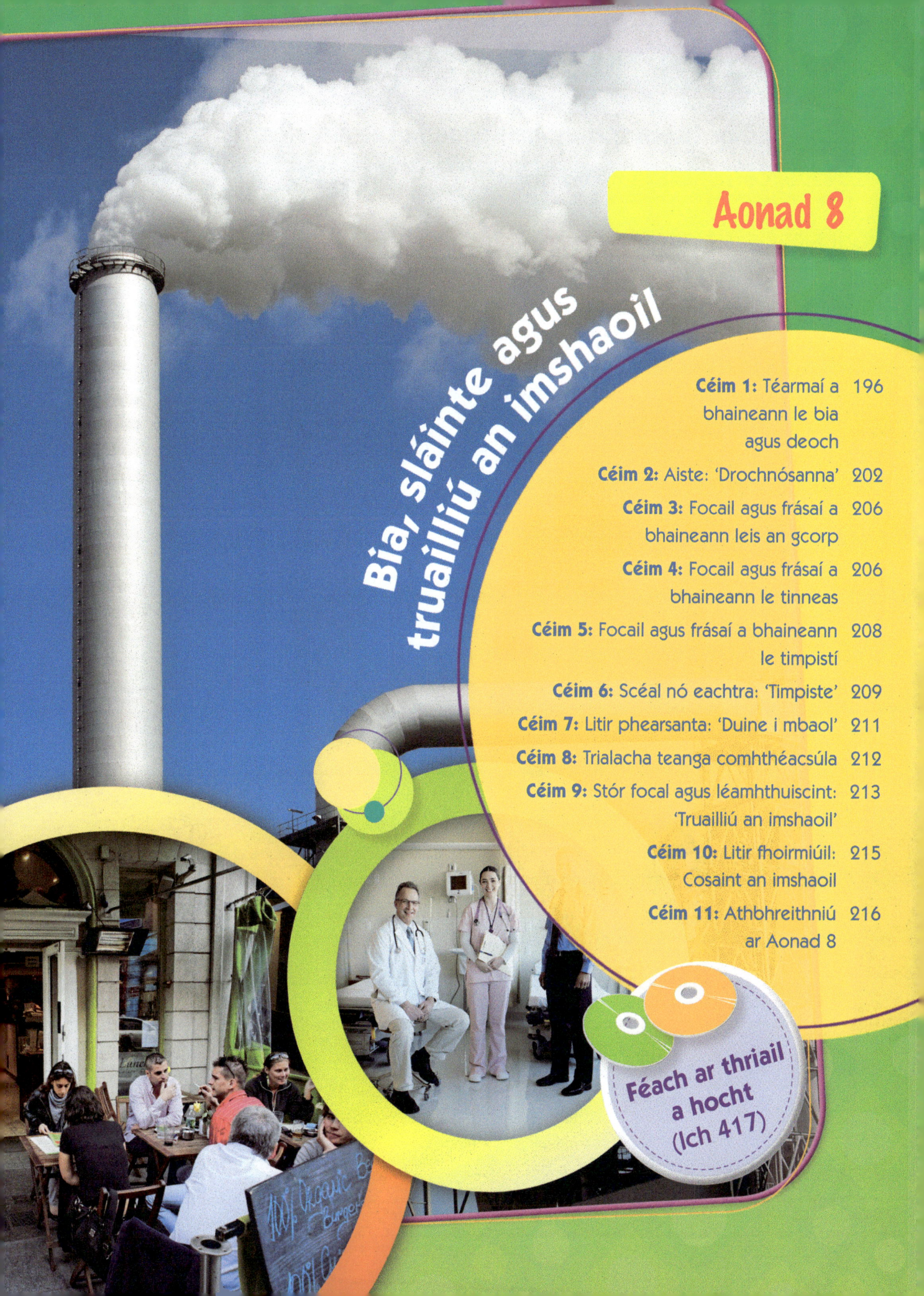

Bia, sláinte agus truailliú an imshaoil

Céim 1: Téarmaí a bhaineann le bia agus deoch — 196

Céim 2: Aiste: 'Drochnósanna' — 202

Céim 3: Focail agus frásaí a bhaineann leis an gcorp — 206

Céim 4: Focail agus frásaí a bhaineann le tinneas — 206

Céim 5: Focail agus frásaí a bhaineann le timpistí — 208

Céim 6: Scéal nó eachtra: 'Timpiste' — 209

Céim 7: Litir phearsanta: 'Duine i mbaol' — 211

Céim 8: Trialacha teanga comhthéacsúla — 212

Céim 9: Stór focal agus léamhthuiscint: 'Truailliú an imshaoil' — 213

Céim 10: Litir fhoirmiúil: Cosaint an imshaoil — 215

Céim 11: Athbhreithniú ar Aonad 8 — 216

Féach ar thriail a hocht (lch 417)

Aois na Glóire 3

Céim 1: Téarmaí a bhaineann le bia agus deoch

Cén saghas bia a thaitníonn leat?

Is maith liom—

bia Iodálach	Italian food
bia Indiach	Indian food
bia Téalannach	Thai food
bia Síneach	Chinese food
bia Seapánach	Japanese food
bia Éireannach	Irish food
mearbhia	fast food

Cén saghas deochanna a thaitníonn leat?

Is breá liom—

sú oráiste *orange juice*  cóla *cola*  sú úill *apple juice*  líomanáid *lemonade*

bainne *milk*  uisce *water*  tae *tea*  caife *coffee*

Cad é an béile is fearr leat?

Is fearr liom—

bricfeasta	breakfast
lón	lunch
dinnéar	dinner
suipéar	supper

Cad í an mhias is fearr leat?

Is fearr liom—

bagún agus cabáiste	bacon and cabbage
stobhach	stew
casaról	casserole
lasagne	lasagne
píotsa	pizza
curaí	curry

Bia, sláinte, agus truailliú an imshaoil

An maith leat cócaireacht?

Is breá liom cócaireacht.

Cuireann sí ar mo shuaimhneas mé.	It relaxes me.
Tá sí cruthaitheach.	It's creative.
is caitheamh aimsire deas í.	It's a pleasant pastime.
Is breá liom béile a ullmhú nuair a bhíonn aíonna sa teach.	I love preparing a meal when there are guests in the house.

Is fuath liom cócaireacht.

Nílim go maith aici.	I'm not good at it.
Éiríonn liom gach rud a dhó nuair a dhéanaim an chócaireacht!	I succeed in burning everything when I do the cooking!
Níl aon suim agam i gcócaireacht.	I have no interest in cooking.

Leagan amach an bhéile

biachlár	menu
cúrsa tosaigh	starter
príomhchúrsa	main course
milseog	dessert

Téarmaí a bhaineann le feoil

feoil	meat
mairteoil	beef
stéig	steak
muiceoil	pork
liamhás	ham
bagún	bacon
caoireoil	mutton
uaineoil	lamb
gríscín uaineola	lamb chop
circeoil	chicken
turcaí	turkey
burgair	burgers

Téarmaí a bhaineann le bricfeasta

leite	porridge	uibheacha	eggs
gránach	cereal	ispíní	sausages
calóga arbhair	corn flakes	slisíní	rashers
arán tósta	toast	putóg bhán	white pudding
im	butter	putóg dhubh	black pudding
marmaláid	marmalade	pancóga	pancakes
subh	jam		

197

Aois na Glóire 3

Téarmaí a bhaineann le héisc

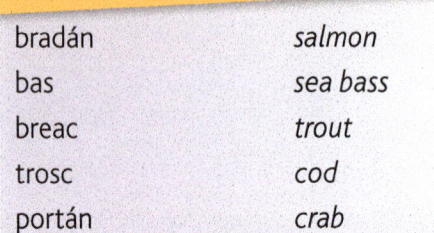

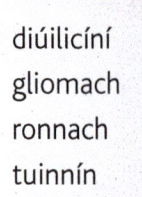

bradán	*salmon*	diúilicíní	*mussels*
bas	*sea bass*	gliomach	*lobster*
breac	*trout*	ronnach	*mackerel*
trosc	*cod*	tuinnín	*tuna*
portán	*crab*		

Téarmaí a bhaineann le torthaí agus glasraí

práta	*potato*	fige	*fig*
cairéad	*carrot*	piorra	*pear*
meacan bán	*parsnip*	torthaí	*fruit*
oinniún	*onion*	úll	*apple*
leitís	*lettuce*	oráiste	*orange*
beacán	*mushroom*	mealbhacán	*melon*
cóilis	*cauliflower*	banana	*banana*
piseanna	*peas*	caora fíniúna	*grapes*
pónairí	*beans*	anainn	*pineapple*
piobar	*pepper*	cnó cócó	*coconut*
ubhthoradh	*aubergine*	sméara	*berries*
abhacád	*avocado*	sútha talún	*strawberries*
biatas	*beetroot*	sútha craobh	*raspberries*
brocailí	*broccoli*	fraocháin ghorma	*blueberries*
cabáiste	*cabbage*	sméara dubha	*blackberries*
bachlóga Bruiséile	*Brussels sprouts*	seadóg	*grapefruit*
tornapa	*turnip*		

Téarmaí a bhaineann le cúrsaí tosaigh

seabhdar *chowder*    sailéad *salad*    anraith *soup*

caibhéar *caviar*    manglam cloicheán *prawn cocktail*   mealbhacán *melon*

Bia, sláinte, agus truailliú an imshaoil

Téarmaí a bhaineann le harán

builín	loaf
arán bán / arán geal / arán plúir	white bread
arán donn / arán rua	brown bread
caiscín / arán caiscín	wholemeal bread
rollóga	rolls
císte / cáca	cake
borróga	buns
muifín	muffin
toirtín úll	apple tart
brioscaí	biscuits

Téarmaí a bhaineann le milseoga

milseog	dessert
cáis agus craicir	cheese and crackers
iógart	yoghurt
glóthach	jelly
uachtar reoite	ice cream
meireang	meringue
císte cáise	cheesecake
scoilteog bhanana	banana split
sailéad torthaí	fruit salad
cáca milis / císte milis	cake
cáca spúinse	sponge cake
cáca seacláide	chocolate cake
cáca líomóide	lemon cake
cáca cairéid	carrot cake
maróg Nollag	Christmas pudding
borróg uachtair	cream bun
seacláid	chocolate

Téarmaí a bhaineann le deochanna

tae	tea	cóla	cola
caife	coffee	fíon dearg	red wine
uisce súilíneach	sparkling water	fíon bán	white wine
sú úill	apple juice	seaimpéin	champagne
sú oráiste	orange juice	beoir	beer
líomanáid	lemonade	fuisce	whiskey

Bia Iodálach

Téarmaí a bhaineann le cúrsaí tosaigh

| pasta |  lasagne |  píotsa |   spaghetti bolognese |  risotto |

199

Aois na Glóire 3

Bia Éireannach

stobhach	stew
bagún agus cabáiste	bacon and cabbage
brúitín	mashed potatoes
cál ceannann	colcannon
bacstaí	potato bread

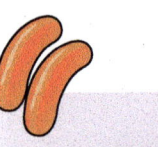

Mearbhia

mearbhia	fast food	anlann curaí	curry sauce
burgair	burgers	ispín	sausage
ollbhurgar	giant burger	iasc friochta	fried fish
burgar circeola	chicken burger	trosc agus sceallóga	cod and chips
sceallóga	chips	cnaipíní circeola	chicken nuggets
fáinní oinniúin	onion rings	creathán bainne	milkshake
circeoil fhriochta	fried chicken	taoschnónna	doughnuts

Bia Síneach

rís bhruite	boiled rice
rís fhriochta	fried rice
craicir chloicheán	prawn crackers
rollóg earraigh	spring roll
circeoil le hanlann milis searbh	chicken with sweet and sour sauce
curaí circeola	chicken curry
curaí mairteola	beef curry
stíl Chantainis	Cantonese style

Roinnt téarmaí breise

biachlár	menu	curaí circeola	chicken curry
miasa	dishes	uibheagán	omelette
cócaire	cook, chef	prátaí rósta	roast potatoes
spólann	carvery	circeoil líonta rósta	roast stuffed chicken
Is feoilséantóir mé	I'm a vegetarian	bradán deataithe	smoked salmon
anlann	sauce		

200

Bia, sláinte, agus truailliú an imshaoil

Téarmaí a bhaineann le harán

builín	loaf
arán bán / arán geal / arán plúir	white bread
arán donn / arán rua	brown bread
caiscín / arán caiscín	wholemeal bread
rollóga	rolls
císte / cáca	cake
borróga	buns
muifín	muffin
toirtín úll	apple tart
brioscaí	biscuits

Téarmaí a bhaineann le milseoga

milseog	dessert
cáis agus craicir	cheese and crackers
iógart	yoghurt
glóthach	jelly
uachtar reoite	ice cream
meireang	meringue
císte cáise	cheesecake
scoilteog bhanana	banana split
sailéad torthaí	fruit salad
cáca milis / císte milis	cake
cáca spúinse	sponge cake
cáca seacláide	chocolate cake
cáca líomóide	lemon cake
cáca cairéid	carrot cake
maróg Nollag	Christmas pudding
borróg uachtair	cream bun
seacláid	chocolate

Téarmaí a bhaineann le deochanna

tae	tea	cóla	cola
caife	coffee	fíon dearg	red wine
uisce súilíneach	sparkling water	fíon bán	white wine
sú úill	apple juice	seaimpéin	champagne
sú oráiste	orange juice	beoir	beer
líomanáid	lemonade	fuisce	whiskey

Bia Iodálach

Téarmaí a bhaineann le cúrsaí tosaigh

pasta	lasagne	píotsa	spaghetti bolognese	risotto

199

Aois na Glóire 3

Bia Éireannach

stobhach	stew
bagún agus cabáiste	bacon and cabbage
brúitín	mashed potatoes
cál ceannann	colcannon
bacstaí	potato bread

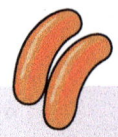

Mearbhia

mearbhia	fast food	anlann curaí	curry sauce
burgair	burgers	ispín	sausage
ollbhurgar	giant burger	iasc friochta	fried fish
burgar circeola	chicken burger	trosc agus sceallóga	cod and chips
sceallóga	chips	cnaipíní circeola	chicken nuggets
fáinní oinniúin	onion rings	creathán bainne	milkshake
circeoil fhriochta	fried chicken	taoschnónna	doughnuts

Bia Síneach

rís bhruite	boiled rice
rís fhriochta	fried rice
craicir chloicheán	prawn crackers
rollóg earraigh	spring roll
circeoil le hanlann milis searbh	chicken with sweet and sour sauce
curaí circeola	chicken curry
curaí mairteola	beef curry
stíl Chantainis	Cantonese style

Roinnt téarmaí breise

biachlár	menu	curaí circeola	chicken curry
miasa	dishes	uibheagán	omelette
cócaire	cook, chef	prátaí rósta	roast potatoes
spólann	carvery	circeoil líonta rósta	roast stuffed chicken
Is feoilséantóir mé	I'm a vegetarian	bradán deataithe	smoked salmon
anlann	sauce		

Bia, sláinte, agus truailliú an imshaoil

Cleachtadh

Cuir na pictiúir agus na hainmneacha le chéile

A	mairteoil
	circeoil/sicín
	leitís
	meacain bhána
	oinniúin
	oráiste
	seacláid
	borgaire
	trosc agus sceallóga
	toirtín úll
	císte cáise
	portáin
	ispíní
	slisíní
	uibheacha
	bagún agus cabáiste
	torthaí
	glasraí

Obair Bhaile

Lig ort go bhfuil do bhialann féin agat. Le cabhair na bhfocal thuas, scríobh an biachlár a bheadh agat faoi na ceannteidil seo a leanas:

- cúrsa tosaigh
- príomhchúrsa
- milseog
- deochanna.

201

Aois na Glóire 3

Cleachtadh Scríofa

Déan suirbhé sa rang faoi bhia.
1. Cén saghas bia is fearr le daoine?
2. An ndéanann siad cócaireacht?
3. Cá mhinice a dhéanann siad cócaireacht?
4. An dtéann siad go bialann go minic? Cén saghas bialainne?
5. An itheann siad mórán mearbhia?
6. An ndeachaigh siad thar lear riamh? Cad a cheap siad faoin mbia sa tír sin?

Obair Bheirte

Cuir na ceisteanna seo a leanas ar an duine in aice leat, agus ansin freagair na ceisteanna tú féin:
1. Cén saghas bia a thaitníonn leat?
2. An maith leat cócaireacht?
3. Cad é an béile is fearr leat sa lá?
4. An maith leat feoil? Cén saghas feola?
5. Cad í an mhias is fearr leat thar aon cheann eile?
6. Cad í an bhialann is fearr leat?
7. An maith leat milseoga nó rudaí milse? Cén saghas?
8. Cén duine a dhéanann an chócaireacht sa bhaile?
9. An maith leat glasraí agus torthaí? Cén saghas?
10. Cén saghas deochanna a thaitníonn leat?

Céim 2: Aiste

Is féidir leat an aiste seo a leanas a úsáid i gcomhair aistí dar teidil 'Sláinte', 'Drochnósanna', nó 'Bia folláin: an tábhacht a bhaineann leis'.

Plean i gcomhair na haiste

Alt 1: Tús.
Na drochnósanna [*bad habits*] atá ag daoine a dhéanann dochar dá sláinte.

Alt 2: An nós atá ag daoine mearbhia a ithe agus an chaoi a gcuireann sin le fadhb na raimhre.

Alt 3: An fáth nach ndéanann mórán daoine a ndóthain aclaíochta.

Alt 4: An chaoi a n-éalaíonn daoine óna bhfadhbanna trí mheán an tobac, an alcóil nó drugaí agus an dochar a dhéanann siad sin don tsláinte.

Alt 5: Críoch.
Déan achoimre ar gach rud.

Bia, sláinte, agus truailliú an imshaoil

Drochnósanna

Is léir nach bhfuil sláinte mhaith ag mórán daoine **sa lá atá inniu ann**, agus go bhfuil **drochnósanna** ag **an uafás** daoine freisin. Tá nósanna acu a dhéanann **dochar** dá sláinte, agus **níl siad sásta diúltú do** na nósanna sin **fiú ar mhaithe lena** sláinte.

Ar an gcéad dul síos, itheann mórán daoine i dtíortha an Iarthair an-chuid mearbhia, bia próiseáilte, milseog agus milseáin atá lán de **shalann**, de shiúcra, agus de **shaill**. Tá anchuid bia blasta ar fáil sna siopaí agus i mbialanna, leithéidí seacláid, brioscaí, **béilí ullmhaithe**, sceallóga, agus **anlanna**, iad lán d'**uachtar** agus d'im. Ní bhíonn a ndóthain ama ag daoine go minic toisc **brú na hoibre** nó brú an staidéir, agus go minic dá bhrí sin ní chaitheann siad am ar bith lena mbéilí **folláine** féin a chócaráil.

Dá bharr sin tá fadhb **thromchúiseach raimhre** ann. Tá na dochtúirí agus na **saineolaithe** ag rá linn go bhfuil an fhadhb seo **ag dul in olcas** an t-am ar fad. Cuireann an méid sin siúcra, saille agus salainn brú ar chroí an duine, agus cruthaíonn sé fadhbanna eile, ar nós **diaibéiteas** agus **galar croí**. Níl mórán daoine ag ithe a ndóthain glasraí, torthaí agus bia orgánach chun iad féin a **bheathú** i gceart agus chun a gcuid vitimíní agus **frithocsaídeoirí** a fháil.

Mar bharr air sin, ní dhéanann mórán daoine a ndóthain aclaíochta. Tá a fhios agam go bhfuil roinnt daoine ann a bhaineann taitneamh as spórt, ach níl iontu sin ach **mionlach**. Caitheann mórán daoine an iomarca ama ina suí ag féachaint ar an teilifís, ag brabhsáil ar an idirlíon, nó ag imirt cluichí ríomhaire. Is drochnós eile é sin toisc go bhfuil an-tábhacht le haclaíocht maidir leis an gcroí, na **scamhóga**, an corp agus an tsláinte i **gcoitinne**. Ba chóir do thuismitheoirí a gclann a **spreagadh** chun aclaíocht a dhéanamh agus **eiseamláir** a thabhairt dóibh, ach go minic ní mar sin a bhíonn an scéal. Ba chóir do leanaí agus do dhaoine óga siúl ar scoil nó dul ar rothar, agus ba cheart do dhaoine fásta siúl ar a gcuid oibre; ach go minic bíonn siad **róleisciúil**. Is fíor-dhrochnós í an **leisciúlacht**, agus cuireann sí leis an **drochshláinte**.

Fadhb thromchúiseach eile in Éirinn agus ar fud an domhain is ea caitheamh tobac. Gan dabht ar bith is drochnós uafásach é. Mar is eol do chách, déanann toitíní damáiste don chroí, do na scamhóga, agus don chorp i gcoitinne. **Méadaíonn** siad **baol na hailse**, agus déanann siad damáiste don **chraiceann** freisin. Ach cé go ndéanann siad dochar uafásach don tsláinte **leanann daoine leo** ag caitheamh tobac.

Bíonn daoine ag iarraidh éalú ó bhrú na scoile, ó bhrú na hoibre, nó ó fhadhbanna an tsaoil i gcoitinne. Caitheann roinnt daoine drugaí chun dearmad a dhéanamh ar a saol nó ar a bhfadhbanna. Ní gá a rá gur drochnós **as cuimse é** agus go ndéanann sé dochar uafásach don chorp agus don intinn.

Mar an gcéanna, má théann daoine **thar fóir** le halcól déanann siad damáiste don **ae** agus

Aois na Glóire 3

don **inchinn**, agus bíonn baol an alcólachais ann má **bhraitheann siad ar** alcól mar **shlí éalaithe** ón saol.

Ba chóir don Rialtas, do scoileanna agus do thuismitheoirí daoine a spreagadh le bheith sláintiúil agus **dul i ngleic le** strus an tsaoil ar bhealaí sláintiúla. Ba chóir do thuismitheoirí agus do mhúinteoirí **a laghad brú agus is féidir** a chur ar dhaoine óga. Agus ba cheart do gach duine bia folláin a ithe, aclaíocht a dhéanamh, agus drochnósanna contúirteacha **a sheachaint**. Mar a deir an seanfhocal Laidine, *Mens sana in corpore sano*, is é sin 'Intinn fholláin i gcorp folláin.'

Gluais

is léir	*it's clear*	frithocsaídeoirí	*antioxidants*
sa lá atá inniu ann	*at the present time*	mionlach	*a minority*
nósanna	*practices, habits*	scamhóga	*lungs*
drochnósanna	*bad habits*	i gcoitinne	*in general*
an t-uafás	*an awful lot of*	spreagadh	*encourage, motivate*
dochar	*harm*	eiseamláir	*example*
níl siad sásta	*they're not prepared*	leisciúil	*lazy*
diúltú do	*reject*	leisciúlacht	*laziness*
fiú	*even*	drochshláinte	*ill-health*
ar mhaithe le	*for the sake of*	méadaíonn	*increases*
ar an gcéad dul síos	*in the first place*	baol na hailse	*the danger of cancer*
salann	*salt*	craiceann	*skin*
saill	*fat*	leanann siad leo	*they carry on*
béilí ullmhaithe	*prepared meals*	as cuimse	*extremely*
anlanna	*sauces*	mar an gcéanna	*likewise, in the same way*
uachtar	*cream*		
brú na hoibre	*pressure of work*	thar fóir	*beyond the limit*
folláin	*wholesome, healthy*	ae	*liver*
tromchúiseach	*serious*	inchinn	*brain*
raimhre	*obesity*	braitheann siad ar	*they depend on*
saineolaithe	*experts*	slí éalaithe	*means of escape*
ag dul in ocras	*getting worse*	dul i ngleic le	*get to grips with*
diaibéiteas	*diabetes*	a laghad brú agus is féidir	*as little pressure as possible*
galar croí	*heart disease*		
beathú	*feed, nourish*	a seachaint	*to avoid*

Bia, sláinte, agus truailliú an imshaoil

Freagair na ceisteanna seo a leanas:
1. Cad iad na drochnósanna coitianta atá ag daoine sa lá atá inniu ann? Déan liosta.
2. Cé na fadhbanna a chruthaíonn an iomarca mearbhia don tsláinte?
3. Cén saghas rudaí a dhéanann mórán daoine in ionad aclaíocht a dhéanamh?
4. Cén fáth a bhfuil tábhacht le haclaíocht maidir le sláinte an duine?
5. Cad a dhéanann roinnt daoine chun éalú óna bhfadhbanna?
6. Cén dainséar a bhaineann le caitheamh tobac?
7. Cén dainséar a bhaineann le caitheamh drugaí?
8. Cad ba chóir do mhúinteoirí, do thuismitheoirí agus don Rialtas a dhéanamh?

Obair Bhaile

Aiste

Scríobh aiste ar an ábhar 'Fadhbanna atá ag daoine óga.' Bain úsáid as téarmaí atá san aiste thuas, agus as an bplean thíos más mian leat.
Nó
Roinneann an múinteoir an rang ina ghrúpaí. Scríobhann gach grúpa alt amháin i gcomhair na haiste, agus léiríonn siad é os comhair an ranga. Díríonn gach grúpa ar phointe ar leith. Ansin cuirigí na hailt le chéile, ceartaigí iad, agus beidh aiste iomlán agaibh!

Plean i gcomhair na haiste

Alt 1: Liosta na bhfadhbanna a bhíonn ag daoine óga.
Fadhbanna i gcaidreamh (*relationships*), fadhbanna lena muintir, teaghlaigh scartha (*separated families*), brú na scoile agus na scrúduithe, bulaíocht, agus eile.

Alt 2: Na bealaí ina n-éalaíonn roinnt daoine óga.
Uaireanta éalaíonn siad ar bhealaí sláintiúla, ar nós spórt, ceol, damhsa, agus mar sin de. Amanna eile bíonn siad ag iarraidh éalú ar bhealaí mísláintiúla, ar nós tobac, alcól, drugaí, agus mearbhia, chun sólás (*comfort*) a fháil.

Alt 3: Fadhb na ndrugaí agus fadhb an alcóil.

Alt 4: Fadhb an tobac agus fadhb an iomarca mearbhia i measc na n-óg, agus na fadhbanna eile a chruthaíonn na nósanna sin.

Aois na Glóire 3

Céim 3: Focail agus frásaí a bhaineann leis an gcorp

Téarmaí a bhaineann leis an gcorp

ceann	*head*
muineál	*neck*
cliabh	*chest*
lámh	*hand*
méara	*fingers*
baclainn	*arms*
bolg	*stomach*
droim	*back*
cos	*leg*
rúitín	*ankle*
ladhracha / méara na gcos	*toes*
ingne	*nails*
croí	*heart*
scamhóga	*lungs*
duáin	*kidneys*
ae	*liver*
craiceann / cneas	*skin*
inchinn	*brain*

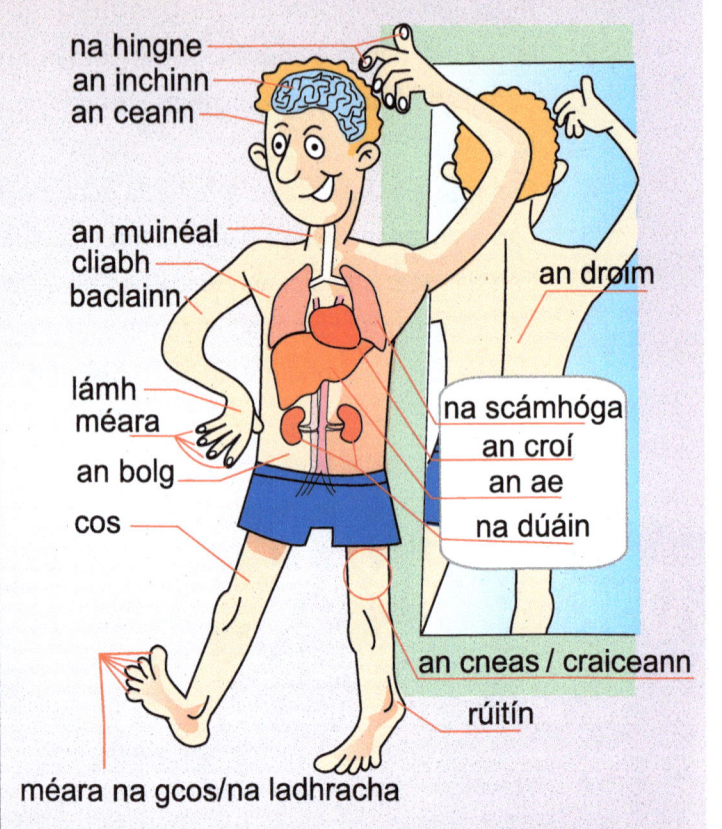

Labels on diagram:
- na hingne
- an inchinn
- an ceann
- an muineál
- cliabh
- baclainn
- lámh
- méara
- an bolg
- cos
- an droim
- na scamhóga
- an croí
- an ae
- na dúáin
- an cneas / craiceann
- rúitín
- méara na gcos / na ladhracha

Céim 4: Focail agus frásaí a bhaineann le tinneas

Nílim ar fónamh	*I'm not well*
Táim tinn / breoite	*I'm ill, I'm sick*
Tá pian orm / Táim i bpian	*I have a pain, I'm in pain*
Tá pian i mo bholg	*I have a pain in my stomach*
Tá tinneas cinn orm	*I have a headache*
Tá tinneas fiacaile orm	*I have a toothache*
Tá slaghdán orm	*I have a cold*

Bia, sláinte, agus truailliú an imshaoil

Tá piachán orm	I'm hoarse
Bím ag casacht i gcónaí	I'm always coughing
Bím ag sraothartach an t-am ar fad	I'm sneezing constantly
Bím ag tochas	I scratch
Bím ag aiseag / ag cur amach / ag caitheamh aníos	I vomit
Tá mo cheann ina roithleán	My head is spinning
Níl aon ghoile agam	I have no appetite
Táim ag cur allais	I'm sweating
Tá fiabhras orm	I have a fever
Ní féidir liom codladh	I can't sleep
Tá an plucamas / an bhruitíneach / asma orm	I have the mumps / the measles / asthma
galar	illness, disease
deilgneach	chicken pox
an triuch	whooping-cough
an plucamas	mumps
an bhruitíneach	measles
meiningíteas	meningitis
plúchadh / asma	asthma
Táim ag dul i bhfeabhas / Tá biseach orm	I'm improving, getting better
Tá sí bán san aghaidh	She is pale
Tá sí go dona tinn	She is seriously ill
Fuair sí bás	She died
Bhain timpiste dom	I had an accident
Ghortaigh mé mo chos	I injured my leg
Táim ag cur fola	I'm bleeding
Thit mé i laige	I fainted
Bhí mé gan mheabhair	I was unconscious
Bhris mé mo chos	I broke my leg
Bhris mé an cnámh	I broke the bone
Tá mo chos i bplástar	My leg is in plaster

Céim 5: Focail agus frásaí a bhaineann le timpistí

NB: Go minic baineann an scéal i roinn IV (ceapadóireacht) le timpiste nó eachtra de shaghas éigin.

Frásaí mar chabhair duit

Bádh é	He was drowned
Gortaíodh é	He was injured
Thit mé	I fell
Leag carr mé	A car knocked me down
Bhuail mé mo cheann	I hit my head
Leon mé mo rúitín	I sprained my ankle
Tá mo rúitín leonta	My ankle is sprained
Tá mo rúitín ata	My ankle is swollen
Scallaigh mé mo lámh le huisce beirithe	I scalded my arm with boiling water

Focail agus frásaí a bhaineann le dochtúirí agus le hospidéil

dochtúir	doctor
altra	nurse
othar	patient
oideas	prescription
táibléid	tablets
instealladh	injection
leigheas	cure, medicine
cóir leighis	medical treatment
otharcharr	ambulance
bindealán	bandage
sínteán	stretcher
scuainí	queues
Rannóg Timpistí agus Éigeandála	Accident and Emergency Department
Rannóg na nOthar Seachtrach	Outpatients' Department
X-gha	X-ray
barda	ward
obráid	operation
obrádlann	operating theatre
dianchúram	intensive care
fisiteiripeoir	physiotherapist

Bia, sláinte, agus truailliú an imshaoil

Céim 6: Scéal nó eachtra

Déan cur síos ar thimpiste a bhain duit.

Timpiste

Lá **gaofar** fliuch ba ea é. Dhúisigh mé **de phreab** ag a hocht a chlog. Bheinn déanach don scoil!

Chuir mé mo chuid éadaigh orm chomh tapa agus ab fhéidir liom, agus amach an doras liom. Bhí mo chroí ag dul amach as mo bhéal. Bhí an ghaoth ag séideadh go láidir, agus bhí sé deacair siúl in aghaidh fhórsa na gaoithe. Bhí duilleoga ag eitilt i ngach áit, agus **is ar éigean a bhí mé** ábalta an **cosán** a fheiceáil. Ansin thosaigh sé ag **stealladh báistí**.

Chuala mé Éadaoin, cara liom, ag screadach trasna an bhóthair. Bhí a máthair ag tabhairt síbe di, agus bhí sí **ag tairgeadh** síbe domsa. Bhí **faoiseamh** an domhain orm. Ní bheinn déanach, agus ní bhfaighinn duillín ón bpríomhoide!

Rith mé trasna an bhóthair gan féachaint ar dheis ná ar chlé. **Shleamhnaigh** mé ar dhuilleoga fliucha. Ní fhaca mé an gluaisrothar a bhí ag taisteal **go sciobtha** i mo threo. **Thug mé iarracht ar bhogadh as an tslí**, ach bhuail an gluaisrothar mé agus **leagadh** go talamh mé. Bhuail mé mo cheann ar an talamh. Bhí an phian dochreidte, agus bhí **scéin** an domhain orm.

Chuir an **gluaisrothaí** glao ar an otharcharr, agus tugadh ar **shínteán** mé go dtí an t-ospidéal. Ní cuimhin liom aon rud eile go dtí gur dhúisigh mé i leaba san ospidéal. Bhí mo mháthair agus m'athair ann. Bhí an-imní orthu, agus bhí áthas an domhain orthu nuair a dhúisigh mé!

Bhí mo chos briste, agus bhí sí i bplástar. Bhí bindealán mór ar mo cheann. Dúirt an dochtúir **go raibh sé d'ádh orm** nach ndearnadh níos mó dochar do mo cheann. Bhí tinneas cinn orm, agus thug an t-altra táibléid dom chun an phian a laghdú.

Bhí orm fanacht sa **bharda** ar feadh seachtaine. Cé go raibh sé **leadránach**, thug na haltraí aire mhaith dom, agus thug mo mhuintir agus mo chairde cuairt orm gach lá. Thug siad bronntanais dom chomh maith—irisí, milseáin, agus deochanna—agus bhí sé sin go deas! Tar éis seachtaine chuaigh mé abhaile agus áthas an domhain orm. Ní dhéanfaidh mé dearmad ar an lá sin go deo!

Aois na Glóire 3

Gluais

gaofar	windy	thug mé iarracht ar bogadh as an tslí	I made an attempt to get out of the way
de phreab	suddenly, with a jump	leagadh	was knocked down
is ar éigean a bhí mé	I was hardly able	scéin	terror
cosán	footpath	gluaisrothaí	motorcyclist
stealladh báistí	pouring rain	síneán	stretcher
ag tairiscint	offering	bhí sé d'ádh orm	I was lucky
faoiseamh	relief	barda	ward
shleamhnaigh	slipped	leadránach	boring
go sciobtha	rapidly		

Bain úsáid as na focail thíos chun na bearnaí sna habairtí seo a leanas a líonadh:

1. Bhí mé gan _____.
2. _____ an carr mé.
3. _____ mé ar an talamh.
4. _____ mé mo cheann.
5. _____ mé mo chos.
6. Thug an _____ go dtí an t-ospidéal mé.
7. Thug an dochtúir _____ dom chun an phian a _____.
8. Bhí mo chos i _____ ar feadh tamaill.
9. Thug na haltraí sa _____ aire mhaith dom.
10. Anois táim ar _____.

fónamh, instealladh, laghdú, bhuail, thit, mheabhair, ghortaigh, t-otharcharr, bharda, leag, bplástar.

Obair Bhaile

Litir

Scríobh litir chuig do chara faoi thimpiste bhóthair a bhain duit. I do litir luaigh:
- conas a tharla an timpiste
- conas a gortaíodh thú
- cad a tharla san ospidéal
- cén chóir leighis a cuireadh ort.

Bia, sláinte, agus truailliú an imshaoil

Céim 7: Litir phearsanta

Scríobh litir chuig cara leat faoi dhuine a chonaic tú a bhí i mbaol a bháite. I do litir luaigh:
- cén áit a bhfaca tú an timpiste agus cathain a tharla sí
- cad a rinne tú
- cad a tharla don duine
- aon eolas eile faoin eachtra.

Bóthar Ghráig na Manach
Inis Tíog
Co. Chill Chainnigh

3 Lúnasa, 2010

A Dhónaill, a chara,

Is fada ó chuala mé uait. Tá súil agam go bhfuil tú féin is an teaghlach ar fónamh. Táim ag scríobh chugat chun cur síos a thabhairt duit ar **eachtra dhrámata** a raibh páirt agamsa inti Dé Sathairn seo caite.

Bhí mé ag siúl abhaile ó theach mo charad cois na habhann anseo nuair a **baineadh geit uafásach asam**. Chuala mé fear ag béiceach in ard a ghutha. **Ba chosúil** gur thit sé isteach san abhainn, agus nach raibh snámh aige. Bhí an fear bocht **i mbaol a bháite**!

Ar ámharaí an tsaoil, tá snámh an éisc agamsa agus tá traenáil i **dtarrtháil** faighte agam. Léim mé isteach san abhainn ar an toirt, agus níorbh fhada go raibh mé i ngar don fhear. **Bhí scaoll air** agus **ní raibh tarraingt a anála aige**, ach **chuir mé ar a shuaimhneas é** agus tharraing mé go bruach na habhann é.

Tharraing mé aníos ar an talamh tirim é. Faoin am sin bhí slua beag bailithe ar bhruach na habhann. Chuir bean a bhí ann glao ar an otharcharr. Bhí an fear ag casacht agus **ag caitheamh aníos** an uisce a bhí **slogtha** aige. Tháinig an t-otharcharr faoi dheireadh agus tugadh an fear go dtí an t-ospidéal i gCill Chainnigh.

Tar éis cúpla lá fuair mé litir ón bhfear, ag gabháil buíochais liom agus ag tabhairt cuiridh dom agus do mo thuismitheoirí teacht ar dhinnéar leis i gCill Chainnigh. Dinnéar mór galánta a bhí againn agus ina dhiaidh thug an fear uaireadóir álainn nua dom. Bhí mo thuismitheoirí an-bhródúil asam, cé nach dóigh liomsa **go ndearna mé faic** ach an rud a bhí **riachtanach** ag an am.

Bhuel, a Dhónaill, sin an nuacht, agus ní mór dom críochnú anois. Scríobh chugam go luath le do nuacht uile.

Slán agus beannacht!
Mise do chara,

Aisling

Gluais

eachtra dhrámata	a dramatic event, adventure
baineadh geit asam	I was startled
ba chosúil	it seemed
i mbaol a bháite	in danger of drowning
ar ámharaí an tsaoil	luckily, as luck would have it
tá snámh an éisc agam	I can swim like a fish
tarrtháil	lifesaving
bhí scaoll air	he was in a panic
ní raibh tarraingt a anála aige	he could hardly breathe
chuir mé ar a shuaimhneas é	I calmed him
ag caitheamh aníos	vomiting
slogtha	swallowed
ní dhearna mé faic	I did nothing
riachtanach	necessary

Aois na Glóire 3

Céim 8: Trialacha teanga comhthéacsúla

Cuid A

Bhain timpiste do Chaoimhín le déanaí, agus gortaíodh a cheann. Scríobh sé cuntas dialainne san aimsir fháistineach seachas san aimsir chaite. Nuair a bhí sé ar fónamh chuaigh sé ar ais tríd, chuir sé líne faoi na briathra míchearta, agus d'athscríobh sé an cuntas san aimsir chaite. Scríobh an cuntas a chum Caoimhín san aimsir chaite, agus athraigh na focail a bhfuil líne fúthu.

Rithfidh mé trasna an bhóthair gan féachaint ar dheis ná ar chlé. Go tobann, sleamhnóidh mé ar dhuilleoga fliucha ar an mbóthar. Ní fheicfidh mé an carr a bheidh ag taisteal go sciobtha i mo threo. Tabharfaidh mé iarracht ar bhogadh as an tslí, ach buailfidh an carr mé. Leagfaidh an carr go talamh mé, agus buailfidh mé mo cheann ar an talamh crua. Beidh mé gan mheabhair. Glaofaidh an tiománaí ar an otharcharr, agus tabharfar ar shínteán mé go dtí an t-ospidéal. Dúiseoidh mé sa leaba san ospidéal. Beidh mo mháthair agus m'athair ann nuair a dhúiseoidh mé. Beidh faoiseamh orm iad a fheiceáil!

Cuid B

Is tusa Lasairíona sa phictiúr. Athscríobh na habairtí seo a leanas agus líon na bearnaí leis na focail is oiriúnaí.

1. Is mise _____.
2. Bhain timpiste _____.
3. Shleamhnaigh mé _____ an mbóthar.
4. Leagadh go talamh _____.
5. Bhí mé _____ mheabhair.
6. Tugadh mé go dtí an t-ospidéal _____ otharcharr, agus thug an dochtúir insteallladh _____.

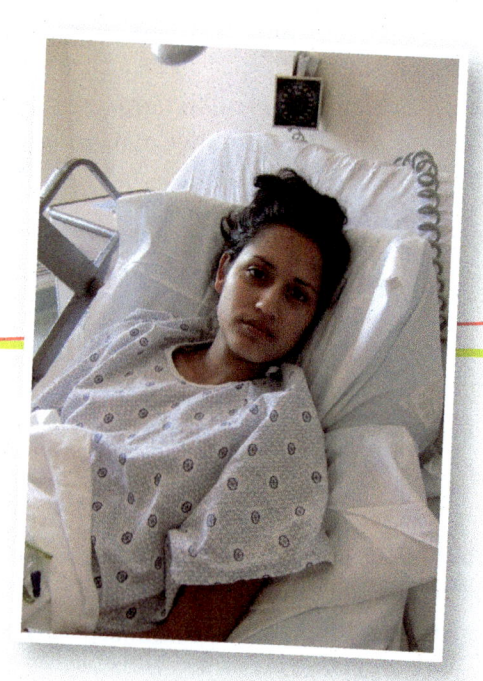

Bia, sláinte, agus truailliú an imshaoil

Céim 9: Stór focal agus léamhthuiscint: Truailliú an imshaoil

Focail agus frásaí a bhaineann le truailliú an imshaoil

an t-imshaol	the environment
truailliú	pollution
toitcheo	smog
téamh domhanda	global warming
bruscar	litter
tanú an chiseal ózóin	the thinning of the ozone layer
dé-ocsaíd charbóin	carbon dioxide
truailliú aeir	air pollution
aer úr folláin	healthy fresh air
eisilteach	effluent
camras	sewage
deatach	smoke
dramhaíl	waste
loisceoir	incinerator
athrú aeráide	climate change
sceitheadh CFC	CFC emissions
gáis nimhiúla	poisonous gases
athchúrsáil	recycling
lárionaid athchúrsála	recycling centres
cumhacht núicléach	nuclear power
na cuideachtaí móra	the big companies
lucht tionscail	industry
ár modhanna taistil	our modes of transport

Léamhthuiscint: Fadhb an imshaoil
Áine Ní Bhroin

Táimse **an-bhuartha** faoi fhadhb an imshaoil. Tá **an ciseal ózóin** ag tanú, tá dochar á dhéanamh dár n-aer agus dár n-uisce, agus tá rudaí **ag dul in olcas. Lá i ndiaidh lae** feicimid comharthaí an damáiste atá déanta don imshaol: **téamh domhanda**, **athrú aeráide**, leá an oighir san Aigéan Artach, **tuilte**, **sleamhnú láibe**, agus stoirmeacha. Leagtar níos mó crann gach lá, agus tá leibhéal na dé-ocsaíde carbóin ag méadú ar fud an domhain. Is cúis imní í.

Ní mór dúinn rud éigin a dhéanamh faoi **scrios an imshaoil**. Ba cheart dúinn siúl ar scoil nó ar obair, nó dul ar rothar, chun

Aois na Glóire 3

méid na ngás contúirteach san aer a laghdú. Ba cheart dúinn níos mó athchúrsála a dhéanamh, idir pháipéar, phlaisteach, agus **stáin**, chun ár n-acmhainní nádúrtha **a chaomhnú**. Ba cheart don Rialtas **fuinneamh in-athnuaite a fhorbairt**. Ba cheart dúinn féin níos mó tacaíochta a thabhairt d'eagraíochtaí ar nós Greenpeace.

Níl an Rialtas ag déanamh a ndóthain ar chor ar bith, **feictear domsa**. Ligeann siad do **thionscail** deatach agus eile a **scaoileadh** san aer, agus ligeann siad do roinnt feirmeoirí **eisilteach** a scaoileadh in aibhneacha agus i lochanna. Is cúis náire í. Ba cheart do pholaiteoirí bheith **níos déine** ar dhaoine a dhéanann dochar don imshaol, agus ba cheart do na cúirteanna **fíneáil mhór a ghearradh** orthu.

I mo scoil féin táimid ag tabhairt faoin **tionscadal** darb ainm an **bhratach uaine** chun **ár gcion** a dhéanamh. Ní mór dúinn **ár ndícheall** a dhéanamh leis an imshaol **a chaomhnú** ar son **ár gclainne** agus **chlann ár gclainne**.

Gluais

an-bhuartha	very worried	a fhorbairt	to develop
an ciseal ózóin	the ozone layer	feictear domsa	it seems to me
ag dul in olcas	getting worse	tionscail	industries
lá i ndiaidh lae	day after day	scaoileadh	to release
comharthaí	signs	eisilteach	effluent
téamh domhanda	global warming	níos déine	stricter
athrú aeráide	climate change	fíneáil a ghearradh	to impose a fine
leá an oighir	the melting of the ice	tionscadal	project
an tAigéan Artach	the Arctic Ocean	bratach uaine	green flag
tuilte	floods	ár gcion	our share
sleamhnú láibe	mudslides	ár ndícheall	our best effort, every effort
scrios an imshaoil	environmental destruction	a chaomhnú	to preserve
stáin	tin	ár gclann	our children
a chaomhnú	to preserve	clann ár gclainne	our grandchildren
fuinneamh in-athnuaite	renewable energy		

Freagair na ceisteanna seo a leanas:

1. Cén fáth a bhfuil Áine buartha faoin imshaol?
2. Ainmnigh trí shaghas truailliú atá luaite sa sliocht.
3. Cad a dhéanann roinnt feirmeoirí?
4. Cad a dhéanann roinnt tionscal?
5. An féidir le gnáthdhaoine an fhadhb a laghdú?
6. Cad ba cheart don Rialtas a dhéanamh, dar le hÁine?
7. Cén eagraíocht a luann Áine anseo?
8. Cad tá á dhéanamh ag Áine agus a comhdhaltaí ina scoil féin?

Bia, sláinte, agus truailliú an imshaoil

Céim 10: Litir fhoirmiúil: Cosaint an imshaoil

Léigh tú alt nuachtáin le déanaí faoin imshaol. Bhí an tAire Comhshaoil ag rá go bhfuil an Rialtas ag déanamh a ndíchill le feabhas a chur ar an imshaol. Níor aontaigh tú leis sin ar chor ar bith. Scríobh litir chuig eagarthóir an nuachtáin. I do litir:

- luaigh an dochar atá déanta don imshaol cheana féin
- cáin dhá rud faoin Rialtas maidir leis an imshaol go dtí seo
- dhá rud ba chóir don Rialtas a dhéanamh faoin bhfadhb.

22 Ascaill na Deargaile
Bré
Co. Chill Mhantáin

30 Lúnasa 2010

A chara,

Táim ag scríobh chugat chun **gearán** a dhéanamh faoin alt a bhí sa nuachtán Dé Sathairn seo caite. San alt sin **mhaígh an tAire Comhshaoil** go bhfuil **a seacht ndícheall** déanta ag an Rialtas le feabhas a chur ar an imshaol. **Ráiteas áiféiseach** é sin i mo thuairim, agus ní aontaím leis an aire ar chor ar bith.

Ní féidir a shéanadh go bhfuil mórán damáiste déanta don imshaol **cheana**, agus go bhfuil mórán botún déanta ag an Rialtas le blianta beaga anuas. Tá mórán truaillithe **le sonrú** in Éirinn maidir leis an aer agus leis an uisce.

I dtosach báire, **lig** an Rialtas d'fheirmeoirí eisilteach a scaoileadh sna **sruthanna**, sna haibhneacha agus san fharraige **le fada an lá**. Mar bharr air sin, lig an Rialtas do thionscail **gáis nimhiúla** a scaoileadh san aer. Is **cúis náire** é sin, dar liom.

Ba chóir don Rialtas brú a chur ar thionscail chun truailliú aeir a laghdú. Ba chóir dóibh daoine a spreagadh le níos mó **athchúrsála** a dhéanamh sa bhaile. Ba chóir dóibh níos mó **fógraíochta** a dhéanamh agus **feachtais** a eagrú chun daoine a spreagadh le siúl ar scoil nó ar obair nó le **hiompar poiblí** a úsáid, **in ionad tiomáint** i gcarr, chun méid na dé-ocsaíde carbóin san **aeráid** a laghdú.

Tá **droch-chlú** ar mhuintir na hÉireann mar gheall ar an méid **bruscair** a bhíonn ar ár sráideanna, agus is cúis náire é sin freisin.

Tá súil agam go dtabharfaidh sibh pictiúr **níos réadúla** de **chúrsaí imshaoil amach anseo**.

Mise le meas,

Máire Ní Chorráin

Gluais

gearán	a complaint
mhaígh	claimed
an tAire Comhshaoil	the Minister for the Environment
a seacht ndícheall	every effort
feabhas	improvement
ráiteas	statement
áiféiseach	absurd, ridiculous
cheana	already
le sonrú	to be observed
i dtosach báire	in the first place
lig	allowed
sruthanna	streams
le fada an lá	for a long time
mar bharr air sin	on top of that
gáis nimhiúla	poison gases
cúis náire	a cause of shame
athchúrsáil	recycling
fógraíocht	advertising
feachtais	campaigns
iompar poiblí	public transport
in ionad	instead of
tiomáint	driving
an aeráid	the atmosphere
droch-chlú	a bad reputation
bruscar	litter
níos réadúla	more realistic
cúrsaí imshaoil	environmental matters
amach anseo	in the future

215

Céim 11: Athbhreithniú ar Aonad 8

Freagair na ceisteanna seo a leanas:
1. Cén saghas bia is fearr leat?
2. Cad í an mhias is fearr leat?
3. Déan cur síos ar bhéile deas a bhí agat le déanaí.
4. Ar bhain timpiste duit riamh?
5. Déan cur síos ar an timpiste agus conas a gortaíodh thú.
6. An raibh tú tinn le déanaí?
7. An raibh tú san ospidéal riamh?
8. Cad a bhí cearr leat?
9. Cén chóir leighis a cuireadh ort?
10. An gceapann tú go bhfuil an t-imshaol i mbaol?
11. Luaigh trí ghné de thruailliú an imshaoil.
12. Cad is féidir linn a dhéanamh chun an fhadhb a réiteach?

Cuir Gaeilge ar an habairtí seo a leanas:
1. I love Chinese food.
2. Chicken curry is my favourite dish.
3. I have a big breakfast every Sunday, with sausages, rashers, eggs, and mushrooms.
4. Breakfast is my favourite meal of the day.
5. An accident happened to me last month.
6. I spent a month in hospital.
7. A car knocked me down.
8. I injured my head and I broke my leg.
9. The doctor gave me tablets to ease the pain.
10. My leg was in plaster for four months.

Cuir Gaeilge ar na habairtí seo a leanas:
1. I'm worried about the environment.
2. The ice in the Arctic Ocean is melting.
3. The ozone layer is becoming thinner.
4. There's too much effluent in our rivers.
5. Our air and our water are polluted.
6. There is too much rubbish in our streets.
7. People should do more recycling.
8. It's a disgrace.
9. The Government must do something about it.

Aonad 9

An Scrúdú Béil

Cuid 1: Fáiltiú   218
Cuid 2: Cur síos ar shraith pictiúr   219
Cuid 3: Rólghlacadh   228
Cuid 4: Comhrá   243

Struchtúr an scrúdaithe

Má dhéanann tú an scrúdú béil (scrúdú roghnach) is fiú 40 faoin gcéad de mharcanna an Teastais Shóisearaigh sa Ghaeilge é.

Tá ceithre chuid sa scrúdú, mar a leanas:

Cuid 1: Fáiltiú
1 nóiméad (10 marc)
Ní mór duit bheith ábalta an t-eolas seo a leanas a scríobh:
- d'uimhir scrúdaithe
- do dháta breithe
- do rang.

Cuid 2: Cur síos ar shraith pictiúr
3 nóiméad (30 marc)
Ullmhóimid cúig shraith pictiúr sa rang. Roghnóidh an scrúdaitheoir aon sraith amháin as na cúig cinn atá againn. Beidh nóiméad amháin agat chun an tsraith a ullmhú. Ansin déanfaidh tú cur síos ar an tsraith ar feadh dhá nóiméad.

Cuid 3: Rólghlacadh
3 nóiméad (40 marc)
Beidh ocht gcárta agat le hullmhú sa rang. Cuirfidh tú ceisteanna ar an scrúdaitheoir, iad bunaithe ar an gcárta a roghnóidh an scrúdaitheoir ar lá na béaltrialach.

Cuid 4: Comhrá
4–5 nóiméad (80 marc)
Cuirfidh an scrúdaitheoir roinnt ceisteanna ort, iad bunaithe ar na hábhair agus na feidhmeanna teanga atá leagtha amach sa siollabas.

Ullmhú don scrúdú

Ba chóir duit ná hábhair seo a leanas, ar a laghad, a ullmhú:
- tú féin agus do mhuintir
- an scoil agus ábhair scoile
- caitheamh aimsire (ceol, spórt, scannáin, leabhair, cláir theilifíse, teicneolaíocht, srl.)
- do theach

Aois na Glóire 3

- do cheantar
- siopaí agus siopadóireacht
- éadaí agus cúrsaí faisin
- bia agus deoch
- laethanta saoire
- poist agus slite beatha
- an corp, sláinte, agus tinneas
- an aimsir
- na séasúir agus féilte.

Cuid 1: Fáiltiú

Cuirfidh an scrúdaitheoir ceisteanna bunúsacha ort chun tú a chur ar do shuaimhneas.

⭐ **Mar shampla:**

Scrúdaitheoir: Conas atá tú?

Dalta: Táim go diail (*great*) / go hiontach / go maith / beagán neirbhíseach (*a little nervous*).

Scrúdaitheoir: Cad í d'uimhir scrúdaithe? (*What is your examination number?*)

Dalta: Is í a náid, a náid, a seacht, a trí, a ceathair m'uimhir scrúdaithe.

Scrúdaitheoir: Cén rang ina bhfuil tú?

Dalta: Táim sa tríú bliain.

Scrúdaitheoir: Cad é do dháta breithe?

Dalta: Rugadh mé ar an dóú lá is fiche de mhí na Samhna, míle naoi gcéad nócha a cúig.

Dáta breithe

Rugadh mé ar an an gcéad lá d'Eanáir	*I was born on the first of January*
Rugadh mé ar an dara lá de mhí Feabhra	*I was born on the second of February*
Rugadh mé ar an tríú lá de Mhárta	*I was born on the third of March*
Rugadh mé ar an gceathrú lá d'Aibreán	*I was born on the fourth of April*
Rugadh mé ar an gcúigiú lá de Bhealtaine	*I was born on the fifth of May*
Rugadh mé ar an séú lá de Mheitheamh	*I was born on the sixth of June*
Rugadh mé ar an seachtú lá d'Iúil	*I was born on the seventh of July*
Rugadh mé ar an ochtú lá de Lúnasa	*I was born on the eighth of August*
Rugadh mé ar an naoú lá de Mheán Fómhair	*I was born on the ninth of September*
Rugadh mé ar an deichiú lá de Dheireadh Fómhair	*I was born on the tenth of October*
Rugadh mé ar an aonú lá déag de mhí na Samhna	*I was born on the eleventh of November*
Rugadh mé ar an dóú lá déag de mhí na Nollag	*I was born on the twelfth of December*
Rugadh mé ar an tríú lá déag d'Eanáir	*I was born on the thirteenth of January*
Rugadh mé ar an aonú lá is fiche de Mhárta	*I was born on the twenty-first of March*
Rugadh mé ar an dóú lá is fiche d'Aibreán	*I was born on the twenty-second of April*
Rugadh mé ar an tríochadú lá d'Iúil	*I was born on the thirtieth of July*

An Scrúdú Béil

Cuid 2: Cur síos ar shraith pictiúr

Tosaigh leis na frásaí seo a leanas, más mian leat, chun struchtúr a chur leis an gcur síos.

Frásaí agus smaointe mar chabhair duit

sa chéad phictiúr	in the first picture
sa dara pictiúr	in the second picture
sa tríú pictiúr	in the third picture
sa cheathrú pictiúr	in the fourth picture
sa chéad phictiúr eile	in the next picture
sa phictiúr deireanach	in the last picture

- Luaigh an t-am atá ar an gclog má tá clog sa phictiúr.
- Déan cur síos ar a bhfuil ar siúl agus ar na daoine sa phictiúr.
- Luaigh na rudaí atá sa chúlra.
- Déan trácht ar na héadaí atá á gcaitheamh ag na daoine sa phictiúr.

Pictiúr 1    Pictiúr 2

Pictiúr 3    Pictiúr 4

Sraith pictiúr 1

Féach ar an tsraith pictiúr atá roghnaithe agat. Beidh nóiméad amháin agat sa bhéaltriail chun staidéar agus anailís a dhéanamh ar an tsraith pictiúr seo. Beidh dhá nóiméad eile agat chun cur síos a dhéanamh ar an scéal atá sna pictiúir.

Aois na Glóire 3

An chéad phictiúr
- Sa chéad phictiúr tá sé a cúig a chlog.
- Tá Áine agus a dearthair tar éis teacht abhaile ón scoil. Seán is ainm don bhuachaill.
- Tá a n-éide scoile fós á caitheamh acu.
- Déanann Áine agus Seán a n-obair bhaile le chéile sa seomra suí.
- Feicimid Áine ag scríobh ina cóipleabhar, agus tá Seán ag léamh leabhair.
- Tá lampa, clog agus pictiúr de phlanda sa chúlra.

An dara pictiúr
- Sa dara pictiúr tá sé leathuair tar éis a cúig.
- **Buaileann** fón Áine.
- Freagraíonn Áine an **fón**.
- Tá Caitlín, cara léi, ar an líne.
- Tugann Caitlín **cuireadh** d'Áine agus do Sheán dul go dtí an phictiúrlann chun *Bee Movie* a fheiceáil.
- Tá Seán fós ag léamh leabhair **sa chúlra**.
- Deir Áine gur mhaith leo dul go dtí an phictiúrlann le Caitlín.

An tríú pictiúr
- Sa chéad phictiúr eile tá Áine **ag clóscríobh teachtaireacht ríomhphoist** chuig a máthair ar an **ríomhaire**.
- Is dócha go bhfuil a máthair ag obair agus gurb shin an tslí is éasca chun **teagmháil a dhéanamh léi**.
- Insíonn Áine dá máthair go mbeidh sise agus Seán ag dul go dtí an phictiúrlann le Caitlín.
- Insíonn sí dá máthair cathain a bheidh siad sa bhaile tar éis an scannáin.
- Seolann sí an teachtaireacht ríomhphoist chuig a máthair.

An ceathrú pictiúr
- Sa phictiúr deireanach buaileann Áine agus Seán le Caitlín taobh amuigh den phictiúrlann.
- Tá **fógra** don scannán *Bee Movie* le feiceáil.
- Tá trí **scáileán** sa phictiúrlann.
- Tá a gcótaí á gcaitheamh acu, mar tá an aimsir fuar, agus tá hata á chaitheamh ag Caitlín.
- **Is dócha** go gceannaíonn siad milseáin agus deochanna roimh dhul isteach chuig an scannán.
- Ceannaíonn siad na ticéid, agus baineann siad taitneamh as an scannán.

Gluais
buail	(of a phone) to ring
fón	phone
cuireadh	invitation
sa chúlra	in the background
ag clóscríobh	typing
teachtaireacht	message
ríomhphost	e-mail
ríomhaire	computer
déan teagmháil le	make contact with
fógra	advertisement, notice
scáileán	screen
is dócha	presumably

An Scrúdú Béil

Sraith pictiúr 2

Féach ar an tsraith pictiúr atá roghnaithe agat. Beidh nóiméad amháin agat sa bhéaltriail chun staidéar agus anailís a dhéanamh ar an tsraith pictiúr seo. Beidh dhá nóiméad agat chun cur síos a dhéanamh ar an scéal atá sna pictiúir.

Pictiúr 1   Pictiúr 2

Pictiúr 3   Pictiúr 4

An chéad phictiúr

- Sa chéad phictiúr tá Caitríona sa bhaile.
- Cloiseann sí cnag ar an doras.
- Téann sí go dtí an doras, agus osclaíonn sí é.
- Tá Pól, cara léi, ag an doras.
- Caitheann Caitríona sciorta gearr agus T-léine a bhfuil pictiúr de bhláth uirthi.
- Tá jeans agus T-léine dhubh á gcaitheamh ag Pól.
- **Cuireann** Caitríona **fáilte roimh** Phól.
- Tagann Pól isteach sa teach.

221

Aois na Glóire 3

An dara pictiúr
- Sa dara pictiúr téann Caitríona agus Pól isteach sa seomra suí.
- Suíonn siad síos.
- Ar an mballa tá pictiúr de bhád ar an bhfarraige, agus tá **leabhragán** agus mórán leabhar air sa chúlra.
- Tá teilifíseán sa chúinne, agus tá bláthanna sa **vása** ar an mbord caife.
- **Iarrann** Pól **ar** Chaitríona dul leis chuig an dioscó.
- Deir sé go mbeidh an dioscó **ar siúl** óna naoi a chlog tráthnóna.

An tríú pictiúr
- Sa chéad phictiúr eile insíonn Caitríona do Phól nach bhfuil a tuismitheoirí sa bhaile.
- Ceapann Caitríona nach féidir léi dul chuig an dioscó.
- Tá díomá ar Chaitríona agus ar Phól.

An ceathrú pictiúr
- Ansin smaoiníonn Pól ar phlean.
- Iarrann sé ar Chaitríona nóta a scríobh chuig a tuismitheoirí.
- Scríobhann Caitríona nóta dá tuismitheoirí ina n-insíonn sí dóibh go mbeidh sí ag dul chuig dioscó le Pól agus cathain a bheidh sí ag teacht abhaile.
- Fágann sí an nóta ar an mbord caife sa seomra suí.
- Téann siad chuig an dioscó, agus bíonn oíche iontach acu.

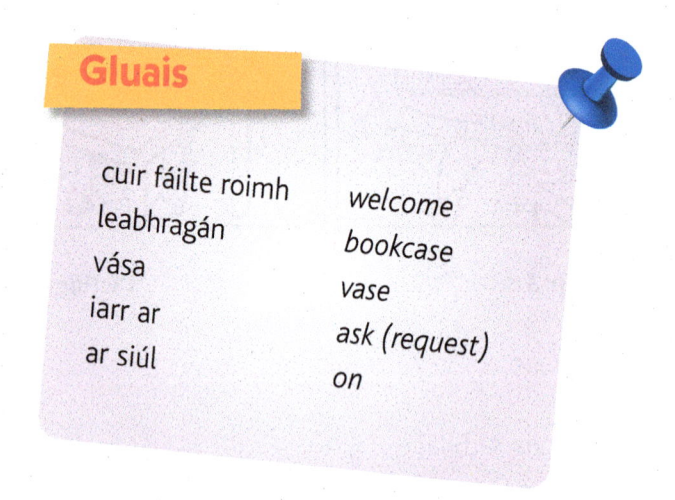

Gluais

cuir fáilte roimh	welcome
leabhragán	bookcase
vása	vase
iarr ar	ask (request)
ar siúl	on

Pictiúr 1

Pictiúr 2

Pictiúr 3

Pictiúr 4

Sraith pictiúr 3

Féach ar an tsraith pictiúr atá roghnaithe agat. Beidh nóiméad amháin agat sa bhéaltriail chun staidéar agus anailís a dhéanamh ar an tsraith pictiúr seo. Beidh dhá nóiméad agat chun cur síos a dhéanamh ar an scéal atá sna pictiúir.

An chéad phictiúr
- Sa chéad phictiúr tá Áine agus Seán ag siúl le chéile **cois abhann**.
- Tá siad ag caitheamh seaicéid, brístí, agus bróga reatha, agus tá siad ag iompar málaí ar a ndroim.
- Tá iascaire i **gcurach adhmaid** in aice leo.
- Tá **fógra** mór agus *Dainséar* scríofa air ar an taobh eile den abhainn.

An dara pictiúr
- Lá te is ea é.
- Beartaíonn Áine agus Seán ar dhul ag snámh san abhainn.

Aois na Glóire 3

- Tá snámh maith ag Áine, ach níl snámh maith ag Seán.
- Tá bád an iascaire fós **i ngar dóibh**.
- Téann an bheirt acu ag snámh san abhainn.

An tríú pictiúr
- Sa chéad phictiúr eile tá Seán i dtrioblóid agus **i mbaol a bháite**.
- **Tá cabhair uaidh**, agus tá sé **ag béiceach** 'Cabhair!'
- **Tá** Seán **i bponc**, agus tá eagla an domhain air.
- Tá líonrith air, agus ní féidir leis a anáil a tharraingt.

An ceathrú pictiúr
- **Téann** an t-iascaire **i gcabhair ar** Sheán.
- **Tarraingíonn** an t-iascaire amach as an abhainn é agus isteach sa bhád.
- Ansin **rámhaíonn** an t-iascaire go bruach na habhann.
- Cabhraíonn daoine ar an mbruach le Seán éirí as an mbád.
- Tá áthas ar gach duine go bhfuil sé slán sábháilte.
- Tá faoiseamh an domhain ar Áine.
- Deir Seán 'Míle buíochas' leis an iascaire.
- Téann gach duine abhaile go sona sásta.

Gluais

cois abhainn	by the river
curach adhmaid	small wooden boat
fógra	notice
i ngar do	near
i mbaol a bháite	in danger of drowning
tá cabhair uaidh	he needs help
ag béiceach	shouting
tá sé i bponc	he's in a fix
líonrith	panic
téann i gcabhair ar	goes to help him
tarraing	pull
ag rámhaíocht	rowing

An Scrúdú Béil

Pictiúr 1

Pictiúr 2

Pictiúr 3

Pictiúr 4

Sraith pictiúr 4

Féach ar an tsraith pictiúr atá roghnaithe agat. Beidh nóiméad amháin agat chun staidéar agus anailís a dhéanamh ar an tsraith pictiúr seo. Beidh dhá nóiméad eile agat chun cur síos a dhéanamh ar an scéal atá sna pictiúir.

An chéad phictiúr

- Sa chéad phictiúr feicimid Clíona agus a buachaill, Seán, ag siopadóireacht le chéile.
- Tá seaicéid agus brístí stríocacha á gcaitheamh acu.
- Tá sé a trí a chlog.
- Féachann an bheirt acu ar **earraí leictreacha**, ina measc téipthaifeadán, raidió, agus teilifíseán, i bhfuinneog shiopa Uí Mhurchú.
- Ba mhaith le Seán **téipthaifeadán** a cheannach.
- **Cosnaíonn** an téipthaifeadán caoga euro.
- Tá mála láimhe ag an mbean.
- Tá beirt seanfhear ina suí agus iad ag caint le chéile ar an **mbinse**.
- Tá siopa eile darb ainm 'Ó Sé' a bhfuil cloig san fhuinneog ann, agus **siopa torthaí agus glasraí** darb ainm 'An Grianán' sa chúlra.

225

Aois na Glóire 3

An dara pictiúr

- Sa dara pictiúr buaileann an bheirt le cailín beag atá ag caoineadh in aice leis an siopa torthaí agus glasraí.
- **Is léir** go bhfuil an cailín caillte.
- Tá an cailín trína chéile, agus tá eagla uirthi.
- Tá geansaí a bhfuil stríoca dubha agus bána air agus bríste dubh á gcaitheamh ag an gcailín.
- Níl a fhios aici cá bhfuil a tuismitheoirí.

An tríú pictiúr

- Sa tríú pictiúr tugann an bheirt chairde an cailín go dtí **an deasc**.
- Fógraíonn **an fáilteoir** ainm agus aois an chailín ar an **gcallaire**.
- Bríd is ainm don chailín, agus tá sí ceithre bliana d'aois.
- Iarrann an fáilteoir ar thuismitheoirí Bhríde teacht go dtí an Grianán **faoina déin**.

An ceathrú pictiúr

- Sa phictiúr deireanach buaileann an bheirt chairde le tuismitheoirí Bhríde taobh amuigh den siopa torthaí agus glasraí.
- Bhí an-áthas ar thuismitheoirí Bhríde, í a aimsiú.
- Tá **meangadh gáire** ar gach duine.
- Tá Bríd sábháilte i **mbaclainn** a máthar, agus tá áthas uirthi.
- Tugann athair Bhríde fiche euro don bheirt chairde chun a **bhuíochas a chur in iúl** dóibh.
- Tá gach duine sona sásta.

Gluais

earraí leictreacha	electrical goods
téipthaifeadán	tape-recorder
cosnaíonn	costs
binse	bench
siopa torthaí agus glasraí	fruit and vegetable shop
is léir	it is clear
an deasc	the desk
an fáilteoir	the receptionist
callaire	loudspeaker
faoina déin	to collect her
meangadh gáire	a smile
baclainn	arms (in a hug)
buíochas	gratitude
a chur in iúl	to express

An Scrúdú Béil

Pictiúr 1 — AN BHFUIL AOIFE ISTIGH?

Pictiúr 2 — NÍL, CHUAIGH SÍ AMACH

Pictiúr 3 — Tá brón orm a Aoife ach ní bheidh mé

Pictiúr 4 — TABHAIR É SIN D'AOIFE LE DO THOIL

Sraith pictiúr 5

Féach ar an tsraith pictiúr atá roghnaithe agat. Beidh nóiméad amháin agat chun staidéar agus anailís a dhéanamh ar an tsraith pictiúr seo. Beidh dhá nóiméad agat chun cur síos a dhéanamh ar an scéal atá sna pictiúir.

An chéad phictiúr
- Sa chéad phictiúr feicimid Tomás ag teacht go teach Aoife, cara leis.
- Osclaíonn deartháir Aoife an doras. Peadar is ainm dó.
- Tá T-léine bhán a bhfuil pictiúr uirthi á caitheamh ag Peadar, agus tá T-léine dhubh á caitheamh ag Tomás.
- Cuireann Tomás ceist ar Pheadar: 'An bhfuil Aoife istigh?'
- Ba mhaith leis labhairt le hAoife má tá sí istigh.

An dara pictiúr
- Sa dara pictiúr míníonn Peadar do Thomás nach bhfuil Aoife istigh, go ndeachaigh sí amach.
- Ní bheidh Aoife ar ais go ceann tamaill.

Aois na Glóire 3

An tríú pictiúr
- Sa tríú pictiúr scríobhann Tomás nóta d'Aoife.
- Sa nóta deir sé go bhfuil brón air ach nach mbeidh sé ábalta dul go dtí an phictiúrlann léi níos déanaí.
- Ní mór dó dul ar obair níos déanaí.
- Deir sé go rachaidh siad go dtí an phictiúrlann oíche eile.

An ceathrú pictiúr
- Tugann Tomás an nóta do Pheadar ionas go dtabharfaidh sé d'Aoife é.
- Deir Peadar go dtabharfaidh sé an nóta d'Aoife.
- Gabhann Tomás buíochas leis, agus téann sé abhaile.

Cuid 3: Rólghlacadh

3 nóiméad (40 marc)

Scoil

Tasc 1

Tá tú ag lorg eolais faoi chúrsa Gaeilge i gcoláiste samhraidh. Cuireann tú ceisteanna ar mhúinteoir Gaeilge (an scrúdaitheoir) atá bunaithe ar an gcárta seo chun eolas a fháil faoin gcúrsa.

COLÁISTE BHRÍDE
Gaeltacht Chiarraí

Trí chúrsa

Cúrsa A: 01/06/10 – 22/06/2010
Cúrsa B: 24/06/10 – 15/07/2010
Cúrsa C: 17/07/10 – 07/08/2010

Caitheamh Aimsire

Spórt
Ceol
Rince
Snámh
Siúlóidí
Céilí gach oíche

Beir leat uirlisí ceoil agus feisteas spóirt.

Táille €800

Teagmháil

Rúnaí – Liam Ó Sé
Teileafón – 066 34567
Suíomh gréasáin – www.colaistebhride.ie

An Scrúdú Béil

Ceisteanna a d'fhéadfá a chur ar an scrúdaitheoir

1. Cá bhfuil Coláiste Bhríde?
2. Cé mhéad cúrsa a eagraíonn sibh?
3. Cathain a thosóidh cúrsa A?
4. Cathain a bheidh an cúrsa críochnaithe?
5. Cá fhad a mhairfidh an cúrsa?
6. An bhfuil rogha leathan spóirt ar fáil?
7. Cén saghas imeachtaí oíche a eagraíonn sibh?
8. Ar chóir dom aon rud ar leith a thabhairt liom?
9. Cé mhéad a chosnaíonn an cúrsa?
10. Conas is féidir liom tuilleadh eolais a fháil?
11. An bhfuil suíomh gréasáin agaibh?

Comhrá samplach

Dalta: Is mise Clíona Ní Mhurchú. Táim sa dara bliain i meánscoil Loreto i gCorcaigh. Táim ag iarraidh níos mó eolais a fháil faoi na cúrsaí Gaeilge atá á **n-eagrú** agaibh i gColáiste Bhríde. Cá bhfuil Coláiste Bhríde go cruinn?

Scrúdaitheoir: Ar dtús, míle buíochas as do shuim inár gcúrsaí. Tá Coláiste Bhríde i nDún Chaoin i gContae Chiarraí. Tá Dún Chaoin dhá mhíle dhéag ón Daingean.

Dalta: Cé mhéad cúrsa a eagraíonn sibh sa samhradh?

Scrúdaitheoir: Eagraímid trí chúrsa gach samhradh: cúrsa A, cúrsa B, agus cúrsa C.

Dalta: Cathain a thosóidh cúrsa A, agus cá fhad a mhairfidh sé?

Scrúdaitheoir: Beidh cúrsa A ar siúl ón gcéad lá de mhí an Mheithimh go dtí an dóú lá is fiche. Beidh cúrsa B ar siúl ón gceathrú lá is fiche de Mheitheamh go dtí an cúigiú lá déag de mhí Iúil; agus beidh cúrsa C ar siúl ón seachtú lá déag de mhí Iúil go dtí an seachtú lá de mhí Lúnasa. An **oireann** aon cheann **de** na dátaí sin duit?

Dalta: Oireann. Beidh mé saor ar na dátaí a bhaineann le cúrsa A agus le cúrsa B. An féidir leat a insint dom cén saghas caitheamh aimsire atá ar fáil le linn na gcúrsaí? An mbeidh imeachtaí spóirt á n-eagrú agaibh san iarnóin?

Scrúdaitheoir: Beidh. Bíonn raon leathan spóirt ar fáil dár ndaltaí. Tá trá álainn in aice láimhe, agus téimid ag snámh go minic ar an bhfarraige. Tá cnoic áille i ngar dúinn chomh maith, agus eagraímid siúlóidí deasa sa cheantar máguaird. Tá cispheil, iománaíocht, peil, sacar agus badmantan ar fáil chomh maith, más fearr leat iad sin.

Dalta: Agus cén saghas imeachtaí a bheidh ar siúl san oíche?

Scrúdaitheoir: Eagraímid seisiúin cheoil, céilithe agus **comórtais tallainne**.

Dalta: Tá sé sin go hiontach. Cé chomh minic is a bhíonn céilithe agaibh? Is breá liom rince Gaelach.

Scrúdaitheoir:	Bíonn céilí againn gach oíche. Baineann na daltaí an-**sult** agus spórt as an gcéilí i gcónaí, agus is slí iontach í chun bualadh le cairde nua sa choláiste.
Dalta:	An **gá** dom aon **rud ar leith** a thabhairt liom má dhéanaim an cúrsa?
Scrúdaitheoir:	Beir leat aon **uirlis ceoil** a sheinneann tú, agus **d'fheisteas** spóirt.
Dalta:	Tá go maith. Cé mhéad a chosnaíonn an cúrsa?
Scrúdaitheoir:	Cosnaíonn gach cúrsa ocht gcéad euro.
Dalta:	Conas is féidir liom **tuilleadh eolais** a fháil más gá? An bhfuil suíomh gréasáin agaibh?
Scrúdaitheoir:	Is féidir leat glao a chur ar an rúnaí, Liam Ó Sé, ag an uimhir (066) 34567, nó is féidir leat tuilleadh eolais a fháil ónár suíomh gréasáin, www.coláistebhride.ie.

Gluais

eagraigh	organise
oir do	to suit
comórtas tallainne	talent competition
sult	enjoyment
gá	need
rud ar leith	a particular thing
uirlis / gléas (ceoil)	(musical) instrument
feisteas	outfit
táille	fee
tuilleadh eolais	further information

Scoil

Tasc 2

Tá tú ag lorg eolais faoi Phobalscoil Áine i Ráth Maonais, Baile Átha Cliath. Cuireann tú ceisteanna ar phríomhoide na scoile (an scrúdaitheoir) atá bunaithe ar an gcárta seo chun eolas a fháil faoin scoil.

POBALSCOIL ÁINE
Ráth Maonais
Baile Átha Cliath

Scoil Chomhoideachais
Rogha Leathan Ábhar
Imeachtaí Eile
Spórt – sacar, eitpheil, cispheil
Cluichí boird – ficheall, beiriste
Díospóireachtaí
Áiseanna
Páirceanna imeartha
Halla spóirt
Linn snámha
Saotharlanna
Lárionad Ríomhairí
Ceaintín
Teagmháil
Rúnaí – Úna de Bláca
Teileafón – 01 398754
Suíomh gréasáin – www.pobalscoilaine.ie

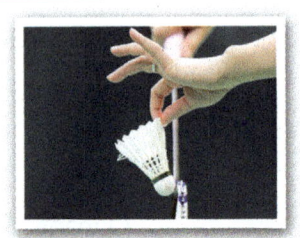

An Scrúdú Béil

Ceisteanna a d'fhéadfá a chur ar an scrúdaitheoir

1. An scoil mheasctha nó scoil bhuachaillí í?
2. An bhfuil rogha leathan ábhar sa scoil?
3. Cé na himeachtaí eile a eagraítear sa scoil?
4. Cén saghas spóirt atá ar fáil sa scoil?
5. Is breá liom díospóireacht. An bhfuil foirne díospóireachta agaibh?
6. Cén saghas áiseanna spóirt atá ar fáil sa scoil?
7. Cé na háiseanna eolaíochta atá sa scoil?
8. Tá spéis agam i ríomhairí. An bhfuil mórán ríomhairí sa scoil?
9. An gá dom lón a thabhairt liom, nó an bhfuil ceaintín sa scoil?
10. Conas is féidir liom níos mó eolais a fháil más gá?

Comhrá samplach

Dalta: Haileo. Ba mhaith liom labhairt leis an bpríomhoide, **mura miste leat**.

Scrúdaitheoir: Is mise an príomhoide.

Dalta: Is mise Seán Ó Cléirigh, agus is as Corcaigh dom. Beidh mé **ag aistriú** leis an teaghlach go Ráth Maonais **i mbliana**, agus ní mór dom scoil nua **a aimsiú**. An bhfuil cead agam cúpla ceisteanna a chur ort faoin scoil?

Scrúdaitheoir: Tá, cinnte. **Abair leat**.

Dalta: An scoil mheasctha nó scoil bhuachaillí í Scoil Phobail Ráth Maonais?

Scrúdaitheoir: Is scoil chomhoideachais í.

Dalta: An bhfuil rogha leathan ábhar ar fáil sa scoil?

Scrúdaitheoir: Tá rogha leathan againn, gan amhras. **Tairgimid** matamaitic, go leor teangacha, ina measc Fraincis, Gearmáinis, Spáinnis, Gaeilge, agus Béarla, stair, tíreolaíocht, eolaíocht, ríomhairí, corpoideachas, OSSP, agus ESS. Tá roinnt ábhar againn nach bhfuil ag scoileanna eile, **leithéidí** adhmadóireacht, miotalóireacht, agus grafaic theicniúil.

Dalta: Tá sé sin ar fheabhas. An miste leat insint dom cén saghas **imeachtaí breise** atá ar fáil sa scoil?

Scrúdaitheoir: Tá **clú** ar **an scoil seo againne** mar gheall ar spórt. Tá sacar, eitpheil agus cispheil ar fáil againn, chomh maith le cluichí boird, ar nós **ficheall** agus **beiriste**. Tá a lán clubanna agus foirne éagsúla sa scoil freisin.

Dalta: Tá an-suim agam i ndíospóireacht. Bhí mé san fhoireann díospóireachta sa scoil a raibh mé ag freastal uirthi roimhe seo. An bhfuil foirne díospóireachta agaibh?

Scrúdaitheoir:	Tá, **mhuise**. Glacann ár ndaltaí páirt i ndíospóireachtaí go rialta, agus tá **foireann sóisearach** agus **foireann sinsearach** againn.
Dalta:	An bhfuil mórán áiseanna spóirt agaibh?
Scrúdaitheoir:	Tá, gan dabht. Tá páirceanna imeartha, giomnáisiam agus linn snámha againn sa scoil.
Dalta:	Is breá liom an teicneolaíocht agus ríomhairí. An bhfuil mórán áiseanna sa scoil maidir le ríomhairí agus mar sin de?
Scrúdaitheoir:	Tá. Tá **saotharlanna** agus **lárionad ríomhairí** againn freisin—áiseanna nach bhfuil ag mórán scoileanna.
Dalta:	An gá do dhaltaí á lón féin a thabhairt isteach leo, nó an bhfuil ceaintín ann?
Scrúdaitheoir:	Tá ceaintín againn, agus rogha leathan bia ann.
Dalta:	Tá sé sin go hiontach ar fad. Ní raibh lárionad ríomhairí ná linn snámha sa scoil a d'fhág mé . . . Conas is féidir liom níos mó eolais a fháil más gá? Ba mhaith liom gach rud a thaispeáint do mo thuismitheoirí.
Scrúdaitheoir:	Is féidir leat glao a chur ar an rúnaí, Úna de Bláca, ag an uimhir (01) 398754, nó féachaint ar ár suíomh gréasáin, www.pobalscoilaine.ie.

Gluais

mura miste leat	if you don't mind
ag aistriú	moving (house)
i mbliana	this year
a aimsiú	to find
abair leat	go ahead
tairgimid	we offer
leithéidí	the likes of
imeachtaí breise	additional activities
clú	reputation
an scoil seo againne	our school, this school of ours
ficheall	chess
beiriste	bridge
mhuise	indeed
foireann shóisearach	a junior team
foireann shinsearach	a senior team
saotharlanna	laboratories
lárionad ríomhairí	computer centre

Caitheamh aimsire

Tasc 1

Tá tú ag lorg eolais faoi bhallraíocht i gclub óige. Cuireann tú ceisteanna ar rúnaí an chlub (an scrúdaitheoir) atá bunaithe ar an gcárta seo chun eolas a fháil faoin gclub.

CLUB ÓIGE
Baile na hInse
Daoine Óga idir 12 agus 16

Imeachtaí

Cluichí Páirce	Snúcar
Spóirt Uisce	Beárbaiciú sa
Drámaíocht	Samhradh
Dioscónna	

Táille Ballraíochta €20

Ar oscailt

Gach oíche

7.00 p.m. – 10.00 p.m.

Tuilleadh eolais

Rúnaí an chlub– Cáit Ní Néill

Teileafón – 065 689324

Suíomh gréasáin – www.cluboigenahinse.ie

Ceisteanna a d'fhéadfá a chur ar an scrúdaitheoir

1. Cá bhfuil an club óige?
2. Cad iad na teoiranneacha aoise?
3. Cén saghas imeachtaí spóirt atá ar fáil sa chlub?
4. Cén sórt caitheamh aimsire eile a chuireann sibh ar fáil?
5. An eagraíonn sibh imeachtaí oíche?
6. An ndéanann sibh aon rud speisialta sa samhradh?
7. Cad í an táille ballraíochta?
8. Cathain a bhíonn an club ar oscailt?
9. Conas is féidir liom tuilleadh eolais a fháil?
10. An bhfuil suíomh idirlín agaibh?

Freagra samplach

Dalta: Haileo. Is mise Tomás Ó Duibhir, agus táim ag iarraidh roinnt eolais a fháil faoi bhallraíocht sa chlub óige.

Scrúdaitheoir: Tá go maith.

Dalta: Cá bhfuil an club óige go díreach?

Scrúdaitheoir: Tá sé i lár an bhaile, in aice na scoile.

Aois na Glóire 3

Dalta:	Cén aois iad **baill** an chlub?
Scrúdaitheoir:	Tá baill againn ó dhá bhliain déag go sé bliana déag d'aois.
Dalta:	Agus cén saghas spóirt a chuireann sibh ar fáil?
Scrúdaitheoir:	Cuirimid mórán saghsanna spóirt ar fáil, ina measc cluichí páirce, spóirt uisce, agus snúcar.
Dalta:	Cén saghas **siamsa** a bhíonn ar siúl agaibh istoíche?
Scrúdaitheoir:	Bhuel, bíonn **drámaíocht** agus dioscónna againn go rialta, agus sa samhradh bíonn **beárbaiciú** againn go minic.
Dalta:	Cad í an **táille ballraíochta**?
Scrúdaitheoir:	Níl an bhallraíocht ach fiche euro in aghaidh na bliana.
Dalta:	Is maith sin. Agus cathain a bhíonn an club ar oscailt gach lá?
Scrúdaitheoir:	Bíonn sé ar oscailt gach oíche ó a seacht a chlog tráthnóna go dtí a deich a chlog.
Dalta:	Conas is féidir liom níos mó eolais a fháil más gá?
Scrúdaitheoir:	Is féidir leat glao a chur ar an uimhir (065) 689324, nó is féidir leat féachaint ar ár suíomh gréasáin, www.cluboigenahinse.ie.

Gluais

na baill — the members
siamsa — entertainment
drámaíocht — drama
beárbaiciú — barbecue
táille ballraíochta — membership fee

Caitheamh aimsire
Tasc 2

Tá tú ag lorg eolais faoi cheolchoirm. Cuireann tú ceisteanna ar an ngníomhaire ticéad (an scrúdaitheoir) atá bunaithe ar an gcárta seo chun eolas a fháil faoin gceolchoirm.

CEOLCHOIRM O2 BLUR

oxegen

Dé hAoine 09/10/10 – 12/10/10

Bannaí Ceoil Taca:
Rage Against the Machine   The Prodigy
Kings of Leon   The Verve

Láthair Champála
ar champáil thar oíche €20

Ticéid ar fáil:
Ticketmaster
Praghas – €224.50

Tuilleadh eolais
Teileafón – 0404 98345
Suíomh gréasáin – www.feilebhailephuinse.ie
Caithfidh duine fásta a bheith le déagóirí faoi 17 mbliana

An Scrúdú Béil

Ceisteanna a d'fhéadfá a chur ar an scrúdaitheoir

1. Cá mbeidh an fhéile ar siúl?
2. Cathain a bheidh an fhéile ar siúl?
3. Cén banna a bheidh ar bharr an bhille?
4. Cé na bannaí a bheidh ag tacú le Blur?
5. Cé mhéad a chosnóidh sé chun campáil thar oíche san ionad campála?
6. Cé mhéad a chosnóidh na ticéid?
7. Conas is féidir liom níos mó eolais a fháil?
8. An bhfuil cead ag daoine óga faoi sheacht mbliana déag d'aois dul chuig an bhféile?

Freagra samplach

Dalta: Ba mhaith liom eolas a fháil faoi fhéile Oxegen.

Scrúdaitheoir: Tá go maith. Conas is féidir liom cabhrú leat?

Dalta: Cathain a bheidh **an fhéile** ar siúl?

Scrúdaitheoir: Beidh sí ar siúl ón naoú lá de mhí Dheireadh Fómhair go dtí an dóú lá déag.

Dalta: Ar mhiste leat a insint dom cén banna a bheidh ar bharr an bhille?

Scrúdaitheoir: Is é Blur a bheidh **ar bharr an bhille**.

Dalta: Agus an bhfuil a fhios agat cé na bannaí a bheidh **ag tacú leo**?

Scrúdaitheoir: Beidh Rage Against the Machine, Kings of Leon, an Prodigy agus an Verve ag tacú leo ar an oíche.

Dalta: Cé mhéad a chosnóidh sé má theastaíonn uaim campáil thar oíche san **ionad campála**?

Scrúdaitheoir: Cosnaíonn sin fiche euro.

Dalta: Agus cé mhéad a chosnaíonn ticéad don fhéile ar fad?

Scrúdaitheoir: Is é an praghas ná €224 (dhá chéad fiche is ceithre euro).

Dalta: An féidir le déagóirí dul go dtí an fhéile?

Scrúdaitheoir: Caithfidh duine fásta a bheith le déagóirí faoi sheacht mbliana déag.

Dalta: Conas is féidir liom **tuilleadh** eolais a fháil?

Scrúdaitheoir: Is féidir leat tuilleadh eolais a fháil ón uimhir 0404 98345, nó tig leat cuairt a thabhairt ar www.feilebhailephuinse.ie.

Gluais

an fhéile	the festival
ar bharr an bhille	on the top of the bill
ag tacú le	supporting
ionad campála	campsite
tuilleadh	additional

Aois na Glóire 3

Saoire
Tasc 1

Tá tú ag lorg eolais faoi shaoire i Maidrid. Cuireann tú ceisteanna ar ghníomhaire taistil (an scrúdaitheoir) atá bunaithe ar an gcárta seo chun eolas a fháil faoin tsaoire.

MAIDRID
SAOIRE FAOIN NGRIAN
ÓSTÁN VILLA REAL

Saoire choicíse – Mí Iúil
Beirt daoine fásta agus beirt pháistí – €3000

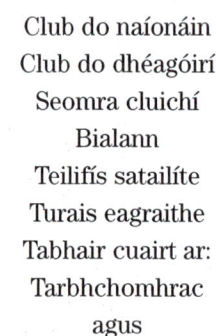

Áiseanna
Club do naíonáin
Club do dhéagóirí
Seomra cluichí
Bialann
Teilifís satailíte
Turais eagraithe
Tabhair cuairt ar:
Tarbhchomhrac
agus
Camp Nou

Tuilleadh eolais
Gníomhaire Taistil Uí Néill
Teileafón – 094 98345
Suíomh gréasáin –
www.gníomhairetaistiluineill.ie

Ceisteanna a d'fhéadfá a chur ar an scrúdaitheoir

1. Cén tsaoire faoin ngrian atá ar fáil faoi láthair?
2. Cén t-óstán a mbeidh daoine ag fanacht ann?
3. Cá fhad a mhairfidh an tsaoire?
4. Cén praghas atá ar an bpacáiste i gcomhair teaghlaigh?
5. Cén saghas áiseanna atá ar fáil san óstán?
6. Conas is féidir liom eolas a fháil faoi thurais eagraithe?
7. Cé na radhairc a mholfá i Maidrid?
8. Conas is féidir liom tuilleadh eolais a fháil?

An Scrúdú Béil

Freagra samplach

Dalta: Haileo. Ba mhaith liom eolas a fháil faoin tsaoire i Maidrid atá fógartha agaibh.

Scrúdaitheoir: Tá go maith. Conas is féidir liom cabhrú leat?

Dalta: Cén t-óstán atá ann?

Scrúdaitheoir: Is é Villa Real ainm an óstáin.

Dalta: Agus cá fhad a **mhaireann** an tsaoire?

Scrúdaitheoir: Maireann sí coicís, i mí Iúil.

Dalta: Cé mhéad a **chosnódh** an tsaoire do bheirt daoine fásta agus beirt pháistí?

Scrúdaitheoir: Chosnódh sé sin trí mhíle euro.

Dalta: Cé na háiseanna atá san óstán do pháistí agus do dhaoine óga?

Scrúdaitheoir: Tá club **naíonán** ann, agus club do dhéagóirí chomh maith.

Dalta: Cé na háiseanna eile atá ann?

Scrúdaitheoir: Tá bialann dheas agus seomra cluichí san óstán freisin. Chomh maith leis sin, tá teilifís satailíte i ngach seomra leapa.

Dalta: An eagraíonn an t-óstán aon turas eagraithe i Maidrid? Ba mhaith le mo thuismitheoirí na radhairc agus na **séadchomharthaí** a fheiceáil.

Scrúdaitheoir: Eagraíonn siad turais ar fud na cathrach.

Dalta: Cad iad na **radhairc** is fearr, i do thuairim?

Scrúdaitheoir: **Mholfainn** daoibh cuairt a thabhairt ar **Tharbhcomhrac**, ar pháirc an Buen Retiro, agus ar iarsmalann an Prado. Chomh maith leis sin, mholfainn daoibh cuairt a thabhairt ar an staid Camp Nou.

Dalta: Conas is féidir liom **tuilleadh eolais** a fháil más gá?

Scrúdaitheoir: Is féidir leat níos mó eolais a fháil ag an uimhir (094) 98345, nó cuairt a thabhairt ar ár **suíomh gréasáin**, www.gníomhairetaistiluineill.ie.

Gluais

maireann sí	it lasts
chosnódh	would cost
naíonáin	infants
na radhairc	the views, the sights
séadchomharthaí	monuments
mholfainn	I would recommend
Tarbhcomhrac	bullfight
tuilleadh eolais	more information
suíomh gréasáin	web site

Aois na Glóire 3

Saoire

Tasc 2

Tá tú ag lorg eolais faoi láthair champála sa cheantar. Cuireann tú ceisteanna ar an bhfeitheoir (an scrúdaitheoir) atá bunaithe ar an gcárta seo chun eolas a fháil faoin ionad.

LÁTHAIR CHAMPÁLA
Mín na Leice
Dún na nGall

Áiseanna
Óstán Ghaoth Dobhair
Iascaireacht
Turas báid – Toraigh
Bádóireacht
Dreapadóireacht – An Earagail
Siúlóid – Páirc Ghleann Bheithe
Galf

Táille
Puball – €10 don oíche
Carbhán – €20 don oíche

Teagmháil
Rúnaí – Gearóid Ó Gallchóir
Teileafón – 074 34567
Suíomh gréasáin – www.campailminnaleice.ie

Ceisteanna a d'fhéadfá a chur ar an scrúdaitheoir

1. Cá bhfuil an láthair champála?
2. Cén saghas áiseanna atá ar fáil san ionad?
3. An eagraítear aon turas báid go Toraigh?
4. An féidir le daoine dul ag dreapadóireacht sna cnoic áitiúla?
5. An bhfuil aon chlub gailf sa cheantar?
6. Cad í an táille in aghaidh na hoíche dá bhfanfaimis i bpuball san ionad campála?
7. Cé mhéad a chosnódh oíche amháin i gcarbhán?
8. Conas is féidir liom tuilleadh eolais a fháil?

Freagra samplach

Dalta: Haileo. Táim ag lorg eolais faoi Ionad Campála Mhín na Leice.

Scrúdaitheoir: Tá go maith. Táim sásta aon cheist atá agat a fhreagairt.

Dalta: Cén saghas áiseanna atá san ionad campála agus sa cheantar máguaird?

Scrúdaitheoir: Tá mórán áiseanna sa cheantar. Tá Óstán Ghaoth Dobhair i ngar don ionad campála, agus tá bialann agus linn snámha ansin.

Dalta: Is breá liomsa spórt, go háirithe iascaireacht agus bádóireacht. An bhfuil áiseanna ann le haghaidh na spórt sin?

Scrúdaitheoir:	Tá, ar ndóigh. Is féidir leat dul ag iascaireacht san fharraige in aice linn anseo i nGaoth Dobhair, nó dul ag bádóireacht. Agus tá mórán comhlachtaí ann a eagraíonn báid i gcomhair cuairteoirí.
Dalta:	Ba bhreá liom dul go Toraigh. An mbíonn turais chun an oileáin ar fáil?
Scrúdaitheoir:	Bíonn. Eagraíonn comhlacht farantóireachta turais bháid dhá uair sa lá, gach lá ón Luan go dtí an Satharn.
Dalta:	Tá an-suim agam i ndreapadóireacht, i siúlóidí agus i ngalf freisin. An bhfuil áiseanna sa cheantar i gcomhair na spórt sin?
Scrúdaitheoir:	Tá, gan amhras. Téann a lán cuairteoirí ag dreapadóireacht ar an Earagail, an sliabh in aice linn anseo. Chomh maith leis sin tá siúlóidí áille le déanamh i bPáirc Náisiúnta Ghleann Bheitha, atá in aice leis an ionad campála. Tá galfchúrsa sa cheantar chomh maith.
Dalta:	Cad í an táille in aghaidh na hoíche san ionad campála?
Scrúdaitheoir:	Is é deich euro in aghaidh na hoíche an táille i gcomhair pubaill.
Dalta:	Agus cad a chosnaíonn carbhán?
Scrúdaitheoir:	Cosnaíonn sin fiche euro in aghaidh na hoíche.
Dalta:	Conas is féidir liom tuilleadh eolais a fháil faoin ionad campála?
Scrúdaitheoir:	Is féidir leat scairt a chur ar an uimhir (074) 34567, nó cuairt a thabhairt ar an suíomh gréasáin www.campailminnaleice.ie.

Bia agus deoch
Tasc 1

Tá tú ag lorg eolais faoi mhearbhia. Cuireann tú ceisteanna ar úinéir an tsiopa *Bia Gasta* (an scrúdaitheoir) atá bunaithe ar an gcárta seo chun eolas a fháil faoin mbia.

MEARBHIA
Gort

Áiseanna

Rogha Leathan   Sicín
Borgairí   Pizza
Sceallóga

**Ceiliúir
Do Lá Breithe Linn**

Deochanna ar phraghasanna ísle
Mianraí: €1 an ceann

Tairiscint speisialta roimh 8.00 p.m.

Ar oscailt
Dé Luain – Dé Domhnaigh
9.00 a.m. – 3.00 a.m.

Ordaigh ar líne

Teagmháil
Teileafón – 091 34567
Suíomh gréasáin – www.mearbhia.com

Aois na Glóire 3

Ceisteanna a d'fhéadfá a chur ar an scrúdaitheoir

1. Cathain a bhíonn an bhialann ar oscailt?
2. An bhfuil rogha leathan mearbhia ar fáil?
3. An bhfuil borgairí, sceallóga, sicín agus píotsa ar fáil?
4. An mbeadh ráta speisialta ar fáil dá mbeinn ag ceiliúradh mo lá breithe sa bhialann?
5. An bhfuil tairiscintí speisialta agaibh?
6. Cén praghas atá ar mhianraí?
7. An féidir liom bia a ordú roimh ré ar líne?
8. Conas is féidir liom teagmháil a dhéanamh libh más gá?

Freagra samplach

Dalta: Ba mhaith liom eolas a fháil faoi mhearbhia in bhur mbialann. An bhfuil cead agam labhairt leis an úinéir?

Scrúdaitheoir: Is mise an t-úinéir. **Abair leat**.

Dalta: An bhfuil rogha leathan mearbhia ar fáil sa bhialann?

Scrúdaitheoir: Tá. Cén saghas bia a thaitníonn leat?

Dalta: Is maith liom borgairí, sceallóga, sicín, agus píotsa. An bhfuil siad sin go léir agaibh?

Scrúdaitheoir: Tá, cinnte.

Dalta: Ba mhaith liom mo lá breithe a cheiliúradh sa bhialann. An féidir leat aon **tairiscint speisialta** a dhéanamh?

Scrúdaitheoir: Bheimis sásta **margadh** speisialta a dhéanamh leat má thagann tú anseo.

Dalta: Beidh mé féin, an teaghlach ar fad agus mo chairde ann chun mo lá breithe a cheiliúradh—fiche duine **san iomlán**. Chonaic mé ar d'fhógra go mbíonn deochanna ar fáil ar phraghsanna ísle.

Scrúdaitheoir: Bíonn, gan amhras. Cuirfimid deochanna ar phraghsanna an-íseal ar fáil daoibh, is é sin aon euro amháin in aghaidh an duine. Conas a **oireann** sin **duit**?

Dalta: Oireann sé go breá dom! Agus chomh maith leis sin dúirt an fógra go ndéantar tairiscint speisialta ar bhéilí roimh a hocht a chlog. An bhfuil sé sin fíor?

Scrúdaitheoir: Tá, cinnte.

Dalta: Go hiontach. Ba mhaith liom dinnéar a chur in áirithe le haghaidh fiche duine Dé Sathairn seo chugainn ag a seacht a chlog. An bhfuil bord saor agaibh ag an am sin?

Scrúdaitheoir: Tá, **mhuise**.

Dalta: Cathain a bhíonn an bhialann ar oscailt? Ba mhaith liom an bhialann **a mholadh** do mo chairde.

		An Scrúdú Béil

Scrúdaitheoir: Míle buíochas! Bímid ar oscailt óna naoi a chlog ar maidin go dtí a trí a chlog san oíche ó Luan go Domhnach.

Dalta: Tá sé sin ar fheabhas. Conas is féidir le daoine níos mó **sonraí** a fháil más gá?

Scrúdaitheoir: Cuir glao ar an uimhir (091) 34567, nó tabhair cuairt ar ár suíomh gréasáin, www.mearbhia.com.

Gluais

abair leat	go ahead
tairiscint speisialta	special offer
margadh	bargain, deal
san iomlán	altogether
oireann do	suits
mhuise	indeed
mol	to recommend
sonraí	details

Bia agus deoch
Tasc 2

Tá tú ag lorg eolais faoin rogha bhia agus dí sa siopa áitiúil. Cuireann tú ceisteanna ar an siopadóir (an scrúdaitheoir) atá bunaithe ar an gcárta seo chun eolas a fháil faoin rogha bhia agus dí atá ann.

An Siopa Áitiúil
Sráid Eoin
Loch Garman

Bia
Torthaí   Iasc
Glasraí   Feoil
Arán

Deochanna
Bainne   Uisce   Mianraí

Ar oscailt seacht lá na seachtaine
9.00 a.m. – 6.00 p.m.
Déanach Dé hAoine
9.00 a.m. – 9.00 p.m.

Praghsanna Ísle
Bainne / €1.00 an lítear
Builín Aráin / 90 cent
6 úll / €1.00

Teagmháil
Teileafón – 053 34567
Suíomh gréasáin – www.siopaaitiuil.com

Ceisteanna a d'fhéadfá a chur ar an scrúdaitheoir

1. Cá bhfuil an siopa suite go díreach?
2. Ba mhaith liom eolas a fháil faoin rogha bhia agus dí atá ar fáil sa siopa.
3. An bhfuil torthaí, feoil, arán, iasc agus glasraí á soláthar agaibh?
4. Cathain a bhíonn an siopa ar oscailt?
5. An mbíonn sibh ar oscailt go déanach aon oíche?
6. An bhfuil aon tairiscint speisialta agaibh?
7. Conas is féidir liom níos mó eolais a fháil faoin siopa?
8. An bhfuil suíomh gréasáin agaibh?

Aois na Glóire 3

Freagra samplach

Dalta:	Haileo. Táimse tar éis **aistriú** go Loch Gorman, agus ba mhaith liom eolas a fháil faoin **rogha** bhia agus dí atá ar fáil i do shiopa, más é do thoil é.
Scrúdaitheoir:	Tá go maith. Táim sásta aon eolas is féidir liom a thabhairt duit.
Dalta:	Cá bhfuil an siopa suite go díreach?
Scrúdaitheoir:	Tá sé suite ar Shráid Eoin.
Dalta:	Go hiontach. An bhfuil rogha **leathan** bhia ar fáil sa siopa? An bhfuil arán, torthaí, feoil, iasc agus glasraí á soláthar agaibh?
Scrúdaitheoir:	Tá. Tá rogha leathan torthaí, feola, agus glasraí againn, agus, **ar ndóigh**, tá **raon** aráin agus éisc againn freisin.
Dalta:	Tá sé sin ar fheabhas. Cén saghas deochanna atá agaibh? An bhfuil **mianraí** agaibh?
Scrúdaitheoir:	Tá, cinnte. Tá a lán deochanna éagsúla againn, mianraí san áireamh. Tá **cóla**, **sú oráiste**, **sú úill**, bainne, uisce, oráiste agus líomanáid againn.
Dalta:	Tá sé sin go maith. Cathain a bhíonn an siopa ar oscailt?
Scrúdaitheoir:	Bímid ar oscailt seacht lá na seachtaine, óna naoi go dtí a sé gach lá seachas Dé hAoine.
Dalta:	Cathain a dhúnann sibh Dé hAoine?
Scrúdaitheoir:	Dúnaimid go déanach, ag a naoi a chlog gach Aoine.
Dalta:	An mbíonn aon **tairiscint speisialta** agaibh?
Scrúdaitheoir:	Níl ar bhainne ach euro amháin in aghaidh an **lítir**, agus níl ar ghnáth**bhuilín** aráin ach nócha cent.
Dalta:	An bhfuil aon tairiscint speisialta agaibh ar thorthaí?
Scrúdaitheoir:	Tá. Tá praghas speisialta againn ar úlla faoi láthair.
Dalta:	Cé mhéad?
Scrúdaitheoir:	Ní **chosnaíonn** sé úll ach euro amháin.
Dalta:	Conas is féidir liom **teagmháil** a dhéanamh leat arís **más mian liom** níos mó **sonraí** a fháil?
Scrúdaitheoir:	Cuir glao ar an uimhir (053) 34567, nó tabhair cuairt ar ár suíomh gréasáin, www.siopaaitiuil.ie.

Gluais

aistriú	moving (house)
rogha	choice
leathan	broad
ar ndóigh	of course
raon	range
mianraí	soft drinks
cóla	cola
sú oráiste	orange juice
sú úill	apple juice
tairiscint speisialta	special offer
lítear	litre
builín	loaf
cosnaíonn	costs
teagmháil	contact
más mian liom	if I wish
sonraí	details

242

An Scrúdú Béil

Cuid 4: Comhrá

4–5 nóiméad (80 marc)

Mé féin agus an teaghlach

Cuir na ceisteanna seo a leanas ar an duine in aice leat:
1. Cad is ainm duit?
2. Cén aois thú?
3. Cé mhéad duine atá sa teaghlach?
4. Déan cur síos ar do thuismitheoirí.
5. Déan cur síos ar do dheartháireacha nó do dheirfiúracha.
6. Cad tá á dhéanamh acu? An bhfuil siad ag freastal ar scoil, nó ar an ollscoil, nó an bhfuil siad ag obair?
7. Conas a réitíonn tú le do thuismitheoirí?
8. Déan cur síos ar do chuma.
9. An bhfuil peata agat?
10. Déan cur síos ar do pheata.

Obair Bheirte

Féach ar aonad 1, leathanach 2.

Mo cheantar agus mo theach

Cuirigí na ceisteanna seo a leanas ar a chéile:
1. Cá bhfuil tú i do chónaí?
2. Déan cur síos ar an gceantar.
3. Déan cur síos ar na háiseanna atá sa cheantar.
4. An bhfuil mórán siopaí sa cheantar?
5. An maith leat siopadóireacht?
6. Cén saghas rudaí a cheannaíonn tú go rialta?
7. Ainmnigh na modhanna taistil atá ar fáil sa cheantar.
8. Inis dom faoi do theach.
9. Déan cur síos ar do sheomra leapa.
10. Cad é an seomra is fearr leat sa teach?
11. An ndéanann tú mórán obair tí?
12. Conas a roinneann sibh an obair sa teach?

Obair Bheirte

Féach ar aonad 2, leathanach 42.

Aois na Glóire 3

Mo scoil

Féach ar aonad 3, leathanach 74.

Obair Bheirte

Cuir na ceisteanna seo a leanas ar an duine in aice leat:
1. Inis dom beagán faoi do scoil.
2. Déan cur síos ar na háiseanna atá sa scoil. Cé na háiseanna is mó a úsáideann tú?
3. Cé mhéad ábhar atá á ndéanamh agat?
4. Cad é an t-ábhar is fearr leat?
5. Cén fáth sin?
6. An bhfuil aon ábhar ann nach maith leat?
7. Déan cur síos ar d'éide scoile.
   Nó
   Déan cur síos ar na héadaí atá á gcaitheamh agat.
8. Cad é an rud is fearr leat faoin scoil?
9. An bhfuil aon rud nach maith leat faoin scoil?
10. Déan cur síos ar ghnáthlá scoile.

Spórt

Féach ar aonad 4, leathanach 95.

Obair Bheirte

Cuirigí na ceisteanna seo ar a chéile
1. An imríonn tú spórt?
2. Cad é an saghas spóirt is fearr leat?
3. Cé mhéad uair sa tseachtain a imríonn tú?
4. An bhfuil tú i bhfoireann scoile nó i gclub?
5. Ar bhuaigh tú cluiche nó comórtas spóirt riamh?
6. An bhfuil spórt tábhachtach i do shaol? Cén fáth?
7. Cad iad na buntáistí a bhaineann le spórt, i do thuairim?
8. Cé hé an phearsa spóirt is fearr leat?
9. An dtugann tú tacaíocht d'aon fhoireann ar leith?
10. Déan cur síos ar chluiche a chonaic tú le déanaí.

An Scrúdú Béil

Ceol

Cuir na ceisteanna seo a leanas ar an duine in aice leat:
1. An maith leat ceol?
2. Cén saghas ceoil is fearr leat?
3. Cé hé an phearsa cheoil is fearr leat?
4. An bhfaca tú an duine sin i gceolchoirm riamh?
5. An seinneann tú gléas ceoil?
6. An gcanann tú i gcór na scoile nó le banna?
7. An seinneann tú le ceolfhoireann na scoile, nó an bhfreastalaíonn tú ar ranganna cheoil?
8. An bhfuil ceol tábhachtach i do shaol? Cén fáth?
9. An bhféachann tú ar chláir cheoil? Cé na cláir?
10. An éisteann tú le ceol ar iPod nó ar raidió cluaise? An gceannaíonn tú dlúthdhioscaí, nó an íoslódálann tú ceol den idirlíon?

Obair Bheirte

Féach ar aonad 5, leathanach 118.

Na meáin chumarsáide, scannáin agus leabhair

Cuir na ceisteanna seo a leanas ar an duine in aice leat:
1. An maith leat scannáin? Cén saghas scannán a thaitníonn leat?
2. Cá mhinice a théann tú go dtí an phictiúrlann?
3. Déan cur síos ar an scannán is fearr a chonaic tú le déanaí.
4. An bhféachann tú ar an teilifís?
5. Cén saghas cláir theilifíse is fearr leat?
6. An maith leat léamh?
7. Cé hé an t-údar is fearr leat?
8. Cad is ainm don leabhar is fearr a léigh tú le déanaí?
9. Déan cur síos ar scéal an leabhair.
10. Cén phearsa is fearr leat sa leabhar? Cén fáth?

Obair Bheirte

Féach ar aonad 6, leathanach 140.

245

Aois na Glóire 3

Saoire

Ceisteanna san aimsir chaite agus san aimsir fháistineach

Féach ar aonad 7, leathanach 166.

Cuir na ceisteanna seo a leanas ar an duine in aice leat:

1. An ndeachaigh tú ar saoire an samhradh seo caite?
2. Cén áit ar fhan tú?
3. Cé a bhí ar saoire leat?
4. Déan cur síos ar an gceantar ina raibh tú.
5. Conas a thaistil tú go dtí an áit?
6. Conas a bhí an aimsir?
7. Cén saghas rudaí a rinne tú gach lá?
8. Cén saghas rudaí a rinne tú san oíche?
9. An bhfaca tú aon rud speisialta?
10. Ar bhain tú taitneamh as an tsaoire?

Féach ar aonad 7, leathanach 173.

Freagair na ceisteanna seo a leanas:

1. Cad a dhéanfaidh tú an samhradh seo chugainn?
2. An rachaidh tú ar saoire an samhradh seo chugainn?
3. Cá bhfanfaidh tú?
4. Cé a rachaidh leat?
5. Conas a bheidh tú ag taisteal go dtí an áit?

Na séasúir

Féach ar aonad 7, leathanach 186.

Cuir na ceisteanna seo a leanas ar an duine in aice leat, agus ansin freagair na ceisteanna tú féin:

1. Cad é an séasúr is fearr leat? Cén fáth?
2. Cad iad míonna an tséasúir sin?
3. Conas a bhíonn an aimsir sa séasúr sin?
4. Déan cur síos ar an nádúr sa séasúr sin.
5. Cad iad na rudaí a dhéanann tú le linn an tséasúir sin?
6. Cad í an fhéile is fearr leat sa bhliain?
7. Cén saghas rudaí sultmhara a dhéanann tú le linn na féile sin?
8. Cad a dhéanann tú de ghnáth gach Lá Nollag?

An Scrúdú Béil

Bia

Cuir na ceisteanna seo a leanas ar an duine in aice leat, agus ansin freagair na ceisteanna tú féin:
1. Cén saghas bia is maith leat?
2. An maith leat cócaireacht?
3. Cad é an béile is fearr leat sa lá?
4. An maith leat feoil? Cén saghas feola?
5. Cad í an mhias is fearr leat ar domhan?
6. Cad í an bhialann is fearr leat?
7. An maith leat milseoga nó rudaí milse? Cén saghas?
8. Cé a dhéanann an chócaireacht sa bhaile?
9. An maith leat glasraí agus torthaí? Cén saghas?
10. Cén saghas deochanna a thaitníonn leat?

Obair Bheirte

Féach ar aonad 8, leathanach 196.

An corp, sláinte, agus tinneas

Cuirigí na ceisteanna seo a leanas ar a chéile:
1. Ar bhain timpiste duit riamh?
2. Cad a tharla?
3. An raibh ort dul go dtí an t-ospidéal?
4. Ar bhris tú cnámh riamh?
5. An raibh tú tinn le déanaí?
6. Cén saghas tinnis a bhí ort?
7. Ar chaith tú tréimhse san ospidéal riamh?
8. Cén chóir leighis a cuireadh ort?
9. An itheann tú bia folláin?
10. An dóigh leat gur duine sláintiúil tú?
11. An bhfuil fadhb i measc na n-óg le tobac, alcól, agus drugaí, meas tú?

Obair Bheirte

Féach ar aonad 8, leathanach 206.

Aonad 10 — Prós a ndearnadh staidéar air agus prós anaithnid

Prós a ndearna tú staidéar air i rith do chúrsa

Moltaí

- Tá an cheist seo i roinn I, ceist 2 (*b*).
- Tá 15 mharc ar fáil sa cheist seo.
- Ní gá níos mó ná leathleathanach a scríobh.
- De ghnáth tugtar liosta de théamaí nó mothúcháin nó saghsanna daoine éagsúla, agus caithfidh tú ceann amháin a roghnú atá luaite i ngearrscéal a ndearna tú staidéar air.
- Dá bhrí sin, déan staidéar maith ar achoimre an scéil, príomhthéamaí an scéil, tréithe na bpearsan sa scéal, agus príomh-mhothúcháin an scéil.
- Ná déan dearmad ar theideal an scéil agus ainm an údair a lua.
- Foghlaim abairt nó dhó faoi stíl scríbhneoireachta an scéil agus conas a chabhraíonn sin le léiriú an téama, srl.

Díoltas an Mhada Rua

Seán Ó Dálaigh

Seanfhocal is ea é—chomh glic le mada rua. Agus i dteannta é a bheith glic bíonn sé díoltasach. Thaispeáin sé d'fhear ó Dhún Chaoin go raibh sé díoltasach mar b'air féin a d'imir sé an díoltas.

Iascaire ba ea an fear seo. Bhí féar bó de thalamh aige, ach ar an iascach is mó a mhaireadh sé. Choimeádadh sé aon bhó amháin i gcónaí chun braon bainne a bheith aige sa séasúr a liathfadh an braon tae dó nuair a bhíodh sé ar an bhfarraige ag iascach. Bhíodh an-chuid cearc agus lachan agus géanna ag a bhean.

Thug sé an bhó leis abhaile ón ngort luath go maith maidin. Chrúigh a bhean í láithreach baill. Sháigh siad ansin chun cuigeann a dhéanamh agus nuair a bhí sí déanta acu d'imigh sé air chun an chnoic go gcríochnódh sé leis an móin a bhí ann aige á cnuchairt. Nuair a bhí sé trí nó ceathair de pháirceanna suas ón tigh bhí saothar air, agus bhí brat allais tríd amach mar fuair sé beagán dua ón gcuigeann a dhéanamh. Shuigh sé síos tamall dó féin i mbun a shuaimhnis agus bhí sé ag féachaint amach ar an bhfarraige mar bhí sí chomh ciúin le linn abhann.

Prós a ndearnadh staidéar air agus prós anaithnid

Pé casadh súl a thug sé síos ar pháirc a bhí faoina bhun chonaic sé fámaire mada rua agus é ag léim thall is abhus in aice le coill mhór ard sceach. D'fhair sé an madra rua go maith ach níor thug sé é féin le feiscint in aon chor dó.

Níorbh fhada dó gur chuala sé cúpla scréach uafásach timpeall na sceach agus ba ghearr go bhfaca sé an madra rua ag cur de suas ar a shuaimhneas chun an chnoic, agus a fhámaire breá giorria marbh ina bhéal aige. Is amhlaidh a bhraith an madra rua an giorria ina chodladh istigh sa choill sceach, agus níor dhein sé ach na sceacha a chorraí lena lapa agus ansan nuair a léim an giorria bocht amach as na toir sceach, ghreamaigh an madra rua ar sciúch é, agus mhairbh sé láithreach baill é.

Nuair a chonaic fear na móna an mada rua ag cur de suas chun an chnoic agus fámaire giorria ina bhéal aige, dúirt sé ina aigne féin gurbh ait agus gur lánait an cúrsa é—fámaire giorria a bheith le n-ithe ag an mada rua agus gan aon ghiorria aige féin.

Bhí claí mór ard trasna ar bharr na páirce, ach bhí bearna i gceann den chlaí. Bhí an bhearna díreach faoi bhun na háite a raibh an fear ina shuí ann. D'éalaigh sé leis síos go dtí an bhearna, agus dhein sé cuchaire de féin chun ná feicfeadh an mada rua é.

Nuair a tháinig an mada rua go dtí béal na bearna phreab an fear de gheit ina shuí, agus chuir sé béic uafásach as, agus dhein sé glam ag rá: 'Hula! hula! hula!'

Bhain sé an oiread sin de phreab as an madra rua, gur scaoil sé uaidh an giorria.

Agus thug sé féin, i ndeireadh an anama, suas fén gcnoc.

Ach ní fada suas a chuaigh sé nuair a shuigh sé síos ar a chosa deiridh agus d'fhéach sé le fána, agus chonaic sé an fear agus an giorria greamaithe aige.

Thóg an fear an giorria chun dul abhaile leis. Nuair a ghluais sé anuas le fána an chnoic agus an giorria aige bhí an mada rua á thabhairt fé ndeara, agus d'fhan sé ag faire air riamh is choíche go dtí go bhfaca sé ag bualadh doras a thí féin isteach é. D'imigh an mada rua an cnoc amach ansan.

D'fhéachadh an mada rua ar an bhfear anois is arís, nuair a bhí sé ag tabhairt an ghiorria abhaile leis, chun go mbeadh a fhios aige ar fhág an mada rua an áit a raibh sé ina stad ann, agus chíodh sé ann i gcónaí é. Fiú amháin nuair a bhí sé ag déanamh ar an doras thug sé sracfhéachaint suas ar an áit, agus chonaic sé sa phaiste céanna é.

Bhain sé preab as a bhean, nuair a bhuail sé chuici an doras isteach, agus seibineach mór de ghiorria aige, ach nuair a d'inis sé di conas a fuair sé an giorria chomh sonaoideach agus an bob a bhuail sé ar an mada rua bhí sí ag briseadh a croí ag gáire. Dúirt sé léi nár thóg an mada rua an dá shúil de féin go dtí gur chuir sé an doras isteach de.

Chuaigh sé amach go dtí an doras ansan féachaint an raibh an mada rua ann ach ní raibh. B'ait leis ar fad cad ina thaobh ar fhair an mada rua é féin riamh is choíche go dtí gur bhuail sé an doras isteach. Ní raibh an mada rua gan a réasún féin a bheith aige leis an bhfear a fhaire.

Chuaigh an fear suas ar an gcnoc ansan. Chnucharaigh sé deireadh a chuid móna, agus ansan shín sé siar go breá dó féin ar feadh

249

tamaill in airde ar dhroim portaigh. Ach ní fhéadfadh sé é a chaitheamh amach as a cheann in aon chor cad ina thaobh ar fhair an mada rua é féin go dtí gur chuaigh sé isteach don tigh; agus nuair a bhí an t-eolas faighte aige, cad ina thaobh ar bhailigh sé leis ansan? Ach ní raibh sé i bhfad ina mhearbhall. Níorbh fhada dó gur chuir an mada rua in iúl dó cad ina thaobh.

Nuair a bhí sé tamall sínte siar ar an bportach d'éirigh sé ina shuí, agus tháinig sé abhaile. Bhí an giorria beirithe ag a bhean roimhe agus d'itheadar araon a leor dhóthain de.

Chuaigh sé ag iascach deargán ansan tráthnóna, agus nuair a tháinig sé abhaile tar éis na hoíche, bhí leathchéad deargán aige. Nuair a bhí a shuipéar caite aige, thosnaigh sé féin agus a bhean ar na deargán a ghlanadh, agus iad a chur ar salann, agus bhí sé cuibheasach deireanach siar san oíche san am ar chuaigh siad a chodladh.

Bhí smut maith den mhaidin caite sarar éiríodar mar bhíodar leathmharbh ag na deargáin aréir roimhe sín.

Ach nuair a d'oscail an fear an doras ní mór ná gur thit sé as a sheasamh le huafás. Ní raibh aon ní le feiscint aige ach clúmh is cleití! Clúmh géanna, clúmh lachan agus clúmh cearc! Níor fhág an mada rua gé ná lacha ná cearc beo ag a bhean!

Bhí a fhios aige go maith ansan gur chun díoltais a dhéanamh air i dtaobh an ghiorria a bhaint de a mhairbh an mada rua a raibh de chearca agus de lachain agus de ghéanna sa tslánchruinne ag a bhean.

An bhfuil na habairtí seo a leanas fíor nó bréagach?

1. Bhí iascaire ann as Contae na Gaillimhe.
2. Bhí fiche bó aige.
3. Bhí an-chuid cearc, lachan agus géanna ag a bhean.
4. Chuaigh sé suas an cnoc chun móin a chnuchairt.
5. Chonaic an fear fia in aice le sceach.
6. Chonaic an fear madra rua in aice le sceach.
7. Bhí an madra rua ag iarraidh coinín a mharú.
8. Chuaigh an fear i bhfolach taobh thiar de chrann.
9. Bhain an fear geit as an madra rua agus é ag screadach 'Hula, hula, hula!'
10. Ghoid an fear giorria an mhadra rua.
11. Níor fhan an madra rua ag féachaint ar an bhfear ó bharr an chnoic.
12. Nuair a shroich an fear a theach níor inis sé an scéal dá bhean.
13. D'ith an fear agus a bhean an giorria an oíche sin.
14. Ansin chaith an fear agus a bhean an oíche ag féachaint ar an teilifís.
15. Nuair a bhí an fear agus a bhean ina gcodladh an oíche sin mharaigh an madra rua na cearca, na lachain agus na géanna go léir.

Cleachtadh Scríofa

Prós a ndearnadh staidéar air agus prós anaithnid

Bain úsáid as na focail thíos chun na bearnaí sna habairtí seo a leanas a líonadh:

1. Bhí iascaire ann as _____.
2. Bhí feirm bheag aige agus _____ amháin, ach is ar an iascach is mó a mhair sé.
3. Bhí _____, _____ agus _____ ag a bhean.
4. Tar éis na _____ chuaigh sé suas an cnoc chun an mhóin a _____.
5. Bhí sé ag cur _____ nuair a bhí sé trí nó ceithre pháirc suas an cnoc.
6. Shuigh sé síos chun a scíth a ligean, agus chonaic sé _____ ag léim thall is abhus in aice le sceach.
7. Ansin chonaic sé an madra rua ag rith suas an cnoc agus _____ ina bhéal aige.
8. Chuaigh an fear _____ _____ taobh thiar de thor in aice le bearna sa chlaí.
9. Nuair a tháinig an madra rua go béal na bearna, léim an fear amach agus _____ sé, 'Hula, hula, hula!'
10. Baineadh _____ as an madra rua agus thit an giorria as a bhéal.

bó, geit, cearca, i bhfolach, madra rua, Dún Chaoin, giorria, lachain, géanna, bhéic, allais, cuiginne, chnuchairt.

Bain úsáid as na focail thíos chun na bearnaí sna habairtí seo a leanas a líonadh:

1. _____ an fear an giorria ón madra rua, agus thug sé é _____ leis.
2. D'fhan an madra rua ag _____ air go dtí gur shroich sé doras a thí.
3. D'ith an fear agus a bhean a _____ den ghiorria.
4. Chuaigh sé ag iascaireacht _____ an tráthnóna sin.
5. Bhí an fear agus a bhean ag _____ na ndeargán go déanach an oíche sin.
6. D'éirigh siad go _____ an lá arna mhárach.
7. Bhí _____ orthu nuair a chonaic siad na _____ agus an _____ i ngach áit.
8. _____ an madra rua na géanna, na lachain agus na cearca go léir.
9. Bhí a _____ ag an bhfear gur mharaigh an madra rua na héin chun _____ a bhaint amach mar gheall ar an ngiorria a thóg sé uaidh.
10. 'Chomh _____ le madra rua,' mar a deir an seanfhocal. Agus i dteannta bheith glic bíonn sé _____.

díoltasach, deargán, glic, cleití, mharaigh, glanadh, fhios, déanach, díoltas, ndóthain, ag féachaint, sciob, abhaile, uafás, clúmh.

Aois na Glóire 3

Téamaí an scéil seo
Saint (*greed*)
Díoltas (*revenge*)
Gliceas (*cuteness, slyness*)
Tréith láidir i nduine (*a strong trait in someone*).

Na pearsana
An fear

Bhí sé **santach**. Shantaigh sé an giorria dó féin, cé nár leis é. Ghoid sé an giorria ón madra rua.

Bhí sé **díograiseach**. D'oibrigh sé féin agus a bhean go dian. Ar lá an scéil rinne sé an chuigeann, chuaigh sé chun an mhóin a chnuchairt, chuaigh sé ag iascaireacht, agus ghlan sé leathchéad **deargán** lena bhean.

An madra rua

Bhí sé **glic**. Nuair a sciob an fear an giorria uaidh d'fhan sé ag féachaint air go dtí go bhfaca sé teach an fhir. Ní dhearna sé aon rud ar an toirt, ach tháinig sé go déanach san oíche chun éin an fhir a mharú.

Bhí sé **díoltasach**. Níor lig sé don iascaire an lámh in uachtar a fháil air. Cheap an fear go bhfuair sé an lámh in uachtar nuair a sciob sé an giorria ón madra rua. Rinne an madra rua rud **brúidiúil** barbartha nuair a mharaigh sé na cearca, na lachain agus na géanna go léir chun a dhíoltas a bhaint amach ar an bhfear.

Bhí sé brúidiúil agus **cruachroíoch**. Mharaigh sé an giorria agus ansin mharaigh sé na lachain, na géanna agus na cearca go léir.

Bean an fhir

Bhí sí díograiseach. D'oibrigh sí go dian: rinne sí an **chuigeann**, bhain sí an craiceann den ghiorria agus ghlan sí é, rinne sí an chócaireacht, agus ghlan sí na deargáin.

Gluais

saint	greed
santach	greedy
díograiseach	hard-working
deargán	sea bream
gliceas	cuteness, slyness
glic	cute, sly
díoltas	revenge
díoltasach	vengeful
brúidiúil	brutal
cruachroíoch	hard-hearted
an chuigeann	the churning

Prós a ndearnadh staidéar air agus prós anaithnid

Ceisteanna scrúdaithe

Ceist scrúdaithe (2007)

Maidir le do rogha **ceann amháin** de na *mothúcháin* seo a leanas, ainmnigh gearrscéal Gaeilge nó úrscéal Gaeilge nó dráma Gaeilge (a ndearna tú staidéar air i rith do chúrsa) a bhfuil an mothúchán sin ann.

Ní mór teideal an tsaothair sin, mar aon le hainm an údair, a scríobh síos go soiléir.
(a) brón   (b) fearg   (c) grá   (d) fonn díoltais   (e) tuirse   (f) grá

Tabhair cuntas gairid ar a bhfuil sa saothar sin faoin mothúchán atá roghnaithe agat.

Ceist scrúdaithe (1998)

Maidir le do rogha **ceann amháin** de na *cineálacha duine* seo a leanas, ainmnigh gearrscéal Gaeilge nó úrscéal Gaeilge nó dráma Gaeilge (a ndearna tú staidéar air i rith do chúrsa) a bhfuil an cineál sin duine ann.

Ní mór teideal an tsaothair sin, mar aon le hainm an údair, a scríobh síos go soiléir.
(a) duine dainséarach   (b) duine uaigneach
(c) duine cráifeach   (d) duine glic   (e) duine amaideach
(f) duine fial   (g) duine santach

Tabhair cuntas gairid ar a bhfuil sa scéal sin faoin gcineál sin duine agus ar an gcaoi a gcuireann an t-údar an t-ábhar sin os ár gcomhair.

Freagraí samplacha

Téama: Gliceas / Duine glic

Rinne mé staidéar ar 'Díoltas an Mhada Rua' le Seán Ó Dálaigh. Sa scéal seo feicimid **gliceas** i bpearsa an mhadra rua. **Léiríonn** an scríbhneoir nádúr an mhadra rua i stíl shoiléir shimplí dhíreach **chuimsitheach**. Léiríonn sé na cúiseanna le gliceas an mhadra rua agus an fáth ar theastaigh uaidh a **dhíoltas** a bhaint amach ar an bhfear sa scéal.

Iascaire i nDún Chaoin ba ea an fear. Bhí píosa féir aige le haghaidh aon bhó amháin, agus bhí **cearca**, **lachain** agus **géanna** ag a bhean. Lá amháin chuaigh an fear suas an cnoc chun **móin** a **chnuchairt**. Tar éis tamaill bhí sé ag **cur allais**, agus shuigh sé síos chun a scíth a ligean ar feadh nóiméid. Chonaic sé madra rua in aice le **sceach**. Bhí sé ag iarraidh greim a fháil ar ghiorria a bhí ina chodladh sa sceach. Rith an

Gluais

gliceas	cuteness, cleverness
léiríonn	shows, demonstrates
cuimsitheach	comprehensive
díoltas	revenge
cearca	hens
lachain	ducks
géanna	geese
móin	turf
cnuchairt	footing (turf)—setting it out in stacks to dry
ag cur allais	sweating
sceach	thorn bush
shantaigh	coveted
i bhfolach	in hiding
bearna	gap
claí	ditch, hedge
sroich	arrive, reach
ar an toirt	on the spot, immediately
bhain sé díoltas amach	he got revenge

giorria amach, agus rug an madra rua air. Rith an madra rua suas an cnoc agus an giorria ina bhéal aige.

Shantaigh an fear an giorria dó féin. D'fhan sé i **bhfolach** in aice le **bearna** sa **chlaí**, agus nuair a rith an madra rua tríd an mbearna léim an fear amach go tobann agus bhéic sé 'Hula, Hula, Hula!' Baineadh geit as an madra rua, agus thit an giorria as a bhéal.

Rith an madra rua ar aghaidh suas an cnoc, agus thug an fear an giorria abhaile leis chun a dhinnéir. D'fhan an madra rua ag féachaint air ó bharr an chnoic, áfach, go dtí gur **shroich** an fear a theach. Thaispeáin an madra rua a ghliceas ansin. Ní dhearna sé faic **ar an toirt**, ach theastaigh uaidh a fháil amach cá raibh cónaí ar an bhfear.

D'fhan an madra rua go dtí go raibh an fear agus a bhean ina gcodladh. Le linn na hoíche mharaigh sé na cearca, na lachain agus na géanna go léir. **Bhain sé a dhíoltas amach** ar shlí ghlic nuair nach raibh an fear ag súil leis.

Téama: Saint / Duine santach

Rinne mé staidéar ar 'Díoltas an Mhada Rua' le Seán Ó Dálaigh. Is scéal suimiúil dea-scríofa é a dhéanann cur síos ar fhear santach agus ar na rudaí a tharlaíonn dó de bharr a shainte. Cuireann an t-údar téama na sainte os ár gcomhair i stíl dhíreach shimplí agus cur síos cruinn cuimsitheach ar shaint na príomhphearsan agus na rudaí a tharlaíonn dó dá bharr.

Bhí fear i nDún Chaoin agus feirm bheag aige, ina raibh bó amháin, cearca, lachain, agus géanna. Lá amháin chuaigh an fear suas an cnoc chun móin a chnuchairt. Tar éis trí nó ceithre pháirc a shiúl bhí sé ag cur allais, agus shuigh sé síos chun a scíth a ligean ar feadh nóiméid. Chonaic sé madra rua ag léim timpeall ar sceach. Bhí sé ag iarraidh giorria a bhí ina chodladh faoin sceach a dhúiseacht. Rith an giorria amach, agus rug an madra rua air. Rith an madra rua suas an cnoc agus an giorria ina bhéal.

Shantaigh an fear an giorria. D'fhan sé i bhfolach in aice le bearna sa chlaí, agus nuair a rith an madra rua i dtreo na bearna léim sé amach agus é ag béiceach. Baineadh geit as an madra rua, agus thit an giorria as a bhéal. Sciob an fear an giorria agus abhaile leis.

Rith an madra rua ar aghaidh suas an cnoc, agus thug an fear an giorria abhaile chun é a ithe. D'inis sé an scéal dá bhean, agus bhí sise sna trithí ag gáire faoi. D'fhan an madra rua ag féachaint air ó bharr an chnoic, áfach, go dtí gur shroich an fear an teach ionas go mbeadh a fhios aige cá raibh cónaí air.

D'fhan an madra rua go dtí go raibh an feirmeoir agus a bhean ina gcodladh an oíche sin. Le linn na hoíche mharaigh sé na cearca, na lachain agus na géanna go léir. Bhain sé díoltas amach ar an bhfear ar shlí bhrúidiúil bharbartha. Níor lig sé don fhear an lámh in uachtar a fháil air. Bhain sé díoltas amach nuair nach raibh an fear ag súil leis.

Prós a ndearnadh staidéar air agus prós anaithnid

Ainmhí / Díoltas / Duine díoltasach

Rinne mé staidéar ar 'Díoltas an Mhada Rua' le Seán Ó Dálaigh. Sa scéal seo is ainmhí é ceann amháin de na príomhphearsana, is é sin an madra rua, agus is pearsa dhíoltasach é. Léiríonn an t-údar an fonn díoltais a bhí ar an madra rua ar shlí shoiléir shimplí tríd an scéal.

Bhí fear i nDún Chaoin tráth agus bhí feirm bheag aige. Bhí cearca, lachain agus géanna aige agus aon bhó amháin. Lá amháin chuaigh an fear suas an cnoc chun móin a chnuchairt. Tar éis trí nó ceithre pháirc a shiúl bhí sé ag cur allais. Shuigh sé síos ar an gcnoc. Chonaic sé madra rua ag léim thall is abhus in aice le sceach. Bhí sé ag iarraidh giorria a bhí ina chodladh faoin sceach a dhúiseacht. Nuair a rith an giorria amach rug an madra rua air agus mharaigh sé é. Rith sé suas an cnoc ansin agus an giorria ina bhéal aige.

Shantaigh an fear an giorria dó féin. Rith sé síos an cnoc, agus chuaigh sé i bhfolach in aice le bearna sa chlaí. Nuair a rith an madra rua tríd an mbearna scread an fear os ard chun geit a bhaint as an madra rua. Baineadh geit as an madra rua, agus thit an giorria as a bhéal. Ansin sciob an fear an giorria agus thug sé abhaile é. De réir dealraimh, bhí fearg ar an madra rua. D'fhan sé ar bharr an chnoic ag féachaint ar an bhfear go dtí gur shroich sé doras a thí.

D'inis an fear an scéal faoin ngiorria dá bhean, agus bhris sí a croí le gáire.

D'ith siad an giorria dá ndinnéar. Nuair a chuaigh siad a chodladh an oíche sin mharaigh an madra rua cearca, lachain agus géanna na mná. Bhí an madra rua tar éis a dhíoltas a bhaint amach ar an bhfear ar shlí bhrúidiúil bharbartha toisc gur thóg an fear an giorria uaidh. Níor lig sé don fhear an lámh in uachtar a fháil air.

Tá téama láidir an díoltais sa scéal seo, agus léirítear an téama sin ar shlí shoiléir shimplí.

An tÁdh

Pádraic Ó Conaire

Bhí an triúr againn, mé féin agus Séamas Antaine agus Micilín Liam ann.

Bhíomar i bhfolach ar bhruach na trá in áit nach mbeadh radharc orainn ón mbaile. Dá bhfeicfí sinn is cinnte go mbeadh obair ag duine éigin dúinn le déanamh. Ní raibh fonn oibre orainn agus mar sin chuamar as radharc daoine.

'Cá ngabhfaimid?' arsa Séamas a bhí idir dhá chomhairle.

'Ag bádóireacht,' a deirimse. 'Cá heile cá ngabhfaimis?'

'Ach nach gcuimhníonn tú ar an lascadh a fuaireamar an lá cheana nuair a thugamar bád Mharcais Bhig linn go hInis Mór?' arsa Séamas.

Bhí cuimhne mhaith againn ar an ngreadadh sin gan bhréag. Ach ní raibh aoin cheapadh agam féin bád a thabhairt linn ar chor ar bith. Bhí droim Shéamais gortaithe fós ón lascadh a fuair sé i ngeall ar bhád Mharcais Bhig.

Bhí sé ag machnamh chomh domhain sin ar an lot gur chuir sé a lámh taobh thiar de agus dúirt go cráite:

'B'fhearr liom féin gan bacadh leis an tseoltóireacht, a chairde. Glac mo chomhairlese agus buailimis amach faoin gcnoc.'

'Is maith an chomhairle í sin,' arsa Micilín.

'Ach níl orainn,' a deirimse, 'aon bhád a thabhairt amach. Nach dtig linn a dhul in éineacht le Tom Beag atá ag dul isteach go Garumna inniu ar an taoide?'

Thosaigh siad beirt ag gáire. Is maith a bhí a fhios acu gur beag an baol a bheadh ar Thom sinn a ligean leis.

'Ní call daoibh an magadh,' a deirimse. 'Ní beidh 'fhios ag Tom go bhfuilimid sa bhád ar chor ar bith. Bhfuil sibh sásta teacht?'

Níor thug siad de fhreagra orm ach dul de léim thar an gclaí.

Ghreadamar linn go caladh.

Bhí margadh muc le bheith i nGarumna an lá seo agus bhí a seacht nó a hocht de mhuca i málaí sa bhád. Na daoine ar leo iad ní raibh siad le feiceáil in áit ar bith. Go deimhin is minic nach mbacfaí dul leo ar an margadh ar chor ar bith. D'fhágfaí a ndíol faoi Thom, mar is é a bhí in ann an t-airgead a bhaint amach ó na ceannaitheoirí.

Chuamar isteach sa bhád agus ba bheag an mhoill orainn cúpla mála 'fháil ar thóin an bháid.

'Anois, a chomhluadair,' a deirimse, 'is é an cleas atá ceaptha agamsa dul isteach sna málaí seo agus fanacht go réidh socair ar thóin an bháid i measc na muc go mbeimid amuigh ar an domhain. Ní baol do Thom filleadh ansin.'

'Ach nach mbeidh 'fhios aige cé mhéad muc atá sa bhád aige?' arsa Micilín.

Dheamhan ar chuimhnigh mé air sin. Nach orm a bhí an tubaiste? Is beag nach raibh an triúr againn ag sileadh na súl le díomá nuair a chuimhnigh mé féin ar chleas eile.

'Níl sé i ndán ach do bheirt againn dul ag seoltóireacht inniu,' a deirimse. 'Caithfidh duine againn fanacht ar an gcaladh lena insint do Thom gur fágadh an dá mhuc sa bhád.'

'Ach cé fhanfaidh?' arsa Séamas.

B'shin í an cheist. Ní raibh ceachtar againn sásta fanacht, ar ndóigh.

Shílfeá go mbeidís sásta mise a ligean sa bhád agus duine acu féin a fhanacht ar an gcaladh, mar ba mise a chuimhnigh ar an gcleas i dtosach.

Ach ní raibh siad. 'Cuirimis ar chrannaibh é,' a deirimse.

Réitíodh leis sin. Chuaigh mé féin go claí agus bhain mé trí thráithnín.

Chuir mé d'fhiacha ar an mbeirt eile a ndroim a thabhairt liom. Ghearr mé na tráithníní ionas nach raibh aon cheann acu ar aon fhad le ceann eile. Thug mé aghaidh orthu ansin.

'An té a tharraingeoidh an ceann is faide caithfidh sé fanacht,' a deirimse.

'An ceann is faide,' arsa Micilín, agus déarfá leis an gcaoi a ndúirt sé é go raibh sé ag guí Dé nach dtarraingeodh sé féin an ceann is faide.

'An ceann is f-a-i-d-e,' arsa Séamas agus é ag cuimhneamh ar an lá breá seoltóireachta a chaillfeadh sé dá mbeadh a oiread den mhí-ádh air is go dtarraingeodh sé féin é.

'Tarraing, a Mhicilín.'

'Tarraing, a Shéamais.'

Tharraing an bheirt. Fágadh an ceann is faide agamsa.

Is é an chéad rud a cheap mé a dhéanamh ach a rá nach ndearnadh an tarraingt i gceart; go mba chóir é dhéanamh trí huaire i ndiaidh a chéile.

Ansin cheap mé a rá go mba é an té ag ar fhan an ceann is giorra a chaithfeadh fanacht, ach thug mé faoi deara go raibh 'an ceann is faide' scríofa ar stiúir bháid a bhí caite ar an gcé ag Micilín. Ní raibh neart air.

Bhí orm fanacht.

'Ná déanaigí aon mhoill ach isteach libh sna málaí,' arsa mise, 'ní mórán moille a bheidh ar Thom anois ó tá an bád ar snámh.'

Chuaigh siad isteach go meidhreach. Ceangail mé féin ruóg ar bhéal na málaí, agus d'fhan siad go ciúin ar thóin an bháid leis na muca. Anois agus arís ligeadh duine acu scread bheag as ag ligean air féin gur muc a bhí ann i ndáiríre.

Nuair a thosaigh an bád á luascadh anonn is anall tar éis an taoide a theacht fúithi, d'éirigh na muca mífhoighneach agus shíl siad siúl. Chuaigh ceann nó dhó ar mhullach Mhicilín agus is ann a bhí an greann. D'imigh an croí agus an misneach uaim.

'Beidh lá eile agatsa, a dheartháir,' arsa Micilín ag déanamh trua liom.

'Cinnte beidh agus lá mór,' arsa Séamas.

'Chugainn é! chugainn é!' arsa mise leis an mbeirt a bhí sna málaí.

Chuaigh mé féin go claí agus bhuail mé fúm ar an stiúir. Chonaic mé Tom ag teacht agus maide rámha ar a ghualainn aige. Bhí cúigear fear in éineacht leis agus an-chaint acu. Ní raibh Tom féin ag rá focail ar bith. Cúigear táilliúir a bhí ag caitheamh lá spóirt a bhí iontu.

Bhí cuid acu á rá go mb'fhearr dóibh dul le Tom ag seoltóireacht. Cuid eile acu á rá go mb'fhearr dóibh an lá a chaitheamh san áit a raibh siad. Bhí siad go léir roinnt súgach. Thosaigh duine acu ag casadh poirt. Chuidigh duine eile leis. Chuidigh siad uile go léir leis.

Chuaigh Tom isteach sa bhád. Bhí cantal ar an bhfear bocht.

'Anois, a tháilliúirí, tagaigí ar bord, más mian libh a theacht,' ar seisean.

Thosaigh an díospóireacht athuair. Thóg Tom an seol ar an mbád. Chuaigh táilliúir isteach. Lean táilliúir eile é. Lean an triúr eile iad mar leanfadh scata caorach an chéad cheann. Shíl mé féin dul isteach ina ndiaidh gan fhios do Thom. Thug sé faoi deara mé.

'Cá bhfuil tusa ag dul?' ar seisean, agus iontas air.

'Áit ar bith,' arsa mise, 'ach gur cheap mé a dhul go Garumna libh.'

'Téigh abhaile nó—' agus lig sé gotha troda air féin.

Chuaigh mé féin i dtír go deifreach. Agus ní faoi mé a chur as an mbád is mó a bhí mé cráite ach faoi nach raibh mé féin i gceann de na málaí, mar níor thug Tom faoi deara ar chor ar bith go raibh muca breise ar bord aige. D'imigh siadsan. D'fhan mise. D'fhan mé ansin i mo shuí ar an gclaí ag dearcadh orthu ag imeacht soir le cóir. Bhí brón mór orm ach dúirt mé liom féin nach silfinn deoir. Dhún mé mo bhéal go daingean docht. Shíl mé gan cuimhneamh ar an mbád 'chor ar bith.

Rinne mé iarracht ar nithe eile a thabhairt faoi deara. Dhearc mé fúm ar an taoide. Bhí portán mór i ngreim i gclocha an chlaí, agus é ag iarraidh teacht go barr uisce. Rug mé ar chúpla spalla a bhí le mo thaobh agus thosaigh mé á gcaitheamh leis. Níor éirigh liom a bhualadh.

Chuimhnigh mé ar an mbád arís. An raibh sí i bhfad uaim anois? Ní fhéachfainn ar a bhfaca mé riamh. An raibh Séamas agus Micilín sna málaí fós? Céard déarfadh Tom leo nuair a d'fheicfeadh sé iad?

Bhí na ceisteanna seo ag teacht isteach i m'aigne gan buíochas dom.

Dhearc mé fúm arís. Bhí an portán imithe. Bhí mé ag iarraidh mo cheann a choinneáil fúm agus gan cuimhneamh ar an mbád ar chor ar bith nuair a chuala mé an ceol chugam trasna na mara. An táilliúir mór a bhí ag gabháil fhoinn. Chloisfeá na focail go maith:

'Bhí mé in Acaill . . . is ba mhian liom . . . fhágáil . . . Is rídheas an áit é . . . ag strainséirí . . .'

Ansin thosaigh na fir eile ag cuidiú leis. Bhí mé ag éisteacht ag ceapadh go gcloisfinn glór Mhicilín nó glór Shéamais, ach níor chuala mé.

Ach nach acu a bhí an lá! Nach mé a chaill go dona é! Phléasc mé ag caoineadh. Ansin, ar eagla go n-imeodh an bád ó léargas orm, d'éirigh mé go tobann agus lasc liom go mullach an droma atá os cionn an chuain. Bhuail mé fúm ar chloich ansin agus súil níor thóg mé den bhád go ndeachaigh sí amú orm i measc na mbád eile a bhí sa chuan.

Is dócha gur thit mo chodladh orm a chomhfhad agus a bhí mé ag dearcadh ar an mbád, mar, nuair a dhúisigh mé, bhí titim na hoíche ann, agus mé fliuch go craiceann le báisteach. D'éirigh mé le dul abhaile, ach is ar éigean a bhí mé in ann coiscéim a shiúl le fuacht agus le fliche.

Nuair a tháinig an choisíocht chugam, d'imigh mé liom bealach na cé.

Ar theacht go Gort Tornóige dom cé d'fheicfinn romham ag an gclaí ach an máistir agus máthair Mhicilín. Cheap mé filleadh ar m'ais, ach bhí sé fánach agam. Chonaic siad mé. Ghlaoigh siad orm. Nuair a chonaic an bhean chomh fliuch scanraithe is a bhí mé ghearr sí comhartha na croise uirthi féin.

'Is ainm Dé agus inis dúinn cé as ar tháinig tú?' ar sise.

'Cé as?'

'Nach raibh tú sa bhád?'

'Ní raibh. Ní raibh mé inti ar chor ar bith.'

'Agus an raibh Micilín s'agamsa inti?' arsa sise go himníoch.

Má bhí imní mhór féin uirthi níor mhaith liom sceitheadh ar Mhicilín.

Dúirt an máistir liom ansin gan aon fhaitíos a bheith orm, ach a insint dóibh an raibh sé sa bhád nó nach raibh.

D'inis mé mo scéal dóibh ó thús deireadh. Thosaigh máthair Mhicilín ag caoineadh. Shílfeá go leagfadh sí na spéartha. Thosaigh an máistir á sású. D'imigh siad uaim.

Bhí iontas mór orm go ndeachaigh an scéal chomh mór sin uirthi. Má chuaigh sé sa bhád féin, cén dochar a bhí ann? D'imigh mé liom abhaile.

Prós a ndearnadh staidéar air agus prós anaithnid

Nuair a chuaigh mé isteach ar an doras baineadh geit as a raibh istigh.

Déarfá gur tháinig eagla ar chuid dá raibh ann. Bhí Antaine, athair Shéamais, sa chlúid agus a cheann faoi. Ar m'fheiceáilse dó thóg sé a cheann agus rinne sé orm. Rug sé greim ar mo dhá ghualainn. Is beag nár chuir sé na méara isteach tríom. Thosaigh sé do m'fháscadh agus á fhiafraí díom:

'An raibh . . . sé . . . sa bhád?'

D'éirigh na daoine eile agus bhailigh siad i mo thimpeall. Bhí m'athair agus mo mháthair ann agus iad á fhiafraí díom:

'An raibh . . . tusa . . . sa bhád?'

Níor fhéad mé focal a rá. Bhí eagla orm. Bhí siad uile go léir chomh corraithe sin. Bhí athair Shéamais i ngreim ionam fós, a dhá shúil ag dul amach thar a cheann, é do m'fháscadh go neamhthrócaireach agus é á fhiafraí díom:

'An raibh . . . sé . . . sa bhád?'

Sa deireadh scaoileadh díom. Cuireadh i mo shuí cois tine mé. Bhí athair Shéamais ar m'aghaidh amach agus é ag cur na súl tríom 'féachaint céard déarfainn faoina mhac. D'inis mé mo scéal dóibh.

Rug Antaine ar a mhaide cuilinn agus amach leis gan oiread agus 'slán agaibh' a rá.

'An fear bocht!' arsa mo mháthair. 'Agus deirtear liom,' ar sise tar éis tamaill, 'nár tháinig slán ón mbá ach muc a réab a mála agus a tháinig i dtír sa snámh.'

'Muc le Mártan Mháire ansin thuas,' arsa fear óg a bhí ina shuí ag an doras dúnta.

'Bhí an t-ádh ort,' arsa mo mháthair nuair a chuir sí i mo chodladh mé.

'Murach gur tharraing mé an tráithnín is faide . . .' a deirimse.

'Murach sin bhí tú réidh.'

Tá Tráithnín an Áidh agam fós agus ní scarfaidh mé leis go luath.

Cleachtadh Scríofa

An bhfuil na habairtí seo a leanas fíor nó bréagach?

1. Tá cúigear cairde sa scéal seo.
2. Bhí na buachaillí ina gcónaí in iarthar Chiarraí.
3. Bhí Tom Beag ag dul go Garumna an lá sin ina bhád.
4. Bhí margadh muc ar siúl i nGarumna.
5. Bhí caoirigh i mbád Thom Bhig.
6. Tharraing na buachaillí tráithníní chun socrú cé a fhanfadh ar an mórthír.
7. Chuaigh Pádraig agus Séamas i bhfolach sa bhád.
8. Thit Pádraig ina chodladh ar thaobh an chnoic.
9. Bhuail sé le máthair Mhicilín.
10. Nuair a chuaigh sé abhaile bhí athair Mhicilín ann.

Aois na Glóire 3

Bain úsáid as na focail thíos chun na bearnaí sna habairtí seo a leanas a líonadh:

1. Feicimid _____ cairde sa scéal seo.
2. Bhí siad ag lorg píosa _____.
3. Shocraigh siad go _____ i bhfolach i málaí na muc i mbád Thom Bhig.
4. Tharraing siad _____ le socrú cé a fhanfadh ar an míntír chun a insint do Thom go raibh muca breise sa bhád.
5. Chuaigh _____ agus _____ i bhfolach i málaí na muc i mbád Thom Bhig.
6. Tháinig Tom Beag in éineacht le cúigear táilliúirí, agus bhí na táilliúirí ar _____.
7. _____ Tom an bád as an gcuan.
8. _____ gach duine a bhí sa bhád.
9. _____ Pádraig a chodladh.
10. _____ sé _____ máthair Mhicilín, ach níor theastaigh uaidh _____ ar a chairde nuair a cheistigh sí é.

bádh, tráithníní, thit, triúr, rachaidís, Séamas Antaine, Micilín Liam, meisce, bhuail, le, sceitheadh, spraoi, sheol.

Na pearsana

Pádraig

Is é Pádraig **reacaire** an scéil. Bhí fonn **diabhlaíochta** air. Bhí **samhlaíocht** mhaith aige: eisean a smaoinigh ar an bplean, is é sin go rachaidís i bhfolach i málaí na muc i mbád Thom Bhig.

Buachaill **onórach** ba ea é. Nuair a **tharraing** sé an **tráithnín** ab fhaide **chuir sé lena fhocal** agus d'fhan sé ar **an mórthír**.

Cara maith ba ea é. **Cheil** sé a **dhíomá** óna chairde nuair a d'fhan sé ar an mórthír.

Bhí sé **dílis** dá chairde. Ní raibh fonn air **sceitheadh orthu** go máthair Mhicilín Liam.

Séamas Antaine

Ba ghnáthbhuachaill é. Bhí fonn diabhlaíochta agus scléipe air. Bhí sé féin agus na buachaillí eile i dtrioblóid cheana nuair a sheol siad bád Mharcais Bhig go hÁrainn ar feadh lae gan chead.

Micilín Liam

Duine de na cairde é freisin, agus fonn diabhlaíochta agus spraoi air. Chuaigh sé i bhfolach i mála in éineacht le Séamas Antaine.

Máthair Mhicilín Liam

Bhí croíbhriseadh uirthi nuair a chuala sí go raibh Micilín sa bhád.

Prós a ndearnadh staidéar air agus prós anaithnid

Athair Shéamais

Rug sé greim fíochmhar ar Phádraig agus é ag fiafraí de an raibh Séamas sa bhád. Ní raibh sé ábalta labhairt le haon duine, bhí sé chomh **suaite** sin.

Gluais

reacaire	*narrator*	an mhórthír	*the mainland*
diabhlaíocht	*devilment*	cheil	*hid*
samhlaíocht	*imagination*	díomá	*disappointment*
onórach	*honourable*	dílis	*loyal*
tharraing	*drew*	sceitheadh ar	*inform on*
tráithnín	*blade of grass*	bhí croíbhriseadh uirthi	*she was heartbroken*
chuir sé lena fhocal	*he kept his word, his bargain*	suaite	*upset*

Ceist scrúdaithe (2008)

Maidir le do rogha **ceann amháin** de na *hábhair* seo a leanas, ainmnigh gearrscéal Gaeilge nó úrscéal Gaeilge nó dráma Gaeilge (a ndearna tú staidéar air i rith do chúrsa) a bhfuil an t-ábhar sin ann.

Ní mór teideal an tsaothair sin, mar aon le hainm an údair, a scríobh síos go soiléir.
(*a*) an teaghlach   (*b*) an scoil   (*c*) bia   (*d*) spórt   (*e*) an bás   (*f*) an greann

Tabhair cuntas gairid ar a bhfuil sa saothar sin faoin ábhar atá roghnaithe agat.

Ceist scrúdaithe (2007)

Maidir le do rogha **ceann amháin** de na *mothúcháin* seo a leanas, ainmnigh gearrscéal Gaeilge nó úrscéal Gaeilge nó dráma Gaeilge (a ndearna tú staidéar air i rith do chúrsa) a bhfuil an mothúchán sin ann.

Ní mór teideal an tsaothair sin, mar aon le hainm an údair, a scríobh síos go soiléir.
(*a*) brón   (*b*) fearg   (*c*) fonn díoltais   (*d*) éad   (*e*) tuirse   (*f*) grá

Tabhair cuntas gairid ar a bhfuil sa saothar sin faoin mothúchán atá roghnaithe agat.

Freagraí samplacha
Téama: Brón / Bás / Timpiste

Rinne mé staidéar ar 'An tÁdh' le Pádraig Ó Conaire. Is iad téama an scéil seo ná timpiste / bás / brón. Pléann an t-údar an téama sin i stíl dhíreach shimplí a thaitníonn leis an léitheoir.

Sa scéal feicimid triúr cairde—Pádraig (an t-údar), Micilín Liam, agus Séamas Antaine—ag iarraidh lá **díomhaoin** a chaitheamh le chéile cois farraige. Ba bhuachaillí óga iad a bhí ina gcónaí i gConamara, agus bhí saol simplí acu. Bhí siad ag lorg píosa spraoi, agus ba é an plean ar smaoinigh Pádraig air go rachaidís **i bhfolach** i málaí na muc i mbád Thom Bhig. Bhí Tom ag dul go **margadh muc** i nGarumna. Bheadh ar dhuine amháin fanacht ar an **mórthír**, áfach, go n-inseodh sé do Thom go raibh dhá mhuc bhreise sa bhád.

Tharraing na buachaillí tráithníní chun socrú cé a d'fhanfadh. Tharraing Pádraig (an reacaire) an tráithnín is faide, agus bhí air fanacht ar an míntír. Bhí **díomá** an domhain air. Chuaigh Séamas Antaine agus Micilín Liam i bhfolach i málaí na muc, agus cheangail Pádraig béal na málaí le corda. Tháinig Tom ansin in éineacht le cúigear táilliúirí a bhí ag dul ar thuras lae, agus sheol sé an bád amach as an gcuan.

Bhí Pádraig ag caoineadh agus é ag smaoineamh faoin **spraoi** a bheadh ag a chairde.

Faoi dheireadh thit sé a chodladh ar thaobh an chnoic. I ngan fhios dó, bhain timpiste uafásach don bhád, agus bádh gach duine a bhí inti. Nuair a dhúisigh Pádraig bhuail sé le máthair Mhicilín Liam. Bhí sí trína chéile agus í ag cur ceisteanna air faoi Mhicilín. Níor theastaigh ó Phádraig **sceitheadh** ar a chairde. Níor thuig sé méid a bróin nuair a d'inis sé an scéal di. 'Shílfeá go leagfadh sí na spéartha' nuair a bhí sí ag caoineadh.

Ansin chuaigh Pádraig abhaile. Bhí a thuismitheoirí agus na comharsana ann, athair Shéamais Antaine ina measc. Bhí ionadh ar gach duine Pádraig a fheiceáil. Rug athair Shéamais **greim fíochmhar** ar Phádraig agus é ag cur ceiste air faoi Shéamas.

Nuair a dúirt Pádraig go raibh Séamas sa bhád, shiúil athair Shéamais amach gan focal le haon duine. Feicimid méid an bhróin a bhí air, toisc nach raibh sé ábalta labhairt le haon duine. Bhí sé **cráite** leis an mbrón a bhí air de bharr bhás a mhic.

Sa deireadh feicimid gur tragóid é an scéal sa chaoi a mbádh an bheirt bhuachaillí óga chomh maith leis an seisear fear, agus feicimid méid an bhróin a bhí ar mhuintir na mbuachaillí de bharr na **timpiste tragóidí** agus bhás a mac. Léiríonn an t-údar téama an bhróin / téama an bháis / téama na timpiste ar shlí láidir shoiléir dhíreach.

Gluais

díomhaoin	idle
i bhfolach	hidden, in hiding
margadh muc	pig market
an mhórthír	the mainland
díomá	disappointment
spraoi	fun
sceitheadh ar	inform on
greim fíochmhar	a fierce grip
cráite	tormented
timpiste thragóideach	tragic accident

Prós a ndearnadh staidéar air agus prós anaithnid

Cairdeas agus dílseacht

Rinne mé staidéar ar 'An tÁdh' le Pádraig Ó Conaire. Is é téama an scéil seo ná cairdeas. Pléann an t-údar an téama sin ar shlí dhíreach shimplí a thaitníonn leis an léitheoir.

Sa scéal feicimid **triúr gasúr ar chairde iad**, mar atá Pádraig (an reacaire), Micilín Liam, agus Séamas Antaine. Bhí lá **díomhaoin** acu. Bhí siad cois trá an lá sin, iad ag iarraidh oibre **a sheachaint** agus ag lorg siamsa de shaghas éigin. Smaoinigh Pádraig ar phlean. Dúirt sé gurbh fhéidir le beirt acu dul i bhfolach i málaí na muc i mbád Thom Bhig. Feicimid an **fonn diabhlaíochta** agus spraoi a bhí ar na buachaillí. An t-aon fhadhb a bhí acu ná go mbeadh ar dhuine acu fanacht ar an mórthír chun míniú do Thom Beag go raibh dhá mhuc bhreise sa bhád. **Tharraing** na buachaillí **tráithníní** le socrú cé acu a d'fhanfadh, agus is ar Phádraig a thit an **cúram** sin. Cé go raibh díomá mór air, **sheas sé lena mhargadh** lena chairde agus d'fhan sé ar an mórthír. Bhí sé cróga os comhair a chairde, agus bhí trua acusan dó. Taispeánann sin gur **dhlúthchairde** iad.

Tháinig Tom agus na táilliúirí, agus d'imigh an bád. Bhí Pádraig **trína chéile** agus é ag smaoineamh ar an spraoi a bheadh ag a chairde. Is léir **gur nós acu** gach rud a dhéanamh le chéile. Deirtear linn gur thug na cairde bád Mharcais Bhig go hÁrainn **tráth** gan chead, rud a thaispeánann an fonn spraoi agus fonn diabhlaíochta a bhí ar na buachaillí.

Thit Pádraig a chodladh, agus nuair a dhúisigh sé bhuail sé le máthair Mhicilín. Ní raibh a fhios ag Pádraig gur bhain timpiste dá gcairde agus gur bádh gach duine a bhí sa bhád.

Feicimid a **dhílseacht** nuair nach dteastaíonn uaidh **sceitheadh ar** a chairde. Ach sa deireadh bhí air an scéal a insint do mháthair Mhicilín. Nuair a chuaigh sé abhaile **insíodh dó** gur bhain timpiste dá chairde agus gur bádh gach duine a bhí sa bhád. Is dócha go raibh uaigneas uafásach air i ndiaidh a chairde, cé gur thuig sé **go raibh sé d'ádh air** gan bheith sa bhád.

Gan amhras, feicimid téama an chairdis go soiléir sa scéal seo, téama a léiríonn an t-údar ar shlí shoiléir dhíreach.

Gluais

triúr gasúr	three boys	dlúthchairde	close friends
ar chairde iad	who are friends	trína chéile	very upset
díomhaoin	idle	gur nós acu	that it was their practice
a sheachaint	to avoid		
fonn diabhlaíochta	the desire for devilment	tráth	on one occasion
		dílseacht	loyalty
tharraing siad tráithníní	they drew straws	sceitheadh ar	inform on
cúram	responsibility	insíodh dó	he was told
sheas sé lena mhargadh	he kept his bargain	go raibh sé d'ádh air	that he had the luck

Banríon an Uaignis

(Sliocht as *Scéal Hiúdaí Sheáinín* le hEoin Ó Domhnaill)

Bhí fear de na hIarlaí ina chónaí thíos ar an Charn Bhuí sa tseansaol. Bhí caisleán mór ag a mhuintir agus neart de mhaoin shaolta, ór agus airgead acu. Ní raibh de chlann acu ach é seo, agus nuair a fuair siad bás d'fhág siad an t-iomlán aige. Fear cneasta múinte modhúil macánta a bhí ann nach gcuirfeadh chuig aon duine ná uaidh. Bhí sé uaigneach i gceart leis féin, agus dar leis go dtabharfadh sé bean isteach a thógfadh cian de. Ní duine a bhí ann a d'éireodh amach fríd an aos óg. Níor chleacht sé é sin ina óige, agus, ar an ábhar sin, ní raibh aon chuid mhór eolais aige ar aos óg na háite. Mar sin féin bhí aithne súl aige ar chailíní na háite uile; ach ní fhacthas dó a dhath dóibh. Ní raibh aon bhean ann a dtiocfadh leis ceiliúr cleamhnais a chur uirthi.

Bhí tobar fíoruisce ag taobh an chaisleáin, agus deireadh na daoine aosta a bhí ina gcónaí thart fán áit go raibh cailín óg dóighiúil ina cónaí in uaimh fá ghiota don tobar agus go rabhthas á feiceáil go luath ar maidin agus go mall san oíche, ag gabháil chun an tobair fá choinne uisce. Ar an ábhar sin, ní raibh aon duine ag déanamh úsáid den uisce. Is minic a bhí an buachaill óg seo ag éisteacht leis na seandaoine ag scéalaíocht fán chailín, ach má bhí féin, níor thug sé isteach riamh dá gcuid cainte.

Tráthnóna amháin san earrach bhí sé ag cur a chuid eallaigh chun an bhaile. Ba ghnách leis i gcónaí ligean dóibh deoch a ól sa loch sula gcuireadh sé isteach iad. Bhí sé níos moille, an tráthnóna seo, ná ba ghnách leis, agus nuair a bhí sé ag déanamh ar an chaisleán cé a chí sé ag fágáil an tobair ach an cailín, agus dar leis nach bhfaca sé aon chailín riamh idir a dhá shúil a bhí chomh dóighiúil léi. Rith sé ina diaidh agus fuair sé greim uirthi sula ndeachaigh sí a fhad leis an uaimh.

'An miste dom a fhiafraí díot,' ar seisean, 'cá hainm atá ort nó cá bhfuil tú i do chónaí?'

'Ní miste duit,' ar sise. 'Banríon an Uaignis is ainm dom, agus is é an Carn Buí m'áit chónaithe.'

'Nach fearr duit féin agus domsa a ghabháil i gcuideachta, agus tógfaidh gach aon duine cian den duine eile?' ar seisean.

'Níl cead agamsa aon fhear a phósadh choíche,' ar sise.

'Cad chuige sin?' ar seisean.

'Tá, dá bpósfainn, ní bheadh cead ag mo chéile fear ná bean mhuinteartha a thabhairt chun an Chairn Bhuí a fhad agus a bheinnse ann,' ar sise.

'Nach saoithiúil sin?' ar seisean.

'Is saoithiúil,' ar sise, 'ach níl neart air. Caithfidh mise a bheith i mo Bhanríon an Uaignis choíche. Agus nár dhoiligh d'fhear ar bith é féin a scaradh ón tsaol mhór ar mhaithe liomsa?' ar sise.

Prós a ndearnadh staidéar air agus prós anaithnid

'Bhal,' ar seisean, 'má phósann tú mise, táim sásta cur suas leis an uaigneas.'

'Pósfaidh mise, cinnte, thú,' ar sise, 'ach dearc ort féin, an chéad uair, nó níl an t-aithreachas mall maith.'

Lá arna mhárach pósadh an lánúin agus choinnigh an duine uasal a ghealltanas, nó níor thug sé cuireadh do dhuine ar bith chun an tí agus ní dheachaigh sé féin ná a bhean amach ná isteach ag aon duine, agus bhí siad mar sin ag caitheamh a saoil go sóúil gan aon duine acu ag tabhairt focal garbh ná salach don duine eile. Bhí beirt clainne acu—mac agus iníon. Páistí iontach gnaíúla a bhí iontu.

Bhí an mac cosúil lena athair agus bhí an iníon cosúil lena máthair. Chuaigh na blianta thart agus ní raibh athrach ar bith ag teacht ar Bhanríon an Uaignis. Bhí sí ansin chomh deas agus chomh gnaíúil agus a bhí sí riamh. Ach mar sin féin bhí an duine uasal ag éirí tuirseach den dóigh a bhí air agus ba mhaith leis a ghabháil amach fríd na daoine arís. Bhí rásaí beathach le bheith ar an Trá Bhán, agus bhí capall rása ag an duine uasal, agus dar leis go rachadh sé. Dúirt sé lena bhean go raibh sé ag gabháil chuig na rásaí lena chapall.

'Maith go leor,' ar sise, 'ach má tá grá agat domsa, tar ar ais leat féin.'

'Tiocfaidh cinnte,' ar seisean. 'Ná bíodh lá eagla ort go dtugaim aon duine liom.'

D'imigh sé féin agus an capall chuig na rásaí lá arna mhárach agus bhain an capall an chéad duais. Mhair na rásaí trí lá, agus bhain capall an fhir uasail gach aon lá de na trí lá. Bhí bród mór ar an duine uasal as an chapall.

Chruinnigh na daoine thart a mholadh an chapaill agus a rá go mbeadh bród mór ar bhean an duine uasail nuair a chluinfeadh sí an scéala.

'Beidh, cinnte,' arsa fear dá raibh ann, 'má tá bean ar bith aige.'

'Tá an bhean agam is deise in Éirinn,' ar seisean.

'Ní chreidim thú,' arsa fear acu. 'Beidh sé de dhíobháil orainn í a fheiceáil sula gcreide muid thú.'

Ghlac sé mothú feirge leo, agus d'iarr orthu a bheith leis agus go dtaispeánfadh sé dóibh í. Níor smaointigh sé riamh ar a ghealltanas. Thug sé na fir leis go dtí a theach féin agus ansin chuaigh sé isteach go dtug sé amach a bhean agus a chuid páistí agus d'fhág ina seasamh ar bhruach na habhann iad. Chuaigh sé síos a fhad léi ag brath an scéal a mhíniú di ach bhí sé ró-mhall, nó sula raibh faill aige dhá fhocal a labhairt léi chuaigh sí féin agus na páistí de léim sa tobar agus ní fhacthas aon duine acu ón lá sin go dtí an lá inniu. Dóbair gur bhris croí an duine uasail le cumha ina ndiaidh. Thoisigh na fir a dhéanamh trua dó, nó bhí a fhios acu gurbh iad féin a ba chiontaí.

D'éirigh an t-uisce a bhí sa tobar in airde, agus spréigh sé thart ar na cuibhrinn gur chlúdaigh sé an caisleán. Agus tá loch mór ann in áit an chaisleáin ón lá sin go dtí an lá inniu—loch a dtugann siad Loch an Chairn Bhuí air. Deir daoine nuair a thig lá soiléir gréine sa tsamhradh, go bhfuil scáil an chaisleáin le feiceáil thíos san uisce agus trí eala bhána le feiceáil ag snámh anonn is anall trasna an locha.

Bhuail aithreachas an duine uasal, agus chaith sé an chuid eile dá shaol go brónach ar an Charn Bhuí gan a ghabháil amach ná isteach ag aon duine ach ag déanamh a ghnaithe dó féin.

Aois na Glóire 3

An bhfuil na habairtí seo a leanas fíor nó bréagach?
1. Bhí an t-Iarla ina chónaí i gCill Áirne.
2. Bhí sé bocht.
3. Bhí deartháir agus deirfiúr aige.
4. Fágadh ina aonar é nuair a fuair a thuismitheoirí bás.
5. Bhí a lán cailíní ag an Iarla nuair a bhí sé óg.
6. Bhuail sé le Banríon an Uaignis ag an tobar in aice an chaisleáin.
7. Bhí mallacht uirthi.
8. Phós siad.
9. Rugadh ceathrar leanaí dóibh.
10. Bhí siad sona sásta le chéile ar feadh tamaill.
11. Chuaigh an t-Iarla chuig na rásaí le dhá chapall.
12. Níor bhuaigh sé aon rás lena chapaill.
13. Chreid na fir go léir go raibh bean aige.
14. Thug an t-Iarla na fir abhaile leis chun go dtaispeánfadh sé a bhean dóibh.
15. Léim a bhean agus na leanaí isteach sa tobar.

Bain úsáid as na focail thíos chun na bearnaí sna habairtí seo a leanas a líonadh:
1. Bhí an t-Iarla ina chónaí ar an _____.
2. Ba pháiste _____ é.
3. Fear _____ _____ a bhí ann.
4. Nuair a fuair a thuismitheoirí bás, _____ é ina _____.
5. Bhuail an tIarla le Banríon an Uaignis ag an _____.
6. _____ siad, agus bhí beirt leanaí acu.
7. Chuaigh sé chuig na _____ lena chapaill.
8. Bhuaigh sé gach rás, ach níor _____ fear amháin go raibh bean aige.
9. Thug sé na _____ abhaile leis chun a bhean agus a leanaí a _____ dóibh.
10. Léim a bhean agus na leanaí isteach sa _____.

aonair, tobar, phós, rásaí, fir, thaispeáint, cneasta béasach, tobar, chreid, fágadh , aonar, gCarn Buí.

Prós a ndearnadh staidéar air agus prós anaithnid

Na pearsana
An t-Iarla

Ba dhuine uaigneach é.

Ba pháiste aonair é. Fágadh ina aonar é nuair a fuair a thuismitheoirí bás.

Bhí sé cúthail. Ní raibh taithí aige ar dhul amach i measc na ndaoine óg sa cheantar.

Bhí áthas air nuair a phós sé Banríon an Uaignis, agus rugadh beirt leanaí dóibh. Theastaigh comhluadar uaidh tar éis tamaill, áfach.

Bhris a chroí le brón agus uaigneas nuair a léim a bhean lena leanaí isteach sa tobar. Bhí sé ina aonar arís.

Bhí sé amaideach. Rinne sé dearmad ar a ghealltanas dá bhean nuair a chuaigh sé chuig na rásaí. Níor chuimhnigh sé nach raibh cead aige daoine a thabhairt abhaile leis chun an chaisleáin. Dá bharr sin, chaill sé a bhean agus a chlann.

Banríon an Uaignis

Bean álainn ba ea í. Bhí mallacht (*curse*) uirthi. Cheap sí nach bpósfadh aon duine í, toisc nach mbeadh cead ag a fear chéile aon duine a thabhairt abhaile dá mbeadh sise ann. Bhí uaigneas uirthi sular bhuail sí leis an Iarla. Bhí áthas uirthi nuair a dúirt an t-Iarla go mbeadh sé sásta glacadh leis an gcoinníoll sin.

Na téamaí sa scéal seo
Uaigneas
Brón
Meargántacht (*foolishness*)

Ceisteanna scrúdaithe

Maidir le do rogha **ceann amháin** de na *mothúcháin* seo a leanas, ainmnigh gearrscéal Gaeilge nó úrscéal Gaeilge nó dráma Gaeilge (a ndearna tú staidéar air i rith do chúrsa) a bhfuil an mothúchán sin ann. Ní mór teideal an tsaothair sin, mar aon le hainm an údair, a scríobh síos go soiléir.
(*a*) uaigneas   (*b*) fearg   (*c*) fonn díoltais   (*d*) grá   (*e*) áthas   (*f*) díomá
Tabhair cuntas gairid ar bhfuil sa saothar sin faoin mothúchán atá roghnaithe agat.

Freagraí samplacha
Téama: Uaigneas / Duine uaigneach

Rinne mé staidéar ar 'Banríon an Uaignis' le hEoin Ó Domhnaill. Sa scéal seo feicimid an t-uaigneas agus an brón. Is scéal deas é atá scríofa i stíl dhíreach shimplí, agus léiríonn an t-údar téama an uaignis ar shlí shoiléir.

Tá an scéal seo bunaithe ar shaol iarla a bhí ina chónaí ar an gCarn Buí i gContae Dhún na nGall. Bhí caisleán mór ag a muintir, agus bhí sé féin agus a mhuintir saibhir. Fear cneasta béasach ba ea é. Bhí sé cúthail, agus ní théadh sé amach i measc na ndaoine óga sa cheantar. Ba pháiste aonair é, agus nuair a fuair a thuismitheoirí bás fágadh é ina aonar. Bhí sé uaigneach leis féin. Theastaigh bean uaidh chun cion agus grá a fháil, ach ní raibh taithí aige ar dhul amach leis na daoine óga ná le mná óga an cheantair.

Dar leis na seandaoine sa cheantar bhí bean álainn ina cónaí in uaimh in aice leis an tobar ag taobh an chaisleáin. Oíche amháin chonaic an t-Iarla an bhean seo ag fágáil an tobair. Rith sé ina diaidh agus rug sé uirthi. Dúirt sí gur Bhanríon an Uaignis ab ainm di. Dúirt sí go raibh mallacht uirthi agus dá bpósfadh sí nach mbeadh cead ag a fear aon fhear nó bean a thabhairt go dtí an Carn Buí fad is a bheadh sise ann. Dúirt an t-Iarla go bpósfadh sé í agus go raibh sé sásta scaradh ón saol mór ar a son. Dúirt sé go raibh sé sásta glacadh leis an uaigneas agus leis an easpa comhluadair chun bheith léi.

Phós siad, agus bhí siad sona sásta le chéile. Choimeád an t-Iarla a ghealltanas, agus níor thug sé cuireadh d'aon duine teacht chun a thí. Rugadh beirt leanaí dóibh, mac agus iníon.

Tar éis tamaill, áfach, d'éirigh an t-Iarla tuirseach dá shaol, agus theastaigh uaidh dul amach i measc daoine arís. Dúirt sé lena bhean go raibh sé ar intinn aige dul chuig na rásaí ar an Trá Bhán lena chapall rása. Dúirt sí go raibh sé sin ceart go leor ach gan aon duine a thabhairt ar ais go dtí an caisleán leis.

Chuaigh sé chuig na rásaí. Bhuaigh a chapall an chéad duais gach lá de na trí lá. Bhí bród air. Bhí na daoine ag moladh an Iarla agus a chapall, agus bhí siad ag rá go mbeadh bród ar a bhean.

Ansin mhaslaigh duine é nuair a dúirt sé nach raibh bean ag an Iarla in aon chor. Dúirt an t-Iarla go raibh an bhean ba dheise in Éirinn aige. Níor chreid an fear é.

Thug an t-Iarla na fir abhaile leis chun a bhean álainn a thaispeáint dóibh. Rinne sé dearmad ar an ngealltanas a thug sé dá bhean. Thosaigh sé ar an scéal a mhíniú dá bhean, ach go tobann léim Banríon an Uaignis agus an bheirt leanaí isteach sa tobar. Ní fhaca aon duine iad ó shin.

Bhí brón agus uaigneas ar an Iarla. Bhris a chroí le cumha agus le brón. Bhí sé fágtha ina aonar arís gan a bhean agus a leanaí de bharr a mheargántachta. Chaith sé an chuid eile dá shaol go brónach ar an gCarn Buí leis féin, agus bhí aiféala air mar gheall ar an ngníomh amaideach a rinne sé. Ní féidir a shéanadh gurb é an t-uaigneas an téama agus an mothúchán is láidre sa scéal.

Prós a ndearnadh staidéar air agus prós anaithnid

An Gadaí

Pádraig Mac Piarais

Lá dár scaoileadh malraigh an Ghoirt Mhóir amach ó scoil, tar éis imeacht soir do mhuintir Ghleann Catha agus do mhuintir Dhoire an Bhainbh, d'fhan muintir an Turlaigh agus muintir Inbhir le scaitheamh cainte a bheith acu roimh scaradh dóibh, ag bóthar Ros na gCaorach. Tá teach an mháistir go díreach ag ceann an bhóthair, a chúl leis an gcnoc agus a aghaidh ar Loch Eileabhrach.

'Chuala mé go raibh beacha an mháistir ag éirí,' a deir Micilín Bheairtle Éanna.

'Teanna uait isteach sa ngarraí go mbreathnaímid orthu,' a deir Darach Bhairbre an Droichid.

'Ní ligfeadh an faitíos dom,' arsa Micilín.

'Cén faitíos atá ort?' a deir Darach.

'Ar ndóigh, beidh an máistir agus an mháistreás anoir ar ball.'

'Cé fhanfaidh le focal na faire a thabhairt dúinn nuair a bheidh an máistir ag teacht?' arsa Darach.

'Fanfaidh mise,' a deir Antaine beag Ó Mainnín.

'Déanfaidh sin,' arsa Darach, 'lig fead nuair a fheicfidh tú ag fágáil na scoile é.'

Isteach thar sconsa leis. Isteach thar sconsa leis an gcuid eile ina dhiaidh.

'Fainic an gcuirfí ga i nduine agaibh,' arsa Antaine.

'Beag an baol,' a deir Darach. Agus as go bráth leo.

Shuigh Antaine ar an sconsa agus a chúl le bóthar.

D'fhéadfadh sé an máistir a fheiceáil thar a ghualainn dheas dá bhfágfadh sé teach na scoile. Ba dheas an gairdín a bhí ag an máistir, dar le hAntaine. Bhí crainn rós agus crainn spíonán agus crainn úll aige. Bhí clocha beaga geala aige thart leis an gcosán. Bhí clocha móra geala ina gcarnán deas aige agus caonach agus dúchosach agus raithneach ag fás eatarthu. Bhí . . .

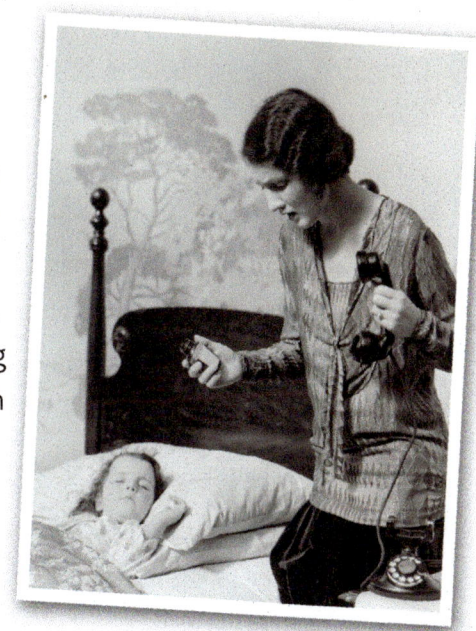

Chonaic Antaine ionadh ba mhó ná aon ionadh dá raibh ag an máistir sa ngairdín. Chonaic sé teaichín beag álainn faoi scáth chrann de na crainn rós; é déanta d'adhmad; seomraí dhá stór ann, dath bán ar an stór íochtair agus dath dearg ar an stór uachtair; doras beag glas air, trí fhuinneog ghloine air, ceann ó íochtar agus dhá cheann ó uachtar, troscán tí ann, idir bhoird, chathaoireacha, leapacha, ghréithe, agus eile;

'Agus,' arsa Antaine leis féin, 'féach bean uasal an tí ina suí sa doras!'

Ní fhaca Antaine teach bábóige riamh roimhe sin, agus b'ionadh leis a ghleoiteacht agus a dheise mar áilleán. Thuig sé gur le cailín beag an mháistir é, le Neans bheag. Dá mbeadh a leithéid ag a dheirfiúirín beag féin, ag Eibhlín, an créatúr, a bhí sínte ar a leaba le ráithe mhór agus í lag tinn! Dá mbeadh an bábóigín féin aici!

Chuir Antaine saint a chroí sa bhábóg sin d'Eibhlín. D'fhéach sé thar a ghualainn dheas.

269

Ní raibh an máistir ná an mháistreás le feiceáil. D'fhéach sé thar a ghualainn chlé. Bhí na gasúir eile as amharc.

Ní dhearna sé an dara smaoineamh. Thug sé a shainléim den sconsa, rug ar an mbábóg, sháigh isteach faoina chasóg í, d'imigh leis thar claí amach arís, agus ghread leis abhaile.

'Tá bronntanas agam duit,' ar seisean le hEibhlín nuair a ráinig sé an teach.

'Féach!' agus thaispeáin sé an bhábóg di.

Tháinig dath i leicne caite an chailín bhig a bhí tinn, agus tháinig solas ina súile.

'Óra, a Antaine, a ghrá, cá bhfuair tú í?' ar sise.

'Neans bheag an mháistir a chuir chugat mar bhronntanas í,' arsa Antaine.

Tháinig a mháthair isteach.

'A Mhaimín, a chuid,' arsa Eibhlín, 'féach an bronntanas a chuir Neans bheag an mháistir chugam!'

'An dáiríre?' arsa an mháthair.

'Sea,' arsa Eibhlín, 'Antaine a thug isteach chugam anois í.'

D'fhéach Antaine síos ar a chosa agus ghabh ag comhaireamh na méar a bhí orthu.

'A mhaoinín féin!' a deir an mháthair, 'nach í bhí go maith duit! Maise, mo ghoirm thú, a Neans! Rachaidh mé i mbannaí go gcuirfidh an bronntanas sin biseach mór ar mo chailín beag.'

Agus tháinig deora i súile na máthar de bharr an bhuíochais a bhí aici ar Neans bheag i dtaobh gur chuimhnigh sí ar an leanbh a bhí tinn.

Cé nár fhéad sé féachaint idir na súile ar a mháthair ná ar Eibhlín, le teann náire, bhí áthas ar Antaine go ndearna sé an ghoid.

Bhí eagla air a phaidreacha a rá san oíche arna shamhlú dó go raibh Neans bheag ag teacht ag iarraidh na bábóige ar Eibhlín, go raibh an máistir ag cur na gadaíochta ina leith os comhair na scoile, go raibh urchar iontach beach ag éirí ina choinne agus Darach Bhairbre an Droichid agus na gasúir eile á ngríosú le gártha béil agus le ceol drumaí.

Ach an mhaidin lá arna mhárach dúirt sé leis féin: 'Is cuma liom. Cuirfidh an bhábóg biseach ar Eibhlín.'

Nuair a chuaigh sé chun scoile d'fhiafraigh na gasúir de cad chuige ar imigh sé gan fhios dóibh an tráthnóna roimhe sin agus é tar éis a ghealladh dóibh go ndéanfadh sé faire.

'Mo mháthair a chuir fios orm,' arsa Antaine. 'Bhí gnó aici díom.'

Nuair a tháinig Neans bheag isteach sa scoil d'fhéach Antaine uirthi os íseal.

Shíl sé uirthi go raibh sí tar éis a bheith ag gol; cheap sé go bhfaca sé rian na ndeor ar a leicne. An chéad uair a ghlaoigh an máistir ina ainm air gheit sé, óir shíl sé go raibh sé ar tí an choir a chur ina leith nó ceist a chur air i dtaobh na bábóige. Níor chuir sé isteach lá riamh ar scoil chomh dona leis an lá sin.

Ach nuair a chuaigh sé abhaile agus nuair a chonaic sé biseach maith ar Eibhlín, agus í ina suí aniar sa leaba den chéad uair le mí agus an bhábóg fáiscthe lena hucht aici, ar seisean leis féin: 'Is cuma liom. Tá an bhábóg ag cur biseach mór ar Eibhlín.'

Ar a leaba dó san oíche bhí drochbhrionglóidí aige arís. Cheap sé go raibh an máistir tar éis a insint do na pílears gur ghoid sé an bhábóg, agus go raibh na pílears ar a thí. Shíl sé uair acu go raibh píleár i bhfolach faoin leaba agus go raibh

Prós a ndearnadh staidéar air agus prós anaithnid

ceann eile ar a chromadh faoi scáth na fuinneoige. Scread sé os ard trína chodladh.

'Céard tá ort?' a deir a athair leis.

'An pílear atá ar tí mé ghabháil,' arsa Antaine.

'Níl tú ach ag rámhailleacht, a ghasúir,' arsa a athair leis.

'Níl aon phílear ann. Téigh a chodladh duit féin.'

Ba dhona an saol ag an duine bocht é as sin amach. Shíleadh sé go mbítí ag síneadh méire chuige agus é ag siúl an bhóthair. Shíleadh sé go mbíodh daoine ag croitheadh a gcinn agus ag rá lena chéile, 'Sin gadaí,' nó, 'Ar chuala tú céard a rinne Antaine Pháraic Uí Mhainnín? A bábóg a ghoid ó Neans bheag an mháistir! Anois céard deir tú?'

Ach níor fhulaing sé pian i gceart go ndeachaigh sé chun Aifrinn Dé Domhnaigh agus gur thosaigh an tAthair Rónán ag tabhairt seanmóire uaidh ar an Seachtú hAithne: 'Ná déan goid; agus má dhéanann tú goid, ní mhaithfear duit go dtuga tú cúiteamh.'

Bhí Antaine lánchinnte go raibh sé i bpeaca marfach. Bhí a fhios aige go mba cheart dó dul chun faoistine agus an peaca a insint don sagart.

Ach ní fhéadfadh sé dul chun faoistine, mar bhí a fhios aige go ndéarfadh an sagart leis go gcaithfeadh sé a bhábóg a thabhairt ar ais. Agus ní thabharfadh sé an bhábóg ar ais. Chruaigh sé a chroí agus dúirt nach dtabharfadh sé an bhábóg ar ais go deo, mar bhí an bhábóg ag cur bisigh ar Eibhlín ó ló go ló.

Aon tráthnóna amháin bhí sé ina shuí cois na leapa i séis chomhrá le hEibhlín nuair a rith a mháthair isteach go deifreach agus ar sise: 'Seo aníos an bóithrín an mháistreás agus Neans bheag!'

Ba mhaith le hAntaine go n-osclódh an talamh agus go slogfadh sí é. Bhí a éadan dearg suas go dtí an dá chluais. Bhí allas leis. Níor fhéad sé focal a rá ná smaoineamh a cheapadh.

Ach bhí na focail seo ag rith trína cheann: 'Bainfidh siad an bhábóg d'Eibhlín.'

Ba chuma leis céard a déarfaí nó céard a dhéanfaí leis féin. Ní bheadh de fhreagra aige ach: 'Tá an bhábóg ag cur bisigh ar Eibhlín.'

Tháinig an mháistreás agus Neans bheag isteach sa seomra. D'éirigh Antaine. Níor fhéad sé féachaint san éadan orthu. Thosaigh sé ar a sheanseift, ag comhaireamh méar a chos. Cúig cinn ar gach cois; ceithre mhéar agus ordóg; nó trí mhéar, ordóg, agus ladhraicín; sin cúig cinn; a cúig faoina dó, a deich; deich gcinn ar fad. Níor fhéad sé a líon a mhéadú ná a laghdú.

Bhí a mháthair ag caint. Bhí an mháistreás ag caint, ach ní raibh aon aird ag Antaine orthu. Bhí sé ag fanacht nó go ndéarfaí rud éigin i dtaobh na bábóige. Ní raibh le déanamh aige go dtí sin ach a mhéara a chomhaireamh, a haon, a dó, a trí . . .

Céard é sin? Bhí Eibhlín ag tagairt don bhábóg. D'éist Antaine léi.

'Nár mhaith uait an bhábóg a chur chugam?' bhí sí ag rá le Neans. 'Ón lá ar thug Antaine isteach chugam í thosaigh biseach ag teacht orm.'

'Thosaigh sin,' a deir a máthair. 'Beimid buíoch go deo i ngeall ar an mbábóg chéanna a chur chuici. Go méadaí Dia do stór agus go gcúití Sé leat míle uair é.'

Níor labhair Neans ná an mháistreás. D'fhéach Antaine ar Neans faoi cheilt. Bhí a dá súil greamaithe sa bhábóg, óir bhí an bhábóg ina luí go seascair sa leaba le hais Eibhlín. Bhí a béal leath ar oscailt ag Neans agus ionadh an domhain uirthi faoi ráite Eibhlín agus a máthar.

'Is ar éigean a chreid mé Antaine nuair a thug sé isteach chugam í,' arsa Eibhlín; 'agus nuair a d'inis sé dom gur chuir tú chugam mar bhronntanas í . . .'

D'fhéach Neans anonn ar Antaine. D'ardaigh Antaine a shúile go mall agus d'fhéach siad isteach i súile a chéile. Ní bheidh a fhios go deo céard a léigh Neans i súile Antaine. Is é an rud a léigh Antaine i súile Neans, an trócaire, an bhá agus an mhilseacht. Labhair Neans le hEibhlín:

'Ó, taitníonn sí leat?' ar sise.

'Taitníonn thar cionn,' a deir Eibhlín. 'Is fearr liom í ná aon rud dá bhfuil agam ar an domhan.'

'Tá teach beag agam ina gcónaíodh sí,' arsa Neans. 'Caithfidh mé a chur chugat lena haghaidh. Tabharfaidh Antaine chugat amárach é.'

'Óra!' arsa Eibhlín, agus í ag bualadh a dhá boisín bheaga thanaí lena chéile.

'Bheadh sé mór agat, a ghrá,' arsa máthair Eibhlín le Neans.

'Ní bheadh,' arsa Neans. 'Cuirfidh sé biseach eile ar Eibhlín. Tá go leor rudaí agamsa.'

'Lig di a dhéanamh, a Cháit,' arsa an mháistreás leis an máthair.

'Tá sibh rómhaith,' a deir an bhean bhocht agus í ag sileadh na ndeor.

Shíl Antaine gur ag brionglóidigh a bhí sé. Nó shíl sé nach duine saolta Neans bheag ach aingeal as na flaithis anuas. Bhí fonn air dul ar a ghlúine ina fianaise.

Nuair a d'imigh an mháistreás agus Neans bheag, rith Antaine amach an doras iata agus réab leis trasna an gharraí ionas go raibh sé rompu ag bun an bhóithrín ag dul amach ar bóthar dóibh.

'A Neans,' ar seisean, 'séard a rinne mé . . . a ghoid . . . an bhábóg.'

'Ná bac leis, a Antaine,' arsa Neans. 'Rinne tú maitheas d'Eibhlín.'

D'fhan Antaine ina staic ar an mbóthar agus níor fhéad sé focal eile a rá.

Nach air a bhí an bród ag tabhairt teach na bábóige abhaile d'Eibhlín tar éis scoile lá arna mhárach! Agus nach acu a bhí an greann an tráthnóna sin ag réiteach an tí agus ag glanadh an troscáin agus ag cur na bábóige a chodladh ar a leaba bheag!

An Satharn dár gcionn chuaigh Antaine chun faoistine agus d'inis a pheaca don sagart. Is é an breithiúnas aithrí a chuir an sagart air, teach na bábóige a sciúradh uair sa tseachtain d'Eibhlín nó go mbeadh Eibhlín láidir a dóthain chun a sciúrtha í féin.

Bhí Eibhlín láidir a dóthain chuige faoi cheann míosa. Bhí sí ar scoil arís faoi cheann míosa eile.

Ní raibh aon tráthnóna Sathairn as sin amach nach gcloisfí bualadh beag éadrom ar dhoras an mháistir. Ar dhul amach don mháistreás bhíodh Antaine ina sheasamh ag an doras.

'Seo bronntanas beag do Neans,' deireadh sé, ag síneadh chuici leathdhosaen d'uibheacha lachan, nó lán cráige fraochán, nó ar a laghad lán glaice de dhuileasc.

Agus ansin scuabadh sé leis gan am thabhairt don mháistreás focal a rá.

Prós a ndearnadh staidéar air agus prós anaithnid

An bhfuil na habairtí seo a leanas fíor nó bréagach?
1. Tá an scéal seo suite i gContae na Gaillimhe.
2. Chuaigh Antaine agus a chairde chun féachaint ar na beacha ag éirí i ngairdín an mháistir.
3. Ghoid Antaine liathróid a bhí faoin gcrann rós i ngairdín an mháistir.
4. Ghoid Antaine an liathróid dó féin.
5. Ghoid Antaine bábóg dá dheirfiúr tinn chun ardú meanman a thabhairt di.
6. Ba le Neans, iníon an mháistir, an bhábóg.
7. Dúirt Antaine le hEibhlín agus a mháthair gur ghoid sé an bhábóg.
8. Ní raibh aon eagla air go bhfaigheadh daoine amach gur ghoid sé an bhábóg.
9. Tháinig Neans agus an mháistreás ar cuairt chuig Eibhlín.
10. Bhí fearg an domhain ar Neans nuair a chonaic sí a bábóg goidte ag Eibhlín, agus sceith sí ar Antaine.

Líon na bearnaí sna habairtí seo a leanas:
1. Chuaigh Antaine isteach i ngairdín an _____ chun féachaint ar na beacha a bhí ag éirí.
2. Chonaic sé _____ beag álainn faoin gcrann rós.
3. _____ ó Antaine an bhábóg a thabhairt d'Eibhlín.
4. _____ sé an bhábóg, agus rith sé abhaile léi.
5. Bhí _____ an domhain ar Eibhlín nuair a thug Antaine an bhábóg di.
6. Tháinig _____ ina leicne arís.
7. Dúirt Antaine gur _____ í an bhábóg ó Neans, _____ an mháistir.
8. Lá amháin thug Neans agus a máthair _____ ar Eibhlín.
9. _____ Neans an bhábóg ghoidte, ach níor sceith sí ar Antaine.
10. _____ Neans an fáth ar ghoid Antaine an bhábóg.

thuig, bhronntanas, dath, iníon, mháistir, teach, áthas, cuairt, d'aithin, theastaigh, ghoid.

Na pearsana
Antaine

Ba dhuine grámhar é. Bhí grá mór aige d'Eibhlín, a dheirfiúr a bhí tinn le fada. Sin an chúis ar ghoid sé bábóg Neans. Ghoid sé an bhábóg chun ardú meanman a thabhairt d'Eibhlín.

Ba bhuachaill cineálta goilliúnach é. Rinne sé gníomh mímhacánta nuair a ghoid sé an bhábóg. Bhí coinsias ciontach aige, agus d'fhulaing sé mar gheall ar an ngadaíocht, ach sháraigh a ghrá dá dheirfiúr gach rud eile.

Eibhlín
Ba dheirfiúr le hAntaine í Eibhlín. Bhí sí go dona tinn le fada. Chuir an bhábóg áthas uirthi, agus chabhraigh sí léi dul i bhfeabhas.

Neans
B'iníon an mháistir scoile í Neans. Ba chailín cneasta í. Cé gur ghoid Antaine an bhábóg uaithi, níor sceith sí air. Nuair a chonaic sí an grá a bhí ag Eibhlín don bhábóg lig sí uirthi gur thug sí di í mar bhronntanas, mar a dúirt Antaine. Mar bharr air sin, thairg sí an teach bábóige d'Eibhlín freisin.

Ba chailín tuisceanach í freisin. Thuig sí gur ghoid Antaine an bhábóg de bharr a ghrá dá dheirfiúr tinn. Thuig sí nár bhuachaill dona é.

Téamaí an scéil
Grá / Duine grámhar
Bhí grá mór ag Antaine dá dheirfiúr. D'fhulaing sé féin tar éis an bhábóg a ghoid, ach rinne sé é sin chun áthas a chur ar a dheirfiúr agus chun cabhrú léi dul i bhfeabhas.

Brón / Duine brónach
Bhí brón ar Antaine agus ar a mháthair toisc go raibh Eibhlín go dona tinn le tamall.

Cineáltas / Duine cineálta
Cailín cineálta ba ea Neans. Lig sí uirthi gur thug sí an bhábóg d'Antaine, cé gur ghoid sé í óna gairdín, agus níor sceith sí air. Mar bharr air sin, thug sí an teach bábóige d'Eibhlín.

Áthas / Duine áthasach
Chuir an bhábóg áthas an domhain ar Eibhlín, agus chabhraigh sí léi dul i bhfeabhas. Thug sí ardú meanman di.

Ceisteanna scrúdaithe
Maidir le do rogha **ceann amháin** de na *mothúcháin* seo a leanas, ainmnigh gearrscéal Gaeilge nó úrscéal Gaeilge nó dráma Gaeilge (a ndearna tú staidéar air i rith do chúrsa) a bhfuil an mothúchán sin ann. Ní mór teideal an tsaothair sin, mar aon le hainm an údair, a scríobh go soiléir.

(*a*) uaigneas   (*b*) fearg   (*c*) fonn díoltais   (*d*) grá   (*e*) áthas   (*f*) díomá

Tabhair cuntas gairid ar bhfuil sa saothar sin faoin mothúchán atá roghnaithe agat.

Freagraí samplacha
Téama: An grá
Rinne mé staidéar ar 'An Gadaí' le Pádraig Mac Piarais. Sa scéal seo feicimid téama an ghrá go soiléir.

Prós a ndearnadh staidéar air agus prós anaithnid

Bhí grá mór ag an ngasúr dá dheirfiúr. Bhí Eibhlín **go dona tinn**. Nuair a chonaic Antaine bábóg álainn i ngairdín an mháistir theastaigh uaidh í a ghoid dá dheirfiúr. Cé go raibh a fhios aige gur le Neans, iníon an mháistir, an bhábóg, **theastaigh sí go géar uaidh** ionas go gcuirfeadh sí **biseach** ar a dheirfiúr thinn. Dúirt Antaine le hEibhlín agus lena mháthair gur thug Neans an bhábóg dó mar bhronntanas d'Eibhlín. Bhí áthas orthu, agus bhí siad buíoch de Neans.

Bhí **an ghoid** ar a choinsias, áfach, agus **d'fhulaing sé** dá bharr. Bhí eagla air **go mbéarfadh na póilíní air**, go mbéarfadh an mháistir air, nó go bhfaigheadh daoine amach gur ghadaí é. Tháinig **tromluithe** air, agus bhí eagla air an t-am ar fad; ach chonaic sé an t-áthas a chuir an bhábóg ar Eibhlín. Chuir an bhábóg dath ar ais ina **leicne**, agus bhí sí ag **dul i bhfeabhas** gach aon lá dá bharr.

Lá amháin thug Neans agus a máthair cuairt ar Eibhlín. Bhí **náire** an domhain ar Antaine, agus bhí sé **lánchinnte** go ndéarfadh Neans rud éigin nuair a d'fheicfeadh sí an bhábóg. Nuair a d'fhéach Neans i súile Antaine, áfach, thuig sí gur ghoid sé an bhábóg de bharr an ghrá a bhí aige dá dheirfiúr. Bhí **bá** agus **trua** i súile Neans dó, agus ní raibh fearg uirthi. Ghabh Eibhlín agus a máthair buíochas léi as an mbábóg, agus dúirt Neans go dtabharfadh sí an teach bábóige d'Eibhlín chomh maith. Rith Antaine ina diaidh agus **d'admhaigh** sé gur ghoid sé an bhábóg ón ngairdín, ach ní raibh fearg ar bith ar Neans. Bhí sí sásta go ndearna an bhábóg **maitheas** d'Eibhlín. Thuig sí grá Antaine dá dheirfiúr thinn. Feictear an grá go soiléir ar fud an scéil seo.

Gluais

go dona tinn	very ill	tromluí	nightmare
theastaigh sí go géar uaidh	he wanted it badly	leicne	cheeks
		dul i bhfeabhas	improving
biseach	improvement	náire	shame, embarrassment
an ghoid	the theft	lánchinnte	fully certain
coinsias	conscience	bá	sympathy
d'fhulaing sé	he suffered	trua	pity
go mbéarfaidh na póilíní air	that the police would seize him	d'admhaigh	admitted
		maitheas	good

Duine cineálta

Rinne mé staidéar ar 'An Gadaí' le Pádraig Mac Piarais. Sa scéal seo feicimid pearsa chineálta bháúil, agus léiríonn an t-údar an phearsa sin ar shlí shoiléir shimplí.

Cailín cineálta í Neans, iníon an mháistir scoile. Goideann Antaine bábóg Neans chun feabhas a chur ar shláinte a dheirféar, a bhí tinn le fada. I ngairdín an mháistir chonaic sé bábóg álainn Neans, agus ghoid sé í chun go dtabharfadh sé í dá dheirfiúr bhreoite.

Dúirt Antaine le hEibhlín agus lena mháthair gur thug Neans an bhábóg d'Eibhlín. Ní dúirt sé dada le Neans, áfach. Tháinig biseach ar Eibhlín de bharr áilleacht na bábóige, ach d'fhulaing Antaine toisc an ghoid a bheith ar a choinsias.

Lá amháin thug Neans agus a máthair cuairt ar Eibhlín. Bhí náire an domhain ar Antaine. Chonaic Neans a bábóg in aice le hEibhlín sa leaba. Thuig sí ansin gur ghoid Antaine í. Ghabh Eibhlín agus a máthair buíochas léi as an mbábóg. D'fhéach Neans isteach i súile Antaine, agus thuig sí gur ghoid sé an bhábóg de bharr a ghrá dá dheirfiúr.

Níor sceith sí ar Antaine, áfach, ach lig sí uirthi gur thug sí an bhábóg mar bhronntanas d'Eibhlín. Ní hé amháin sin ach thairg sí a teach bábóige d'Eibhlín chomh maith. Sa ghníomh sin, thaispeáin sí gur dhuine cineálta flaithiúil í. D'aithin sí go gcuirfeadh sé sin biseach ar Eibhlín agus go raibh go leor rudaí aici féin. Léirigh sí bá agus trua d'Eibhlín bheag. Sa tslí sin chuir sí áthas an domhain ar Eibhlín agus ar mháthair Eibhlín, agus níor náirigh sí Antaine.

Léiríonn an t-údar duine cineálta i bpearsa Neans ar shlí bháúil sa scéal seo.

Bidí Early

(As *Mná as an nGnáth* le hÁine Ní Ghlinn)

Chreid a lán daoine go bhfuair Bidí Early bua an leighis ó na sióga. Nuair a bhí Bidí óg i gContae an Chláir, i dtús an 19ú haois déag, chaitheadh sí an-chuid ama thíos i gcúinne páirce in aice le cloch mhór ar a dtugtaí Cloch na Sióg. Uaireanta d'fhiafraíodh a máthair di céard a bhíodh á dhéanamh aici thíos ansin.

'Bím ag caint leis na sióga,' a deireadh Bidí, 'agus ag fáil eolais uathu.'

Bhí buidéal mór ag Bidí, buidéal draíochta. Deirtear gurbh iad na sióga a thug an buidéal sin di . . .

Oíche amháin, bhí Bidí ag tabhairt aire do leanbh comharsan. Bhí an leanbh ina luí sa chliabhán. Go tobann labhair sé léi.

'Tabhair dom an fhidil sin atá ar crochadh ar an mballa!' ar seisean.

Shín Bidí an fhidil chuige agus thosaigh an leanbh ag seinm. Ceol aisteach álainn a bhí á sheinm aige agus thuig Bidí nárbh aon ghnáthleanbh é seo ach síofra.

Tar éis tamaillín stop an ceol agus labhair an síofra arís. 'An bhfeiceann tú an buidéal sin atá thuas os cionn na tine?' 'Feicim!' arsa Bidí. 'Tabhair leat an buidéal sin agus tú ag dul abhaile,' arsa an síofra. 'Má thugann tú aire mhaith dó cabhróidh sé go mór leat.'

Bhí an buidéal sin ag Bidí go dtí lá a báis. Bhíodh sí in ann eolas a fháil uaidh amhail is dá mba liathróid chriostail é.

Thagadh daoine chuig Bidí Early ó chian is ó chóngar chun leigheas a fháil uaithi ar ghalair de gach sórt. Ní ghlacadh sí le hairgead. De ghnáth thugadh daoine bronntanas éigin di sula bhfágaidís an teach, píosa feola b'fhéidir, nó uibheacha, nó sicín.

Bhí bean ag dul chuici lá amháin agus bheartaigh sí go dtabharfadh sí cearc léi. Chuaigh sí amach sa chlós agus rug sí ar an gcearc ba ghaire di. Cearc mhór ramhar a bhí inti.

'Mhuise, ní thabharfaidh mé an chearc bhreá seo di!' ar sise léi féin agus rug sí ar sheanchearc a raibh a cnámha ag gobadh amach trína craiceann.

Nuair a shroich sí teach Bhidí bhí sí féin ina seasamh ag an doras. 'Cén fáth nár thug tú leat an chearc ramhar?' arsa Bidí. 'Ambaist, nuair nach raibh tusa sásta an chearc ramhar a thabhairt domsa nílimse sásta leigheas a thabhairt duitse.' Níorbh é gur theastaigh an chearc go géar ó Bhidí. Minic go leor ní ghlacadh sí le bronntanas ar bith ó dhaoine bochta.

Tháinig fear chuici lá amháin chun buidéal leighis a fháil dá mhac óg a bhí i mbéal báis. Bhí an fear seo an-bhocht. Ní raibh aon bhronntanas aige le tabhairt do Bhidí. Ach sular fhág sé an baile fuair sé cúpla scilling ar iasacht ó dhuine de na comharsana.

Thairg sé an tairgead do Bhidí ach ní thógfadh sí pingin uaidh. 'Tabhair ar ais dod' chomharsa é,' ar sí.

Bhí an-chuid daoine fíorbhuíoch de Bhidí Early. Ba chuma leo cá bhfuair sí bua an leighis fad is a bhí sí in ann cabhrú leo féin nó lena bpáistí.

Ach ní raibh na sagairt buíoch di ná sásta lena cuid oibre. Chreid siadsan go bhfuair sí an bua ón diabhal. Bhí eagla orthu roimpi. Labhraídís ina coinne ón altóir agus deiridís le daoine gan dul chuici.

Tráthnóna amháin bhí Bidí amuigh sa chlós nuair a chonaic sí sagart ag teacht isteach an geata ar chapall mór. 'An tú Bidí Early?' arsa an sagart. 'Is mé cheana!' arsa Bidí.

'Tháinig mé anseo chun foláireamh a thabhairt duit. Mura n-éiríonn tú as bheith ag déanamh obair an diabhail, déanfaidh mé liathróid thine díot agus caithfidh mé isteach sa loch sin thíos thú!'

'Nach iontach an fear thú!' arsa Bidí agus scairt sí amach ag gáire. 'Ní dhéanfaidh mé dearmad ort!' arsa an sagart agus amach leis ar an mbóthar arís.

'Tá an ceart agat,' arsa Bidí. 'Cuimhneoidh tú orm níos luaithe ná mar a cheapann tú.'

D'imigh an sagart leis ach ní raibh sé imithe rófhada nuair a stop an capall i lár an bhóthair. Cos ní chorródh sé. Rinne an sagart iarracht léim anuas den chapall ach bhí sé greamaithe den diallait. Ní fhéadfadh sé cos ná lámh a bhogadh. Leis sin chonaic sé fear beag ag siúl ina threo. 'Tar anseo,' arsa an sagart leis an bhfear beag, 'agus abair liom cén saghas duine í Bidí Early?'

'Ó,' arsa an fear beag, 'bean bhreá mhacánta í.'

'An bhfuil aon seans go rithfeá síos chuici le teachtaireacht uaimse. Abair léi go bhfuil brón orm agus nach gcuirfidh mé isteach uirthi go deo arís má scaoileann sí saor anois mé.'

Níorbh fhada go raibh an sagart ar a bhealach abhaile. Níor chuir sé isteach ná amach ar Bhidí riamh ina dhiaidh sin.

Aois na Glóire 3

Bhí Bidí in ann leanúint ar aghaidh lena cuid oibre ansin. Ó am go chéile thagadh sagairt eile ar cuairt ach ní thugadh sí aon aird orthu. 'Ní ón diabhal a fuair mise bua an leighis,' a deireadh sí leo, 'ach ó na daoine maithe.'

Nuair a bhí sí 76 bliana d'aois, áfach, bhuail galar í féin. Chaith sí cúpla seachtain sa leaba ach tar éis di na céadta eile a leigheas ní raibh aon leigheas aici ar a galar féin. Ar an 22 Aibreán, 1874, d'fhág Bidí an saol seo agus thug aghaidh—cá bhfios? Abhaile chuig slua na sí, b'fhéidir!

An bhfuil na habairtí seo a leanas fíor nó bréagach?

1. Mhair Bidí Early san fhichiú haois déag.
2. B'as Contae Luimnigh di ó dhúchas.
3. Fuair sí a cumhacht ón Diabhal.
4. Bhíodh sí ag caint leis an lucht sí in aice le Cloch na Sióg.
5. Thug síofra an buidéal draíochta di.
6. Bhí sí ábalta an todhchaí a fheiceáil sa bhuidéal draíochta.
7. Leigheas sí mórán daoine tinne.
8. Thóg sí mórán airgid ó dhaoine bochta nuair a thug sí leigheas dóibh.
9. Thaitin a cuid oibre leis na sagairt.
10. Fuair sí bás ó ghalar sa bhliain 1874.

Bain úsáid as na focail thíos chun na bearnaí sna habairtí seo a leanas a líonadh:

1. Chreid daoine go raibh bua an _____ ag Bidí Early.
2. Dúirt sí féin go bhfuair sí bua an leighis ón lucht _____.
3. Thug _____ 'buidéal draíochta' di.
4. Tháinig daoine tinne ó _____ is ó _____ chuig Bidí.
5. Ní thógadh sí aon bhronntanas ó dhaoine _____.
6. Bhí an-chuid daoine _____ de Bhidí Early.
7. Obair an _____ a bhí ar siúl aici, dar leis na sagairt.
8. Lá amháin dúirt sagart léi go ndéanfadh sé liathróid _____ di.
9. Chuir Bidí an sagart faoi _____.
10. _____ an sagart de dhiallait a chapaill.

buíoch, dhraíocht, síofra, thine, chóngar, leighis, bochta, greamaíodh, sí, Diabhail, chian.

Prós a ndearnadh staidéar air agus prós anaithnid

Téamaí
Draíocht
Duine cáiliúil
Bua an leighis
Coimhlint idir Bidí Early agus na sagairt.

Na pearsana
Bidí Early

Bhíodh sí ag caint leis an lucht sí, dar léi, nuair a bhí sí óg. Chreid daoine go raibh cumhachtaí draíochta aici. Mhaígh sí go bhfuair sí buidéal draíochta ó shíofra agus go raibh sí ábalta an todhchaí a thuar leis. Dúradh fúithi go raibh sí ábalta rudaí a fheiceáil nuair nach raibh sí i láthair.

Chreid daoine go raibh bua an leighis aici. Tháinig daoine tinne ó chian is ó chóngar chun leigheas a fháil uaithi.

Bhí sí flaithiúil. Thugadh sí leigheas saor in aisce do dhaoine bochta.

Bean láidir cheanndána ba ea í. Níor ghéill sí do na sagairt nuair a cháin siad a cuid oibre agus nuair a dúirt siad go bhfuair sí a bua ón Diabhal.

An síofra

Mhaígh Bidí gur shíofra é leanbh a comharsan a raibh sí ag tabhairt aire dó tráth. Thosaigh an leanbh óg ag caint le Bidí agus ag seinm veidhlín, agus thug sé 'buidéal draíochta' di.

An sagart

Duine ardnósach ba ea an sagart, agus bhí sé ag bagairt ar Bhidí. Bhagair sé go ndéanfadh sé liathróid thine di mura stopadh sí le hobair an Diabhail, dar leis. Chuir Bidí faoi dhraíocht é, agus greamaíodh é de dhiallait a chapaill. Bhí air cabhair Bhidí a fháil chun é féin a scaoileadh saor. Níor chuir sé isteach uirthi i ndiaidh sin.

Freagra samplach
Duine cáiliúil

Rinne mé staidéar ar 'Bidí Early' as *Mná as an nGnáth* le hÁine Ní Ghlinn.

Sa sliocht seo feicimid duine cáiliúil i bpearsa Bhidí Early. Bhí clú agus cáil ar Bhidí Early i dtús an naoú haois déag toisc gur chreid daoine go bhfuair sí **bua na draíochta** ón **lucht sí**, go háirithe **bua an leighis**.

Nuair a bhí sí óg dúirt Bidí lena máthair go raibh sí ag caint leis an lucht sí. Dúirt sí freisin nuair a bhí sí ag tabhairt aire do leanbh comharsan go mba **shíofra** é, seachas gnáthleanbh. Dúirt an leanbh léi go mba bhuidéal draíochta é an buidéal a bhí os cionn na tine, agus chreid daoine go raibh Bidí ábalta **an todhchaí** a fheiceáil sa bhuidéal sin.

279

Aois na Glóire 3

Bhí cáil uirthi freisin toisc gur chreid daoine go raibh bua an leighis aici. Thagadh daoine ó chian is ó chóngar chun leigheas a fháil uaithi nuair a bhíodh tinneas nó galar orthu. Ba bhean **fhlaithiúil** í, agus go minic níor thóg sí aon airgead ná bronntanas ó dhaoine bochta. Chreid daoine freisin go raibh sí ábalta rudaí a fheiceáil nuair nach raibh sí i láthair. Bhí a fhios aici, dar le scéal amháin, nuair a thug bean áirithe an chearc ba thanaí a bhí aici di. Dhiúltaigh Bidí an bhean a leigheas toisc go raibh sí chomh **sprionlaithe** sin.

Thagadh sagairt ar cuairt chuici uaireanta chun **cur ina leith** go bhfuair sí a buanna ón Diabhal, rud nach raibh fíor, dar le Bidí. Dar léi, fuair sí a bua ón **aos sí**. Bean láidir ba ea í, agus níor thug sí aon aird ar shagairt a **chuir amhras ar fhoinse** a draíochta. Lean sí lena cuid oibre go deireadh a saoil, go dtí go bhfuair sí bás sa bhliain 1874.

Bhí cáil ar Bhidí toisc gur cheap daoine go raibh bua an leighis aici agus toisc gur thugadh sí leigheas do dhaoine bochta saor in aisce. Bhí cáil uirthi freisin toisc gur chreid daoine go bhfuair sí a bua ón aos sí agus go raibh buidéal draíochta aici lena raibh sí ábalta an todhchaí a thuar.

Sa sliocht seo léiríonn an t-údar an phearsa cháiliúil seo ar shlí shuimiúil thaitneamhach.

Gluais

bua na draíochta	the gift of magic
lucht sí	the Otherworld, residents of the 'fairy mound'
bua an leighis	the gift of healing
síofra	changeling (a monster left by the Otherworld in place of an infant)
an todhchaí	the future
flaithiúil	generous
sprionlaithe	mean
cur ina leith	to accuse her
an t-aos sí	the Otherworld
a chuir amhras ar	who cast doubts on
foinse	source

Prós liteartha anaithnid

Moltaí

- Tá an prós anaithnid i roinn I, ceist 1 ar pháipéar 2 i scrúdú an Teastais Shóisearaigh.
- Tá 15 mharc ar fáil sa cheist seo.
- Déanfaidh tú trí cheist. Roghnóidh tú ceist amháin as A, ceist amháin as B, agus ceist amháin as A nó as B.
- Féach ar na pictiúir agus na ceannteidil chun leideanna a fháil.
- Scríobh na freagraí i d'fhocail féin chomh fada agus is féidir leat.

Prós a ndearnadh staidéar air agus prós anaithnid

- NB: Déan staidéar ar thréithe daoine. (Tá eolas ar an ábhar seo le fáil faoin gceannteideal 'Pearsantacht an duine' in aonad 1 ar leathanach 9.) Cuirtear ceist go minic ar thréithe na bpearsan i sliocht.

Ceist shamplach 1

Léigh an sliocht seo agus freagair trí cinn de na ceisteanna a ghabhann leis. Ní mór ceist amháin a roghnú as A agus ceist amháin a roghnú as B. Is féidir an tríú ceist a roghnú as A nó as B. Ní gá níos mó ná leathanach a scríobh. (Bíodh na freagraí i d'fhocail féin, chomh fada agus is féidir leat.)

Trí urchar thapa

(Sliocht athchóirithe as *Dúnmharú ar an DART* le Ruaidhrí Ó Báille)

Ar an mbealach go dtí an t-aerfort, bhí bolg Néill tinn leis an eagla. Thuig sé go raibh sé ag dul go Zürich chun deireadh a chur leis an aon chúis amháin nach raibh sé marbh. Ní raibh le déanamh aige ach an cás airgid a thabhairt do Jan, agus bheadh sé ag cur lámh ina bhás féin. Agus é ag féachaint amach fuinneog an tacsaí bhuail an smaoineamh é go mb'fhéidir go raibh sé ag fágáil slán ag Amsterdam, ag an saol seo go deo. Bhí sé féin ina shuí in aice an tiománaí, agus bhí Jan agus Miriam ar chúl. B'fhéidir go mbeadh sé ábalta léim amach an doras nuair a bheadh an carr ag dul timpeall cúinne? Ach bhí a fhios aige nach raibh seans aige. Bhí a lámh ina phóca ag Jan, agus bhí gunna sa láimh sin. Bheadh sé marbh aige ar an bpointe.

Ní raibh aon trioblóid ag 'Pol Ó Broin' lena phas, agus ag a deich a chlog chuaigh an triúr acu ar bord scairdeitleáin 747. Shuigh Miriam in aice na fuinneoige, agus shuigh Jan sa lár. Bhí Niall ar an taobh. Le linn an turais ar fad ní dúirt Miriam ná Jan oiread agus focal amháin leis. Bhí Miriam ag caint faoi shiopadóireacht; bhí cóta nua uaithi, agus bhí sí chun é a fháil nuair a bheadh Niall agus Jan ag déanamh 'a gcuid gnó.' Bhí Jan ag caint agus ag gáire ar nós aon duine a bheadh ag dul ar thuras lena ghrá, ach anois is arís chonaic Niall an fhéachaint chraiceáilte sin ina shúile a bhí ann nuair a bhuail sé sa bholg é níos luaithe. Ag aerfort Zürich bhí carr mór dubh ag fanacht leo. Arís chuir Jan Niall sa suíochán tosaigh. Shuigh sé féin agus Miriam ar chúl. Nuair a shroich siad an banc thug Jan a chuid orduithe do Niall.

'Téigh isteach, abair leo go bhfuil an t-airgead uait, sin an méid. Ná bí ag iarraidh aon rud smairteáilte a dhéanamh, agus b'fhéidir go bhfeicfidh tú lá eile.'

Sheas an triúr acu amach ar an tsráid agus thug Miriam póg do Jan, ag rá go raibh sí ag imeacht léi ag siopadóireacht.

'Ceart go leor, a stór,' arsa Jan. 'Bí ag an aerfort ag a ceathair. Agus ná caith an iomarca airgid!' Rinne sé gáire, agus thug Miriam póg eile dó. D'fhéach Niall uirthi agus í ag imeacht.

'Seo,' arsa Jan. 'Isteach leat.'

Bhí ionadh ar Monsieur Picard nuair a chuala sé cad a bhí Niall ag iarraidh a dhéanamh.

'Mais, Monsieur hÓ gConelle, cén fáth nár chuir tú glaoch orm ag rá liom go raibh tú ag iarraidh do chuid airgid a thógáil amach? Tá cúpla lá ag teastáil chun a leithéid de rud a shocrú!'

D'fhéach Niall air. 'Tá dhá uair a chloig agat. Slán.' Agus d'imigh sé.

Ní raibh Jan sásta nuair a chuala sé an méid seo, ach ní raibh sé ábalta aon rud a dhéanamh faoi. Chuaigh an bheirt acu go dtí bialann, agus d'ith siad béile. Nuair a bhí an dá uair an chloig caite chuaigh Niall ar ais go dtí an banc, agus thug Monsieur Picard an cás dó. D'oscail Niall é.

'Em, tá sé ar fad ansin, Monsieur. Agus rinne tú proifíd mhaith. Níor bhain muid ach an méid a chaith tú, agus ahem, ár gcostaisí, fiche míle punt. An bhfuil sé sin ceart go leor?'

'Is cuma liom sa diabhal cé mhéad a thóg sibh!'

Dhún Niall an cás arís, agus shiúil sé i dtreo an dorais. Lean súile Picard é, iad lánionaidh.

Nuair a tháinig sé amach ar an tsráid arís bhí an carr dubh páirceáilte trasna an bhóthair. D'oscail Jan an doras agus shuigh Niall in aice leis.

Bhí siad ar an mbóthar le fiche nóiméad nuair a d'oscail Jan a bhéal den chéad uair. Le linn an ama seo bhí Niall ag féachaint amach an fhuinneog, agus bhí sé cinnte nach ar bhóthar an aerfoirt a bhí siad. Bhí siad ag dul sa treo eile.

'Oscail an cás!'

D'oscail Niall é, agus thosaigh Jan ag dul tríd an airgead.

'An bhfuil sé ar fad anseo?'

'Tá. Rinne an t-airgead ús maith agus—'

Stop sé. Bhí a ghunna ina láimh ag Jan, é dírithe ar Niall. Bhí a shúile trí thine. Chuir sé an gunna lena chluais.

'Anois, a shlíbhín, a ghadaí bhréin, a mháistir scoile nach dtuigeann rud ar bith faoi rud ar bith.'

D'fhág siad an príomhbhóthar agus chuaigh siad suas bealach garbh clochach.

'Cá bhfuil muid ag dul?' arsa Niall.

'Go dtí ionad dumpála na cathrach. Sin an áit is fearr do chonús mar tusa a ghoideann airgead ó dhaoine nach bhfaca tú riamh! Chuala mé gur breá leis na hÉireannaigh a gcuid paidreacha, bhuel, seo leat! Tá timpeall dhá nóiméad agat!'

Bhuail sé ar an ngloine a bhí idir iad agus an tiománaí.

'Brostaigh! Tá eitleán le fail agamsa!'

Prós a ndearnadh staidéar air agus prós anaithnid

Ceisteanna

A (Buntuiscint)

1. In alt 1 deirtear go raibh bolg Néill teann le heagla. Cén fáth?
2. Déan cur síos ar iompar Jan ar an eitleán.
3. Cén fáth a raibh ionadh ar M. Picard sa bhanc nuair a chuala sé iarratas Néill?

B (Léirthuiscint ghinearálta)

1. Luaigh **dhá thréith** a bhaineann le Jan mar dhuine, dar leat. I gcás **ceann amháin** den dá thréith sin tabhair píosa eolais as an téacs a léiríonn an tréith sin.
2. 'Tá an sliocht seo rómhall agus leadránach.' Do thuairim uait faoin ráiteas sin. (Is leor **dhá phointe** a lua.)
3. 'Faighimid léargas ar dhomhan foréigneach sa sliocht seo.' An tuairim sin a phlé. (Is leor **dhá phointe** a lua.)

Ceist shamplach 2

Léigh an sliocht seo agus freagair trí cinn de na ceisteanna a ghabhann leis. Ní mór ceist amháin a roghnú as A agus ceist amháin a roghnú as B. Is féidir an tríú ceist a roghnú as A nó as B. Ní gá níos mó ná leathanach a scríobh. (Bíodh na freagraí i d'fhocail féin, chomh fada agus is féidir leat.)

Ecstasy

(Sliocht athchóirithe as an ngearrscéal *Ecstasy* le Ré Ó Laighléis)

Bhí clós na scoile á thrasnú aici nuair a chuala sí a hainm á ghlaoch. Chas sí sa treo as ar tháinig an glaoch agus chonaic sí Hilda Bergin thíos in aice le doras ionad na leithreas.

'Mise!' arsa Úna. Bhí iontas de chineál uirthi. Bhíodh sí airdeallach ar Hilda Bergin i gcónaí, óir bhí sé de cháil uirthi gur duine garbh í.

'Sea, tusa,' arsa Bergin. 'Nach tusa Úna Nic Gearailt?'

'Is mé,' arsa Úna. Ba léir do Hilda go raibh Úna bhocht in amhras fúithi.

'Gabh i leith anseo soicind,' arsa Hilda.

Bhí faitíos ar Úna. Go deimhin, ba mhó faitíos a bhí uirthi gan dul chomh fada le Hilda ná a mhalairt. Dhruid sí go hamhrasach ina treo. A luaithe agus a tháinig sí chomh fada léi léim ceathrar eile de lucht na cúigiú bliana amach as an bpluaisín beag a bhí taobh thíos d'ionad na leithreas. Rug Bergin greim gruaige ar Úna agus tharraing síos a cloigeann. Ag aon am leis sin, d'ardaigh sí a glúin agus raid aníos i mbaithis Úna é. Tháinig fuil lena srón go fras agus ní raibh a fhios ag Úna arbh ann nó as í. Rug an ceathrar eile uirthi agus rinne siad í a tharraingt isteach trí dhoras fhorsheomra an leithris. Agus iad istigh, bhrúigh siad i dtreo ceann de na doirtil í. Bhí an doirteal lán d'uisce. Is ar éigean a bhí sé feicthe ag Úna nuair a tumadh a cloigeann ann. D'airigh sí na lámha ar cúl a muiníl á brú agus á coinneáil faoin uisce. Ní fhéadfadh sí dada a dhéanamh ach a cosa a chorraíl agus sórt rince sceimhle a dhéanamh. B'in dearmad. Rinne duine de na cailíní cic a tharraingt ar na colpaí uirthi agus murach go raibh greim acu uirthi thitfeadh Úna i laige ar an toirt. Tharraing siad aníos as an doirteal í de ghreim gruaige agus thug anall go lár an fhorsheomra í, áit a raibh Hilda Bergin ina seasamh. Rug Hilda greim ar ghruaig Úna anois.

'Anois, a bhitseach lofa, tuig seo: oiread agus focal asatsa faoin E sin agus is measa i bhfad ná seo a bheidh sé duit. Comprende, huth?'

Níor thug Úna aon fhreagra. Ní hamháin nár thuig sí a raibh á rá ag Bergin, ach bhí sí rólag chun freagra ar bith a thabhairt.

'Comprende!' arsa Hilda, agus tharraing sí dorn sa bholg uirthi. Chúb Úna leis an bpian.

'Agus ná habair dada le duine ar bith faoin mbatráil seo ach an oiread nó is ag dul ina taithí a bheidh tú!' arsa Hilda. Dorn eile sa bholg di agus rinneadh carnán cuachta d'Úna i lár an urláir.

An fear cothabhála a tháinig uirthi níos déanaí an tráthnóna sin. Srón bhriste, roinnt fiacla scaoilte agus súil ata uirthi. Tugadh go hoifig an Phríomhoide í. Tharla ceistiúchán. Tugadh na Gardaí isteach sa scéal ansin: a thuilleadh ceistiúcháin. D'fhan Úna ina tost ar feadh an ama—ní raibh a fhios aici dada, a dúirt sí. Go fiú nuair a tarraingíodh a tuismitheoirí isteach sa scéal, dhearbhaigh Úna arís agus arís eile nach raibh a fhios aici cé a rinne an drochbheart uirthi.

Ecstasy agus scéalta eile (Cló Mhaigh Eo, 1998)

Ecstasy and other stories (1996. New Edition MÓINÍN, 2005)
Ecstasy e altri racconti (MONDADORI, 1998)
Ecstasy agus scéalta eile (Cló Mhaigh Eo, 1998)
Ecstasy agus sgeulachdan eile (CLÀR, 2004)
Ecstasy as skeealyn elley (Yn Cheshaght Ghailckagh, 2008)

Ceisteanna

A (Buntuiscint)

1. In alt 1 deirtear go raibh Úna airdeallach ar Hilda Bergin i gcónaí. Cén fáth? (Is leor **dhá phointe**.)
2. Luaigh **dhá shlí** inar ghortaigh Hilda Bergin agus a cairde Úna.
3. Cén fáth nár inis Úna aon rud do na gardaí, an dóigh leat?

B (Léirthuiscint ghinearálta)

1. Cén saghas duine í Hilda Bergin sa sliocht, dar leat? Luaigh **dhá thréith** a bhain léi mar dhuine. I gcás **ceann amháin** den dá thréith tabhair píosa eolais as an téacs a léiríonn an tréith sin.
2. An bhfuil aon ghné den sliocht seo reádúil, i do thuairim? (Is leor **dhá phointe** a lua.)
3. An dóigh leat go léiríonn an t-údar an bhulaíocht ar shlí chruinn sa scéal seo? (Is leor **dhá phointe** a lua.)

Ceist shamplach 3

Léigh an sliocht seo agus freagair trí cinn de na ceisteanna a ghabhann leis. Ní mór ceist amháin a roghnú as A agus ceist amháin a roghnú as B. Is féidir an tríú ceist a roghnú as A nó as B. Ní gá níos mó ná leathanach a scríobh. (Bíodh na freagraí i d'fhocail féin, chomh fada agus is féidir leat.)

Mé Féin agus Siobhán

(Sliocht athchóirithe as an úrscéal *Mé Féin agus Síle* le Siobhán Ní Shúilleabháin)

Tá Síle mór le Críostóir le dhá bhliain. Téann siad amach le chéile dhá uair sa tseachtain go Rialto, Dé Céadaoin agus Dé Sathairn. Oibríonn Críostóir de réir an chloig. Ar a leathuair tar éis a seacht go díreach stopfaidh a ghluaisteán taobh amuigh den doras agus tiocfaidh sé amach as, éadaithe díreach i gceart: culaith, bóna, bróga, carbhat, hata—fiú scáth fearthainne, beidh sé aige. Níl a fhios agam cad chuige an scáth fearthainne nuair atá gluaisteán aige! Ach ar aon chuma, tá sé ansiúd ar leac dhoras an halla ar dhá nóiméad go díreach tar éis leath i ndiaidh a seacht. Agus bíonn Síle ullamh roimhe—caitheann a bheith.

Ar dtús, tugann sí uair an chloig sínte ar an leaba, ag glacadh scíthe tar éis oibre, plástar ar a haghaidh agus a cuid gruaige ina rollaí. Ansin tosaíonn an cóiriú agus an déanamh suas, agus go bhfóire Dia ar aon duine eile a bheadh sa seomra folctha rófhada tráthnóna Dé Céadaoin nó tráthnóna Dé Sathairn, cibé acu mise é nó na tionóntaí in airde staighre! Ansin osclaíonn sí an doras dó agus í díreach i gceart, agus tugann sí isteach sa seomra suite é ar feadh tamaill.

Imíonn an bheirt acu leo ansin, agus go díreach ag 11.45 p.m.—ní nóiméad roimhe ná ina dhiaidh—fágann sé ansiúd ar ais í ar leac an dorais arís. Ní thagann sé isteach—ní oirfeadh sé, deir sé, an t-am sin d'oíche, teacht isteach in árasán cailíní. Bímse ag gáire faoi seo, mar is minic Peait agus cúpla duine eile ón gcoláiste istigh agam an t-am sin d'oíche agus sinn ag ól caife agus ag éisteacht le ceirníní—go háirithe nuair nach mbíonn an t-airgead rófhlúirseach againn.

Tá gach uile rud ceart, cinnte, rialta ag Críostóir agus Síle. Fuair sí bráisléad uaidh an Nollaig seo caite agus pósfaidh siad an Meitheamh ina dhiaidh sin. Ní bheidh ach cúpla lá acu ar mhí na meala—coimeádfaidh siad an t-airgead chun tí.

'Ait é nach bpósann sibh sa Mhárta,' a deirimse le Síle. 'Gheobhadh sé aisíoc ar an gcáin ioncaim!'

Níor thaitin sin léi.

'Ní ag brath ar bheagán mar sin atá Críostóir,' a deir sí, agus d'inis sí dom arís faoin bpá maith atá aige ina chuntasóir, agus conas mar atá seans aige a bheith ina bhainisteoir ar an gcuideachta fós, agus faoin saghas tí atá uaidh a cheannach, agus mar sin de.

'An bhfuil socair aige cén uimhir páistí a bheas agaibh?' a deirimse.

Thug sí súil orm, ach ní dúirt sí faic. Is maith le Síle rudaí a bheith beartaithe roimpi amach aici go deas néata—murach sin, is dócha nach mbeadh sí mór le leithéid Chríostóra.

Ach nach ormsa a bhí an t-ionadh nuair a chuaigh scata againn go dtí an Fhleá Ceoil i nGaillimh agus nuair a chonaic mé í ag suirí le buachaill dathúil dubh ó Thír Chonaill! Tá Síle an-tarraingteach, tá's agat. Tá gruaig fhada chiardhubh uirthi agus an craiceann geal sin a théann léi agus na pluca dearga. Agus tá siúl breá fúithi—dhein sí cúrsa oíche mainicíneachta tar éis di teacht go Baile Átha Cliath ar dtús.

Ní raibh a fhios ag Críostóir go raibh sí ag dul go dtí an Fhleá Ceoil, ar ndóigh. Dá mbeadh, is dócha go gcoiscfeadh sé í. An deireadh seachtaine sin bhí sé ag obair in Oslo don chuideachta.

Ceisteanna

A (Buntuiscint)
1. Déan cur síos ar chuma Chríostóra sa sliocht.
2. Conas a ullmhaíonn Síle í féin le teacht Chríostóra?
3. Cén fáth a raibh ionadh ar an reacaire ag an bhfleá cheoil i nGaillimh?

B (Léirthuiscint ghinearálta)
1. Luaigh **dhá thréith** a bhaineann le Críostóir mar dhuine, i do thuairim.
2. I gcás **ceann amháin** den dá thréith sin tabhair píosa eolais as an téacs a léiríonn an tréith sin.
3. Cén sórt todhchaí a bhí i ndán do Shíle agus do Chríostóir, dar leis an reacaire?
4. Cén fáth a raibh Síle ag suirí le buachaill as Tír Chonaill, dar leat? (Is leor **dhá phointe**.) Déan tagairt dá caidreamh le Críostóir i do fhreagra.

Ceist shamplach 4

Léigh an sliocht seo agus freagair trí cinn de na ceisteanna a ghabhann leis. Ní mór ceist amháin a roghnú as A agus ceist amháin a roghnú as B. Is féidir an tríú ceist a roghnú as A nó as B. Ní gá níos mó ná leathanach a scríobh. (Bíodh na freagraí i d'fhocail féin, chomh fada agus is féidir leat.)

Carlos Mirabelli

(Sliocht athchóirithe as an ngearrscéal 'Carlos Mirabelli' sa chnuasach scéalta *Nach Ait an Scéal É* le Gabriel Rosenstock.)

Rugadh Carlos Mirabelli sa Bhrasaíl sa bhliain 1889. Iodálaigh a bhí ina thuismitheoirí. Ministir Liútarach ba ea an t-athair—is beag cuimhneamh a bhí aige siúd go dtarlódh an *liútar éatar* go léir a bhainfeadh ar ball lena mhac.

Ní mór iad na buanna a léirigh Carlos ar scoil. Níor measadh go raibh mórán i ndán dó sa saol. Chuaigh sé ag obair mar chúntóir i siopa bróg. Níorbh fhada go raibh rudaí aite ag titim amach. Ní fhanfadh na boscaí bróg ar na seilfeanna. Thosaigh siad ag eitilt timpeall an tsiopa! Leanaidís Carlos amach ar an tsráid.

Cuireadh Carlos bocht isteach i dteach na ngealt. Na bróga ba cheart a chur faoi ghlas. Ní raibh aon rud as an tslí déanta ag Carlos Mirabelli. Ar aon nós, murab ionann agus go leor institiúidí den chineál sin ag an am, ní raibh an ghealtlann áirithe seo ródhona in aon chor. Níor cuireadh veist cheangail air. Bhí spéis ag na síciatraithe ina chás. Chuir siad teisteanna air. B'fhearr a réiteodh an teist ná an veist leis, dar leo.

Tugadh faoi deara go raibh ar a chumas nithe a bhogadh gan lámh a leagan orthu. Scaoileadh saor ansin é gan mhoill. Ba léir nach as a mheabhair a bhí sé. Ach bhí rud amháin cinnte, bhí fórsaí as an ngnáth ann. (Tharlódh go bhfuil na fórsaí seo ionainn uile ach nach eol dúinn conas iad a fhorbairt.)

Bhí Carlos breá sásta leis féin nuair a deimhníodh go heolaíoch go raibh na buanna aite seo aige; agus bhí sé sásta iad a léiriú. Bhí sé ag dinnéar tráthnóna amháin. Tharla eachtra a chuir iontas ar an gcomhluadar. Chuaigh lámh dhofheicthe timpeall ar na buidéil agus ar na gloiní folmha. Seinneadh máirseáil mhíleata orthu.

Lá amháin bhí sé ag fanacht ar thraein. Go tobann d'imigh sé as radharc. Cúpla nóiméad ina dhiaidh sin nocht sé arís—70 míle ón láthair.

Gan dabht bhí go leor daoine nár chreid na scéalta sin in aon chor. (Beidh lucht an bheagáin chreidimh i gcónaí linn.) Mar sin socraíodh ar thrialacha dochta a chur air. An dream ba cháilithe chuige sin ná an Academia de Estudos Psychicos. Fuarthas amach go raibh sé theanga ar fhichid ar eolas ag Carlos, ina measc seacht gcinn de chanúintí. Bhí ar a chumas seanteangacha caillte a scríobh, an Chaildis cuir i gcás.

Tharla go leor eachtraí le linn na dtrialacha seo a chuir alltacht ar an lucht taighde. Bhí Carlos ina shuí os a gcomhair, uair. An chéad rud eile ardaíodh é féin is an chathaoir suas san aer. D'fhan Carlos is an chathaoir ar foluain ansin ar feadh dhá nóiméad. Glacadh grianghraif den fheiniméan sin.

Uair eile chualathas cnagadh. Anois, bhí Carlos agus an fhoireann taighde i seomra leo féin, ballaí cloiche timpeall orthu agus na doirse faoi ghlas. Chualathas 'Papa'. D'aithin duine den lucht taighde an guth. Iníon leis, a cailleadh tamall gearr roimhe sin, is ea, is ise a bhí ann! De réir a chéile ansin chonacthas a cruth i gceart. Bhí sí gléasta sa ghúna inar adhlacadh í. Rug a hathair barróg uirthi, na deora ag sileadh leis go fras. Bhí lí an bháis uirthi ach taobh amuigh de sin d'fhéach sí ar nós cailín ar bith eile. Bhí dochtúir i láthair. D'fhéach sé cuisle an ghearrchaile. D'fhreagair sí go stuama na ceisteanna a cuireadh uirthi, i nguth toll. Glacadh grianghraf di sular imigh sí arís ina héagruth. Is iomaí mistéir sa saol seo, go deimhin, ach is dócha gurb é an duine an mhistéir is mó orthu.

Ceisteanna

A (Buntuiscint)

1. Cén cúlra teaghlaigh a bhí ag Carlos Mirabelli? (Alt 1.)
2. Cén fáth ar cuireadh i dteach na ngealt é?
3. Cén cumas speisialta a mhaígh sé? (Alt 4.)

B (Léirthuiscint ghinearálta)

1. Luaigh dhá shampla de na cumhachtaí aisteacha a cuireadh i leith Mirabelli.
2. Cén dream a rinne trialacha air? Cad a mhaígh siad mar thoradh orthu?
3. Conas a mhothaigh an t-athair nuair a chreid sé go bhfaca sé a iníon marbh, dar leat?

Ceist shamplach 5

Léigh an sliocht seo agus freagair trí cinn de na ceisteanna a ghabhann leis. Ní mór ceist amháin a roghnú as A agus ceist amháin a roghnú as B. Is féidir an tríú ceist a roghnú as A nó as B. Ní gá níos mó ná leathanach a scríobh. (Bíodh na freagraí i d'fhocail féin, chomh fada agus is féidir leat.)

An Taistealaí

(Sliocht athchóirithe as an úrscéal *An Taistealaí* le Ré Ó Laighléis)

Shleamhnaigh na laethanta thart agus, de réir mar a d'imíodar, ba mhó aithne a bhí á cur ag Damien ar an obair, ar na seandaoine féin agus ar Justine. B'annamh, in imeacht lae, go bhfeicfeadh sé Mme Lacombe, seachas ag am béilí. Bhí feabhas thar cuimse ag teacht ar a chuid Fraincise, rud a chuir áthas air; cheana féin, amhail is dá mba chruthú dá mhuintir ar an bhfeabhas seo é, bhí litir fhada curtha abhaile agus aistriúchán iomlán den litir chéanna istigh leis. Bheidís an-sásta leis an dul chun cinn.

Thaitin an triúr seandaoine go mór leis, go háirithe M. Arnoux. D'airigh sé foghlaim agus críonnacht na haoise orthu agus shamhlaigh sé go minic an fhorbairt a thiocfadh ar an té a ghlacfadh an deis chun éisteacht leo. Ba mhinic dó, nuair a bheadh aon bheirt den triúr ina gcodladh, comhrá fada a dhéanamh leis an tríú duine. Dáiríre, ba mhó den éisteacht ná den chaint a dhéanfadh Damien, mar d'airigh sé gur bheag rud tábhachtach a bheadh le rá aigesean i gcomparáid le gaois na seandaoine.

Prós a ndearnadh staidéar air agus prós anaithnid

Maidin Déardaoin amháin, tar éis do Damien a bheith mí nó cúig seachtainí b'fhéidir san áit, tháinig sé chun na cistine, mar ba ghnách leis, chun a bhricfeasta a ghlacadh. B'ait leis nach raibh Justine ann roimhe, óir bhíodh sé mar ábhar spochta aici leis go mbíodh sé mall ag éirí chuile mhaidin. Tháinig Mme Lacombe isteach agus bheannaigh sí dó.

'An bhfuil ite ag Justine cheana féin?' a d'fhiafraigh sé.

'Ó, tá, i bhfad ó shin. Tá sí imithe abhaile chun na Briotáine le haghaidh féile clainne. Ghlac sí cóiste a 5.00 a.m.,' a dúirt sí.

'Cóiste?' arsa Damien, agus cuma na míthuisceana air. Chuir Mme. Lacombe a lámh lena béal ar thuiscint di an rud seo a bheith ráite aici. Dhearg sí san éadan beagán agus chas ó Dhamien.

'Ná bac liom, tá mé leathbhodhraithe inniu. Tá a fhios agat féin—Justine a bheith imithe agus chuile shórt mar sin. Traein; sea, sin a bhí i gceist agam. Ghlac sí traein a 5.00 ar maidin.'

Shíl Damien go raibh sé aisteach nár luaigh Justine leis é an lá roimhe sin, go háirithe ós rud é go raibh siad mór go maith lena chéile faoin am seo. Lean sé air ag ithe go ceann leathnóiméid agus é ag smaoineamh air seo.

'Cén uair a bheidh sí ag teacht ar ais?' a d'fhiafraigh sé.

'Ar ais!' arsa Mme. Lacombe, agus an chuma uirthi go raibh a hintinn ar fán.

'Sea,' arsa Damien, 'Justine. Cén uair a bheidh sí ag filleadh ón mBriotáin?'

'Ag filleadh ón mBriotáin? Sea,' arsa Mme. Lacombe, agus cheapfá, le breathnú uirthi, go raibh sí ag coimhlint le rud éigin istigh chun teacht chuici féin.

'Beidh sí ag filleadh ar an Satharn. Sea, sin é ar an Satharn,' a dúirt sí agus í ag iarraidh cuma na cinnteachta a chur uirthi féin.

Bhí sos beag ciúnais ann sular labhair ceachtar den bheirt arís.

'Tá sé chomh maith dúinn bricfeasta na seandaoine a bhreith aníos,' arsa Mme. Lacombe, agus í ag breith ar cheann amháin den dá thráidire a bhí réamhullmhaithe aice. D'imigh sí léi de sciuird. Rug Damien ar an tráidire eile agus lean sé in airde staighre í.

Ar shroicheadh an tseomra thuas dóibh ní raibh rompu ach beirt den triúr seanduine. Leag siad an dá thráidire an na tralaithe agus bhrúigh siad isteach chucu iad, ceann do M. Arnoux agus ceann eile do M. Le Carré. Bhí Mme. Lacombe ar a bealach go deifreach amach an doras nuair a labhair Damien.

'Céard faoi Mme. Rocheteau, Madame? An bhfuil tráidire le breith aníos di?' ar sé.

Sheas Mme. Lacombe soicind nó dhó agus a droim le Damien aici. Ansin chas sí thart agus labhair sí go mall cruinn.

'Ní bheidh Mme. Rocheteau linn inniu, a Damien.'

Thuig Damien uaithi gur leor sin dá chuid ceisteanna don lá inniu.

'Tá go maith,' a dúirt sé, 'fanfaidh mé anseo i dteannta M. Arnoux agus M. Le Carré.'

'Is fearr mar sin é,' a dúirt Mme. Lacombe, agus d'imigh sí léi.

An Taistealaí (Cló Mhaigh Eo, 1998)

Ceisteanna

A (Buntuiscint)

1. Cad a chuir áthas ar Damien? (Alt 1.)
2. Conas tá a fhios againn go raibh meas ag Damien ar na seandaoine?
3. Cad a bhí aisteach, dar le Damien? (Alt 3.)

B (Léirthuiscint ghinearálta)

1. An gceapann tú go raibh Mme Macombe ag insint bréige nó ag coimeád rún ó Damien sa sliocht seo? Cén fáth? (Is leor **dhá phointe** a lua.)
2. Conas a dhéanfá cur síos ar atmaisféar an tsleachta seo?
3. Cén saghas duine í Mme Macombe? Luaigh **dhá thréith** a bhain léi mar dhuine, dar leat. I gcás **ceann amháin** den dá thréith sin, tabhair píosa eolais as an téacs a léiríonn an tréith sin.

Filíocht a ndearnadh staidéar uirthi agus filíocht anaithnid

Aonad 11

Roinn II—Filíocht

Moltaí

Moltaí maidir le ceist 2 (b) (dán a ndearna tú staidéar air i rith do chúrsa):

- Tá an cheist seo i roinn II (Filíocht) ar pháipéar 2 i scrúdú an Teastais Shóisearaigh.
- Tá 15 marc ar fáil sa cheist seo.
- Ní gá níos mó ná leathleathanach a scríobh.
- Baineann an cheist seo le téamaí nó le mothúcháin den chuid is mó.
- Beidh rogha mhaith téamaí éagsúla agat.
- De ghnáth bíonn dhá nó trí théama i ngach dán, mar shampla grá, bás, brón, éad, óige, an t-imshaol, an nádúr, áthas, aiféala, agus mar sin de.
- De ghnáth, tar éis duit an téama, ainm an dáin agus ainm an fhile a thabhairt, beidh ort cur síos a dhéanamh ar an gcaoi a gcuireann an file an téama sin nó an mothúchán sin os ár gcomhair. Is é sin le rá, déanfaidh tú plé ar na teicníochtaí filíochta sa dán—íomhánna, friotal, pearsantú, atmaisféar, srl.—de réir mar a oireann.

Focail agus frásaí a bhaineann le filíocht

cosúlachtaí	similarities
difríochtaí	differences
codarsnacht	contrast
Tá an téama céanna sa dá dhán	The same theme is in the two poems
Is é téama an dá dhán . . .	The theme of the two poems is . . .
Tá atmaisféar i ndán X éagsúil leis an atmaisféar i ndán Y	There is a different atmosphere in poem X from that in poem Y
Is é téama an dáin seo . . .	The theme of this poem is . . .
Is é an príomh-mhothúchán sa dán seo . . .	The main emotion or feeling in this poem is . . .
Luaigh	Mention
Léirigh	Convey, portray
Léiríonn an file	The poet conveys / portrays . . .

Teicníochtaí filíochta

Léiríonn an file an téama trí úsáid theicníochtaí filíochta a úsáid:

- **íomhánna** (*images*)
- **meafair** (*metaphors*): nuair a sheasann rud amháin do rud eile
- **samhlacha** (*similes*): nuair a úsáidtear na téarmaí 'mar,' 'ar nós,' 'cosúil le,' srl.

Aois na Glóire 3

- **friotal** (*expression*)—friotal ceolmhar, simplí, casta, srl.
- **uaim** (*alliteration*)—nuair a bhíonn an litir chéanna mar thús leis na focail
- **rím** (*rhyme*)
- **comhshondas** (*assonance*): nuair a bhíonn an fhuaim chéanna (gutaí nó consain) i bhfocail áirithe
- **atmaisféar** (*atmosphere*)
- **siombailí** (*symbols*)
- **codarsnacht** (*contrast*)
- **fallás na truamhéala** (*the pathetic fallacy*): nuair a chuireann an scríbhneoir tréithe daonna i leith an nádúir
- **meadaracht** (*metre*).

Cuireann an file fearg in iúl	The poet expresses anger
Déanann an file cur síos ar . . .	The poet describes . . .
Déanann an file comparáid idir X agus Y	The poet makes a comparison between X and Y
Déanann an file codarsnacht idir X agus Y	The poet contrasts X and Y
Úsáideann an file friotal ceolmhar in éineacht le rím / uaim / comhshondas	The poet uses musical language with rhyme / alliteration / assonance
Taitníonn íomhá an . . . liom	The image of . . . pleased me

Filíocht a ndearnadh staidéar uirthi agus Filíocht anaithnid

Filíocht a ndearna tú staidéar uirthi i rith do chúrsa

Reoiteog Mharfach
le Déaglán Collinge, as *Sealgaireacht*

Ceann **críonna** choíche
Ní bheidh ar cholainn óg
Ó sháraigh dúil do chiall,
Is le **reoiteog** i do **ghlac**
'Sea chuaigh tú **de ruathar**
Ó chúl an veain amach
Faoi rothaí cairr i mbarr a luais,
Gur thit mar **bhábóg éadaigh**
I do phleist ar thaobh an chosáin.
Is tú do do chur ar shínteán
San otharcharr isteach,
B'arraing ionam géarscreadaíl
Do mháthar, bán i do dhiaidh—
Báine a **mhair** i mo chuimhne
De d'aghaidh bheag,
De **leircín do reoiteoige**,
De do **chónra** bheag sa **dúpholl**.

Gluais

críonna	old, wise
ó sháraigh dúil do chiall	since appetite overcame your sense
reoiteog	ice cream
glac	hand
de ruathar	in a rush
bábóg éadaigh	rag doll (doll made of cloth)
i do phleist	in a heap
b'arraing ionam géarscreadaíl	like stabbing pains in me were the screeches of
do mháthar	your mother
mair	survive, last
leircín do reoiteoige	your squashed ice-cream
cónra	coffin
dúpholl	black hole

Cleachtadh bunaithe ar an dán
1. Cad is ainm don fhile?
2. Cad é príomhthéama an dáin?
3. Cad a tharla don leanbh sa dán?
4. Cén fáth a raibh an leanbh ar bís?
5. Conas a tharla an timpiste?
6. Cad a rinne an mháthair nuair a chonaic sí an timpiste?
7. Cén chuma a bhí ar a haghaidh?
8. Cén íomhá uafásach atá sa líne dheireanach?

Aois na Glóire 3

Téamaí an dáin	Mothúcháin sa dán
Brón	Uaigneas
Bás	Brón
Uaigneas na máthar	Uafás.
Timpiste	
Tragóid nó tubaiste	
Uafás.	

Ceisteanna scrúdaithe

Ceist scrúdaithe (2007)

Ainmnigh dán Gaeilge (a ndearna tú staidéar air i rith do chúrsa) a bhfuil do rogha **ceann amháin** de na mothúcháin seo thíos ann. Ní mór teideal an dáin sin, mar aon le hainm an fhile, a scríobh síos go soiléir.

(*a*) greann   (*b*) uaigneas   (*c*) grá   (*d*) díoltas   (*e*) sásamh   (*f*) cumha nó brón

Tabhair cuntas gairid ar a bhfuil sa dán sin faoin mothúchán atá roghnaithe agat agus ar an gcaoi a gcuireann an file an mothúchán sin os ár gcomhair.

Ceist scrúdaithe (2003)

Ainmnigh dán Gaeilge (a ndearna tú staidéar air i rith do chúrsa) a bhfuil do rogha **ceann amháin** de na *hábhair* seo thíos ann. Ní mór teideal an dáin sin, mar aon le hainm an fhile, a scríobh síos go soiléir.

(*a*) spórt   (*b*) timpiste   (*c*) an teach   (*d*) an dúlra (nádúr)   (*e*) ainmhí   (*f*) an bás

Tabhair cuntas gairid ar a bhfuil sa dán sin faoin ábhar atá roghnaithe agat agus ar an gcaoi a gcuireann an file an t-ábhar sin os ár gcomhair.

Teicníochtaí filíochta

(conas a chuireann an file an téama nó an mothúchán os ár gcomhair)

Nuair a iarrtar ort scríobh faoin gcaoi a gcuireann an file téama nó mothúchán os ár gcomhair, ba cheart duit scríobh faoi na *teicníochtaí filíochta* sa dán.

Sa dán seo is iad na teicníochtaí filíochta a úsáidtear ná

Íomhánna

Samhail (*simile*)—nuair a úsáidtear 'mar'

Friotal lom géar simplí

Rím (mar shampla 'cosán', 'sínteán').

Filíocht a ndearnadh staidéar uirthi agus Filíocht anaithnid

Íomhánna

Úsáideann an file íomhánna loma sa dán seo chun uafás na timpiste a léiriú. Cuireann sé síos ar pháiste—a mhac nó a iníon féin, b'fhéidir—a rith amach os comhair cairr agus a maraíodh.

Úsáideann an file samhail chun comparáid a dhéanamh idir an páiste agus bábóg éadaigh, rud a thaispeánann leochaileacht an pháiste: 'Gur thit mar bhábóg éadaigh i do phleist ar thaobh an chosáin.'

Léiríonn an file báine aghaidh na máthar, íomhá láidir a thaispeánann an alltacht agus an t-uafás a bhí uirthi de bharr na timpiste.

Úsáideann an file 'aghaidh bheag' an pháiste agus 'leircín do reoiteoige' mar íomhánna d'óige agus de shoineantacht an pháiste.

Is í an íomhá is cumhachtaí agus is brónaí sa dán, i mo thuairim, ná an íomhá de chónra bheag an pháiste á cur san uaigh: 'De do chónra bheag sa dúpholl.'

Freagraí samplacha

Téama: Brón

Rinne mé staidéar ar 'Reoiteog Mharfach' le Déaglán Collinge. Is é téama an dáin seo ná brón. Léiríonn an file téama an bhróin go soiléir sa dán.

Chonaic an file timpiste bhóthair inar maraíodh páiste a rith amach faoi dheifir ó chúl an veain reoiteoige. Bhí an páiste sona sásta agus an reoiteog ina lámh. Tháinig carr a bhí á thiomáint go tapa, agus leag an carr é. Léiríonn an file a bhrón agus brón mháthair an pháiste le friotal lom géar soiléir, agus léiríonn sé uafás na timpiste tragóidí nuair a maraíodh an páiste neamhurchóideach sa tsráid.

Déanann sé comparáid idir an páiste agus 'bábóg éadaigh' a thit ina chnap nuair a leagadh é. Taispeánann an tsamhail sin leochaileacht an pháiste. Tá an file ag caint go díreach leis an bpáiste sa dán, rud a chuireann le gné phearsanta an dáin: 'Is le reoiteog i do ghlac | 'Sea chuaigh tú de ruathar | Ó chúl an veain amach.' Taispeánann sin go bhfuil an file ag ionannú leis an bpáiste faoi mar a bheadh aithne aige air. Taispeánann an file a uafás agus a bhrón faoin tragóid i bhfriotal lom géar ag deireadh an dáin agus leis an íomhá uafásach 'de do chónra bheag sa dúpholl.'

Léiríonn an file brón agus croíbhriseadh na máthar ar shlí shoiléir freisin. Déanann sé cur síos ar phian na máthar le híomhánna a bhaineann leis an gcuma a bhí uirthi ('báine a haghaidh') agus íomhánna a bhaineann le fuaim a bróin ('B'arraing ionam géarscreadaíl do mháthar'). Deir sé go ndeachaigh screadach na máthar trína chroí, rud a thaispeánann méid an bhróin a bhí ar an máthair agus brón an fhile féin faoin tubaiste.

Gan amhras, feicimid léiriú cuimsitheach ar théama an bhróin sa dán seo, le cabhair theicníochtaí fileata ar nós íomhánna, friotal lom géar, agus caint dhíreach.

Téama: Timpiste

Rinne mé staidéar ar 'Reoiteog Mharfach' le Déaglán Collinge. Is é téama an dáin seo ná timpiste nó tragóid.

Déanann an file cur síos ar thimpiste uafásach a chonaic sé inar maraíodh páiste, agus léiríonn sé an t-uafás agus an brón a bhí air nuair a chonaic sé í. Insíonn sé scéal na timpiste dúinn. Chonaic sé páiste a raibh áthas air agus reoiteog ina lámh. Rith sé amach ó chúl veain ar an mbóthar. Bhí carr ag teacht a bhí á thiomáint go róthapa. Leag an carr an páiste.

Léiríonn an file soineantacht an pháiste: 'Ceann críonna choíche | Ní bheidh ar do cholainn óg.' Ní raibh mórán céille ag an bpáiste: 'Ó sháraigh dúil do chiall.'

Taispeánann an file a leochailí is a bhí an páiste le híomhá na 'bábóige éadaigh' a thit 'i do phleist.' Is samhail éifeachtach í sin. Tá an file ag caint go díreach leis an bpáiste sa dán, rud a dhéanann an dán níos pearsanta: smaoinímid faoin bpáiste mar dhuine ar leith. Ní dhéanann sé tuairisc ar an timpiste sa tríú pearsa. Cuireann sé sin le héifeacht an dáin. Labhraíonn an file faoi phian na máthar agus faoin gcaoi a ndeachaigh a screadach trína chroí: 'B'arraing ionam géarscreadaíl do mháthar.'

Ag deireadh an dáin úsáideann an file íomhá uafásach de chónra bheag an pháiste á cur san uaigh: 'De do chónra bheag sa dúpholl.'

Léiríonn an file uafás agus tragóid sa dán seo tríd an úsáid a bhaineann sé as caint dhíreach, friotal lom, agus íomhánna.

Teilifís

le Gabriel Rosenstock
(Faoi m'iníon Saffron)

Ar a cúig a chlog ar maidin
Theastaigh an teilifís uaithi.
An féidir argóint le **beainín**
Dhá bhliain go leith?

Síos linn le chéile
Níor **bhacas** fiú **le gléasadh**
Is bhí an seomra **préachta**.
Gan solas fós sa spéir
Stánamar le **hiontas** ar
scáileán bán.

Anois! Sásta!
Ach chonaic sise sneachta
Is **sioráf** tríd an sneachta
Is **ulchabhán** Artach
Ag faoileáil
Os a chionn.

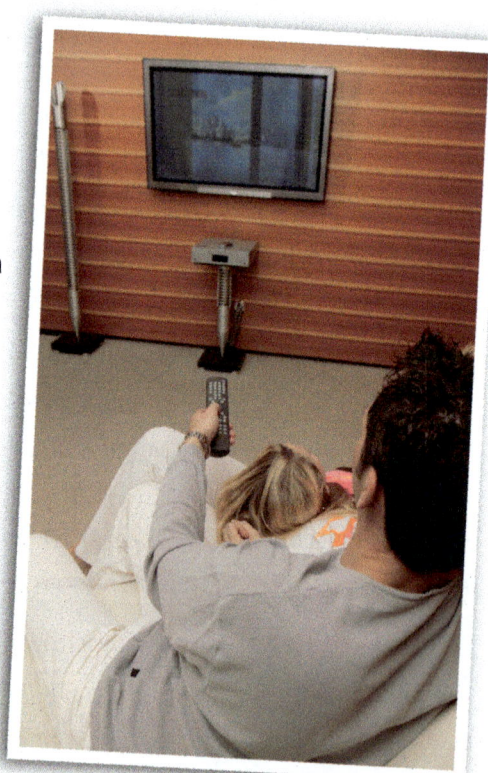

Filíocht a ndearnadh staidéar uirthi agus Filíocht anaithnid

Cleachtadh

1. Cad a theastaigh ón gcailín sa chéad véarsa?
2. Cén mothúchán a léiríonn an file maidir lena iníon?
3. Conas a bhí an seomra suí?
4. An raibh aon rud ar siúl ar an teilifís?
5. Conas a léiríonn an file samhlaíocht an chailín?
6. Cé na hainmhithe a chonaic an cailín ar scáileán bán an teilifíseáin?
7. Cad iad na téamaí a fheictear sa dán seo?
8. Cén saghas caidrimh a fheicimid idir an file agus a iníon sa dán?

Gluais

beainín	'little woman,' girl
bac le	bother with
gléas	dress
préachta	frozen
stán	stare
iontas	wonder
scáileán	a screen
sioráf	a giraffe
ulchabhán	owl
ag faoileáil	flying

Téamaí an dáin seo
Grá
Cion ag an bhfile ar a iníon
Óige
Áthas.

Teicníochtaí filíochta sa dán
Íomhánna áille
Friotal simplí díreach
Rím ('chéile'—'gléasadh'—'préachta').

Ceisteanna scrúdaithe

Ainmnigh dán Gaeilge (a ndearna tú staidéar air i rith do chúrsa) a bhfuil do rogha **ceann amháin** de na téamaí seo thíos ann. Ní mór teideal an dáin sin, mar aon le hainm an fhile, a scríobh síos go soiléir.

(a) cion ag an bhfile ar dhuine áirithe   (b) ainmhithe   (c) óige   (d) áthas   (e) grá

(f) meas ag an bhfile ar dhuine áirithe

Tabhair cuntas gairid ar a bhfuil sa dán sin faoin téama atá roghnaithe agat agus ar an gcaoi a gcuireann an file an téama sin os ár gcomhair.

Ceist scrúdaithe (2008)

Ainmnigh dán Gaeilge (a ndearna tú staidéar air i rith do chúrsa) a bhfuil do rogha **ceann amháin** de na *hábhair* seo thíos ann. Ní mór teideal an dáin sin, mar aon le hainm an fhile, a scríobh síos go soiléir.

(a) spórt   (b) an grá   (c) an teaghlach   (d) an dúlra   (e) ainmhí   (f) Dia

Tabhair cuntas gairid ar a bhfuil sa dán faoin ábhar atá roghnaithe agat agus ar an gcaoi a gcuireann an file an t-ábhar sin os ár gcomhair.

Freagraí samplacha

Téama: Mothúchán an ghrá

Rinne mé staidéar ar 'Teilifís' le Gabriel Rosenstock. Is é an grá téama an dáin seo.

Is léir go bhfuil grá mór ag an bhfile dá iníon. Theastaigh ón gcailín féachaint ar an teilifís ag a cúig a chlog ar maidin. Ní raibh sé in ann í a dhiúltú. Ghéill sé dá iníon, cé go raibh sé ina leaba i lár na hoíche. Léiríonn an téarma ceanúil 'beainín' cion an fhile dá iníon: 'An féidir argóint le beainín | Dhá bhliain go leith?'

Sa dara véarsa deir an file go raibh an seomra suí préachta agus nach raibh aon rud ar an teilifís, agus is dócha gurbh fhearr leis bheith ina leaba. Ag an am céanna, áfach, spreag samhlaíocht agus iontas a iníne é, agus ghlac sé páirt san iontas léi: 'Stánamar le hiontas ar scáileán bán.'

Taispeánann an file a mheas agus a ghrá dá iníon sa véarsa deireanach nuair a dhéanann sé cur síos ar shamhlaíocht iontach an chailín. Luann sé na híomhánna a chonaic sí—'sneachta' an scáileáin bháin, sioráf, agus ulchabhán bán ag eitilt sa sneachta—cé nach raibh faic ar an teilifís. Tugann an file suntas do na rudaí a chonaic a iníon.

Léiríonn an file a ghrá dá iníon go soiléir. D'éirigh sé as a leaba chun í a shásamh i lár na hoíche, agus chuaigh sé isteach i seomra fuar nuair nach raibh aon rud ar an teilifís. Tá an friotal simplí oiriúnach do théama an dáin, chomh maith le húsáid ríme anseo is ansiúd, mar shampla 'gléasta,' 'préachta.' Chomh maith leis sin, léirítear grá tríd an meas a léiríonn sé do shamhlaíocht a iníne.

Téama: An óige

Rinne mé staidéar ar 'An Teilifís' le Gabriel Rosenstock. Is í an óige téama an dáin seo, agus léiríonn an file an téama sin ar shlí shoiléir shimplí. Sa dán deo léiríonn sé gnéithe éagsúla den óige.

Léiríonn an file ceanndánacht a iníne ar shlí ghrámhar sa chéad véarsa. Theastaigh ón gcailín féachaint ar an teilifís ag a cúig a chlog ar maidin. Cé go raibh an file ina leaba, agus cé go raibh a fhios aige nach mbeadh aon chlár á chraoladh ag an am sin den oíche, ní raibh sé ábalta diúltú di, toisc go raibh sé chomh ceanúil uirthi. 'An féidir leat argóint le beainín | Dhá bhliain go leith?'

Sa dara véarsa léiríonn an file iontas na hóige: 'Stánamar le hiontas ar scáileán bán.'

Sa véarsa deireanach léiríonn sé samhlaíocht agus soineantacht na hóige le híomhánna ó shamhlaíocht a iníne. Cé nach raibh aon chlár á chraoladh ar an teilifís, chonaic an cailín an iliomad nithe iontacha ar scáileán bán na teilifíse. Shamhlaigh sí go raibh sioráf ag siúl tríd an 'sneachta' agus go raibh ulchabhán Artach ag eitilt ar scáileán bán an teilifíseáin. Taispeánann na híomhánna iontacha neamhghnácha sin samhlaíocht na hóige.

Oireann friotal simplí an dáin don téama. Léiríonn an file soineantacht, samhlaíocht agus ceanndánacht na hóige sa dán seo.

Filíocht a ndearnadh staidéar uirthi agus Filíocht anaithnid

An tÓzón
le Máire Áine Nic Ghearailt

Mise an t-ózón
Anseo i lár na spéire.
Rinne Dia **fadó** mé
Chun tusa **a shaoradh**
Ó **iomarca** gréine
Agus **nithe gránna** eile.

Táim ag rá leat
Aire a thabhairt
Dod' **chomharsanacht**,
Don domhan
Mar cónaíonn tú ann
Agus tá sé **ag brath ort**.

Ná **loit** rud ar bith
Nár **chruthaigh** tú.
Glac mo **chomhairle**
Agus **mairfidh** tú.
Mairfimid uile
Mar a ceapadh dúinn.

Gluais

fadó	long ago
a shaoradh	to save
iomarca	too much
nithe gránna	ugly things
aire	care
comharsanacht	neighbourhood
ag brath ar	depending on
loit	destroy
cruthaigh	create
comhairle	advice
mair	survive

Cleachtadh

1. Cé a scríobh an dán seo?
2. Cad é téama an dáin?
3. Cén líne a thaispeánann pearsantú an ózóin sa dán?
4. Cad é príomh-mhothúchán an dáin?
5. Cén fáth a bhfuil fearg ar an bhfile agus ar an ózón sa dán?
6. Cé na línte a thaispeánann an fhearg sin?
7. Conas a chuirtear críoch leis an dán?
8. Cén sórt friotail a úsáideann an file?

Téamaí
An t-imshaol
Fearg
Rud a chuir fearg ar an bhfile.

An príomh-mhothúchán
Fearg.

Teicníochtaí filíochta: Conas a chuirtear an dán os ár gcomhair
Pearsantú an ózóin
Orduithe, a thaispeánann fearg an ózóin agus fearg an fhile
Friotal gonta simplí díreach.

Ceisteanna scrúdaithe (2000)
Ainmnigh dán Gaeilge (a ndearna tú staidéar air i rith do chúrsa) a bhfuil do rogha **ceann amháin** de na *mothúcháin* seo thíos ann. Ní mór teideal an dáin sin, mar aon le hainm an fhile, a scríobh síos go soiléir.

(*a*) grá   (*b*) fearg   (*c*) éad   (*d*) dóchas   (*e*) brón   (*f*) uaigneas

Tabhair cuntas gairid ar a bhfuil sa dán faoin mothúchán atá roghnaithe agat agus ar an gcaoi a gcuireann an file an t-ábhar sin os ár gcomhair.

Ceist shamplach
Ainmnigh dán Gaeilge (a ndearna tú staidéar air i rith do chúrsa) a bhfuil do rogha ceann amháin de na hábhair seo thíos ann. Ní mór teideal an dáin sin, mar aon le hainm an fhile, a scríobh síos go soiléir.

(*a*) an dúlra   (*b*) fearg   (*c*) an t-imshaol   (*d*) díoltas   (*e*) an óige   (*f*) an bás

Tabhair cuntas gairid ar a bhfuil sa dán faoin ábhar atá roghnaithe agat agus ar an gcaoi a gcuireann an file an t-ábhar sin os ár gcomhair.

Freagraí samplacha
Téama: An t-imshaol
Rinne mé staidéar ar 'An tÓzón' le Máire Áine Nic Gearailt. Is é an t-imshaol téama an dáin. Léiríonn an file an téama sin le cabhair teicníochtaí filíochta ar nós phearsantú an ózóin agus caint láidir dhíreach.

Sa dán seo tá an t-ózón féin ag caint leis an gcine daonna. Ar an ábhar sin déanann an file an t-ózón a phearsantú—'Mise an t-ózón'—rud a dhéanann an dán níos pearsanta.

Filíocht a ndearnadh staidéar uirthi agus Filíocht anaithnid

Tá an t-ózón ag rá linn gan an t-imshaol a mhilleadh. Cuireann an pearsantú le héifeacht na teachtaireachta sin.

Friotal gonta simplí atá sa dán. Deir an t-ózón linn go bhfuil sé ag déanamh a dhíchill leis an domhan agus an cine daonna a chosaint ón ngrian agus ó rudaí dainséaracha: 'Rinne Dia fadó mé | Chun tusa a shaoradh | Ó iomarca gréine | Agus nithe gránna eile.'

Taispeánann an file a fearg trí na focail a labhraíonn an t-ózón sa dán. Tá fearg ar an ózón toisc go bhfuil an cine daonna ag scriosadh an imshaoil fad is atá seisean ag déanamh a dhíchill leis an imshaol a chosaint. Léiríonn an file an fhearg sin trí orduithe a úsáid: 'Táim ag rá leat | Aire a thabhairt | Dod' chomharsanacht . . . Mar . . . tá sé ag brath ort.' Agus tá an fhearg le brath sna línte seo a leanas: 'Ná loit rud ar bith | Nár chruthaigh tú.'

Tá comhartha dóchais ag deireadh an dáin nuair a deir an t-ózón go mairfidh an domhan, an t-imshaol agus an cine daonna má ghlacaimid a chomhairle: 'Glac mo chomhairle | Agus mairfidh tú. | Mairfimid uile . . .'

Is léir gurb é an t-imshaol príomhthéama an dáin seo.

Fearg, nó rud a chuir fearg ar an bhfile

Rinne mé staidéar ar 'An tÓzón' le Máire Áine Nic Gearailt. Sa dán seo tá mothúchán na feirge léirithe go soiléir tríd an dán. Tá fearg ar an bhfile toisc go bhfuil an cine daonna ag scriosadh an imshaoil. Is é fearg an fhile atá á chur in iúl trí ghlór an ózóin.

Déanann an file an ciseal ózóin a phearsantú, agus labhraíonn an t-ózón go feargach leis an gcine daonna. Deir sé go bhfuil sé ag iarraidh a dhícheall a dhéanamh leis an gcine daonna agus an domhan a chosaint ón ngrian fad is atá an cine daonna ag milleadh an imshaoil: 'Rinne Dia fadó mé | Chun tusa a shaoradh | Ó iomarca gréine . . .'

Úsáideann an file orduithe chun a fearg a léiriú. Deir an t-ózón: 'Táim ag rá leat | Aire a thabhairt | Dod' chomharsanacht.' Tá an fhearg soiléir san ordú: 'Na loit rud ar bith | Nár chruthaigh tú.'

Tá nóta dóchais ag an deireadh nuair a deir an t-ózón go mairfimid má ghlacaimid a chomhairle, is é sin aire a thabhairt don imshaol. Ar an lámh eile de ní féidir a shéanadh go bhfuil fearg an fhile le brath go láidir sa dán seo.

Duilleoga ar an Life

le Séamus Ó Néill

Duilleoga **ar snámh**
Donn, geal is rua
Ar abhainn na Life
Ag seoladh le sruth.

Spréigh siad **brat** glas
Ar bharra na gcrann
Ar fud **cuibhreann** is coillte
I bhfad, I bhfad ó shin ann.

Duilleoga ar snámh,
Lá **ceoch** Fómhair,
Ag iompar na háilleachta
Trí **shráideanna dobhair**.

Gluais

ar snámh	floating
ag seoladh	sailing
le sruth	with the current
spréigh	spread
brat	a blanket
cuibhreann	field
ceoch	misty, foggy
ag iompar	carrying
sráideanna dobhair	wet streets, flooded streets

Cleachtadh

1. Cé a chum an dán seo?
2. Cad é téama an dáin?
3. Cén sórt íomhánna a úsáideann an file sa chéad véarsa?
4. Cé na dathanna a luann sé?
5. Cá bhfuil na crainn i véarsa 2?
6. Cad a chruthaíonn na duilleoga ar bharr na gcrann?
7. Cén t-atmaisféar atá sa véarsa deireanach?
8. Cén chodarsnacht atá le feiceáil sa véarsa deireanach?

Filíocht a ndearnadh staidéar uirthi agus Filíocht anaithnid

Na téamaí
An dúlra / an nádúr
Áilleacht
Na séasúir.

Teicníochtaí filíochta
Íomhánna den nádúr agus d'áilleacht na nduilleog
Friotal simplí ceolmhar, chomh maith le huaim (mar shampla 'ag seoladh le sruth,' 'cuibhreann is coillte')
Rím (mar shampla 'crann' agus 'ann' i véarsa 2, 'fómhair' agus 'dobhair' i véarsa 3).

Ceist scrúdaithe

Ainmnigh dán Gaeilge (a ndearna tú staidéar air i rith do chúrsa) a bhfuil do rogha **ceann amháin** de na *hábhair* seo thíos ann. Ní mór teideal an dáin sin, mar aon le hainm an fhile, a scríobh síos go soiléir.

(*a*) spórt   (*b*) timpiste   (*c*) an teach   (*d*) an dúlra (nádúr)   (*e*) ainmhí   (*f*) an bás

Tabhair cuntas gairid ar a bhfuil sa dán faoin ábhar atá roghnaithe agat agus ar an gcaoi a gcuireann an file an t-ábhar sin os ár gcomhair.

Freagra samplach

An nádúr / An dúlra / An fómhar

Rinne mé staidéar ar 'Duilleoga ar an Life' le Séamus Ó Néill. Is í áilleacht an nádúir príomhthéama an dáin seo.

Úsáideann an file íomhánna áille chun cur síos a dhéanamh ar ghnéithe éagsúla an nádúir agus ar ghnéithe éagsúla an fhómhair: na duilleoga, an abhainn, na páirceanna, agus na crainn.

Sa chéad véarsa luann sé dathanna éagsúla na nduilleog agus iad ar snámh ar an Life: 'Duilleoga ar snámh | Donn, geal is rua.' Cruthaíonn na dathanna éagsúla íomhá álainn in aigne an léitheora. Úsáideann an file uaim dheas sa líne dheireanach freisin chun cur leis an atmaisféar: 'Ag seoladh le sruth.'

Sa dara véarsa déanann an file cur síos ar an mbrat glas a chruthaíonn na duilleoga ar bharr na gcrann. Déanann sé tagairt do chrainn scaipthe ar fud na bpáirceanna is na gcoillte: 'Spréigh siad brat glas | Ar bharra na gcrann | Ar fud cuibhreann is coillte.' Tá úsáid na huaime an-oiriúnach: 'cuibhreann is coillte.' Cuireann an rím le héifeacht an véarsa freisin, mar shampla 'gcrann,' 'ann.'

Sa véarsa deireanach léiríonn an file an chaoi a gcuireann na duilleoga cruth níos gile agus níos áille ar na sráideanna dorcha. Cruthaíonn an ceo atmaisféar mistéireach sa véarsa deireanach. Léiríonn an file an áilleacht a bhaineann leis na duilleoga agus an chodarsnacht idir iad agus na sráideanna dorcha fliucha ina bhfuil na duilleoga 'ag iompar na háilleachta | Trí shráideanna dobhair.' Tá an rím éifeachtach anseo freisin: 'Fómhair' agus 'dobhair.'

Is léir gurb é an nádúr ceann de phríomhthéamaí an dáin seo.

Aois na Glóire 3

An Blascaod Mór Anois
le Máire Áine Nic Gearailt

D'imigh na daoine
Amach chun na **míntíre**,
Tá'n Blascaod Mór ciúin anois,
Leis féin os cionn na **taoide**.

Is cuimhin leis páistí beaga
Ag súgradh ar an trá,
Is **naomhóga** ag iascaireacht
Amuigh **go domhain** sa **bhá**.

Daoine ag insint scéalta
Cois tine, **mall san oíche**,
Ceol á sheinnt ar veidhlín—
Ní chloisfear arís é **choíche**.

Ach b'fhéidir go bhfuil **taibhsí**
Ag insint scéil nó dhó
Cois tine ar an mBlascaod,
Faoin saol 'bhí ann fadó.

Gluais

míntír	mainland
taoide	tide
naomhóg	a curach
go domhain	deep
bá	bay
mall san oíche	late at night
choíche	ever
taibhsí	spirits, ghosts

Cleachtadh

1. Cé a chum an dán seo?
2. Cad iad na téamaí atá le sonrú sa dán?
3. Cén mothúchán atá le brath sa chéad véarsa?
4. Cén saghas íomhánna a luaitear sa chéad véarsa agus sa dara véarsa?
5. Cén áit a bhfuil rím sa dán?
6. Cén saghas atmaisféir atá sa véarsa deireanach?

Filíocht a ndearnadh staidéar uirthi agus Filíocht anaithnid

Téamaí
Uaigneas
Brón
Áthas
Cuimhní
Bás.

Teicníochtaí filíochta

Pearsantú
Déanann an file an t-oileán a phearsantú. Ligeann sí uirthi go bhfuil mothúcháin agus cuimhní ag an oileán: 'Is cuimhin leis páistí beaga | Ag súgradh ar an trá.'

Íomhánna
Tá íomhá den oileán uaigneach sa chéad véarsa. Tá íomhá de shonas sa dara véarsa, agus sa tríú véarsa tá íomhá den saol a bhí ag daoine ar an oileán sular thréig siad é. Ansin tá íomhá de bhás agus de thaibhsí sa véarsa deireanach.

Rím
Tá rím idir na focail dheireanacha i líne 2 agus líne 4 i ngach véarsa, mar shampla 'míntíre' agus 'taoide' i véarsa 1, 'trá' agus 'bhá' i véarsa 2.

Íomhánna
Tá íomhá den oileán uaigneach sa chéad véarsa. Tá na daoine imithe go dtí an mhíntír.

Déantar an t-oileán a phearsantú. Is cuimhin leis an oileán íomhánna áille áthasacha de pháistí ag súgradh agus báid ag iascaireacht ar an mbá.

Sa tríú véarsa léiríonn an file íomhánna teolaí áthasacha de dhaoine ag insint scéalta agus ag seinm ceoil cois tine.

Sa véarsa deireanach feicimid íomhánna den bhás agus den am atá thart. Tarraingíonn an file pictiúr de thaibhsí ag insint scéalta cois tine faoin saol a bhí san oileán fadó.

Ceisteanna scrúdaithe (1999)

Ainmnigh dán Gaeilge (a ndearna tú staidéar air i rith do chúrsa) a bhfuil do rogha **ceann amháin** de na *téamaí* seo thíos ann. Ní mór teideal an dáin mar aon le hainm an fhile a chum, a scríobh síos go soiléir.

(*a*) athair (máthair)   (*b*) eagla   (*c*) cuimhne na hóige   (*d*) an Nollaig   (*e*) ainmhithe
(*f*) an bás

Tabhair cuntas gairid ar a bhfuil sa dán sin faoin téama atá roghnaithe agat agus ar an gcaoi a gcuireann an file an téama sin os ár gcomhair.

Freagra samplach
Téama: An bás

Rinne mé staidéar ar 'An Blascaod Mór Anois' le Máire Áine Nic Gearailt. Is é an bás príomhthéama an dáin.

Déanann an file an Blascaod Mór a phearsantú. Tá brón ar an oileán mar a bheadh ar dhuine, toisc go bhfuil na daoine go léir imithe ón oileán: 'D'imigh na daoine | Amach chun na míntíre.'

Tugann an file pictiúr uaigneach brónach den oileán dúinn, 'Leis féin os cionn na taoide.' Tá deireadh nó bás anois leis an saol a bhí san oileán.

Leanann an file leis an bpearsantú sa dara véarsa. Deir sí gur cuimhin leis an oileán am níos áthasaí, nuair a bhí 'páistí beaga | Ag súgradh ar an trá, | Is naomhóga ag iascaireacht | Amuigh go domhain sa bhá.' Bhíodh comhluadar agus muintearas san oileán sna laethanta sin freisin; b'áit bheoga spleodrach é. Bhíodh daoine ag insint scéalta agus ag seinm ceoil ann, mar a léirítear in íomhánna an tsonais sa tríú véarsa.

Tá atmaisféar an bháis le brath sa véarsa deireanach nuair a dhéanann an file tagairt do thaibhsí, is é sin na daoine a fuair bás san oileán. Tá an t-oileán tréigthe anois, agus ní féidir leis ach smaoineamh 'faoin saol 'bhí ann fadó.' Úsáideann an file friotal ceolmhar atá oiriúnach do théama an dáin. Tá rím idir líne 2 agus líne 4 i ngach véarsa, mar shampla 'míntíre,' 'taoide,' srl.

Tá tagairtí don bhás ann in íomhá na dtaibhsí. Chomh fada agus a bhaineann sé leis an gcine daonna, tá an t-oileán marbh. Feicimid téama an bháis go soiléir sa dán seo.

Filíocht anaithnid

Tá an cheist seo i roinn II ar pháipéar 2.

Moltaí maidir le ceist 3

- Tá 15 mharc ar fáil sa cheist seo.
- Déanfaidh tú trí cheist sa roinn seo. Roghnóidh tú ceist amháin as A agus ceist amháin as B. Roghnóidh tú an tríú ceist as A nó as B.
- De ghnáth, déantar comparáid idir an chéad agus an dara dán.
- Smaoinigh faoi chosúlachtaí idir an dá dhán maidir le mothúcháin, téamaí, atmaisféar, agus scéal an dáin.
- Déan staidéar ar théarmaí úsáideacha a bhaineann le teicníochtaí filíochta, mar atá thíos.

Filíocht a ndearnadh staidéar uirthi agus Filíocht anaithnid

Ceist shamplach 1

Léigh an dá dhán thíos agus freagair trí cinn de na ceisteanna a ghabhann leo. Ní mór ceist amháin a roghnú as A agus ceist amháin a roghnú as B. Is féidir an tríú ceist a roghnú as A nó as B. Ní gá níos mó ná leathleathanach a scríobh. (Bíodh na freagraí i d'fhocail féin chomh fada agus is féidir leat.)

Mac Eile ag Imeacht
le Fionnuala Uí Fhlannagáin

Cuirfimidne chun bóthair arís inniu
Chuig aerfort Bhaile Átha Cliath.
Deireadh an tsamhraidh buailte linn
Mac eile ag imeacht.
Eisean féin a thiomáinfidh an carr
Tús curtha ar a thuras fada.
Le mionchomhrá treallach, míloighciúil
Meilfimid an aimsir.

Staidéar ar ríomhtheangacha
A bheidh idir lámha aige.
Béarfaidh sé ar an bhfaill
Faoi spalladh gréine i Houston, Texas.
Tar éis slán a chur leis
Agus greim láimhe againn ar a chéile
Pléifimid na buntáistí a bheidh aige thall
Nach mbeadh ar fáil sa bhaile.

Gealgháireach, fuadrach a bheidh
Na strainséirí inár dtimpeall.
Ní bhacfaimid le cupán caifé,
Siúlfaimid go dtí an carr go mall.
Deireadh an tsamhraidh buailte linn.
Mac eile ag imeacht.

Subh Milis
le Séamus Ó Néill

Bhí subh milis ar bhas-chrann an dorais,
Ach mhúch mé an corraí ionam a d'éirigh.
Mar smaoinigh mé ar an lá a bheas an bas-chrann glan 'gus an lámh bheag ar iarraidh.

Ceisteanna

A (Buntuiscint)
1. Cé a thiomáinfidh an carr sa chéad véarsa den dán 'Mac Eile ag Imeacht'?
2. Cad a rinne an páiste sa dán 'Subh Milis'?
3. Conas a mhothaíonn na tuismitheoirí i véarsa 3 den dán 'Mac Eile ag Imeacht', meas tú?

B (Léirthuiscint ghinearálta)
1. Luaigh difríocht amháin agus cosúlacht amháin idir an dá dhán.
2. Déan cur síos ar an gcodarsnacht a fheictear sa tríú véarsa den dán 'Mac Eile ag Imeacht.'
3. Cén dán is fearr leat? (Is leor dhá phointe a lua.)

Ceist shamplach 2

Léigh an dá dhán thíos agus freagair trí cinn de na ceisteanna a ghabhann leo. Ní mór ceist amháin a roghnú as A agus ceist amháin a roghnú as B. Is féidir an tríú ceist a roghnú as A nó as B. Ní gá níos mó ná leathleathanach a scríobh. (Bíodh na freagraí i d'fhocail féin chomh fada agus is féidir leat.)

Aois na Glóire 3

Má chuimhním ort anois
le Seán Ó Leocháin

Má chuimhním ort anois,
a athair liom,
ag siúl leat féin
ar chúl na dtithe beaga

gan ionat i ndiaidh do dhochair,
mar a deir tú féin,
ach leathdhuine
gan lúth, gan lúth coise,

creid nach é a fheicim,
a athair liom,
seanfhear le maide
ag siúl leis féin san uaigneas

ach fear a d'fhás
as cuimse mór
de bharr a dhóchais,
de bharr ar fhulaing le foighne.

Le Linn Ár nÓige
le Máirtín Ó Direáin

Mairg le linn ár n-óige
Sinn ag tnúth le bheith mór,
Gan foighid, ach ag aithris
Ar dhaoine fásta suas,
Dá mbeadh ciall againn an tráth úd
Bhainfeadh sinn aoibhneas as gach ní—
Tráthnóntaí fada samhraidh
Is an ghrian ag dul faoi,
Laethanta geala gréine
Is crónán na mbeach
Is radharcanna áille a d'aoibhneodh ár gcroí
Uaigneas a chuirid anois orainn
Nuair a chímid iad arís
Is gan fáil againn filleadh
Ar an aoibhneas úd a choích'.

Ceisteanna

A (Buntuiscint)

1. Cén pictiúr a chruthaíonn an file dá athair sa chéad agus sa dara véarsa den dán 'Má Chuimhním Ort Anois'?
2. Cén saghas íomhánna dá óige a léiríonn an file sa dán 'Le Linn Ár nÓige'?
3. Cad é an mothúchán is láidre sa dán 'Le Linn Ár nÓige', i do thuairim?

B (Léirthuiscint ghinearálta)

1. Conas a mhothaíonn an file faoina athair sa dán 'Má Chuimhním Anois Ort'?
2. Luaigh difríocht amháin agus cosúlacht amháin idir an dá dhán thuas.
3. Cén dán is fearr leat? Tabhair dhá fháth le do fhreagra.

Ceist shamplach 3

Léigh an dá dhán thíos agus freagair trí cinn de na ceisteanna a ghabhann leo. Ní mór ceist amháin a roghnú as A agus ceist amháin a roghnú as B. Is féidir an tríú ceist a roghnú as A nó as B. Ní gá níos mó ná leathleathanach a scríobh. (Bíodh na freagraí i d'fhocail féin chomh fada agus is féidir leat.)

Filíocht a ndearnadh staidéar uirthi agus Filíocht anaithnid

Na Blátha Craige
le Liam Ó Flatharta

A dúirt mé leis na blátha:
'Nach suarach an áit a fuair sibh
Le bheith ag déanamh aeir,
Teannta suas anseo le bruach na haille,
Gan fúibh ach an chloch ghlas
Agus salachar na n-éan,
Áit bhradach, lán le ceo
Agus farraige cháite:
Ní scairteann grian anseo
Ó Luan go Satharn
Le gliondar a chur oraibh.'

A dúirt na blátha craige:
'Is cuma linn, a stór,
Táimid faoi dhraíocht
Ag ceol na farraige.'

An Dobharchú Gonta
le Michael Hartnett

Dobharchú gonta
ar charraig lom
ga ina taobh,
í ag cuimilt a féasóige
ag cuimilt scamaill a cos.

Chuala sí uair
óna sinsir
go raibh abhainn ann,
abhainn chriostail,
gan uisce inti.

Chuala fós go raibh breac ann
chomh ramhar le stoc crainn,
go raibh crúidín ann
mar gha geal gorm;
chuala fós go raibh fear ann
gan chúnna ar chordaí.

D'éag an domhan,
d'éag an ghrian i ngan fhios di
mar bhí sí cheana
ag snámh go sámh
in abhainn dhraíochta
an chriostail.

Ceisteanna

A (Buntuiscint)
1. Cad é téama an dáin 'Na Blátha Craige'?
2. Cé leis a bhfuil an file ag caint sa dán 'Na Blátha Craige'?
3. Cad a tharla don dobharchú gortaithe sa véarsa deireanach den dán 'An Dobharchú Gonta'?

B (Léirthuiscint ghinearálta)
1. Luaigh difríocht amháin agus cosúlacht amháin idir 'Na Blátha Craige' agus 'An Dobharchú Gonta.'
2. Cén dán is fearr leat? Luaigh dhá chúis le do fhreagra.
3. Cad é téama an dáin 'An Dobharchú Gonta', dar leat?

Aois na Glóire 3

Ceist shamplach 4

Léigh an dá dhán thíos agus freagair trí cinn de na ceisteanna a ghabhann leo. Ní mór ceist amháin a roghnú as A agus ceist amháin a roghnú as B. Is féidir an tríú ceist a roghnú as A nó as B. Ní gá níos mó ná leathleathanach a scríobh. (Bíodh na freagraí i d'fhocail féin chomh fada agus is féidir leat.)

Sráidbhaile
le Róise Ní Ghráda

An sráidbhaile
Ar tógadh mise ann
bhí sé chomh sciomartha
le monarcha feola;

d'fheicfeá do scáil
I leaca na sráide
d'íosfá do dhinnéar
ó urlár an mhargaidh;

pobal ceart, pobal cóir,
an sagart, an sáirsint, an polaiteoir,
I dtiúin le chéile ar Lá Fhéile Phádraig,
mórtasach, creidmheach, spórtúil, gáireach;

mná is fir ar chúl a chéile
fhad is nár trasnaíodh an líne;
don té a bhí éagsúil i modh nó i mbéasa
bhí an áit chomh huaigneach le bothán sléibhe.

Fear Lasta Lampaí
le Máirtín Ó Direáin

Níor dheas a bhí ach gránna,
Ní raibh sé mór an fear
Is cóip an bhaile mhóir
Ag fonóid faoi gan náire,
Ach ghluais gan mhairg fós
Is ar chuaillí chuaigh in airde
Ba dhraíodóir an fear beag
A raibh an solas ina ghlaic,
É ag tabhairt na gile
Ó lampa go lampa sráide.

Ceisteanna

A (Buntuiscint)
1. Déan cur síos ar an íomhá dá sráidbhaile dúchais a léiríonn an file i véarsaí 1, 2 agus 3 den dán 'An Sráidbhaile.'
2. Conas a bhí na daoine sa bhaile mór sa dán 'Fear Lasta Lampaí'?
3. Cén chuma a bhí ar an bhfear lasta lampaí?

B (Léirthuiscint ghinearálta)
1. Luaigh cosúlacht amháin agus difríocht amháin idir an dá dhán thuas.
2. Cén sórt dearcaidh atá ag an bhfile maidir leis an bhfear lasta lampaí, meas tú?
3. Cad é an príomh-mhothúchán sa dán 'Fear Lasta Lampaí', i do thuairim? Tabhair dhá fháth le do fhreagra.

Aonad 12

Gramadach

Téarmaí Gramadaí

Téarmaí a bhaineann le focail

siolla	a syllable
an fhréamh	the root
na gutaí	the vowels
na consain	the consonants
consan leathan	broad consonant
consan caol	slender consonant
inscne	gender
firinscneach	masculine
baininscneach	feminine
tuiseal	case

An t-ainmfhocal

Focal is ea ainmfhocal (*noun*) a chuireann cineál duine, áite nó ruda in iúl dúinn.

Mar shampla:

fear, **bean**, **sráidbhaile**, **fuinneog**, **áthas**.

Tá uimhir uatha (*singular number*) agus uimhir iolra (*plural number*) ag formhór na n-ainmfhocal.

⭐ Mar shampla:

Uimhir uatha	Uimhir iolra
fear	fir
bean	mná
sráidbhaile	sráidbhailte
fuinneog	fuinneoga

Ainmfhocal dílis (*proper noun*) is ea ainm duine nó áit ar leith.

⭐ Mar shampla:

Seán, Sorcha, Corcaigh, Sasana.

An t-alt

Focal is ea an t-alt (*the definite article*) a dhéanann ainmfhocal cinnte d'ainmfhocal. Déanaimid sin de ghnáth trí **an** a chur roimh ainmfhocail uatha agus **na** roimh ainmfhocail iolra.

⭐ **Mar shampla:**

an fear, **an** bhean, **na** sráidbhailte, **na** fuinneoga.

Úsáidimid **na** freisin roimh ainmfhocal uatha más ainmfhocal baininscneach é sa tuiseal ginideach.

⭐ **Mar shampla:**

cóta **na** mná, gloine **na** fuinneoige.

An aidiacht

Tugann aidiacht (*adjective*) tuilleadh eolais dúinn faoi ainmfhocal.

⭐ **Mar shampla:**

fear **ard**, bean **dheas**, sráidbhaile **beag**, fuinneog **mhór**.

An aidiacht shealbhach

Insíonn aidiacht shealbhach (*possessive adjective*) dúinn cé leis rud.

⭐ **Mar shampla:**

mo theach, **do** theach, **a** theach, **a** teach, **ár** dteach, **bhur** dteach, **a** dteach.

An briathar

Cuireann briathar (*verb*) gníomh in iúl de ghnáth.

⭐ **Mar shampla:**

téigh, **ith**, **tar**.

Tá briathra rialta (*regular verbs*) agus briathra neamhrialta (*irregular verbs*) ann.

An saorbhriathar

Úsáidimid an saorbhriathar (*the autonomous verb*) nuair nach n-insítear dúinn cé a dhéanann an gníomh.

⭐ **Mar shampla:**

osclaíodh an siopa	the shop was opened
osclaítear an siopa	the shop is opened
osclófar an siopa	the shop will be opened
d'osclófaí an siopa	the shop would be opened

Gramadach

Téarmaí a bhaineann le briathra

aimsir	tense
réimniú	conjugation (grouping of verbs)
an chéad réimniú	the first conjugation
an dara réimniú	the second conjugation
an fhoirm dhearfach	the positive form
an fhoirm dhiúltach	the negative form
an fhoirm cheisteach	the question form
Na Briathra Neamhrialta	The Irregular Verbs

Na réamhfhocail shimplí

Focal is ea réamhfhocal (*preposition*) a léiríonn dúinn cá bhfuil rud maidir le rud eile. Focal aonair is ea réamhfhocal simplí (*simple preposition*), agus leanann an tuiseal tabharthach (*the dative case*) é.

⭐ Mar shampla:

ar chathaoir, **le** háthas, **ag** an doras, **as** an mbosca.

Na réamhfhocail chomhshuite

Dhá fhocal a fheidhmíonn le chéile mar réamhfhocal is ea réamhfhocal comhshuite (*compound preposition*), agus leanann an tuiseal ginideach (*the genitive case*) iad.

⭐ Mar shampla:

os comhair an tí, **in aice** na habhann, **tar éis** an dinnéir, **ar son** na scoile.

An forainm

Focal is ea forainm (*pronoun*) a úsáidimid in ionad ainmfhocail.

⭐ Mar shampla:

é, **í**, **iad**.

Forainmneacha pearsanta (*personal pronouns*) is ea na forainmneacha a bhaineann le daoine.

⭐ Mar shampla:

mé, **tú**, **sé**, **sí**, **muid** (**sinn**), **sibh**, **siad**

thú, **é**, **í**, **iad**.

An forainm réamhfhoclach

Nuair a dhéanaimid aon fhocal amháin de réamhfhocal simplí agus forainm, bíonn forainm réamhfhoclach (*prepositional pronoun*) againn.

⭐ Mar shampla:

	ag	ar	le
mé	agam	orm	liom
tú	agat	ort	leat
sí	aici	uirthi	léi

313

Aois na Glóire 3

Cleachtadh Scríofa

Cuir gach focal sa cholún ceart.

*deas, tar éis, Corcaigh, asam,
cailín, sé, agat, i ndiaidh,
faigh, as, sí, Bré,
linn, sibh, faoi, i,
ag, aici, tabhair, os comhair,
téigh, bóthar, ceapaim, ar son,
álainn, cneasta, bán, iad.*

Ainmfhocal	Aidiacht	Briathar	Réamhfhocal simplí	Réamhfhocal comhshuite	Forainm	Forainm réamh-fhoclach

An Aimsir Chaite

Úsáidimid an aimsir chaite (*the past tense*) nuair a chuirimid síos ar rud a tharla san am atá thart. Go minic bíonn téarma ar nós 'an bhliain seo caite,' 'an tseachtain seo caite,' 'an mhí seo caite,' 'inné,' 'ar maidin,' 'aréir,' 'seachtain ó shin,' 'mí ó shin' agus mar sin de in éineacht leis an mbriathar.

An Chéad Réimniú

Briathra a bhfuil siolla amháin iontu agus briathra a bhfuil dhá shiolla iontu agus síneadh fada ar an dara siolla atá sa chéad réimniú.

Na Rialacha

Chun briathar a chur san aimsir chaite, más briathar é a bhfuil consan (ach amháin **f**) mar thús air cuirimid séimhiú ar an gconsan.

⭐ Mar shampla:

glan	**gh**lan mé
cuir	**ch**uir mé
mol	**mh**ol sí
coimeád	**ch**oimeád siad

314

Más briathar é a bhfuil **f** mar thús air cuirimid séimhiú ar an **f** agus cuirimid **d'** roimhe.

⭐ Mar shampla:

fás	**d'fh**ás siad
fan	**d'fh**an sí
coimeád	**ch**oimeád siad

Más briathar é a bhfuil guta mar thús air cuirimid **d'** roimhe.

⭐ Mar shampla:

ól	**d'**ól mé

An fhoirm dhiúltach

San fhoirm dhiúltach (*the negative form*), más briathar é a bhfuil consan mar thús air cuirimid **níor** roimhe agus cuirimid séimhiú ar an gconsan.

⭐ Mar shampla:

glan	**níor gh**lan mé
coimeád	**níor ch**oimeád sé
fan	**níor fh**an mé

Más briathar é a bhfuil guta mar thús air, cuirimid **níor** roimhe.

⭐ Mar shampla:

ól	**níor** ól mé

An fhoirm cheisteach

San fhoirm cheisteach (*the interrogative form*), más briathar é a bhfuil consan mar thús air cuirimid **ar** roimhe agus cuirimid séimhiú ar an gconsan.

⭐ Mar shampla:

mol	**ar mh**ol sé?
tóg	**ar th**óg sé?
fan	**ar fh**an tú?
fág	**ar fh**ág tú?

Más briathar é a bhfuil guta mar thús air cuirimid **ar** roimhe.

⭐ Mar shampla:

ól	**ar** ól tú?

An chéad phearsa, uimhir iolra

Sa chéad réimniú is é deireadh an bhriathair sa chéad phearsa, uimhir iolra (is é sin 'muid' nó sinn'), ná:

- más consan leathan (consan a bhfuil **a**, **o** nó **u** roimhe) consan deiridh an bhriathair: **–amar**
- más consan caol (consan a bhfuil **e** nó **i** roimhe) consan deiridh an bhriathair: **–eamar**.

⭐ **Mar shampla:**

glan	ghlan**amar**
ól	d'ól**amar**
cuir	chuir**eamar**
bris	bhris**eamar**

An saorbhriathar

Sa chéad réimniú is é deireadh an tsaorbhriathair ná:

- más consan leathan (consan a bhfuil **a**, **o** nó **u** roimhe) consan deiridh an bhriathair: **–adh**
- más consan caol (consan a bhfuil **e** nó **i** roimhe) consan deiridh an bhriathair: **–eadh**.

Ní chuirimid séimhiú ar an saorbhriathar san aimsir chaite, agus ní chuirimid **d'** roimhe.

⭐ **Mar shampla:**

glan	glan**adh** an seomra inné
ól	ól**adh** an tae
bris	bris**eadh** an fhuinneog
cuir	cuir**eadh** an t-airgead sa bhanc ar maidin

Eisceachtaí

Bí cúramach leis na briathra seo a leanas:

Taispeáin	Sábháil	Cniotáil
thaispeáin mé	shábháil mé	chniotáil mé
thaispeáin tú	shábháil tú	chniotáil tú
thaispeáin sé /sí	shábháil sé /sí	chniotáil sé / sí
thaispeánamar	shábhálamar	chniotálamar
thaispeáin sibh	shábháil sibh	chniotáil sibh
thaispeáin siad	shábháil siad	chniotáil siad
taispeánadh	sábháladh	cniotáladh
níor thaispeáin mé	níor shábháil mé	níor chniotáil mé
ar thaispeáin tú?	ar shábháil tú?	ar chniotáil tú?

Briathra a bhfuil –igh mar chríoch orthu le siolla amháin

Nigh	Suigh	Buaigh
nigh mé	shuigh mé	bhuaigh mé
nigh tú	shuigh tú	bhuaigh tú
nigh sé	shuigh sé	bhuaigh sé
nigh sí	shuigh sí	bhuaigh sí
níomar	shuíomar	bhuamar
nigh sibh	shuigh sibh	bhuaigh sibh
nigh siad	shuigh siad	bhuaigh siad
níodh	suíodh	buadh
níor nigh mé	níor shuigh mé	níor bhuaigh mé
ar nigh tú?	ar shuigh sé?	ar bhuaigh tú?

Gramadach

Léigh	Pléigh	Glaoigh
léigh mé	phléigh mé	ghlaoigh mé
léigh tú	phléigh tú	ghlaoigh tú
léigh sé / sí	phléigh sé / sí	ghlaoigh sé / sí
léamar	phléamar	ghlaomar
léigh sibh	phléigh sibh	ghlaoigh sibh
léigh siad	phléigh siad	ghlaoigh siad
léadh	pléadh	glaodh
níor léigh mé	níor phléigh mé	níor ghlaoigh mé
ar léigh tú?	ar phléigh tú?	ar ghlaoigh tú?

Scríobh na habairtí seo a leanas san aimsir chaite:

1. (Glan) mé an seomra ó bhun go barr ar maidin.
2. (Cuir) sé an t-airgead sa bhanc.
3. (Mol) sí an dalta go hard na spéire.
4. (Lean : sinn) an scéal ar an nuacht gach lá an tseachtain seo caite.
5. (Mill) siad an oíche orainn nuair a bhí siad chomh déanach sin.
6. (An : cuir) siad an bia sa chófra?
7. (Ní : glan) sibh an seomra seo ar chor ar bith.
8. (Bris) sé an cupán Dé Sathairn seo caite.
9. (An : loit) siad an carr?
10. (Scrios : sinn) an t-imshaol.

Scríobh na habairtí seo a leanas san aimsir chaite:

1. (Léigh : sinn) an nuachtán inné.
2. (Taispeáin) sí an scannán dom aréir.
3. (Mill) an t-imshaol toisc na Réabhlóide Tionsclaíche.
4. (Nigh : sinn) na héadaí inné.
5. (An : pléigh) sibh na fadhbanna sin Dé Luain seo caite?
6. (Suigh) siad ar na suíocháin.
7. (Bris : sinn) na miasa go léir.
8. (Cuir) na bronntanais go léir faoin gcrann Nollag.
9. (Scuab) siad an t-urlár.
10. (Cíor) sé a chuid gruaige.

Aois na Glóire 3

Cuir Gaeilge ar na habairtí seo a leanas:
1. We brushed the floor this morning.
2. We discussed the play last night.
3. Did you wash your hair last night?
4. We broke all the glasses yesterday.
5. They showed us the picture yesterday.
6. I read the magazine last night.
7. Did you destroy the dress?
8. He did not sit down.
9. We put the clothes into the bag.
10. He combed his hair this morning.

Cuir Gaeilge ar na habairtí seo a leanas:
1. I recommended that doctor to you.
2. She discussed the meeting with me this morning.
3. You didn't wash your car yesterday.
4. The gardaí followed the criminal last Sunday.
5. Did you take the money?
6. I drank all the tea.
7. She left the party early.
8. I stayed in Dónall's house last night.
9. The plant grew very quickly.
10. We took the money.

An Dara Réimniú

Briathra a bhfuil dhá shiolla iontu agus a bhfuil **–igh**, **–il**, **–in**, **–ir** nó **–is** mar chríoch orthu atá sa dara réimniú, chomh maith le grúpa beag eile, ina measc **lorg**, **foghlaim**, **freastail**, **fulaing**, **tarraing**, agus **tuirling**.

Na Rialacha

Chun briathar den dara réimniú a chur san aimsir chaite, más briathar é a bhfuil consan (ach amháin **f**) mar thús air cuirimid séimhiú ar an gconsan.

⭐ Mar shampla:

ceannaigh	**ch**eannaigh mé
bailigh	**bh**ailigh mé
tuirling	**th**uirling sé
críochnaigh	**ch**ríochnaigh sí

Más briathar é a bhfuil **f** mar thús air cuirimid séimhiú ar an **f** agus cuirimid **d'** roimhe.

⭐ **Mar shampla:**

foghlaim	**d'fh**oghlaim mé
freastail	**d'fh**reastail sé

Más briathar é a bhfuil guta mar thús air cuirimid **d'** roimhe.

⭐ **Mar shampla:**

imir	**d'**imir mé
imigh	**d'**imigh sé

An fhoirm dhiúltach

San fhoirm dhiúltach, más briathar é a bhfuil consan mar thús air cuirimid **níor** roimhe agus cuirimid séimhiú ar an gconsan.

⭐ **Mar shampla:**

tosaigh	**níor th**osaigh mé
críochnaigh	**níor ch**ríochnaigh sé
ceannaigh	**níor ch**eannaigh sí
codail	**níor ch**odail mé
foghlaim	**níor fh**oghlaim mé

Más briathar é a bhfuil guta mar thús air, cuirimid **níor** roimhe.

⭐ **Mar shampla:**

imigh	**níor** imigh mé
imir	**níor** imir mé

An fhoirm cheisteach

San fhoirm cheisteach, más briathar é a bhfuil consan mar thús air cuirimid **ar** roimhe agus cuirimid séimhiú ar an gconsan.

⭐ **Mar shampla:**

freastail	**ar fh**reastail sé?
ceannaigh	**ar ch**eannaigh sé?
tosaigh	**ar th**osaigh sé?
codail	**ar ch**odail tú?
foghlaim	**ar fh**oghlaim tú?

Más briathar é a bhfuil guta mar thús air cuirimid **ar** roimhe.

⭐ **Mar shampla:**

imigh	**ar** imigh tú?
imir	**ar** imir tú?

Aois na Glóire 3

An chéad phearsa, uimhir iolra

1. Maidir leis na briathra a bhfuil **–igh** nó **–aigh** mar chríoch orthu, bainimid an chríoch sin chun an fhréamh a fháil.

    ⭐ Mar shampla: Dúisigh: Is é **dúis–** an fhréamh.
    Ceannaigh: Is é **ceann–** an fhréamh.

2. Maidir leis na briathra a bhfuil **–il** nó **–ail**, **–in** nó **–ain**, **–ir** nó **–air** nó **–is** mar chríoch orthu, bainimid an **i** nó an **ai** chun an fhréamh a fháil.

    ⭐ Mar shampla: Imir: Is é **imr–** an fhréamh.
    Oscail: Is é **oscl–** an fhréamh.

Ansin:
- más consan leathan é consan deiridh na fréimhe cuirimid **–aíomar** leis an bhfréamh.
- más consan caol é consan deiridh na fréimhe cuirimid **–íomar** leis an bhfréamh.

    ⭐ Mar shampla: **dhúisíomar**
    cheannaíomar
    d'imríomar
    d'osclaíomar

An saorbhriathar

Más consan leathan é consan deiridh na fréimhe cuirimid **–aíodh** leis an bhfréamh.
Más consan caol é consan deiridh na fréimhe cuirimid **–íodh** leis an bhfréamh.

⭐ Mar shampla: **dúisíodh**
ceannaíodh
imríodh
osclaíodh

Eisceachtaí

Maidir le **foghlaim**, **fulaing**, **tarraing**, agus **tuirling**, ní dhéanaimid aon athrú ar leith sa chéad phearsa, uimhir iolra, ná sa saorbhriathar.

d'fhoghlaim mé	d'fhulaing mé	tharraing mé	thuirling mé
d'fhoghlaim tú	d'fhulaing tú	tharraing tú	thuirling tú
d'fhoghlaim sé / sí	d'fhulaing sé / sí	tharraing sé / sí	thuirling sé / sí
d'fhoghlaimíomar	d'fhulaingíomar	tharraingíomar	thuirlingíomar
d'fhoghlaim sibh	d'fhulaing sibh	tharraing sibh	thuirling sibh
d'fhoghlaim siad	d'fhulaing siad	tharraing siad	thuirling siad
foghlaimíodh	fulaingíodh	tarraingíodh	tuirlingíodh
níor fhoghlaim mé	níor fhulaing mé	níor tharraing mé	níor thuirling mé
ar fhoghlaim tú?	ar fhulaing tú?	ar tharraing tú?	ar thuirling tú?

Gramadach

Eisceacht amháin eile

Maidir leis an mbriathar **freastail**, bainimid an **i** sa chéad phearsa, uimhir iolra, agus sa saorbhriathar, ach ní dhéanaimid aon athrú eile.

d'fhreastail mé
d'fhreastail tú
d'fhreastail sé / sí
d'fhreastalaíomar
d'fhreastail sibh
d'fhreastail siad
freastalaíodh
níor fhreastail mé
ar fhreastail tú?

Briathra a bhfuil –aigh nó igh mar chríoch orthu

Cleachtadh

Cuir na habairtí seo a leanas san aimsir chaite:
1. (Ceannaigh) sé a lán milseán inné.
2. (Tosaigh) obair na scoile ag a naoi a chlog ar maidin.
3. (Críochnaigh : sinn) ár n-obair bhaile in am.
4. (Bailigh) sí a lán airgid ar mhaithe le daoine gan dídean.
5. (Ní : imigh) sí go Sasana anuraidh.
6. (Smaoinigh : sinn) ar an leabhar a léamar.
7. (Imigh : sinn) abhaile go luath.
8. (Ceannaigh : sinn) piscín nua inniu.
9. (Tosaigh) an cluiche leathuair tar éis a trí.
10. (Ní : tosaigh) sí ar an obair in am inné.

Cuir na habairtí seo a leanas san aimsir chaite:
1. (Ceartaigh) an múinteoir na cleachtaí inné.
2. (Scrúdaigh) sí na daltaí ar maidin.
3. (An : críochnaigh) sí an aiste inniu?
4. (Bailigh : sinn) an t-airgead i gcomhair an chlub óige nua.
5. (Ní : ceannaigh) sí an sciorta nua faoi dheireadh.
6. (Imigh) an fear abhaile go luath.
7. (Críochnaigh) siad a n-obair bhaile in am aréir.
8. (Tosaigh : sinn) ag canadh den chéad uair inné.
9. (Ní : bailigh) siad na ticéid i gcomhair an chrannchuir.
10. (An : ceannaigh) na milseáin uile a bhí sa siopa?

Aois na Glóire 3

Cuir Gaeilge ar na habairtí seo a leanas:
1. I didn't explain myself properly.
2. Did you examine the pupils?
3. I finished my essay yesterday.
4. When did school begin?
5. We collected tickets for the concert.
6. Did you leave the dinner early?
7. We bought a lot of clothes yesterday.
8. I started crying when I injured my leg.
9. Did you collect your clothes from the launderette?
10. He didn't explain the answer properly.

Cuir Gaeilge ar na habairtí seo a leanas:
1. She bought a new laptop computer.
2. He began work last week.
3. I left Cork this morning.
4. Did you finish your essay last night?
5. We explained the story to you.
6. Did you buy a new car?
7. We thought he was nice.
8. They finished the project last Monday.
9. She examined the pupils last Sunday.
10. He corrected the exam papers.

Briathra a bhfuil –air, –ir, –ail, –il, –ain, –in nó –is mar chríoch orthu.

Cleachtadh

Cuir na habairtí seo a leanas san aimsir chaite:
1. (Freagair) sí na ceisteanna go léir.
2. (Imir : sinn) sa chluiche inné.
3. (Cuimil) sí a lámha toisc go raibh siad fuar.
4. (Inis) sé an scéal don pháiste.
5. (Codail) siad go déanach ar maidin.
6. (Oscail) sí an doras dom.
7. (Oscail) an siopadóir an siopa ag a naoi ar maidin.
8. (Labhair : sinn) leis an bhfreastalaí sa bhialann.
9. (Inis : sinn) don pháiste nach raibh cead aige imirt sa pháirc.
10. (Cosain) siad a dtír go cróga.

Gramadach

Cuir na habairtí seo a leanas san aimsir chaite:
1. (An : imir) tú sa chluiche cispheile inné?
2. (Ní : codail) siad go sámh aréir.
3. (Ní : codail) sí ar maidin.
4. (An : inis) siad an scéal sin do na leanaí?
5. (Labhair) siad go séimh leis an mbuachaill.
6. (Imir) an cluiche i gCorcaigh.
7. (Cosain) siad a dtír sa Dara Cogadh Domhanda.
8. (Freagair) an cheist sin ar an gclár teilifíse inniu.
9. (Inis) an scéal sin do na páistí aréir.
10. (Ní : labhair) siad ar chor ar bith inné.

Cuir Gaeilge ar na habairtí seo a leanas:
1. I didn't buy presents for my cousins this year.
2. He played well in the football game yesterday.
3. I answered the question honestly.
4. We spoke to the teacher yesterday.
5. Did I tell you about my holiday?
6. He opened the shop at ten o'clock this morning.
7. We slept late this morning.
8. She defended her country in the war.
9. The final was played last week.
10. That story was told before.

Eisceachtaí sa Dara Réimniú:

Cuir Gaeilge ar na habairtí seo a leanas:
1. I attended secondary school in 1980.
2. The plane landed at ten o'clock.
3. I learned my lesson yesterday.
4. We suffered from the cold last winter.
5. We pulled the drawer out and broke it.
6. We learned a lot in French class last year.
7. Did you attend St Mary's secondary school?
8. The plane landed at Dublin airport.
9. My grandad suffered when he was sick last year.
10. He learned a lot of Irish in the Gaeltacht

Aois na Glóire 3

Na Briathra Neamhrialta

Briathar a bhfuil fréamhacha éagsúla aige sna haimsirí éagsúla is ea briathar neamhrialta. Is iad **abair**, **beir**, **bí**, **clois**, **déan**, **faigh**, **feic**, **ith**, **tabhair**, **tar** agus **téigh** na briathra neamhrialta. Is iad seo a leanas foirmeacha na mbriathra neamhrialta san aimsir chaite:

abair	beir	bí	clois
dúirt mé	rug mé	bhí mé	chuala mé
dúirt tú	rug tú	bhí tú	chuala tú
dúirt sé / sí	rug sé / sí	bhí sé / sí	chuala sé / sí
dúramar	rugamar	bhíomar	chualamar
dúirt sibh	rug sibh	bhí sibh	chuala sibh
dúirt siad	rug siad	bhí siad	chuala siad
dúradh	rugadh	bhíothas	chualathas
ní dúirt sé	níor rug mé	ní raibh mé	níor chuala mé
an ndúirt tú?	ar rug tú?	an raibh tú?	ar chuala tú?

déan	faigh	feic	ith
rinne mé	fuair mé	chonaic mé	d'ith mé
rinne tú	fuair tú	chonaic tú	d'ith tú
rinne sé / sí	fuair sé / sí	chonaic sé / sí	d'ith sé / sí
rinneamar	fuaireamar	chonaiceamar	d'itheamar
rinne sibh	fuair sibh	chonaic sibh	d'ith sibh
rinne siad	fuair siad	chonaic siad	d'ith siad
rinneadh	fuarthas	chonacthas	itheadh
ní dhearna mé	ní bhfuair mé	ní fhaca mé	níor ith mé
an ndearna tú?	an bhfuair tú?	an bhfaca tú?	ar ith tú?

tabhair	tar	téigh
thug mé	tháinig mé	chuaigh mé
thug tú	tháinig tú	chuaigh tú
thug sé / sí	tháinig sé / sí	chuaigh sé / sí
thugamar	thángamar	chuamar
thug sibh	tháinig sibh	chuaigh sibh
thug siad	tháinig siad	chuaigh siad
tugadh	thángthas	chuathas
níor thug mé	níor tháinig mé	ní dheachaigh mé
ar thug tú?	ar tháinig tú?	an ndeachaigh tú?

Gramadach

Cleachtadh

Cuir na habairtí seo a leanas san aimsir chaite:
1. (Déan : sinn) ár n-obair bhaile inné.
2. (Ith) sé a bhricfeasta ar maidin.
3. (Beir) mé sa bhliain 1998.
4. (Abair) mé leis an múinteoir nach raibh m'obair bhaile déanta agam.
5. (Tar) sé ar an mbus ar maidin.
6. (Téigh : sinn) ar an gcóisir aréir.
7. (An : clois) sé an nuacht ar maidin?
8. (Ní : bí) sí ar scoil inniu.
9. (Tabhair) mé airgead do Thrócaire.
10. (Faigh : sinn) a lán bronntanas um Nollaig.

Cuir na habairtí seo a leanas san aimsir chaite:
1. (Faigh) mé madra nua le déanaí.
2. (Ní : déan) mé m'obair inné.
3. (An : tar) sí abhaile anuraidh?
4. (Beir) sé ar an liathróid le linn an chluiche.
5. (Ní : téigh) siad chuig an gceolchoirm Dé Luain seo caite.
6. (Abair) sé nach mbeadh saoire aige i mbliana.
7. (Bí) mé ag an gcluiche an tseachtain seo caite.
8. (Tabhair) sé an t-airgead don sparánaí.
9. (Ní : feic) mé thú ar an bhféasta Dé Sathairn seo caite.
10. (Tar) sí go hÉirinn deich mbliana ó shin.

Cuir Gaeilge ar na habairtí seo a leanas:
1. I saw my friend Sinéad yesterday.
2. We went on a holiday last year.
3. He said he would be late today.
4. Were you at the dinner last night?
5. I was born in 1998.
6. We made breakfast this morning.
7. They came to school on the bus.
8. I didn't do my homework last night.
9. They didn't go to Cork last week.
10. Did you get nice presents on your birthday?

Aois na Glóire 3

Cuir Gaeilge ar na habairtí seo a leanas:
1. Did you see Tomás at the match today?
2. He grabbed the ball during the game.
3. We saw a film yesterday.
4. I didn't come to school by bicycle.
5. We had lots of toys when we were young.
6. My father didn't give me any money this morning.
7. Did you go to the concert last Sunday?
8. I made a lovely cake yesterday.
9. Did you eat all the pancakes?
10. We heard the news today.

Athbhreithniú ar an Aimsir Chaite

Meascán de bhriathra ón gcéad réimniú, briathra ón dara réimniú agus briathra neamhrialta atá sna ceachtanna seo a leanas.

Scríobh na habairtí seo a leanas san aimsir chaite:
1. (Bí) sí ag an gcóisir aréir.
2. (Feic) sé a sheanathair inné.
3. (Glan : sinn) an teach le chéile ar maidin.
4. (Ní : ceannaigh : sinn) an iomarca éadaí inné.
5. (An : déan) sí arán inné?
6. (Fill) sí ar Luimneach an deireadh seachtaine seo caite.
7. (Éist : sinn) leis an raidió ar maidin.
8. (Ní : tosaigh) an chóisir in am aréir.
9. (Goid) sé earraí nuair a bhí sé sa siopa.
10. (Caith : sinn) ár n-airgead go léir sa lárionad siopadóireachta.

Scríobh na habairtí seo a leanas san aimsir chaite:
1. (Téigh : sinn) go dtí an Astráil an samhradh seo caite.
2. (Ní : caith) sé mórán ama lena theaghlach an deireadh seachtaine seo caite.
3. (Goid) sí earraí ón ollmhargadh.
4. (Ní : fuair) sí mórán laethanta saoire ón gcomhlacht anuraidh.
5. (Ceannaigh : sinn) a lán éadaí nua um Nollaig.
6. (Ní : tosaigh) an cheolchoirm in am aréir.
7. (An : éist) siad leis an nuacht inné?
8. (An : déan) siad aon rud suimiúil le linn na saoire anuraidh?
9. (An : bí) sí ar an bhféasta inné?
10. (Codail : sinn) go sámh aréir.

Gramadach

Cuir Gaeilge ar na habairtí seo a leanas:
1. We gave a present to our cousin on his birthday.
2. They played very well in the match.
3. I made brown bread this morning.
4. We flew to France last week.
5. I learnt my verbs yesterday.
6. We opened the school gates this morning.
7. Did you come to work on the bus?
8. Did you hear the news last night?
9. We went to Italy last summer.
10. Did you get a dog last Friday?

Cuir Gaeilge ar na habairtí seo a leanas:
1. Did you get up at seven this morning?
2. He translated the poems into Irish.
3. We got all the answers in the crossword this morning.
4. I worked until five yesterday.
5. They put the bags in the car five minutes ago.
6. We took the dog for a walk last Sunday.
7. I didn't wait for you last Monday.
8. He left his bag on the train last week.
9. Did you work in the same office as him last year?
10. I drank tea this morning.

Trialacha teanga

Cuir an t-alt seo a leanas san aimsir chaite. Mar chabhair duit, tá líne faoi na focail a chaithfidh tú a athrú.

<u>Rachaidh</u> mé go dtí an phictiúrlann Dé Domhnaigh seo <u>chugainn</u>. <u>Féachfaidh</u> mé ar an scannán, agus <u>éistfidh</u> mé leis an gcaint. Ansin <u>rachaidh</u> mé abhaile le mo chairde agus <u>beidh</u> dinnéar deas againn. <u>Íosfaidh</u> mé liamhás, prátaí agus cabáiste agus <u>ólfaidh</u> mé bainne. Ansin <u>beidh</u> milseog agam. <u>Féachfaidh</u> mé ar chlár teilifíse ar an teilifís ar feadh tamaill. Ansin <u>déanfaidh</u> mé m'obair bhaile. <u>Cuirfidh</u> mé glao fóin ar Shiobhán. <u>Féachfaidh</u> mé ar Facebook, agus <u>cuirfidh</u> mé roinnt grianghraf ar mo phroifil. Ina dhiaidh sin <u>beidh</u> tuirse orm agus <u>rachaidh</u> mé a luí.

Aois na Glóire 3

An Aimsir Láithreach

An Chéad Réimniú

Briathra a bhfuil siolla amháin iontu agus briathra a bhfuil dhá shiolla iontu agus síneadh fada ar an dara siolla atá sa chéad réimniú.

⭐ **Mar shampla:**

(1) Briathra a bhfuil siolla amháin iontu: **bris**, **mol**, **cuir**, **glan**, **fág**, **fan**, **can**, **gearr**, **cíor**, **scuab**, **tóg**, **ól**, **féach**.

(2) Briathra a bhfuil dhá shiolla iontu agus síneadh fada ar an dara siolla: **coimeád**, **tiomáin**, **taispeáin**, **úsáid**.

Is iad na foircinn (endings) seo a leanas a chuirimid le briathra an chéad réimniú san aimsir láithreach:

Más consan leathan é consan deiridh an bhriathair	Más consan caol é consan deiridh an bhriathair
–aim	–im
–ann tú	–eann tú
–ann sé / sí	–eann sé / sí
–aimid	–imid
–ann sibh	–eann sibh
–ann siad	–eann siad
–tar (saorbhriathar)	–tear (saorbhriathar)

An Fhoirm Dhiúltach:

Más briathar é a bhfuil consan mar thús air	Más briathar é a bhfuil guta mar thús air
ní + *séimhiú*	**ní**

⭐ **Mar shampla:**

ní ghlanaim	**ní** ólaim

An Fhoirm Cheisteach:

Más briathar é a bhfuil consan mar thús air	Más briathar é a bhfuil guta mar thús air
an + *urú*	**an**

⭐ **Mar shampla:**

an nglanann tú?	**an** ólann tú?

Gramadach

⭐ **Mar shampla:**

glanaim	coimeádaim	cuirim	tiomáinim
glanann tú	coimeádann tú	cuireann tú	tiomáineann tú
glanann sé / sí	coimeádann sé / sí	cuireann sé / sí	tiomáineann sé / sí
glanaimid	coimeádaimid	cuirimid	tiomáinimid
glanann sibh	coimeádann sibh	cuireann sibh	tiomáineann sibh
glanann siad	coimeádann siad	cuireann siad	tiomáineann siad
glantar	coimeádtar	cuirtear	tiomáintear
ní ghlanaim	ní choimeádaim	ní chuirim	ní thiomáinim
an nglanann tú?	an gcoimeádann tú?	an gcuireann tú?	an dtiomáineann tú?

Eisceachtaí

Eisceacht is ea **taispeáin** agus briathra le siolla amháin a bhfuil **–igh** mar chríoch orthu, mar shampla **nigh**, **suigh**, **buaigh**, **glaoigh**, **léigh**, **pléigh**.

1. Chun **taispeáin** a chur san aimsir láithreach bainimid an **i** sa dara siolla, agus ansin cuirimid an foirceann (*ending*) cuí leis.

taispeánaim
taispeánann tú
taispeánann sé / sí
taispeánaimid
taispeánann sibh
taispeánann siad
taispeántar
ní thaispeánaim
an dtaispeánann tú?

2. Briathra a bhfuil **–igh** mar chríoch orthu:
   (a) más briathar é a bhfuil **–éigh** mar chríoch air, is mar seo a chuirimid san aimsir láithreach é: mar shampla **léigh**, **pléigh**

léim	pléim
léann tú	pléann tú
léann sé / sí	pléann sé / sí
léimid	pléimid
léann sibh	pléann sibh
léann siad	pléann siad
léitear	pléitear
ní léim	ní phléim
an léann tú?	an bpléann tú?

329

Aois na Glóire 3

(b) más briathar é a bhfuil **–igh** mar chríoch air, is mar seo a chuirimid san aimsir láithreach é: mar shampla **nigh**, **suigh**

ním	suím
níonn tú	suíonn tú
níonn sé / sí	suíonn sé / sí
nímid	suímid
níonn sibh	suíonn sibh
níonn siad	suíonn siad
nitear	suitear
ní ním	ní shuím
an níonn tú?	an suíonn tú?

Cleachtadh

Cuir na habairtí seo a leanas san aimsir láithreach:

1. (Glan : mé) mo sheomra codlata gach lá.
2. (Bris) sé pláta gach uair a níonn sé na gréithe.
3. (Goid) an gadaí airgead gach uair is féidir leis.
4. (Fág : sinn) an scoil ag a ceathair a chlog gach lá.
5. (Fan : mé) i dtigh Shéamais gach Satharn.
6. (Mol) sí an dalta sin go hard na spéire.
7. (Ní : glan) an seomra ranga gach maidin.
8. (Goid) earraí ó shiopaí ar fud na tíre gach lá.
9. (Tóg : sinn) mo dheirfiúr go dtí an pháirc gach Domhnach.
10. (An : cuir) tú an t-airgead sa bhanc gach lá?

Cuir na habairtí seo a leanas san aimsir láithreach:

1. (Taispeáin : mé) an pictiúr do chuairteoirí sa dánlann gach lá.
2. (Pléigh : sinn) fadhbanna an domhain ag am lóin gach lá.
3. (An : nigh) tú d'aghaidh gach lá?
4. (Léigh) sé an páipéar nuachta gach maidin.
5. (Mol : mé) an dochtúir sin do dhaoine i gcónaí.
6. (Ní : glan) sé a charr gach seachtain.
7. (Suigh) sí ar mo chathaoir gach lá.
8. (Fás) an crann níos airde gach bliain.
9. (An : fág) tú do chóta san óstán gach Aoine?
10. (Ní : bris : sinn) ár ngealltanais i gcónaí.

Cuir na habairtí seo a leanas san aimsir láithreach:
1. (Úsáid : sinn) an carr gach maidin.
2. (Caith) sibh an iomarca airgid ar éadaí.
3. (Ní : tuig) sí Fraincis ar chor ar bith.
4. (Géill) sé i gcónaí dá bhean chéile nuair a bhíonn sí ag argóint leis.
5. (Teip) orm i matamaitic gach téarma.
6. (Rith) an buachaill sa chomórtas lúthchleasa gach bliain.
7. (Léim) an cailín le háthas nuair a chríochnaíonn sí a scrúduithe gach samhradh.
8. (Stróic) tú do gheansaí gach uair a théann tú amach.
9. (Buail) sé lena chara gach Satharn sa bhaile mór.
10. (Caith) sí gúna nua gach lá.

Cuir na habairtí seo a leanas san aimsir láithreach:
1. (Ól) tú caife gach maidin.
2. (Féach : sinn) ar scannáin gach oíche.
3. (Fill) siad abhaile gach tráthnóna.
4. (An : pós) daoine óga gach samhradh?
5. (Éist) sí leis an raidió gach lá.
6. (Caill) siad a n-airgead gach seachtain.
7. (Rith) sí ar scoil gach lá.
8. (Seinn) sé an fhidil.
9. (Bain) geit as an bhfreastalaí gach uair a ghoideann duine earraí ón siopa.
10. (Tuill) an buachaill deich euro in aghaidh na huaire.

Cuir na habairtí seo a leanas san aimsir láithreach:
1. (Iarr) an cailín airgead póca ar a máthair gach lá.
2. (Díol) an siopa mórán earraí gach lá.
3. (Coimeád) sí a hairgead go léir di féin.
4. (Gearr) sé é féin gach uair a (bearr) sé a fhéasóg.
5. (Féach) ár ndeirfiúr óg ar scannán gach Domhnach.
6. (Fan) an teaghlach i dteach saoire sa Fhrainc gach Iúil.
7. (An : ceap) sí go mbeidh stoirm anocht?
8. (Geall) a athair rothar dó gach Nollaig.
9. (Séid) an ghaoth go láidir gach geimhreadh.
10. (Ní : éist) sí leis an múinteoir riamh.

Aois na Glóire 3

Cuir Gaeilge ar na habairtí seo a leanas:

1. I leave my bag in school every day.
2. He puts his copybook in his bag every day.
3. We always discuss our problems with each other.
4. I never sit down on the bus when there's an older person standing.
5. My father praises me to the skies when I win a football match.
6. I sing in the school choir now.
7. We drink tea every morning.
8. The hairdresser cuts hair from Monday to Saturday.
9. He combs his hair every day.
10. She steals apples from the garden every Friday.

Cuir Gaeilge ar na habairtí seo a leanas:

1. I wait in the waiting-room every time I go to the doctor.
2. He stays with his grandmother every weekend.
3. She cuts her hair once a month.
4. We wash our clothes every Saturday.
5. I don't read novels every night.
6. We watch television every day.
7. Do you put the dishes in the dishwasher every evening?
8. She breaks her promises all the time.
9. Do you watch horror films often?
10. We stay in my grandfather's house every Christmas.

Gramadach

An Dara Réimniú

Briathra a bhfuil dhá shiolla iontu agus a bhfuil **–igh**, **–il**, **–in**, **–ir** nó **–is** mar chríoch orthu (chomh maith le grúpa beag eile) atá sa dara réimniú.

1. Maidir leis na briathra a bhfuil **–igh** nó **–aigh** mar chríoch orthu, bainimid an chríoch sin chun an fhréamh a fháil.
2. Maidir leis na briathra a bhfuil **–il** nó **–ail**, **–in** nó **–ain**, **–ir** nó **–air** nó **–is** mar chríoch orthu, bainimid an **i** nó an **ai** chun an fhréamh a fháil.

Ansin, cuirimid na foircinn seo a leanas leis an bhfréamh san aimsir láithreach:

Más consan leathan é consan deiridh na fréimhe	Más consan caol é consan deiridh na fréimhe
–aím	–ím
–aíonn tú	–íonn tú
–aíonn sé / sí	–íonn sé / sí
–aímid	–ímid
–aíonn sibh	–íonn sibh
–aíonn siad	–íonn siad
–aítear (saorbhriathar)	–ítear (saorbhriathar)

An Fhoirm Dhiúltach:

Más briathar é a bhfuil consan mar thús air	Más briathar é a bhfuil guta mar thús air
ní + *séimhiú*	**ní**

⭐ Mar shampla:

ní thosaím	**ní** imrím

An Fhoirm Cheisteach:

Más briathar é a bhfuil consan mar thús air	Más briathar é a bhfuil guta mar thús air
an + *urú*	**an**

⭐ Mar shampla:

an dtosaíonn tú?	**an** imríonn tú?

333

Aois na Glóire 3

⭐ **Mar shampla:**

ceannaím	osclaím	bailím	imrím
ceannaíonn tú	osclaíonn tú	bailíonn tú	imríonn tú
ceannaíonn sé / sí	osclaíonn sé / sí	bailíonn sé / sí	imríonn sé / sí
ceannaímid	osclaímid	bailímid	imrímid
ceannaíonn sibh	osclaíonn sibh	bailíonn sibh	imríonn sibh
ceannaíonn siad	osclaíonn siad	bailíonn siad	imríonn siad
ceannaítear	osclaítear	bailítear	imrítear
ní cheannaím	ní osclaím	ní bhailím	ní imrím
an gceannaíonn tú?	an osclaíonn sé?	an mbailíonn tú?	an imríonn tú?

Eisceachtaí

Maidir leis na briathra **lorg**, **foghlaim**, **fulaing**, **tarraing**, agus **tuirling**, cuirimid na foircinn a bhaineann leis an dara réimniú leo gan aon athrú eile a dhéanamh.

⭐ **Mar shampla:**

lorgaím	foghlaimím	fulaingím	tarraingím
lorgaíonn tú	foghlaimíonn tú	fulaingíonn tú	tarraingíonn tú
lorgaíonn sé / sí	foghlaimíonn sé /. sí	fulaingíonn sé / sí	tarraingíonn sé / sí
lorgaímid	foghlaimímid	fulaingímid	tarraingímid
lorgaíonn sibh	foghlaimíonn sibh	fulaingíonn sibh	tarraingíonn sibh
lorgaíonn siad	foghlaimíonn siad	fulaingíonn siad	tarraingíonn siad
lorgaítear	foghlaimítear	fulaingítear	tarraingítear
ní lorgaím	ní fhoghlaimím	ní fhulaingím	ní tharraingím
an lorgaíonn tú?	an bhfoghlaimíonn tú?	an bhfulaingíonn tú?	an dtarraingíonn tú?

Eisceacht amháin eile

Maidir leis an mbriathar **freastail**, bainimid an **i** agus ansin cuirimid na foircinn a bhaineann leis an dara réimniú leo.

freastalaím
freastalaíonn tú
freastalaíonn sé / sí
freastalaímid
freastalaíonn sibh
freastalaíonn siad
freastalaítear
ní fhreastalaím
an bhfreastalaíonn tú?

Gramadach

Cleachtadh

Cuir na habairtí seo a leanas san aimsir láithreach.
1. (Tosaigh) sí an scoil gach maidin ar a naoi.
2. (Ceannaigh) sé páipéar nuachta gach lá.
3. (Críochnaigh : sinn) an scoil ag a ceathair gach lá.
4. (Bailigh) siad airgead do Thrócaire gach bliain.
5. (Ní : ceannaigh : sinn) mórán éadaí dúinn féin.
6. (An : imigh) sé go luath gach oíche?
7. (An : scrúdaigh) an múinteoir na daltaí gach maidin?
8. (Ní : mínigh) an léachtóir na focail i gceart.
9. (Bailigh) airgead ar son na ndaoine bochta san Afraic gach bliain.
10. (An : éirigh) sí go moch gach maidin?

Cuir na habairtí seo a leanas san aimsir láithreach:
1. (Imir) sé i gcluiche peile gach Satharn.
2. (Inis : sinn) an scéal sin gach Nollaig.
3. (Ní : codail) sí go déanach gach maidin.
4. (An : oscail) tú an oifig gach maidin?
5. (Labhair) sé leis an múinteoir ag deireadh gach ranga.
6. (Iompair) siad na cásanna dom i gcónaí.
7. (Ceangail) tú d'iallacha bróg gach lá.
8. (Eitil) turasóirí go hÉirinn gach bliain.
9. (Cosain) an rothar sin ceithre chéad euro.
10. (Ní : imir) sí cluiche haca gach Aoine.

Cuir na habairtí seo a leanas san aimsir láithreach:
1. (Fógair) an t-albam sin go minic ar an raidió.
2. (Imir) cluiche peile i bPáirc Uí Chrócaigh gach Domhnach.
3. (Taitin) scannáin uafáis go mór liom.
4. (Cosain) an sciorta sin an iomarca airgid.
5. (Oscail : sinn) ár siopa ag a hocht a chlog gach lá.
6. (Ní : inis) sé an scéal céanna i gcónaí!
7. (An : ceangail) tú do rothar leis an gcuaille gach maidin?
8. (An : labhair) tú le do thuismitheoirí mar sin i gcónaí?
9. (Freagair) an dalta díograiseach gach ceist i gceart.
10. (Codail : sinn) go déanach gach Domhnach toisc go mbíonn tuirse mhór orainn!

Aois na Glóire 3

Scríobh na habairtí seo a leanas san aimsir láithreach:

1. (Foghlaim) sé a cheachtanna gach tráthnóna.
2. (Tuirling) an t-eitleán in am i gcónaí.
3. (Labhair) an múinteoir go crosta leis na daltaí dána.
4. (Freastail) an cailín sin ar Scoil Phobail an Bhaile Nua.
5. (Fulaing) sí i gcónaí toisc go bhfuil droim tinn aici.
6. (Freagair) sé na ceisteanna sa rang gach lá.
7. (Freastail : mé) ar ranganna amhránaíochta gach Aoine.
8. (Foghlaim : sinn) Fraincis gach samhradh sa Fhrainc.
9. (An : fulaing) sé gach geimhreadh nuair a bhíonn slaghdán air?
10. (Ní : codail) sí ina teach féin gach deireadh seachtaine.

Cuir Gaeilge ar na habairtí seo a leanas:

1. We play basketball every afternoon.
2. I speak to Diarmaid every day on the phone.
3. I don't sleep for eight hours every night.
4. Do you tell your child a story every night?
5. He always answers the phone when it rings.
6. That shop is advertised on television every evening.
7. I enjoy sport.
8. She fastens her bicycle to the gate every day.
9. She wakens her son at eight o'clock every morning.
10. He flies home every Friday.

Cuir Gaeilge ar na habairtí seo a leanas:

1. Do you speak to the teacher like that in every class?
2. He rubs his head when he's thinking.
3. We open the windows in our house every day.
4. They enjoy a holiday every summer.
5. Does your father tell you stories every night?
6. Do you play tennis every Saturday?
7. I don't answer all the questions in my exams correctly.
8. We sleep soundly every night.
9. Do you threaten that person all the time?
10. I don't fly home every weekend.

Gramadach

Na briathra neamhrialta

Is iad **abair**, **beir**, **bí**, **clois**, **déan**, **faigh**, **feic**, **ith**, **tabhair**, **tar** agus **téigh** na briathra neamhrialta.
Is iad seo a leanas foirmeacha na mbriathra neamhrialta san aimsir láithreach:

abair	beir	clois	déan	faigh
deirim	beirim	cloisim	déanaim	faighim
deir tú	beireann tú	cloiseann tú	déanann tú	faigheann tú
deir sé / sí	beireann sé / sí	cloiseann sé / sí	déanann sé / sí	faigheann sé / sí
deirimid	beirimid	cloisimid	déanaimid	faighimid
deir sibh	beireann sibh	cloiseann sibh	déanann sibh	faigheann sibh
deir siad	beireann siad	cloiseann siad	déanann siad	faigheann siad
deirtear	beirtear	cloistear	déantar	faightear
ní deirim	ní bheirim	ní chloisim	ní dhéanaim	ní fhaighim
an ndeir tú?	an mbeireann tú?	an gcloiseann tú?	an ndéanann tú?	an bhfaigheann tú?

feic	ith	tabhair	tar	téigh
feicim	ithim	tugaim	tagaim	téim
feiceann tú	itheann tú	tugann tú	tagann tú	téann tú
feiceann sé / sí	itheann sé / sí	tugann sé / sí	tagann sé / sí	téann sé / sí
feicimid	ithimid	tugaimid	tagaimid	téimid
feiceann sibh	itheann sibh	tugann sibh	tagann sibh	téann sibh
feiceann siad	itheann siad	tugann siad	tagann siad	téann siad
feictear	itear	tugtar	tagtar	téitear
ní fheicim	ní ithim	ní thugaim	ní thagaim	ní théim
an bhfeiceann tú?	an itheann tú?	an dtugann tú?	an dtagann tú?	an dtéann tú?

'Bí' agus 'tá'

Tá dhá leagan den bhriathar **bí** san aimsir láithreach, mar atá **bí** agus **tá**. Úsáidimid **tá** nuair a dhéanaimid tagairt do ghníomh atá ar siúl anois díreach.

⭐ **Mar shampla:**
    Táim ar scoil.
    Tá pian orm.

Aois na Glóire 3

Úsáidimid **bí** nuair a dhéanaimid tagairt do ghníomh a bhíonn ar siúl go leanúnach nó go rialta.

⭐ **Mar shampla:**

Bím ar scoil ag a naoi a chlog gach maidin.

Bíonn pian orm nuair a ithim an iomarca.

táim	bím
tá tú	bíonn tú
tá sé	bíonn sé
tá sí	bíonn sí
táimid	bímid
tá sibh	bíonn sibh
tá siad	bíonn siad
táthar	bítear
nílim	ní bhím
an bhfuil tú?	an mbíonn tú?

Cleachtadh

Scríobh na habairtí seo a leanas san aimsir láithreach:

1. (Téigh) sé go dtí an giomnáisiam gach seachtain.
2. (Tar : mé) abhaile gach tráthnóna.
3. (Ith : sinn) ár ndinnéar ag a sé a chlog gach oíche.
4. (Tabhair) sí airgead do Thrócaire gach Nollaig.
5. (Ní : beir) sí ar an liathróid le linn an chluiche.
6. (An : clois) sí na cloig ag buaileadh?
7. (Feic) sí a cairde gach lá.
8. (Abair) sé an fhírinne aon uair a gcuirtear ceist air.
9. (An : déan) sé a obair bhaile gach tráthnóna?
10. (Ní : bí) sé sa chlub óige gach Satharn.

Scríobh na habairtí seo a leanas san aimsir láithreach:

1. (An : tabhair) sé a mhac chuig an gcluiche gach Satharn?
2. (Ní : ith) an buachaill sin a dhinnéar gach lá.
3. (Ní : feic) sí a máthair gach lá.
4. (Abair) an cailín sin gach lá go ndéanfaidh sí a dícheall i mbliana.
5. (An : bí) sí ag obair gach deireadh seachtaine?
6. (Faigh : sinn) a lán bronntanas gach Nollaig.
7. (An : bí) an leanbh go maith faoi láthair?
8. (Clois) sí an ceol, agus is breá léi bheith ag éisteacht leis.
9. (Déan) siad a n-obair bhaile gach Aoine.
10. (Ith : sinn) seacláid gach lá.

Gramadach

Cuir Gaeilge ar na habairtí seo a leanas:
1. We go to the cinema every Friday.
2. I come to school on the bus every morning.
3. We eat a big breakfast every morning.
4. I don't see my friends every day.
5. I'm in my friend's house every Thursday.
6. We give presents to the children every Christmas.
7. He doesn't say what he feels all the time.
8. Does she make a cake every day?
9. He eats his dinner every night.
10. She comes to work by bus every day.

Athbhreithniú ar bhriathra san Aimsir Láithreach

Meascán de bhriathra ón gcéad réimniú, briathra ón dara réimniú agus briathra neamhrialta atá sna ceachtanna seo a leanas.

Cuir na habairtí seo a leanas san aimsir láithreach:
1. (Cuir) sí an t-airgead sa bhanc gach lá.
2. (Ceannaigh : sinn) ár gcuid éadaigh sa siopa éadaí sin.
3. (Ní : oscail) sé an siopa gach lá.
4. (An : freagair) sí na ceisteanna go minic?
5. (Foghlaim : mé) mo ghramadach gach seachtain.
6. (Téigh : sinn) go Corcaigh gach samhradh.
7. (Faigh) sé torthaí arda sna scrúduithe i gcónaí.
8. (Glan : sinn) an teach gach lá.
9. (An : bailigh) sí airgead ar son Chuallacht Shíomóin gach Nollaig?
10. (Ní : fulaing) sí nuair a bhíonn an aimsir fuar.

Aois na Glóire 3

Cuir na habairtí seo a leanas san aimsir láithreach:
1. (Fill) sí abhaile gach tráthnóna.
2. (Féach : mé) ar an teilifís gach oíche.
3. (Pléigh) sé an nuacht ag am lóin gach lá.
4. (An : tosaigh) sibh ag a naoi a chlog?
5. (Inis) sí an scéal sin dom i gcónaí.
6. (Eitil) sé go dtí an Ghearmáin gach samhradh.
7. (Tug : sinn) an cat chuig an tréidlia nuair a bhíonn sí tinn.
8. (Críochnaigh) sí a lá oibre ag a ceathair a chlog.
9. (Buaigh) an cailín sin gach duais i gcomórtais spóirt.
10. (Buail : sinn) lenár gcairde sa bhaile mór.

Cuir na habairtí seo a leanas san aimsir láithreach:
1. (Codail : sinn) go sámh gach oíche.
2. (Tar : mé) ar scoil sa charr gach lá.
3. (Ní : suigh : mé) ar an mbus.
4. (Oibrigh : sinn) go léir sa chomhlacht chéanna.
5. (Dúisigh) sí ag an am céanna gach maidin.
6. (An : dúisigh) tú d'iníon gach maidin?
7. (Foghlaim) sé a cheachtanna i gcónaí.
8. (Ní : glac) sí páirt i gcomórtais tallainne.
9. (Tuirling) an t-eitleán ag a hocht gach maidin.
10. (Fiosraigh) na Gardaí coireanna ar fud na tíre.

Cuir Gaeilge ar na habairtí seo a leanas:
1. He goes to Dublin every weekend.
2. We prepare dinner for the whole family every night.
3. She doesn't wash her hair every day.
4. We never discuss problems with our friends.
5. My sister sleeps until midday every Saturday.
6. We open the shop at six o'clock every morning.
7. My mother helps me with my homework every night.
8. My father answers all my questions about maths.
9. She sits on the bus every morning.
10. We hear the birds singing every day.

Gramadach

Cuir Gaeilge ar na habairtí seo a leanas:

1. He eats burgers for dinner every day.
2. Do you see your grandparents every Christmas?
3. I'm in French class at the moment.
4. I bought a football for my nephew.
5. We don't sleep late every day.
6. She learns her verbs every day.
7. We give money for the homeless (*daoine gan dídean*) every Christmas.
8. Do you receive presents on your birthday every year?
9. Does your work finish at five every day?
10. We learn something new every day.

Trialacha teanga

Athscríobh an cuntas seo a leanas san aimsir láithreach, agus cuir na focail a bhfuil líne fúthu san aimsir láithreach:

D'éirigh mé ag a deich gach Satharn. D'ith mé mo bhricfeasta, agus bhuail mé le mo chara sa ghiomnáisiam. D'éist mé le m'iPod nuair a bhí mé ag déanamh aclaíochta. Thaispeáin an cúntóir sa ghiomnáisiam dom conas meaisín áirithe a úsáid. Tar éis dom an aclaíocht a chríochnú bhí cithfholcadh agam, d'athraigh mé mo chuid éadaigh, agus scuab mé mo chuid gruaige. Ansin chuaigh mé abhaile ar mo rothar, nó fuair mé síob ó mháthair Shorcha. Nuair a shroich mé an teach rinne mé roinnt obair bhaile, agus ansin chabhraigh mé le mo mháthair an teach a ghlanadh. Nigh mé na gréithe, agus chuir mé amach na boscaí bruscair. Ansin lig mé mo scíth.

An Aimsir Fháistineach

An Chéad Réimniú

Briathra a bhfuil siolla amháin iontu agus briathra a bhfuil dhá shiolla iontu agus síneadh fada ar an dara siolla atá sa chéad réimniú.

Is iad na foircinn seo a leanas a chuirimid le briathra an chéad réimniú san aimsir fháistineach:

Más consan leathan é consan deiridh an bhriathair	Más consan caol é consan deiridh an bhriathair
–faidh mé	–fidh mé
–faidh tú	–fidh tú
–faidh sé / sí	–fidh sé / sí
–faimid	–fimid
–faidh sibh	–fidh sibh
–faidh siad	–fidh siad
–far (saorbhriathar)	–fear (saorbhriathar)

An Fhoirm Dhiúltach:

Más briathar é a bhfuil consan mar thús air	Más briathar é a bhfuil guta mar thús air
ní + *séimhiú*	**ní**

⭐ Mar shampla:

ní ghlanfaidh mé	**ní** ólfaidh mé

An Fhoirm Cheisteach:

Más briathar é a bhfuil consan mar thús air	Más briathar é a bhfuil guta mar thús air
an + *urú*	**an**

⭐ Mar shampla:

an nglanfaidh tú?	**an** ólfaidh tú?

Gramadach

⭐ **Mar shampla:**

glanfaidh mé	coimeádfaidh mé	brisfidh mé	úsáidfidh mé
glanfaidh tú	coimeádfaidh tú	brisfidh tú	úsáidfidh tú
glanfaidh sé	coimeádfaidh sé	brisfidh sé	úsáidfidh sé
glanfaidh sí	coimeádfaidh sí	brisfidh sí	úsáidfidh sí
glanfaimid	coimeádfaimid	brisfimid	úsáidfimid
glanfaidh sibh	coimeádfaidh sibh	brisfidh sibh	úsáidfidh sibh
glanfaidh siad	coimeádfaidh siad	brisfidh siad	úsáidfidh siad
glanfar	coimeádfar	brisfear	úsáidfear
ní ghlanfaidh mé	ní choimeádfaidh mé	ní bhrisfidh mé	ní úsáidfidh mé
an nglanfaidh tú?	an gcoimeádfaidh tú?	an mbrisfidh tú?	an úsáidfidh tú?

Eisceachtaí

Taispeáin

Chun an briathar seo a chur san aimsir fháistineach bainimid an **i** den dara siolla ar dtús.

taispeánfaidh mé
taispeánfaidh tú
taispeánfaidh sé / sí
taispeánfaimid
taispeánfaidh sibh
taispeánfaidh siad
taispeánfar
ní thaispeánfaidh mé
an dtaispeánfaidh tú?

Briathra a bhfuil –gh mar chríoch orthu

léifidh mé	pléifidh mé	nífidh mé	suífidh mé
léifidh tú	pléifidh tú	nífidh tú	suífidh tú
léifidh sé / sí	pléifidh sé / sí	nífidh sé / sí	suífidh sé / sí
léifimid	pléifimid	nífimid	suífimid
léifidh sibh	pléifidh sibh	nífidh sibh	suífidh sibh
léifidh siad	pléifidh siad	nífidh siad	suífidh siad
léifear	pléifear	nífear	suífear
ní léifidh mé	ní phléifidh mé	ní nífidh mé	ní suífidh mé
an léifidh tú?	an bpléifidh tú?	an nífidh tú?	an suífidh tú?

Aois na Glóire 3

Cuir na habairtí seo a leanas san aimsir fháistineach:

1. (Bris : sinn) mórán cupán ar an gcóisir anocht.
2. (Coimeád) sé an t-airgead dó féin.
3. (Úsáid) sí an mhias mhór chun an bia a iompar chuig an bhféasta.
4. (Glan) sé an chistin anocht.
5. (Fill : sinn) abhaile amárach.
6. (Éist) sibh leis an gceol anocht.
7. (Tiomáin : sinn) go Luimneach Dé Sathairn seo chugainn.
8. (Múin) mé an ghramadach duit níos déanaí.
9. (Nigh) siad na héadaí an deireadh seachtaine seo chugainn.
10. (Stróic) sí a cóta má léimeann sí timpeall na háite mar sin.

Cuir na habairtí seo a leanas san aimsir fháistineach:

1. (Suigh : sinn) síos nuair a (sroich : sinn) an bhialann.
2. (An : éist) tú leis an nuacht anocht?
3. (Caith : muid) an samhradh ar fad san Astráil an bhliain seo chugainn.
4. (An : pléigh) sibh na fadhbanna go léir ag an gcruinniú amárach?
5. (Ní : fill) mé abhaile Dé Sathairn seo chugainn.
6. (Léigh) mé an páipéar nuachta anocht.
7. (Rith) mé trí chiliméadar amárach.
8. (An : tuig) sí an cheist sa rang maidin amárach?
9. (Teip) air sa scrúdú De Luain seo chugainn.
10. (Caill : sinn) an tráth na gceist anocht.

Cuir Gaeilge ar na habairtí seo a leanas:

1. I will drive to Belfast tomorrow.
2. The children will go to piano lessons next week. (Gabh)
3. Will you sit down?
4. He will not return to Ireland next year.
5. She will not understand French when she goes to France next summer.
6. He will spend his money on a house next year.
7. She will break the glass if she jumps around.
8. A thousand plates will be used at the party tonight.
9. He will lose his money at the card game tonight.
10. I will earn fourteen euros an hour next week.

An Dara Réimniú

Briathra a bhfuil dhá shiolla iontu agus a bhfuil **–igh**, **–il**, **–in**, **–ir** nó **–is** mar chríoch orthu (chomh maith le grúpa beag eile) atá sa dara réimniú.

1. Maidir leis na briathra a bhfuil **–igh** nó **–aigh** mar chríoch orthu, bainimid an chríoch sin chun an fhréamh a fháil.
2. Maidir leis na briathra a bhfuil **–il** nó **–ail**, **–in** nó **–ain**, **–ir** nó **–air** nó **–is** mar chríoch orthu, bainimid an **i** nó an **ai** chun an fhréamh a fháil.

Ansin, cuirimid na foircinn seo a leanas leis an bhfréamh san aimsir fháistineach:

Más consan leathan é consan deiridh na fréimhe cuirimid –óidh léi.	Más consan caol é consan deiridh na fréimhe cuirimid –eoidh léi.
–óidh mé	–eoidh mé
–óidh tú	–eoidh tú
–óidh sé / sí	–eoidh sé / sí
–óimid	–eoimid
–óidh sibh	–eoidh sibh
–óidh siad	–eoidh siad
–ófar (saorbhriathar)	–eofar (saorbhriathar)

An Fhoirm Dhiúltach:

Más briathar é a bhfuil consan mar thús air	Más briathar é a bhfuil guta mar thús air
ní + *séimhiú*	**ní**

⭐ **Mar shampla:**

ní cheannóidh mé	**ní** imreoidh mé

An Fhoirm Cheisteach:

Más briathar é a bhfuil consan mar thús air	Más briathar é a bhfuil guta mar thús air
an + *urú*	**an**

⭐ **Mar shampla:**

an gceannóidh tú?	**an** imreoidh tú?

Aois na Glóire 3

⭐ **Mar shampla:**

ceannóidh mé	osclóidh mé	baileoidh mé	imreoidh mé
ceannóidh tú	osclóidh tú	baileoidh tú	imreoidh tú
ceannóidh sé / sí	osclóidh sé / sí	baileoidh sé / sí	imreoidh sé / sí
ceannóimid	osclóimid	baileoimid	imreoimid
ceannóidh sibh	osclóidh sibh	baileoidh sibh	imreoidh sibh
ceannóidh siad	osclóidh siad	baileoidh siad	imreoidh siad
ceannófar	osclófar	baileofar	imreofar
ní cheannóidh mé	ní osclóidh mé	ní bhaileoidh mé	ní imreoidh mé
an gceannóidh tú?	an osclóidh tú?	an mbaileoidh tú?	an imreoidh tú?

Cleachtadh

Scríobh na habairtí seo a leanas san aimsir fháistineach:

1. (An : ceannaigh) tú léine nua i gcomhair na cóisire amárach?
2. (Tosaigh) an cheolchoirm ag a hocht a chlog tráthnóna amárach.
3. (Críochnaigh) sé a lá oibre ag a sé a chlog.
4. (Bailigh : sinn) airgead ar son Chuallacht Shíomóin Dé Luain seo chugainn.
5. (Dúisigh) sí ag a seacht a chlog maidin amárach.
6. (Oibrigh : sinn) go dtí a naoi a chlog anocht.
7. (Cabhraigh) sé lena mac fear sneachta a dhéanamh an tseachtain seo chugainn.
8. (Aistrigh) mé an dán ó Bhéarla go Fraincis amárach.
9. (Ní : éirigh) mé go moch amárach.
10. (Impigh : sinn) ar an múinteoir gan aon obair bhaile a thabhairt dúinn inniu.

Scríobh na habairtí seo a leanas san aimsir fháistineach:

1. (Brostaigh) sí ar scoil maidin amárach.
2. (Sleamhnaigh) sí ar an talamh fliuch má théann sí amach ag siúl amárach.
3. (Athraigh) sé a uacht an tseachtain seo chugainn.
4. (Ullmhaigh) sé an dinnéar dom anocht.
5. (Éalaigh) sí ón teach anocht.
6. (Ní : ceartaigh) sí na cóipleabhair go dtí an Mháirt seo chugainn.
7. (Socraigh) sé cad a dhéanfaidh sé amárach.
8. (Gortaigh) sí a cos má théann sí ag sciáil an geimhreadh seo chugainn.
9. (Diúltaigh) Donncha an cuireadh chun na bainise.
10. (Fiosraigh) na Gardaí an dúnmharú an tseachtain seo chugainn.

Gramadach

Cuir Gaeilge ar na habairtí seo a leanas:

1. I'll work tomorrow in the office.
2. We're going to buy a new car next Saturday.
3. Will you prepare breakfast for me tomorrow?
4. He will hurry to the wedding tomorrow.
5. Will you change your money from euros to dollars next week?
6. He will wake up at six tomorrow morning.
7. She will leave the house at six tomorrow morning.
8. Will you make the beds in the morning?
9. Her book will be published next year.
10. We will ask our father for pocket money next week.

Eisceachtaí

Maidir le **foghlaim**, **fulaing**, **tarraing**, agus **tuirling**, cuirimid na foircinn chuí leo agus ní dhéanaimid aon athrú eile.

foghlaimeoidh mé	fulaingeoidh mé	tarraingeoidh mé	tuirlingeoidh mé
foghlaimeoidh tú	fulaingeoidh tú	tarraingeoidh tú	tuirlingeoidh tú
foghlaimeoidh sé	fulaingeoidh sé	tarraingeoidh sé	tuirlingeoidh sé
foghlaimeoidh sí	fulaingeoidh sí	tarraingeoidh sí	tuirlingeoidh sí
foghlaimeoimid	fulaingeoimid	tarraingeoimid	tuirlingeoimid
foghlaimeoidh sibh	fulaingeoidh sibh	tarraingeoidh sibh	tuirlingeoidh sibh
foghlaimeoidh siad	fulaingeoidh siad	tarraingeoidh siad	tuirlingeoidh siad
foghlaimeofar	fulaingeofar	tarraingeofar	tuirlingeofar
ní fhoghlaimeoidh mé	ní fhulaingeoidh mé	ní tharraingeoidh mé	ní thuirlingeoidh mé
an bhfoghlaimeoidh tú?	an bhfulaingeoidh tú?	an dtarraingeoidh tú?	an dtuirlingeoidh tú?

Maidir leis an mbriathar 'freastail,' bainimid an 'i' den dara siolla.

Freastail → Freastal (an fhréamh)

freastalóidh mé
freastalóidh tú
freastalóidh sí
freastalóidh sí
freastalóimid
freastalóidh sibh
freastalóidh siad
freastalófar

Aois na Glóire 3

Scríobh na habairtí seo a leanas san aimsir fháistineach:
1. (Freagair) sí na ceisteanna go léir i gceart sa scrúdú amárach.
2. (Labhair : sinn) leis an úinéir Dé Luain seo chugainn.
3. (Cosain) an gluaisteán fiche míle euro nuair a cheannóidh mé é amárach.
4. (Inis) sí an scéal dá mac anocht.
5. (Codail) sí go déanach maidin amárach mar beidh tuirse uirthi.
6. (Oscail : sinn) an siopa ag a naoi Dé Sathairn seo chugainn.
7. (Ní : múscail) sí in am maidin amárach.
8. (Freastail) mé ar an ollscoil nuair a chríochnóidh mé an Ardteist.
9. (Fulaing) sí ón mbrú nuair a bheidh na scrúduithe á ndéanamh aici i mbliana.
10. (Eitil) an fear gnó go dtí an Fhrainc an mhí seo chugainn.

Scríobh na habairtí seo a leanas san aimsir fháistineach:
1. (Tuirling) an t-eitleán ag a naoi a chlog amárach.
2. (Imir : sinn) le chéile sa chluiche peile Dé Sathairn seo chugainn.
3. (Ní : codail) sí go déanach amárach.
4. (Bagair) na Gardaí ar na coirpigh an deireadh seachtaine seo chugainn.
5. (An : oscail) sí an oifig amárach?
6. (Ní : freagair) mé an cheist sin má chuireann na hiriseoirí orm í.
7. (Ní : imir) mé sa chluiche haca Dé Domhnaigh seo chugainn.
8. (Taitin) an cheolchoirm go mór leis Dé Luain seo chugainn.
9. (Ceangail) sé gach duine le chéile nuair a phósfaidh sé Niamh.
10. (Cosain) na laethanta saoire dhá mhíle euro.

Cuir Gaeilge ar na habairtí seo a leanas:
1. I will tell my little sister a story tonight.
2. He will enjoy the football match tomorrow.
3. She will answer the phone if someone calls.
4. I will not sleep well tonight.
5. We will speak to the teacher tomorrow.
6. I will play as a forward in the soccer match next Sunday.
7. Clare will fly to Australia next month.
8. She will open the restaurant at ten o'clock tomorrow.
9. Seán will attend secondary school next September.
10. The old woman will suffer from the cold next winter.

Gramadach

Na briathra neamhrialta

Is iad **abair**, **beir**, **bí**, **clois**, **déan**, **faigh**, **feic**, **ith**, **tabhair**, **tar** agus **téigh** na briathra neamhrialta.
Is iad seo a leanas foirmeacha na mbriathra neamhrialta san aimsir fháistineach:

abair	beir	bí	clois
déarfaidh mé	béarfaidh mé	beidh mé	cloisfidh mé
déarfaidh tú	béarfaidh tú	beidh tú	cloisfidh tú
déarfaidh sé / sí	béarfaidh sé / sí	beidh sé / sí	cloisfidh sé / sí
déarfaimid	béarfaimid	beimid	cloisfimid
déarfaidh sibh	béarfaidh sibh	beidh sibh	cloisfidh sibh
déarfaidh siad	béarfaidh siad	beidh siad	cloisfidh siad
déarfar	béarfar	beifear	cloisfear
ní déarfaidh mé	ní bhéarfaidh mé	ní bheidh mé	ní chloisfidh mé
an ndéarfaidh tú?	an mbéarfaidh tú?	an mbeidh tú?	an gcloisfidh tú?

déan	faigh	feic	ith
déanfaidh mé	gheobhaidh mé	feicfidh mé	íosfaidh mé
déanfaidh tú	gheobhaidh tú	feicfidh tú	íosfaidh tú
déanfaidh sé / sí	gheobhaidh sé / sí	feicfidh sé / sí	íosfaidh sé / sí
déanfaimid	gheobhaimid	feicfimid	íosfaimid
déanfaidh sibh	gheobhaidh sibh	feicfidh sibh	íosfaidh sibh
déanfaidh siad	gheobhaidh siad	feicfidh siad	íosfaidh siad
déanfar	gheofar	feicfear	íosfar
ní dhéanfaidh mé	ní bhfaighidh mé	ní fheicfidh mé	ní íosfaidh mé
an ndéanfaidh tú?	an bhfaighidh tú?	an bhfeicfidh tú?	an íosfaidh tú?

tabhair	tar	téigh
tabharfaidh mé	tiocfaidh mé	rachaidh mé
tabharfaidh tú	tiocfaidh tú	rachaidh tú
tabharfaidh sé / sí	tiocfaidh sé / sí	rachaidh sé / sí
tabharfaimid	tiocfaimid	rachaimid
tabharfaidh sibh	tiocfaidh sibh	rachaidh sibh
tabharfaidh siad	tiocfaidh siad	rachaidh siad
tabharfar	tiocfar	rachfar
ní thabharfaidh mé	ní thiocfaidh mé	ní rachaidh mé
an dtabharfaidh tú?	an dtiocfaidh tú?	an rachaidh tú?

Aois na Glóire 3

Scríobh na habairtí seo a leanas san aimsir fháistineach:

1. (Téigh : sinn) go dtí an Astráil an bhliain seo chugainn.
2. (Bí) mé i gCorcaigh amárach.
3. (Beir) milliún leanbh timpeall an domhain an bhliain seo chugainn.
4. (Abair) sé i nGaeilge é anois.
5. (Tar : sinn) go Béal Feirste ar an traein.
6. (Ní : faigh) sí bronntanais an Nollaig seo chugainn.
7. (An : déan) sí císte milis amárach?
8. (Clois) sibh an dea-scéala amárach.
9. (Ith) mé mo dhinnéar nuair a bheidh ocras orm.
10. (Feic) sí a cara Dé Luain seo chugainn.

Scríobh na habairtí seo a leanas san aimsir fháistineach:

1. (Faigh : sinn) airgead breise nuair a (bí : sinn) ag obair sa bhialann anocht.
2. (Abair) sí cad a (bí) ar a hintinn mura mbeidh sí sásta anocht.
3. (Ní : tar) sé go dtí an oifig amárach toisc go mbeidh sé tinn.
4. (Ith : sinn) ár lón le chéile amárach.
5. (Clois) siad an nuacht Dé Céadaoin seo chugainn.
6. (Beir) míle leanbh i gContae Dhún na nGall an mhí seo chugainn.
7. (An : déan) tú cáca seacláide anocht?
8. (An : faigh) sé gradam Oscar an bhliain seo chugainn?
9. (Téigh) sé go dtí an Afraic an samhradh seo chugainn.
10. (Tabhair : sinn) ár leanaí go dtí an naíonra maidin amárach.

Cuir Gaeilge ar na habairtí seo a leanas:

1. He will eat lunch with his daughter next Sunday.
2. We will go to Italy next week.
3. I won't get a lot of money on my birthday tomorrow.
4. Will you come to the restaurant with me tonight?
5. We will do our homework when we are ready.
6. I will not give my dog to my father next week.
7. We will not be at the races tomorrow.
8. She will see her friends next Friday.
9. Will you be at the party next Sunday?
10. We will get good results in the exams next June.

Athbhreithniú ar an Aimsir Fháistineach

Meascán de bhriathra ón gcéad réimniú, briathra ón dara réimniú agus briathra neamhrialta atá sna ceachtanna seo a leanas.

Athscríobh na habairtí seo a leanas san aimsir fháistineach:
1. (Glan) sé a charr amárach.
2. (Mol) an dochtúir duit do scíth a ligean.
3. (Téigh : sinn) go dtí an Spáinn an samhradh seo chugainn.
4. (Ceannaigh) sí rothar nua Dé Luain seo chugainn.
5. (Críochnaigh) obair na scoile ag a ceathair a chlog amárach.
6. (Freastail) an bhean óg ar an ollscoil an bhliain seo chugainn.
7. (Foghlaim) mé mo cheachtanna anocht.
8. (Freagair) an múinteoir na ceisteanna go léir Dé Céadaoin seo chugainn.
9. (Codail) sí go sámh anocht.
10. (Tabhair) sé mórán airgid dá iníon Déardaoin seo chugainn.

Scríobh na habairtí seo a leanas san aimsir fháistineach:
1. (Téigh) mé faoi do dhéin ag a cúig a chlog amárach.
2. (Labhair) an múinteoir leat amárach.
3. (Fulaing) sí an mhí seo chugainn má bhíonn an aimsir níos fuaire.
4. (Oscail) sí an scoil ag a hocht a chlog amárach.
5. (Freastail : sinn) ar scoil nua an bhliain seo chugainn.
6. (Tosaigh) sí ag obair Dé Máirt seo chugainn.
7. (Foghlaim) sí mórán Spáinnise nuair a bheidh sí sa Spáinn an bhliain seo chugainn.
8. (Léigh) sé an nuachtán nuair a (tar) sé isteach níos déanaí.
9. (Pléigh) an múinteoir gnéithe éagsúla an dáin sa rang amárach.
10. (Nigh) sí a chuid éadaí maidin amárach.

Aois na Glóire 3

Cuir Gaeilge ar na habairtí seo a leanas:
1. We will be at the party in your house tonight.
2. I will get a lot of new dresses in the town today.
3. They will not sit down in the restaurant tomorrow.
4. We will play very well in the basketball match next Saturday.
5. Will you start work tomorrow?
6. The teacher will not correct the exams tonight.
7. We will see our friends next Sunday.
8. I will learn my lessons tonight.
9. She will win the competition next week.
10. The plane will land at six o'clock tomorrow morning.

Trialacha teanga

Aistrigh an sliocht seo a leanas go dtí an Aimsir Fháistineach. Mar chabhair duit, tá líne faoi na focail a chaithfidh tú a athrú.

D'éirigh mé ag a seacht a chlog amárach agus bhí cithfholcadh agam. Bhí mé ag ullmhú le dul ar cheolchoirm de chuid Kings of Leon san O2. D'ith mé mo bhricfeasta, agus ansin chuir mé na héadaí is deise orm. Bhuail mé le hOisín ag am lóin i lár na cathrach. D'itheamar lón i gcaifé, agus bhuaileamar le roinnt cairde. Nuair a bhí am tae ann thosaíomar ag siúl i dtreo an O2. D'fhanamar go mífhoighneach ansin. I ndiaidh an bhanna tacaíochta tháinig Kings of Leon amach, agus bhí siad go hiontach. Tar éis na ceolchoirme fuaireamar síob abhaile le cara linn, agus chuamar abhaile go sona sásta.

An Modh Coinníollach

Úsáidimid an Modh Coinníollach (*the conditional mood*) nuair a bhímid ag caint faoi rud a mbaineann coinníoll leis, is é sin go dtarlóidh rud éigin má tharlaíonn rud eile nó má tá cúinsí (*circumstances*) áirithe ann. Go minic bíonn **dá** nó **mura** san abairt.

⭐ Mar shampla:

dá mbeadh deis agam	*if I were to have the opportunity*
dá mbeinn	*if I were to be*
dá mbeimis ábalta	*if we were able to*
mura mbeinn ábalta	*if I wasn't able*
mura n-éireodh liom	*if I wasn't to succeed*

Tabhair faoi deara go gcuireann **dá** agus **mura** urú ar an mbriathar.

Na Rialacha

1. Briathra a bhfuil consan mar thús orthu: cuirimid séimhiú ar an gconsan sa mhodh coinníollach.
2. Briathra a bhfuil guta mar thús orthu: cuirimid **d'** roimh an nguta.
3. Briathra a bhfuil **f** mar thús orthu: déanaimid séimhiú ar an **f** agus cuirimid **d'** roimhe.
4. San fhoirm dhiúltach úsáidimid **ní** agus déanaimid séimhiú ar an gconsan.
5. San fhoirm cheisteach úsáidimid **an** + urú.

Séimhiú agus urú

Urú ar ghuta: **n-**

	séimhiú	urú
b	bh	mb
c	ch	gc
d	dh	nd
f	fh	bhf
g	gh	ng
m	mh	—
p	ph	bp
s	sh	—
t	th	dt

An Chéad Réimniú

Briathra a bhfuil siolla amháin iontu agus briathra a bhfuil dhá shiolla iontu agus síneadh fada ar an dara siolla atá sa chéad réimniú.

Más briathar é a bhfuil consan leathan mar chríoch air	Más briathar é a bhfuil consan caol mar chríoch air
–fainn	–finn
–fá	–feá
–fadh sé / sí	–feadh sé / sí
–faimis	–fimis
–fadh sibh	–feadh sibh
–faidís	–fidís
–faí (saorbhriathar)	–fí (saorbhriathar)

Aois na Glóire 3

An Fhoirm Dhiúltach:

Más briathar é a bhfuil consan mar thús air	Más briathar é a bhfuil guta mar thús air
ní + *séimhiú*	**ní**

⭐ Mar shampla:

ní ghlanfainn	**ní** ólfainn

An Fhoirm Cheisteach:

Más briathar é a bhfuil consan mar thús air	Más briathar é a bhfuil guta mar thús air
an + *urú*	**an**

⭐ Mar shampla:

an nglanfá?	**an** ólfá?

⭐ Mar shampla:

ghlanfainn	bhrisfinn	d'ólfainn	d'úsáidfinn
ghlanfá	bhrisfeá	d'ólfá	d'úsáidfeá
ghlanfadh sé	bhrisfeadh sé	d'ólfadh sé	d'úsáidfeadh sé
ghlanfadh sí	bhrisfeadh sí	d'ólfadh sí	d'úsáidfeadh sí
ghlanfaimis	bhrisfimis	d'ólfaimis	d'úsáidfimis
ghlanfadh sibh	bhrisfeadh sibh	d'ólfadh sibh	d'úsáidfeadh sibh
ghlanfaidís	bhrisfidís	d'ólfaidís	d'úsáidfidís
ghlanfaí	bhrisfí	d'ólfaí	d'úsáidfí
ní ghlanfainn	ní bhrisfinn	ní ólfainn	ní úsáidfinn
an nglanfá?	an mbrisfeá?	an ólfá?	an úsáidfeá?

Eisceachtaí

Taispeáin

Chun an briathar seo a chur sa mhodh coinníollach bainimid an **i** den dara siolla ar dtús.

thaispeánfainn
thaispeánfá
thaispeánfadh sé
thaispeánfadh sí
thaispeánfaimis
thaispeánfadh sibh
thaispeánfaidís
thaispeánfaí
ní thaispeánfainn
an dtaispeánfá?

Gramadach

Briathra a bhfuil –igh mar chríoch orthu

Chun na briathra seo a chur sa mhodh coinníollach bainimid an **gh** ar dtús.

⭐ **Mar shampla:**

léigh	pléigh	nigh	luigh
léifinn	phléifinn	nífinn	luífinn
léifeá	phléifeá	nífeá	luífeá
léifeadh sé / sí	phléifeadh sé / sí	nífeadh sé / sí	luífeadh sé / sí
léifimis	phléifimis	nífimis	luífimis
léifeadh sibh	phléifeadh sibh	nífeadh sibh	luífeadh sibh
léifidís	phléifidís	nífidís	luífidís
léifí	phléifí	nífí	luífí
ní léifinn	ní phléifinn	ní nífinn	ní luífinn
an léifeá?	an bpléifeá?	an nífeá?	an luífeá?

Cleachtadh

Scríobh na habairtí seo a leanas sa mhodh coinníollach:

1. (Glan : mé) an seomra dá mbeadh an t-am agam.
2. (Coimeád) sé an t-airgead dá mbeadh an deis aige.
3. (Luigh : mé) síos dá mbeadh tuirse orm.
4. (Léigh) sí an nuachtán dá mbeadh suim aici sa nuacht.
5. (Gearr : sinn) ár gcuid gruaige dá mbeadh an fonn orainn.
6. (Fág) sibh an bhialann dá mbeadh sí salach.
7. (Fan : mé) abhaile dá mbeadh sé ag cur báistí.
8. (Úsáid : siad) an carr dá dteastódh sé uathu.
9. (Ól : sinn) an líomanáid dá mbeadh tart orainn.
10. (Bris) gach cupán sa teach dá mbeadh leanaí ann.

Aois na Glóire 3

Scríobh na habairtí seo a leanas sa mhodh coinníollach:
1. (Buaigh) sí an comórtas dá (bí) sí ag glacadh páirt ann.
2. (Pós) sé an bhean dá (bí) sí i ngrá leis.
3. (Cuir) sibh an t-airgead sa bhanc dá mbeadh an deis agaibh.
4. (Ól : siad) na deochanna go léir dá mbeadh cead acu.
5. (Éist : mé) leat dá mbeadh aon chiall lena bhfuil á rá agat.
6. (Ní : blais) sé an t-anraith mura (bí) salann ann.
7. (An : rith : tú) cúig mhíle dá mbeadh an t-am agat?
8. (Cuir : sinn) ár málaí sa charr dá mbeadh tuirse orainn.
9. (Ní : caith : mé) mórán airgid ar éadaí dá mbeadh éide scoile againn.
10. (Úsáid) sí a rothar mura (bí) sé ag cur báistí.

Scríobh na habairtí seo a leanas sa mhodh coinníollach:
1. (Ní : ól : mé) tae mura mbeadh tart orm.
2. (An : cíor : tú) do ghruaig dá mbeadh cíor agat?
3. (Gabh) sí go dtí an Afraic dá mbeadh saoire aici.
4. (Tóg : sinn) an traein dá mbeadh an aimsir go dona.
5. (Íoc) sé as an tacsaí dá mbeadh an t-airgead aige.
6. (Tiomáin : siad) go Leitir Ceanainn dá mbeadh lá saor acu.
7. (An : taispeáin : tú) do charr nua dom dá mbeadh tráthnóna saor agat?
8. (Gearr) sí a cuid gruaige dá dteastódh sin uaithi.
9. (Iarr) sé tuilleadh dinnéir ar a mháthair dá mbeadh ocras air.
10. (Ní : geall : mé) rud ar bith duit mura mbeadh an chumhacht agam.

Cuir Gaeilge ar na habairtí seo a leanas:
1. I would drive to Dublin if I had a free day.
2. He would pay for the food if he had the money.
3. We would go by car if it was raining. (Gabh)
4. He wouldn't use a bicycle if he wasn't late.
5. She would watch television if she was at home.
6. They would listen to the news if they had a radio.
7. They would run in the race if they weren't working.
8. She would close the door if she was able.
9. They would drink lemonade if they were thirsty.
10. We would read the newspaper if we had the time.

An Dara Réimniú

Briathra a bhfuil dhá shiolla iontu agus a bhfuil **–igh**, **–il**, **–in**, **–ir** nó **–is** mar chríoch orthu (chomh maith le grúpa beag eile) atá sa dara réimniú.

1. Maidir leis na briathra a bhfuil **–igh** nó **–aigh** mar chríoch orthu, bainimid an chríoch sin chun an fhréamh a fháil.
2. Maidir leis na briathra a bhfuil **–il** nó **–ail**, **–in** nó **–ain**, **–ir** nó **–air** nó **–is** mar chríoch orthu, bainimid an **i** nó an **ai** chun an fhréamh a fháil.

Ansin, cuirimid na foircinn seo a leanas leis an bhfréamh sa mhodh coinníollach:

Más consan leathan é consan deiridh na fréimhe	Más consan caol é consan deiridh na fréimhe
–óinn	–eoinn
–ófá	–eofá
–ódh sé / sí	–eodh sé / sí
–óimis	–eoimis
–ódh sibh	–eodh sibh
–óidís	–eoidís
–ófaí (saorbhriathar)	–eofaí (saorbhriathar)

An Fhoirm Dhiúltach:

Más briathar é a bhfuil consan mar thús air	Más briathar é a bhfuil guta mar thús air
ní + *séimhiú*	**ní**

⭐ Mar shampla:

ní **ch**eannóinn	ní imreoinn

An Fhoirm Cheisteach:

Más briathar é a bhfuil consan mar thús air	Más briathar é a bhfuil guta mar thús air
an + *urú*	**an**

⭐ Mar shampla:

An **gc**eannófá?	**an** imreofá?

Aois na Glóire 3

⭐ **Mar shampla:**

cheannóinn	d'osclóinn	bhaileoinn	d'imreoinn
cheannófá	d'osclófá	bhaileofá	d'imreofá
cheannódh sé / sí	d'osclódh sé / sí	bhaileodh sé / sí	d'imreodh sé / sí
cheannóimis	d'osclóimis	bhaileoimis	d'imreoimis
cheannódh sibh	d'osclódh sibh	bhaileodh sibh	d'imreodh sibh
cheannóidís	d'osclóidís	bhaileoidís	d'imreoidís
cheannófaí	d'osclófaí	bhaileofaí	d'imreofaí
ní cheannóinn	ní osclóinn	ní bhaileoinn	ní imreoinn
an gceannófá?	an osclófá?	an mbaileofá?	an imreofá?

Eisceachtaí

Maidir leis na briathra **foghlaim**, **fulaing**, **tarraing**, agus **tuirling**, cuirimid na foircinn a bhaineann leis an dara réimniú leo gan aon athrú eile a dhéanamh.

d'fhoghlaimeoinn	d'fhulaingeoinn	tharraingeoinn	thuirlingeoinn
d'fhoghlaimeofá	d'fhulaingeofá	tharraingeofá	thuirlingeofá
d'fhoghlaimeodh sé	d'fhulaingeodh sé	tharraingeodh sé	thuirlingeodh sé
d'fhoghlaimeodh sí	d'fhulaingeodh sí	tharraingeodh sí	thuirlingeodh sí
d'fhoghlaimeoimis	d'fhulaingeoimis	tharraingeoimis	thuirlingeoimis
d'fhoghlaimeodh sibh	d'fhulaingeodh sibh	tharraingeodh sibh	thuirlingeodh sibh
d'fhoghlaimeoidís	d'fhulaingeoidís	tharraingeoidís	thuirlingeoidís
d'fhoghlaimeofaí	d'fhulaingeofaí	tharraingeofaí	thuirlingeofaí
ní fhoghlaimeoinn	ní fhulaingeoinn	ní tharraingeoinn	ní thuirlingeoinn
an bhfoghlaimeofá?	an bhfulaingeofá?	an dtarraingeofá?	an dtuirlingeofá?

Agus eisceacht eile

Maidir leis an mbriathar **freastail**, bainimid an **i** den dara siolla agus cuirimid na foircinn a bhaineann leis an dara réimniú leis.

d'fhreastalóinn
d'fhreastalófá
d'fhreastalódh sé / sí
d'fhreastalóimis
d'fhreastalódh sibh
d'fhreastalóidís
d'fhreastalófaí
ní fhreastalóinn
an bhfreastalófá?

Gramadach

Cleachtadh

Cuir na habairtí seo a leanas sa mhodh coinníollach:
1. (Freastail : mé) ar scoil phobail dá mbeadh scoil dá leithéid sa cheantar.
2. (Ceannaigh : tú) an iomarca éadaí dá ligfinn duit.
3. (Oscail : mé) an siopa dá mbeadh gá leis.
4. (Ní : foghlaim) sé rud ar bith mura (déan : sé) a chuid staidéir.
5. (Eitil) sé abhaile dá (bí) an t-airgead aige.
6. (Fiosraigh) na Gardaí é dá (tarla) coir sa cheantar.
7. (Ceannaigh : siad) carr nua dá mbeadh an t-airgead acu.
8. (Ullmhaigh) sé béile breá duit dá mbeadh cistin aige.
9. (Tuirling) an t-eitleán ag a naoi ar maidin mura mbeadh ceo san aerfort.
10. (Aistrigh) an file an dán ó Bhéarla go Fraincis dá mbeadh Fraincis aige.

Scríobh na habairtí seo a leanas sa mhodh coinníollach:
1. (Críochnaigh) an scoil níos luaithe dá mbeadh sneachta ann.
2. (Cosain) an sciorta níos mó mura mbeadh reic ar siúl.
3. (Tosaigh : mé) san ollscoil dá mbeadh an Ardteist déanta agam.
4. (Inis) sé an rún duit dá mbeadh muinín aige asat.
5. (Freagair : sinn) na ceisteanna dá mbeadh na freagraí againn.
6. (Codail) sé go déanach dá mbeadh an rogha aige.
7. (Labhair) sibh leis an mbainisteoir dá mbeadh an cead agaibh.
8. (Bailigh : siad) airgead dá mbeadh carthanas sa cheantar.
9. (Dúisigh : mé) gach duine sa teach dá (déan: mé) an méid sin torainn.
10. (Ní : freagair : mé) an cheist sin mura mbeinn cinnte faoin bhfreagra.

Cuir Gaeilge ar na habairtí seo a leanas:
1. Would you fly from Ireland to Wales if you had the choice?
2. I wouldn't speak to the doctor if I wasn't worried.
3. He would answer all the questions if he was able.
4. They would open the door if it was safe.
5. Would he sleep late if he had permission?
6. The teacher would correct the tests if she had time.
7. School would finish at three o'clock if the principal wanted it.
8. I would enjoy sport if I had the time.
9. They would start work at ten o'clock if they were able.
10. She wouldn't tell that story to her daughter if it was frightening.

Aois na Glóire 3

Na briathra neamhrialta

Is iad **abair**, **beir**, **bí**, **clois**, **déan**, **faigh**, **feic**, **ith**, **tabhair**, **tar** agus **téigh** na briathra neamhrialta.

Is iad seo a leanas foirmeacha na mbriathra neamhrialta sa mhodh coinníollach:

abair	beir	bí	clois
déarfainn	bhéarfainn	bheinn	chloisfinn
déarfá	bhéarfá	bheifeá	chloisfeá
déarfadh sé / sí	bhéarfadh sé / sí	bheadh sé / sí	chloisfeadh sé / sí
déarfaimis	bhéarfaimis	bheimis	chloisfimis
déarfadh sibh	bhéarfadh sibh	bheadh sibh	chloisfeadh sibh
déarfaidís	bhéarfaidís	bheidís	chloisfidís
déarfaí	bhéarfaí	bheifí	chloisfí
ní déarfainn	ní bhéarfainn	ní bheinn	ní chloisfinn
an ndéarfá?	an mbéarfá?	an mbeifeá?	an gcloisfeá?

déan	faigh	feic	ith
dhéanfainn	gheobhainn	d'fheicfinn	d'íosfainn
dhéanfá	gheofá	d'fheicfeá	d'íosfá
dhéanfadh sé / sí	gheobhadh sé / sí	d'fheicfeadh sé / sí	d'íosfadh sé / sí
dhéanfaimis	gheobhaimis	d'fheicfimis	d'íosfaimis
dhéanfadh sibh	gheobhadh sibh	d'fheicfeadh sibh	d'íosfadh sibh
dhéanfaidís	gheobhaidís	d'fheicfidís	d'íosfaidís
dhéanfaí	gheofaí	d'fheicfí	d'íosfaí
ní dhéanfainn	ní bhfaighinn	ní fheicfinn	ní íosfainn
an ndéanfá?	an bhfaighfeá?	an bhfeicfeá?	an íosfá?

tabhair	tar	téigh
thabharfainn	thiocfainn	rachainn
thabharfá	thiocfá	rachfá
thabharfadh sé / sí	thiocfadh sé / sí	rachadh sé / sí
thabharfaimis	thiocfaimis	rachaimis
thabharfadh sibh	thiocfadh sibh	rachadh sibh
thabharfaidís	thiocfaidís	rachaidís
thabharfaí	thiocfaí	rachfaí
ní thabharfainn	ní thiocfainn	ní rachainn
an dtabharfá?	an dtiocfá?	an rachfá?

Gramadach

Cleachtadh

Scríobh na habairtí seo a leanas sa mhodh coinníollach:
1. (Téigh : mé) ar saoire dá mbeadh an t-am agam.
2. (Bí) sé ar mhuin na muice dá mbuafadh sé an Crannchur Náisiúnta.
3. (An : ith : tú) mura mbeadh ocras ort?
4. (Ní : beir) sé ar an liathróid dá mbeadh an liathróid os a chomhair.
5. (Clois) sí an nuacht dá n-éistfeadh sí leis an raidió.
6. (An : tar : tú) go Corcaigh liom?
7. (Déan) sí rud ar bith ar son a clainne.
8. (Ní : feic) sí a cairde mura mbeadh an t-am aici.
9. (Tabhair : mé) rud ar bith chun bheith i mo shláinte.
10. (Ní : ith) sé an béile mura mbeadh ocras air.

Scríobh na habairtí seo a leanas sa mhodh coinníollach:
1. (Tar : sinn) ar cuairt chugaibh dá mbeadh an t-am againn.
2. (Ní : déan) sé cáca cáise mura dtaitneodh sé liom.
3. (An : faigh : tú) saoire dá gcuirfeá ceist ar do bhainisteoir?
4. (Feic : mé) mo chairde dá mbeidís sa bhaile.
5. (Bí) áthas an domhain orm dá mbuafainn an Crannchur Náisiúnta.
6. (Abair : sinn) i nGaeilge é dá mbeimis ábalta.
7. (Téigh : sinn) thar lear dá mbeadh an t-airgead againn.
8. (Ní : ith : mé) seacláid mura mbeadh ocras orm.
9. (An : feic : tú) do sheanmháthair níos minice dá mbeadh sí ina cónaí sa bhaile mór?
10. (Clois) ceiliúr na n-éan go moch ar maidin sa samhradh.

Cuir Gaeilge ar na habairtí seo a leanas:
1. She wouldn't come to school if she hadn't got a bicycle.
2. We would go to the party if we received an invitation.
3. Would you give five euros for a bar of chocolate?
4. He would get a car if he was able to drive.
5. She would grab the ball if she was able.
6. We would hear the music if you were not talking so loud.
7. Would you eat chocolate and crisps together?
8. I wouldn't do my homework if I had a choice.
9. Would they give money to Trócaire if they had it to spare?
10. We would see our friends if they lived in Port Laoise.

Aois na Glóire 3

Athbhreithniú ar an Modh Coinníollach

Meascán de bhriathra ón gcéad réimniú, briathra ón dara réimniú agus briathra neamhrialta atá sna ceachtanna seo a leanas.

Cuir na habairtí seo a leanas sa mhodh coinníollach:

1. (Caill : mé) mo mhála mura mbeadh ciall agam.
2. (Caith : mé) an iomarca airgid ar bhróga mura (bí) billí le híoc agam.
3. (Ceannaigh : sinn) mórán bia dá (bhí) ár gcairde go léir anseo chun dhinnéir.
4. (Ní : inis) sé a rún d'aon duine.
5. (An : codail: tú) go déanach mura (bí) leanaí níos óige sa teach?
6. (Freagair) sí na ceisteanna uile dá mbeadh an staidéar déanta aici.
7. (Ní : imir : sinn) sa chomórtas mura (bí) seans mhaith againn.
8. (Tosaigh) an lá oibre níos déanaí dá mbeadh rogha againn.
9. (An : téigh: tú) go dtí an Afraic dá mbeadh an deis agat?
10. (Bí : mé) ar mhuin na muice dá (bí) gluaisteán deas agam.

Scríobh na habairtí seo a leanas sa mhodh coinníollach:

1. (Tar : mé) abhaile dá mbeadh aon duine ann.
2. (Ní : faigh : mé) aon chabhair ón Rialtas dá (bí: mé) i dtrioblóid.
3. (An : abair : tú) aon rud faoi dá (goid) do charr?
4. (Inis) sí gach rud duit dá (bí) sí cairdiúil leat.
5. (Oscail : siad) na geataí dá mbeadh daoine ag iarraidh teacht isteach.
6. (Ní : feic : siad) a gcairde mura (bí: siad) sa cheantar.
7. (Tabhair) sé a chapall leis dá mbeadh slí ann dó.
8. (An : foghlaim: tú) do cheachtanna dá mbeadh an t-am agat?
9. (Freastail) sé ar an scoil phobail dá mbeadh an deis aige.
10. (Imir : mé) leadóg dá mbeadh cúirt leadóige sa cheantar.

Cuir Gaeilge ar na habairtí seo a leanas:

1. We would give €100 to the Society of St Vincent de Paul if we had the money.
2. She would play camogie if she had the chance.
3. They would buy a new house if they had the money.
4. She wouldn't drink tea if she had the choice.
5. Would there be a concert next month if Beyoncé came to Ireland?
6. I wouldn't examine my sister's homework if she asked me.
7. We would start the holiday in May if we were able.
8. Would you go to Italy next year if you had the money?
9. They would see their friends if they lived near them.
10. Would you get a book for Christmas if you had the choice?

Athscríobh an sliocht seo a leanas agus cuir na briathra sa mhodh coinníollach

Dá mbeinn ar saoire sa Spáinn <u>téim</u> go dtí an trá. <u>Bainim</u> an-sult as suí cois farraige gach uile lá. <u>Léim</u> mo leabhair agus <u>éistim</u> le m'iPod. <u>Imrím</u> eitpheil agus leadóg ar an trá. <u>Tugaim</u> cuairt ar an ghailearaí ealaíne. <u>Téim</u> ag siopadóireacht agus <u>ceannaím</u> éadaí nua. <u>Ceannaím</u> cumhrán do mo mháthair freisin. San oíche <u>téim</u> amach agus <u>ithim</u> bia Spáinneach. <u>Ólaim</u> a lán deochanna toisc go mbíonn an aimsir te. Nuair a <u>thagaim</u> abhaile <u>bíonn</u> mo chairde in éad liom faoin tsaoire iontach sa Spáinn.

Claoninsint na mBriathra

An Chlaoninsint agus Briathra

Úsáidimid an chlaoninsint (*indirect speech*) tar éis frásaí ar nós 'Dúirt,' 'Is dóigh liom,' 'Is é mo thuairim,' 'Ceapaim,' 'Creidim,' 'Sílim,' agus mar sin de.

An Aimsir Chaite

Insint dhíreach	Claoninsint
'Thóg mé an t-airgead.'	Dúirt Seán gur thóg sé an t-airgead.
'Níor thóg mé an t-airgead.'	Dúirt Seán nár thóg sé an t-airgead.
'Cheannaigh mé an sciorta.'	Dúirt Siobhán gur cheannaigh sí an sciorta.
'Níor cheannaigh mé an sciorta.'	Dúirt Siobhán nár cheannaigh sí an sciorta.
'D'ól mé cupán tae.'	Dúirt Seán gur ól sé cupán tae.
'Níor ól mé cupán tae.'	Dúirt Seán nár ól sé cupán tae.

Tabhair faoi deara go mbíonn foirm ar leith ag roinnt de na briathra neamhrialta i ndiaidh **ní**, **go**, agus **nach**. Ní chuireann **ní** séimhiú ar **dúirt**, agus cuireann **ní** urú ar **fuair**.

abair	dúirt mé	**ní d**úirt mé	go ndúirt mé	nach ndúirt mé
bí	bhí mé	ní raibh mé	go raibh mé	nach raibh mé
faigh	fuair mé	**ní bhf**uair mé	go bhfuair mé	nach bhfuair mé
feic	chonaic mé	ní fhaca mé	go bhfaca mé	nach bhfaca mé
déan	rinne mé	ní dhearna mé	go ndearna mé	nach ndearna mé
téigh	chuaigh mé	ní dheachaigh mé	go ndeachaigh mé	nach ndeachaigh mé

An Aimsir Láithreach

Insint dhíreach	Claoninsint
'Ní dúirt mé go dtiocfainn abhaile.'	Dúirt Stiofán nach ndúirt sé go dtiocfadh sé abhaile.
'Bhí tuirse orm tar éis an chluiche.'	Dúirt Stiofán go raibh tuirse air tar éis an chluiche.
'Ní bhfuair mé duais sa chrannchur.'	Dúirt Áine nach bhfuair sí duais sa chrannchur.
'Chonaic mé sciorta nua sa siopa.'	Dúirt Áine go bhfaca sí sciorta nua sa siopa.
'Ní dhearna mé cupán tae.'	Dúirt Dónall nach ndearna sé cupán tae.
'Chuaigh mé abhaile láithreach.'	Dúirt Dónall go ndeachaigh sé abhaile láithreach.

Aois na Glóire 3

An Aimsir Fháistineach

Insint dhíreach	Claoninsint
'Ceannóidh mé rothar nua.'	Dúirt Máirtín go gceannódh sé rothar nua.
'Ní cheannóidh mé rothar nua.'	Dúirt Donncha nach gceannódh sé rothar nua.
'Buailfidh mé le Tomás amárach.'	Dúirt Sorcha go mbuailfeadh sí le Tomás amárach.
'Ní bhuailfidh mé le Tomás amárach.'	Dúirt Anna nach mbuailfeadh sí le Tomás amárach.
'Gheobhaidh mé bronntanas.'	Dúirt Seán go bhfaigheadh sé bronntanas.

Tabhair faoi deara go n-athraímid briathar san aimsir fháistineach go dtí an modh coinníollach má tá briathar san aimsir chaite roimhe.

An Modh Coinníollach

Insint dhíreach	Claoninsint
'Bheadh díomá orm dá gcaillfinn.'	Is dóigh léi go mbeadh díomá uirthi dá gcaillfeadh sí.
'Ní bheadh díomá orm dá gcaillfinn.'	Is dóigh léi nach mbeadh díomá uirthi dá gcaillfeadh sí.
'Ní chuirfinn airgead sa bhanc.'	Ceapann Ríonach nach gcuirfeadh sí airgead sa bhanc.
'D'éistfinn leat dá mbeadh ciall agat.'	Dúirt Órlaith go n-éistfeadh sí liom dá mbeadh ciall agam.

An Saorbhriathar

Insint dhíreach	Claoninsint
'Tógadh an t-airgead.'	Dúirt Muiris gur tógadh an t-airgead.

Tabhair faoi deara nach gcuirimid séimhiú ar an saorbhriathar san aimsir chaite i ndiaidh **gur** nó **nár**.

Cleachtadh

Cuir 'Dúirt Dónall' roimh na habairtí seo a leanas:

1. Ní fheicim mo chairde go minic.
2. Chaith mé m'airgead ar mhilseáin.
3. D'imir sé go maith sa chluiche inné.
4. Tógadh na leanaí i gContae an Chláir.
5. Níor thug sí airgead do dhaoine gan dídean.
6. Ní dheachaigh mé go Baile Átha Cliath.
7. Beidh mé ar an gcóisir anocht.
8. Ní ithim seacláid.
9. Ní thugaim milseáin do mo leanaí.
10. Bhlais an buachaill an t-anraith.
11. Níor ghoid an cailín an t-airgead.
12. Rith na gardaí i ndiaidh na gcoirpeach.
13. Thit an sneachta aréir.
14. Ní fhaca mé mo sheanmháthair inné.
15. D'úsáid mé mo charr an tseachtain seo caite.
16. Ceartóidh an múinteoir na scrúduithe anocht.
17. Níor ullmhaigh an cócaire aon lón inné.
18. Chaill Tomás a mhála scoile inné.
19. Éireoidh sé go moch maidin amárach.
20. Ordóidh sí an dlúthdhiosca nua ar an idirlíon.

Gramadach

Cuir 'Dúirt Méabh' roimh na habairtí seo a leanas:
1. Chloisfinn an nuacht dá mbeinn sa tír.
2. Chuireamar ár n-airgead póca i dtaisce.
3. Níor fhéach sé ar an scannán inné.
4. Déanfaidh sí cácaí amárach.
5. Rith sí sa rás ar nós na gaoithe.
6. Ní fhaca sí a máthair inné.
7. Dúnfaidh sí an doras anocht.
8. Bheinn saor mura mbeadh aon obair agam.
9. Gheobhainn bronntanais dá mbeadh níos mó gaolta agam.
10. Íosfaidh mé mo bhricfeasta amárach.

Cuir 'Ceapaim' nó 'Sílim' roimh na habairtí seo a leanas:
1. Beidh sneachta ann amárach.
2. Buafaidh Ciarraí an cluiche ceannais peile an bhliain seo chugainn.
3. Bhí an chóisir go hiontach aréir.
4. D'ól Máire an bainne go léir ar maidin.
5. Ní dheachaigh mo dheirfiúr go Gaillimh inné.
6. Bhuaigh Fiachra sa Chrannchur Náisiúnta anuraidh.
7. Ní bheidh Clíona ábalta dul abhaile um Nollaig.
8. Cheannóinn rothar dá mbeadh an t-airgead agam.
9. Rachainn go Béal Feirste dá mbeadh lá saor agam.
10. Ní íosfaidh mé aon arán amárach.

Cuir Gaeilge ar na habairtí seo a leanas:
1. Méabh said she lost her handbag last night.
2. I believe Ireland will win the rugby championship.
3. Seán said there will be frost tomorrow.
4. Gráinne believes she will win the singing competition next Monday.
5. I think my father will buy me a new coat next week.
6. They think Laois will win the match tomorrow.
7. I believe the school will be closed tomorrow.
8. I think he will decide to go to Canada next month.
9. Anna thinks she will go to Australia next year.
10. I believe there will be a storm tonight.

An Chopail

An Aimsir Láithreach

Briathar ar leith is ea an chopail, **is**, a úsáidimid nuair is ionann dhá rud. Úsáidimid an chopail go minic nuair atáimid ag caint faoi phost nó faoi stádas duine.

⭐ **Mar shampla:**

Is fiaclóir é Seán.
Is dochtúir é Donncha Ó Riain.
Is múinteoir é m'athair.
Is cógaiseoir í mo mháthair.
Is feirmeoir é.
Is bean tí í.
Is Éireannach í.
Is bean phósta í.

Is féidir linn an rud céanna a rá ar bhealach eile freisin, leis an mbriathar **bí** agus an aidiacht shealbhach:

Tá Seán ina fhiaclóir.	Tá sé ina fheirmeoir.
Tá Donncha Ó Riain ina dochtúir.	Tá sí ina bean tí.
Tá m'athair ina mhúinteoir.	Tá sí ina hÉireannach.
Tá mo mháthair ina cógaiseoir.	Tá sí ina bean phósta.

Úsáidimid an chopail nuair atáimid ag déanamh cur síos ar chineál nó ar cháilíocht an duine.

Is duine bocht é.	Is fear cneasta é.
Is cailín deas í.	Is bean mhacánta í.
Is buachaill dícheallach é.	

'Is' agus 'Tá'

De ghnáth úsáidimid an chopail nuair a bhíonn ainmfhocal sa phríomhchuid den abairt, agus úsáidimid **tá** nuair a bhíonn forainm (**mé**, **sé**, **sí**, srl.) agus aidiacht nó ainm briathartha (**ag rith**, **ag siúl**, srl.) san abairt.

⭐ **Mar shampla:**

Is cailín deas í.	Tá sí deas.
Is fear macánta é.	Tá sé macánta.
Is buachaill dána é.	Tá sé dána.
Is Éireannach é.	—
—	Táim ag rith.

Úsáidimid **is** sna frásaí seo a leanas freisin:

    Is fearr liom

    Is maith liom

    Is breá liom

    Is fuath liom

Is é **ní** foirm dhiúltach na copaile.

    Ní maith liom

    Ní dochtúir é Séamas

    Ní cailín deas í Siobhán

Úsáidimid **an** mar fhoirm cheisteach na copaile.

    An maith leat peil?

    An dochtúir é Séamas?

    An cailín deas í Siobhán?

Úsáidimid **nach** mar fhoirm cheisteach dhiúltach:

    Nach deas an lá é?—Is deas an lá é. / Ní deas an lá é.

    Nach iontach an scéal é?—Is iontach an scéal é. / Ní iontach an scéal é.

Foirm dhearfach	Foirm dhiúltach	Foirm cheisteach	Foirm cheisteach dhiúltach
Is feirmeoir é.	Ní feirmeoir é.	An feirmeoir é?	Nach feirmeoir é?
Is cailín deas í.	Ní cailín deas í.	An cailín deas í?	Nach cailín deas í?
Is maith liom stair.	Ní maith liom stair.	An maith leat stair?	Nach maith leat stair?

Ceisteanna agus freagraí samplacha

An agatsa atá an leabhar?—Is agamsa atá sé.

An leatsa an peann?—Is liomsa é.

An múinteoir í Siobhán?—Is múinteoir í.

An Sasanach é Arnold?—Is Sasanach é.

An maith leat spórt?—Is maith liom. / Ní maith liom.

Nach deas an lá é?—Is deas.

Nach iontach an scéal é?—Ní iontach an scéal é.

Aois na Glóire 3

Freagair na ceisteanna seo a leanas:

1. An amhránaí í Rihanna?
2. Cé hé an t-amhránaí is fearr leat?
3. Cén phearsa spóirt is fearr leat?
4. An múinteoir í do mháthair?
5. An dalta tú?
6. Nach deas an lá é?
7. An tusa an duine is óige sa chlann?
8. An file é Séamus Heaney?
9. Nach iontach iad na laethanta saoire?
10. An aoibhinn beatha an scoláire?
11. Cé leis an peann seo?
12. Nach scríbhneoir í Amanda Brunker?
13. An fear gnó é d'athair?
14. An duine deas é do dheartháir?
15. Nach Éireannach tú?
16. An duine deas í do mháthair?
17. An bean tí í do mháthair?
18. Cé hé an phearsa theilifíse is fearr leat?
19. Nach deas an cailín í?
20. Nach deas an buachaill é?

Cuir Gaeilge ar na habairtí seo a leanas:

1. Seán is a good teacher.
2. She is a kind woman.
3. He is tired.
4. Tomás is a nurse.
5. Isn't it a lovely day?—Yes, it's a lovely day.
6. Isn't it great news?—No, it's not great news.
7. She is a Scottish woman.
8. He is a Frenchman.
9. She is a chatty person.
10. He is a pleasant person.
11. He is a nice man.
12. Have you my book?—Yes, I have your book.
13. I love history.
14. Do you hate maths?
15. I don't like English.
16. Don't you love travelling?
17. I prefer French food.
18. They are engineers.
19. She is a lovely person.
20. We are pupils.

An Chopail san Aimsir Chaite agus sa Mhodh Coinníollach

San aimsir chaite agus sa mhodh coinníollach athraíonn **is** go **ba** + *séimhiú* (roimh chonsan) nó **b'** (roimh ghuta) nó roimh '**f**'.

⭐ **Mar shampla:**

Ba mhúinteoir í nuair a bhí sí níos óige	*She was a teacher when she was younger*
Ba bhuachaill deas é sular aistrigh sé go Baile Átha Cliath	*He was a nice boy before he moved to Dublin*
Ba chailín cneasta í nuair a bhí sí óg	*She was a kind girl when she was young*
Ba mhaith liom dul go Corcaigh	*I would like to go to Cork*
Ba mheicneoir é dá mbeadh spéis aige i gcarranna	*He would be a mechanic if he had an interest in cars*
Ba cheoltóir mé dá seinnfinn gléas ceoil	*I would be a musician if I played an instrument*
B'aoibhinn an lá é dá mbeadh an ghrian ag taitneamh	*It would be a lovely day if the sun was shining*
B'fhearr liom pizza ná lasagne	*I would prefer pizza to lasagne*

Gramadach

Úsáidimid **níor** + *séimhiú* san fhoirm dhiúltach.
Úsáidimid **níorbh** roimh ghuta nó 'f'.

Úsáidimid **ar** + séimhiú san fhoirm cheisteach roimh chonsan.
Úsáidimid **arbh** roimh ghuta nó f.

Úsáidimid **nár** san fhoirm cheisteach dhiúltach roimh chonsan agus **nárbh** roimh ghuta nó **f**.

Níor mhúinteoir é nuair a bhí sé óg.	Níorbh amadán é an té a scríobh é sin.
Arbh altra é nuair a bhí sé óg?	Arbh fhear deas é nuair a bhí sé óg?
Nár chailín cineálta í nuair a bhí sí óg?	Nárbh amaideach an buachaill é a rinne é sin?

Achoimre

Foirm dhearfach	Foirm dhiúltach	Foirm cheisteach	Foirm cheisteach diúltach
Ba mheicneoir é.	Níor mheicneoir é.	Ar mheicneoir é?	Nár mheicneoir é?
B'ailtire í.	Níorbh ailtire í.	Arbh ailtire í?	Nárbh ailtire í?
B'fhearr liom	Níorbh fhearr liom	Arbh fhearr leat?	Nárbh fhearr leat?

Cleachtadh

Freagair na ceisteanna seo a leanas san fhoirm dhearfach nó san fhoirm dhiúltach:

1. Arbh ailtire é d'athair deich mbliana ó shin?
2. Nárbh aoibhinn an lá é?
3. Arbh fhearr leat tae nó caife?
4. Ar mhaith leat dul go dtí an Ghréig ar saoire?
5. Nárbh amaideach an scannán é sin?
6. Nár mhúinteoir iontach í cúig bliana ó shin?
7. Nár chuntasóir í do mháthair tráth?
8. Ar mhaith leat teacht liom chuig scannán?
9. Nárbh fhearr leat bábóga ná bréagáin eile nuair a bhí tú óg?
10. Ar bhuachaill cliste é Tomás nuair a bhí sé ar scoil?

Aois na Glóire 3

Cuir Gaeilge ar na habairtí seo a leanas:

1. She was a nurse ten years ago.
2. Wasn't it a beautiful day today?
3. He was a footballer when he was young.
4. Wouldn't you prefer tea to coffee?
5. Wasn't he a good looking man when he was young?
6. Would you like coffee or tea?
7. She wasn't a teacher when she young.
8. He wasn't an architect ten years ago.
9. She was a lovely child once.
10. Was he a doctor in Killarney?
11. I would love to go France.
12. I hated maths in primary school.
13. I would be a singer if I got the chance.
14. She was an engineer five years ago.
15. Was it Iníon Uí Mhurchú who was principal of that school?

Claoninsint ar abairtí a bhfuil an Chopail iontu

An Aimsir Láithreach

Athraíonn **is** go **gur**.

Athraíonn **ní** go **nach**.

Athraíonn **is** go **gur** (más ainmfhocal é a bhfuil guta mar thús air).

Athraíonn **is** go **gurb** roimh aidiacht a bhfuil guta mar thús uirthi.

Insint dhíreach	Claoninsint
Is múinteoir é.	Dúirt Seán gur múinteoir é.
Is ailtire é.	Dúirt Seán gur ailtire é.
Ní bean tí í.	Dúirt Máire nach bean tí í.
Ní aintín í.	Dúirt Máire nach aintín í.
Is álainn an lá é.	Dúirt Áine gurb álainn an lá é.
Is ait an saol.	Dúirt Áine gurb ait an saol.

An Aimsir Chaite agus an Modh Coinníollach

Athraíonn **ba** go **gur** + séimhiú.

Athraíonn **níor** go **nár** + séimhiú.

Athraíonn **ba** go **gurbh** roimh aidiacht nó ainmfhocal a bhfuil guta mar thús air.

Athraíonn **níor** go **nárbh** roimh aidiacht nó ainmfhocal a bhfuil guta mar thús air.

Athraíonn **b'** go **gurbh** roimh ghuta nó **f**.

Athraíonn **níorbh** go **nárbh** roimh ghuta nó **f**.

Insint dhíreach	Claoninsint
'Ba mhaith liom dul go Corcaigh.'	Ceapaim gur mhaith leis dul go Corcaigh.
'Níor mhaith liom dul go Corcaigh.'	Ceapaim nár mhaith leis dul go Corcaigh.
'Ba mhúinteoir é.'	Dúirt Siobhán gur mhúinteoir é
'Níor mhúinteoir é.'	Dúirt Siobhán nár mhúinteoir é.
'B'álainn an lá é inné.'	Dúirt Siobhán gurbh álainn an lá é inné.
'Níorbh álainn an lá é inné.'	Dúirt Siobhán nárbh álainn an lá é inné.
'B'fhearr liom caife ná tae.'	Dúirt Siobhán gurbh fhearr léi caife ná tae.
'Níorbh fhearr liom Beyoncé ná Rihanna.'	Dúirt Siobhán nárbh fhearr léi Beyoncé ná Rihanna.

Cleachtadh

Cuir 'Dúirt Tomás' roimh na habairtí seo a leanas:

1. Is breá liom seacláid.
2. Ba cheoltóir iontach é Elvis.
3. Níor mhúinteoir í Éilís anuraidh.
4. B'fhearr liom caife ná tae.
5. B'aisteach an lá é inné.
6. Níorbh álainn an lá é inné.
7. B'fheirmeoir é Pádraig go dtí anuraidh.
8. Níorbh fhear deas é.
9. Ba cheoltóir é dá mbeadh an deis aige.
10. Níor fhile é ach b'úrscéalaí é.
11. Ba mhaith leis dul go dtí an Iodáil.
12. Níor mhaith leis dul go dtí an Spáinn.
13. Ba bhreá liom an giotár a sheinm.
14. Níor mhaith liom peil a imirt.
15. B'álainn an t-óstán é inar fhanamar anuraidh.

An Aidiacht Shealbhach

	Roimh chonsan	Sampla	Roimh ghuta	Sampla
mo	séimhiú	**mo mh**áthair	**m'**	**m'**aintín
do	séimhiú	**do mh**áthair	**d'**	**d'**aintín
a (his)	séimhiú	**a mh**áthair	—	**a** aintín
a (her)	—	**a** máthair	**h**	**a h**aintín
ár	urú	**ár** máthair	urú	**ár n**-aintín
bhur	urú	**bhur** máthair	urú	**bhur n**-aintín
a (their)	urú	**a** máthair	urú	**a n**-aintín

- Ní féidir séimhiú a chur ar **l**, **n** nó **r** ná ar **sc**, **sm**, **sp** nó **st**.
- Ní féidir urú a chur ar **l**, **m**, **n**, **r**, ná **s**.

Cleachtadh

Athscríobh na habairtí seo a leanas gan na lúibíní:
1. Tá (mo : cara) ina cónaí i mBaile Átha Cliath.
2. An mbeidh (do : Daid) ag teacht chuig an gcóisir?
3. Níl (mo : Máthair) ag dul go dtí an baile mór.
4. Téann (mo : deirfiúr) go dtí an giomnáisiam gach lá.
5. Is breá le (mo : deirfiúr) seacláid.
6. Taitníonn spórt le (mo : cara).
7. An bhfuil (do : chóta) sa halla?
8. Cá bhfuil (mo : gúna)?
9. Ní raibh bhur (Daid) ar an bhféasta aréir.
10. An bhfaca aon duine (mo : peann)?

Athscríobh na habairtí seo a leanas gan na lúibíní:
1. An bhfuil (do: uaireadóir) agat?
2. Cá bhfuil (mo: aintín) nua?
3. Tá (a (his) : athair) as baile.
4. An dtéann (a (her) : athair) go Gaillimh go minic?
5. Ní thaitníonn damhsa le (mo : uncail).
6. An mbeidh (ár : athair) ag teacht anocht?
7. Ní maith le (mo : aintín) rac-cheol.
8. An mbeidh (a (their) : uncail) ag teacht ar cuairt chugainn anocht?
9. An maith leat (do : éan) nua?
10. Ní thaitníonn (ár : obair bhaile) linn.

Gramadach

Cuir Gaeilge ar na habairtí seo a leanas:
1. Do you love your new pet?
2. She loves her aunt.
3. He likes his new bicycle.
4. They brought their car to my house.
5. He took his dog for a walk.
6. I love my cat.
7. We bought our new house last year.
8. She met her sister for a cup of coffee yesterday.
9. They gave money to Trócaire last Christmas.
10. Did you see our new piano?

Cuir Gaeilge ar na habairtí seo a leanas:
1. We are very happy with our homework.
2. Did you go to their concert?
3. He took his car to Dublin.
4. She brought her dog to my house.
5. They met my father in town.
6. We saw our uncle in my grandfather's house yesterday.
7. Did you make your mother's hat?
8. I saw their father in Galway last week.
9. We brought our cat to the vet.
10. Did you see your mother last night?

Réamhfhocail

Na Réamhfhocail Shimplí

1. Nuair a bhíonn ainmfhocal díreach i ndiaidh ceann de na réamhfhocail seo a leanas cuirimid séimhiú ar an ainmfhocal de ghnáth:

> de (of)   do (to /or)   mar (like / as)   roimh (before)   thar (over)
> trí (through)   um (at)   faoi (under)   ó (from)

⭐ **Mar shampla:**

> Léim sé **de bh**alla   Chuir siad an teach **trí th**ine.
> Cheannaigh mé bronntanas **do Mh**áire   Feicfidh mé mo chara **um Ch**áisc.
> Tá sé ag obair **mar mh**úinteoir   Tá an leabhar **faoi bh**ord.
> Bhí an fear sin **roimh Ch**aitlín sa scuaine Fuair mé litir **ó Mh**icheál.
> Léim sé **thar ch**laí

- Ní féidir séimhiú a chur ar **l**, **n** nó **r** ná ar **sc**, **sm**, **sp** nó **st**. (S̲t E̲leano̲r is s̲miling in S̲panish S̲chool)

2. Nuair a bhíonn ainmfhocal díreach i ndiaidh ceann de na réamhfhocail seo a leanas cuirimid séimhiú ar an ainmfhocal i gcásanna áirithe ach ní chuirimid i gcásanna eile:

   ar (on)   **gan (without)**   **idir (between)**

   ar: Bíonn séimhiú ar an ainmfhocal nuair is ionad áirithe nó duine áirithe atá ann;

   ⭐ **Mar shampla:**
   > Bhí slaghdán **ar Ch**aitlín an tseachtain seo caite.
   > Bhí sí ina suí **ar ch**athaoir.

   Ní bhíonn séimhiú ar an ainmfhocal más ionad ginearálta atá ann;

   ⭐ **Mar shampla:**
   > ar farraige, ar muir, ar talamh

   nó más *staid* nó *coinníoll* atá ann;

   ⭐ **Mar shampla:**
   > ar meisce, ar ceal, ar siúl, ar saoire, ar crith, ar crochadh, ar buile, ar díol, ar fónamh, ar mire, ar iarraidh, ar iasacht, ar oscailt, ar lorg

   nó más *am* atá ann;

   ⭐ **Mar shampla:**
   > ar ball, ar maidin

   gan: Bíonn séimhiú ar ainmfhocal a bhfuil consan (seachas **d**, **f**, **s** nó **t**) mar thús air;

   ⭐ **Mar shampla:**
   > **gan bh**riseadh, **gan ch**ead, **gan mh**aith, **gan ph**ingin

   ach
   > gan dóchas, gan faoiseamh, gan sos, gan tásc ná tuairisc

   Agus ní bhíonn séimhiú ar an ainmfhocal más ainm dílis é, nó má tá aidiacht leis an ainmfhocal, nó más frása atá ann;

   ⭐ **Mar shampla:**
   > gan Pádraig, gan cúis mhaith, gan cúis ar bith

   idir: Bíonn séimhiú ar ainmfhocal aonair;

   ⭐ **Mar shampla:**
   > **idir dh**aoine, **idir mh**uintir na háite

   agus nuair a chiallaíonn sé 'i measc' nó 'araon' (*both*);

   ⭐ **Mar shampla:**
   > Bhí **idir ch**ailíní agus **bh**uachaillí ag an dioscó.

   (Tabhair faoi deara go bhfuil séimhiú ar an dá ainmfhocal.)

   Ach ní bhíonn séimhiú ar na hainmfhocail sa mhúnla 'idir A agus B' más *am* nó *spás* atá ann;

   ⭐ **Mar shampla:**
   > idir maidin agus tráthnóna
   > idir Gaillimh agus Corcaigh

3. **Réamhfhocail shimplí eile:** Ní bhíonn séimhiú ar ainmfhocal i ndiaidh aon cheann de na réamhfhocail seo a leanas:

> ag as chuig go le seachas

⭐ **Mar shampla:**
> Tá Siobhán **ag** fuinneog na scoile.
> Bhí áthas **as** cuimse orthu.
> Chuir mé an bille **chuig** Máire.
> Rachaidh Siobhán **go** Baile Átha Cliath amárach.
> Chuaigh mé ann **le** cara liom.
> Bhíomar go léir ann **seachas** Colm.

4. Bíonn urú ar an ainmfhocal i ndiaidh **i**;

⭐ **Mar shampla:**
> Tá na fáinní cluaise **i mb**osca.
> Tá mo dheirfiúr ag obair **i gC**orcaigh.
> Rinne sí é **i bh**faiteadh na súl.

Ach scríobhaimid **in** roimh ghuta;

⭐ **Mar shampla:**
> Tá cónaí orm **in** Éirinn.
> Tá gaolta aici **in** Ard Mhacha.

Más ainmfhocal é a bhfuil an t-alt (**an**) roimhe deirimid **sa**, agus leanann séimhiú é;

⭐ **Mar shampla:**
> Tá na milseáin **sa bh**osca.
> Tá mo mháthair **sa ch**athair.
> Táimid ar saoire sa **Gh**réig.

Eisceachtaí: Ní chuirtear séimhiú ar **d** ná **t** ná **s** tar éis 'sa'.

⭐ **Mar shampla:**
> sa domhan, sa teach, sa saol

Más ainmfhocal é a bhfuil guta mar thús leis deirimid **san**;

⭐ **Mar shampla:**
> Tá na héisc **san** uisce.
> Tá an císte **san** oigheann.
> Tá cónaí orthu **san** Iodáil.

Agus más ainmfhocal é a bhfuil **f** mar thús leis deirimid **san** agus bíonn séimhiú ar an **f**;

⭐ **Mar shampla:**
> Titeann na duilleoga **san fh**ómhar.
> Tá na héisc **san fh**arraige.
> Tá siad ar saoire **sa Fh**rainc

Aois na Glóire 3

Más ainmfhocal é a bhfuil an t-alt san uimhir iolra (**na**) roimhe deirimid **sna**, agus ní bhíonn aon athrú ar an ainmfhocal;

⭐ **Mar shampla:**
> Tá mórán daoine **sna** sráideanna.
> Bíonn torann síoraí **sna** cathracha.

5. Na réamhfhocail **go** agus **le**

Ní bhíonn urú ná séimhiú ar ainmfhocal i ndiaidh **go** ná **le**, ach cuirtear an réamhlitir **h** roimh ghuta;

⭐ **Mar shampla:**
> Rinne mé an obair **go h**éasca.
> Beidh sí ag teacht **go h**Éirinn.
> Chuala mé an nuacht **le h**áthas.
> Bhuail mé **le h**Áine inné.

Más ainmfhocal é a bhfuil an t-alt (**an** nó **na**) roimhe nó a bhfuil **mo**, **do** srl. roimhe deirimid **go dtí** seachas **go**, agus ní bhíonn aon athrú ar an ainmfhocal;

⭐ **Mar shampla:**
> Sheolamar **go dtí** an t-oileán.
> Beidh mé ag dul **go dtí** an Spáinn.

Cleachtadh

Athscríobh na habairtí seo a leanas gan na lúibíní:

1. Bhris sé an cupán trí (timpiste).
2. Chuaigh mé ar an gcóisir le (Áine).
3. Táim i mo chónaí sa (cathair).
4. Bhí sé ina sheasamh roimh (Ciarán) sa scuaine.
5. Tá Seán ina chónaí i (Corcaigh).
6. Is as (Baile Átha Cliath) do (Tomás).
7. Tá madra ag (Séamas).
8. Tá Siobhán ag obair mar (freastalaí).
9. Feicfidh mé thú um (Nollaig).
10. Cá mbeinnse gan (tú)!
11. Bhí an custaiméir sa teach tábhairne ar (meisce).
12. Cuireadh an cheolchoirm ar (ceal).
13. D'inis mé an scéal do (Siobhán).
14. Bhí idir (cailíní) agus (buachaillí) ar an dioscó.
15. Bhí cóta álainn ar (Sorcha) inné.
16. Ar chuala tú faoi (Máire)?
17. Bhuail mé le (Aoife) ar maidin.
18. Bhí an rang as (smacht) Dé hAoine seo caite.
19. Beidh mé ag dul go (Albain) le (Séamas).
20. D'fhág mé mo leabhar ar (bord) sa (cistin).

Gramadach

Réamhfhocail shimplí agus an t-alt

Nuair a úsáidimid aon cheann de na réamhfhocail seo a leanas roimh an alt (**an**) bíonn urú ar an ainmfhocal más ainmfhocal é a bhfuil **b**, **c**, **f**, **g** nó **p** mar thús air.

Déantar aon fhocal amháin de 'faoi an' (**faoin**) agus 'ó an' (**ón**), agus tá foirm ar leith ag **le** (**leis**) agus ag **trí** (**tríd**).

ag	ag an
ar	ar an
as	as an
chuig	chuig an
faoi	faoin
le	leis an
ó	ón
roimh	roimh an
thar	thar an
tríd	tríd an

⭐ **Mar shampla:**

ar an **mb**us   roimh an **ng**arda
thar an **gc**laí   as an **bP**ortaingéil
ón **bhF**rainc

● Ní féidir urú a chur ar **l**, **n**, **r**, (**E**leanor) **m** ná **s**. (**M**arks & **S**pencers)

⭐ **Mar shampla:**

ar an long   in aice leis an monarcha
ag an nóiméad sin   faoin suíochán
ar an rothar

Tá foirmeacha ar leith freisin ag **de** agus **do**.

de + an	**den**
do + an	**don**

Nuair a úsáidimid aon cheann de na réamhfhocail seo roimh an alt (**an**) bíonn séimhiú ar an ainmfhocal más ainmfhocal é a bhfuil **b**, **c**, **f**, **g**, **m** nó **p** mar thús air.

⭐ **Mar shampla:**

Léim sí **den bh**alla.
Thug mé an bronntanas **don ch**ailín.
Léigh mé cuid **den fh**ógra.
D'inis mé an scéal **don gh**arda.
Thug sí an fheoil **don mh**adra.
Thug siad an t-eolas **don ph**ríomhoide.

Aois na Glóire 3

Tabhair faoi deara go gcoimeádaimid an réamhlitir **t** a chuirtear roimh ainmfhocail bhaininscneacha a bhfuil **s** mar thús orthu.

⭐ Mar shampla:

> An cluiche is fearr **den ts**raith a bhí ann.
> Ní dhéanfaidh sin aon mhaitheas **don ts**láinte.

Cleachtadh

Athscríobh na habairtí seo a leanas gan na lúibíní:

1. Tá Éadaoin ag an (doras).
2. Tá mo bhróga faoin (bord).
3. Tá sí ag siopadóireacht sa (cathair).
4. Tá Stiofán ag caint leis an (dochtúir).
5. Léim an cailín thar an (claí).
6. Bhí m'athair ag caint leis an (bainisteoir) aréir.
7. Thug mé bronntanas do (Sorcha) um Nollaig.
8. Thit sí den (balla) trí (timpiste).
9. Déanann toitíní dochar uafásach don (sláinte).
10. Bhuail sí leis an (bean) an tseachtain seo caite.
11. Shuigh sí síos ar an (cathaoir).
12. Labhair mé leis an (úinéir) inné.
13. Sheinn an ceoltóir port álainn ar an (giotár).
14. Shleamhnaigh sí den (balla) go tobann.
15. Thit Séamas ar an (talamh).
16. Fuair mé an t-eolas cuí ón (seanfhear).
17. Is maith le (Áine) leadóg.
18. Beidh Pól ag dul go (Albain).
19. Scríobh mé litir chuig (Gearóid).
20. Tá an bhean sin gan (maith).

Athscríobh na habairtí seo a leanas gan na lúibíní:

1. Fuair sí airgead ón (buachaill).
2. Is as (Corcaigh) d'Áine.
3. Rith an cailín tríd an (páirc).
4. Thóg mé na miasa as an (cófra).
5. Bhain sé geit as an (cailín).
6. Thug Eithne bronntanas don (cailín).
7. Tá ocras ar an (madra).
8. Tá Fionnbharra ina chónaí i (Gaillimh).
9. Chaith sí seachtain san (ospidéal).
10. Taitníonn spórt leis an (fear).

Gramadach

Líon na bearnaí leis an réamhfhocal ceart:
1. Chuaigh mé ag snámh _____ fharraige.
2. Thit Ciara _____ bhalla.
3. Bhí náire _____ an gcailín.
4. Thug mé bronntanas _____ chomharsa.
5. Téann Caitlín ag siopadóireacht _____ chathair.
6. Bhí an mairnéalach _____ muir ar feadh sé mhí.
7. Bhí eagla an domhain _____ an bhfear.
8. Tá mo leabhar _____ an mbord.
9. Is _____ Fhrainc atá Marseille.
10. Scríobh an múinteoir na nótaí _____ an mbord.
11. Thug mo mháthair póg _____ m'athair inné.
12. Bhí an cluiche ar siúl _____ Luimneach aréir.
13. Bhí áthas _____ Mháire nuair a bhuaigh sí an duais.
14. Thit Éamann _____ bhalla.
15. Chaith sí mí _____ ospidéal.
16. Chuaigh mé _____ an gcóisir le Muiris.
17. Bhí an fear sin _____ meisce aréir.
18. Téann sí _____ Béal Feirste go rialta.
19. Tá an múinteoir _____ buile _____ an dalta dána.
20. Thit sí isteach _____ abhainn.

Cuir Gaeilge ar na habairtí seo a leanas:
1. She fell off the wall.
2. They met their friend last Saturday.
3. He is going to England next week.
4. We went to Italy last month.
5. My mother has a black dog.
6. Méabh is standing at the door.
7. He jumped over the wall.
8. Dónall is sitting on the chair.
9. He enjoys music.
10. Éilís has blue eyes and brown hair.

Forainmneacha Réamhfhoclacha

Nuair a chuirimid réamhfhocal simplí agus forainm le chéile bíonn forainm réamhfhoclach (*prepositional pronoun*) againn.

⭐ **Mar shampla:**

Réamhfhocal	Forainm	Forainm réamhfhoclach
ag	mé	**agam**
ar	tú	**ort**
do	sé	**dó**

Na forainmneacha réamhfhoclacha is tábhachtaí:

	mé	tú	sé	sí	muid (sinn)	sibh	siad
ag	agam	agat	aige	aici	againn	agaibh	acu
ar	orm	ort	air	uirthi	orainn	oraibh	orthu
as	asam	asat	as	aisti	asainn	asaibh	astu
chuig	chugam	chugat	chuige	chuici	chugainn	chugaibh	chucu
de	díom	díot	de	di	dínn	díbh	díobh
do	dom	duit	dó	di	dúinn	daoibh	dóibh
faoi	fúm	fút	faoi	fúithi	fúinn	fúibh	fúthu
i	ionam	ionat	ann	inti	ionainn	ionaibh	iontu
le	liom	leat	leis	léi	linn	libh	leo
ó	uaim	uait	uaidh	uaithi	uainn	uaibh	uathu
roimh	romham	romhat	roimhe	roimpi	romhainn	romhaibh	rompu

Réamhfhocail agus briathra

Ní foláir dúinn an réamhfhocal ceart a úsáid i ndiaidh briathra éagsúla. Go minic bíonn brí ar leith leis an mbriathar de réir an réamhfhocail a leanann iad.

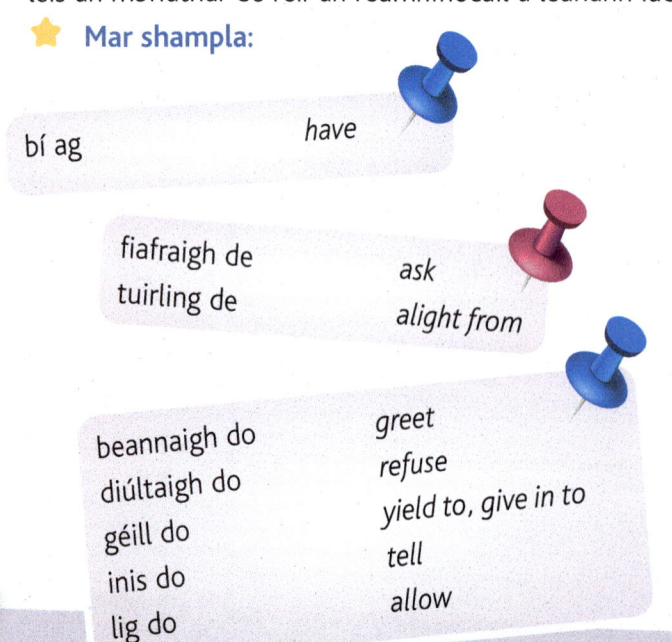

⭐ **Mar shampla:**

bí ag — have

fiafraigh de — ask
tuirling de — alight from

beannaigh do — greet
diúltaigh do — refuse
géill do — yield to, give in to
inis do — tell
lig do — allow

beir ar — catch
bí ar — have to
buaigh ar — defeat
cuimhnigh ar — remember
glaoigh ar — call
iarr ar — ask
lig ar — pretend
teip ar — fail

Gramadach

abair le	tell
buail le	meet
éirigh le	succeed
éist le	listen to
fan le	wait on
taitin le	enjoy

teastaigh ó	want, need

Réamhfhocail i bhfrásaí

Frásaí a mbíonn 'ag' iontu

Tá meas **agam** ort	I respect you
Níl muinín **agam** asat	I have no trust / confidence in you
Tá cion **agam** ort	I am fond of you
Tá leabhar maith **aige**	He has a good book
Tá suim **agam** ann	I am interested in him / it
Tá súil **agam**	I expect / I hope

Frásaí a mbíonn 'as' iontu

Táim bródúil **asat**	I'm proud of you
Baineadh geit **as**	He got a fright

Frásaí a mbíonn 'ar' iontu

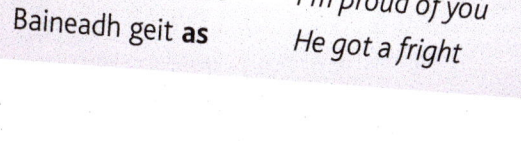

Theip **orm** sa scrúdú	I failed the exam
Tá tinneas cinn **air**	He has a headache
Tá slaghdán **air**	He has a cold
Tá cáil **air**	He is famous
Tá tart **orm**	I am thirsty
Tá ocras **orm**	I am hungry
Tá tuirse **orm**	I am tired

Frásaí a mbíonn 'le' iontu

Táim in éad **léi**	I envy her
D'éirigh **liom** sa scrúdú Fraincise	I passed the French exam
Rinne sé gearán **liom**	He complained to me
Táim ag tnúth **le** . . .	I'm looking forward eagerly to . . .
Is maith **liom**	I like
Is breá **liom**	I love
Is fuath **liom** / Is gráin **liom**	I hate
Is cuimhin **liom**	I remember
Is féidir **leis**	He can
Is fearr **liom**	I prefer
Is oth **liom**	I regret

Aois na Glóire 3

Réamhfhocail agus mothúcháin

Tá áthas orm	I am happy
Tá gliondar / lúcháir orm	I am delighted
Tá fearg ort	You are angry
Tá ionadh air	He is surprised
Tá díomá uirthi	She is disappointed
Tá brón orainn	We are proud
Tá éad oraibh	You are jealous
Tá bród orthu	They are proud
Tá leisce orm	I am reluctant
Tá déistin air	He is disgusted
Tá náire uirthi	She is ashamed, embarrassed
Tá uaigneas air	He is lonely
Tá imní orm	I am worried
Tá amhras orm	I am suspicious, doubtful

Is féidir linn 'táim feargach,' 'táim uaigneach' agus mar sin de a rá chomh maith.

Frásaí eile

Cuireann sí Sinéad Cusack i gcuimhne dom	She reminds me of Sinéad Cusack
Tá sí ag magadh fúm	She is mocking me, laughing at me
Scríobh sé chugam inné	He wrote to me yesterday

Cleachtadh

Cuir Gaeilge ar na habairtí seo a leanas:

1. She is embarrassed.
2. He gave me a present.
3. We received an invitation from him.
4. I enjoyed the film.
5. She is very grateful to you.
6. I have respect for you.
7. Siobhán is going to the cinema with him.
8. We failed the German exam.
9. They passed the French exam.
10. She is envious of him.
11. He has green eyes.
12. She wrote a letter to me last week.
13. He is famous as a poet.
14. I have trust in you.
15. She is sorry.
16. They were making fun of me.
17. She has a headache.
18. They are thirsty.
19. She hates him.
20. They are proud of me.

Na Réamhfhocail Chomhshuite

Dhá fhocal a bhfuil feidhm réamhfhocail acu is ea réamhfhocal comhshuite (*compound preposition*). De ghnáth is réamhfhocal é an chéad fhocal agus is ainmfhocal é an dara focal.

⭐ **Mar shampla:**

i ndiaidh	*after*
os comhair	*opposite, in front of*
os cionn	*above*
ar feadh	*for (a time)*
le haghaidh	*for (for the purpose of)*
in aghaidh	*against*
i gcomhair	*for (for the purpose of)*

Bíonn an t-ainmfhocal a leanann an réamhfhocal comhshuite sa tuiseal ginideach.

⭐ **Mar shampla:**

an scrúdú	i ndiaidh an scrúdaithe
an scoil	os comhair na scoile
an leibhéal	os cionn an leibhéil
an tseachtain	ar feadh na seachtaine
an rang	le haghaidh an ranga
an cogadh	in aghaidh an chogaidh
an obair	i gcomhair na hoibre

Uimhreacha

Maoluimhreacha

Uimhir nach bhfuil ainmfhocal ina diaidh is ea maoluimhir.

	náid		
1	a haon	11	a haon déag
2	a dó	12	a dó dhéag
3	a trí	13	a trí déag
4	a ceathair	14	a ceathair déag
5	a cúig	15	a cúig déag
6	a sé	16	a sé déag
7	a seacht	17	a seacht déag
8	a hocht	18	a hocht déag
9	a naoi	19	a naoi déag
10	a deich	20	fiche

21	fiche a haon	41	daichead a haon
24	fiche a ceathair	44	daichead a ceathair

Na bunuimhreacha neamhphearsanta

Nuair a bhímid ag comhaireamh rudaí, úsáidimid na bunuimhreacha neamhphearsanta (*impersonal cardinal numbers*). De ghnáth is é uimhir uatha an ainmfhocail a leanann an uimhir.

Bíonn séimhiú ar an ainmfhocal i ndiaidh na n-uimhreacha ó 1 go dtí 6, agus bíonn urú ar an ainmfhocal i ndiaidh na n-uimhreacha ó 7 go dtí 10. Ní bhíonn séimhiú ná urú ar an ainmfhocal i ndiaidh 20, 30 srl. ná 100, 1,000, srl.

⭐ **Mar shampla:**

1	aon **ch**upán (amháin) / cupán amháin	11	aon **ch**upán déag	21	cupán is fiche
2	dhá **ch**upán	12	dhá **ch**upán déag	22	dhá **ch**upán is fiche
3	trí **ch**upán	13	trí **ch**upán déag	23	trí **ch**upán is fiche
4	ceithre **ch**upán	14	ceithre **ch**upán déag	24	ceithre **ch**upán is fiche
5	cúig **ch**upán	15	cúig **ch**upán déag	25	cúig **ch**upán is fiche
6	sé **ch**upán	16	sé **ch**upán déag	26	sé **ch**upán is fiche
7	seacht **g**cupán	17	seacht **g**cupán déag	27	seacht **g**cupán is fiche
8	ocht **g**cupán	18	ocht **g**cupán déag	28	ocht **g**cupán is fiche
9	naoi **g**cupán	19	naoi **g**cupán déag	29	naoi **g**cupán is fiche
10	deich **g**cupán	20	fiche cupán	30	tríocha cupán

Ainmfhocail a bhfuil guta mar thús orthu:

1	aon úll amháin	11	aon úll déag	21	aon úll is fiche
2	dhá úll	12	dhá úll déag	22	dhá úll is fiche
3	trí úll	13	trí úll déag	23	trí úll is fiche
4	ceithre úll	14	ceithre úll déag	24	ceithre úll is fiche
5	cúig úll	15	cúig úll déag	25	cúig úll is fiche
6	sé úll	16	sé úll déag	26	sé úll is fiche
7	seacht **n**-úll	17	seacht **n**-úll déag	27	seacht **n**-úll is fiche
8	ocht **n**-úll	18	ocht **n**-úll déag	28	ocht **n**-úll is fiche
9	naoi **n**-úll	19	naoi **n**-úll déag	29	naoi **n**-úll is fiche
10	deich **n**-úll	20	fiche úll	30	tríocha úll

Más ainmfhocal é a bhfuil guta mar chríoch air cuirimid séimhiú ar an bhfocal **déag**.

⭐ **Mar shampla:**
aon lá **dh**éag, dhá aiste **dh**éag, trí bhosca **dh**éag

Gramadach

Achoimre

Consan	Guta
aon ghluaisteán amháin	aon aiste amháin
dhá pheann	dhá oifig
trí mhála	trí óstán
ceithre chóipleabhar	ceithre oíche
cúig pháirc	cúig oileán
sé chóta	sé óstán
seacht gceacht	seacht n-oíche
ocht ngluaisteán	ocht n-oileán
naoi bpáirc	naoi n-óstán
deich ngeata	deich n-aiste

Eisceachtaí

De ghnáth úsáidimid an uimhir uatha i ndiaidh uimhreacha: mar shampla **trí chupán**, **seacht gcupán**. Ach tá roinnt eisceachtaí ann.

1. Maidir le grúpa beag focal, úsáidimid an uimhir iolra i ndiaidh uimhreacha, go háirithe 'ceann' (**cinn**) má tá rudaí á gcomhaireamh againn.

Ceann	
ceann amháin	aon cheann déag
dhá cheann	dhá cheann déag
trí cinn	trí cinn déag
ceithre cinn	ceithre cinn déag
cúig cinn	cúig cinn déag
sé cinn	sé cinn déag
seacht gcinn	seacht gcinn déag
ocht gcinn	ocht gcinn déag
naoi gcinn	naoi gcinn déag
deich gcinn	fiche cinn

Aois na Glóire 3

2. Tá grúpa beag eile ann a bhfuil uimhir iolra ar leith acu a úsáidimid i ndiaidh uimhreacha, ina measc 'bliain' (**bliana**), 'seachtain' (**seachtaine**), 'uair' (**uaire**), agus 'ubh' (**uibhe**).

bliain	seachtain	uair	ubh
bliain amháin	seachtain amháin	uair amháin	ubh amháin
dhá **bh**liain	dhá **sh**eachtain	dhá uair	dhá ubh
trí bliana	trí seachtaine	trí **h**uaire	trí **h**uibhe
ceithre bliana	ceithre seachtaine	ceithre **h**uaire	ceithre **h**uibhe
cúig bliana	cúig seachtaine	cúig **h**uaire	cúig **h**uibhe
sé bliana	sé seachtaine	sé **h**uaire	sé **h**uibhe
seacht **mb**liana	seacht seachtaine	seacht **n**-uaire	seacht **n**-uibhe
ocht **mb**liana	ocht seachtaine	ocht **n**-uaire	ocht **n**-uibhe
naoi **mb**liana	naoi seachtaine	naoi **n**-uaire	naoi **n**-uibhe
deich **mb**liana	deich seachtaine	deich **n**-uaire	deich **n**-uibhe
aon **bh**liain déag	aon seachtain déag	aon uair déag	aon ubh déag
dhá **bh**liain déag	dhá **sh**eachtain déag	dhá uair déag	dhá ubh déag
trí bliana déag	trí seachtaine déag	trí **h**uaire déag	trí **h**uibhe déag
ceithre bliana déag	ceithre seachtaine déag	ceithre **h**uaire déag	ceithre **h**uibhe déag
cúig bliana déag	cúig seachtaine déag	cúig **h**uaire déag	cúig **h**uibhe déag
sé bliana déag	sé seachtaine déag	sé **h**uaire déag	sé **h**uibhe déag
seacht **mb**liana déag	seacht seachtaine déag	seacht **n**-uaire déag	seacht **n**-uibhe déag
ocht **mb**liana déag	ocht seachtaine déag	ocht **n**-uaire déag	ocht **n**-uibhe déag
naoi **mb**liana déag	naoi seachtaine déag	naoi **n**-uaire déag	naoi **n**-uibhe déag
fiche bliain	fiche seachtain	fiche uair	fiche uair

Tabhair faoi deara

(1) Maidir leis na hainmfhocail iolra, bíonn an réamhlitir **h** roimh ghuta i ndiaidh **trí**, **ceithre**, **cúig**, agus **sé**.

(2) Maidir leis na hainmfhocail iolra, ní bhíonn séimhiú ar **déag** i ndiaidh ainmfhocal a bhfuil guta mar chríoch air.

(3) Bíonn an t-ainmfhocal i ndiaidh **dhá** san uimhir uatha i gcónaí.

Gramadach

Cleachtadh

Athscríobh na habairtí seo a leanas:
1. Tá ceithre (carr) aige.
2. Tá cúig (ubh) aige.
3. Tá sé (leabhar) agam.
4. Tá ocht (ábhar) á ndéanamh aici.
5. Beimid ag dul go dtí an Fhrainc ar feadh trí (seachtain).
6. Léim ocht (leabhar) gach mí.
7. Ithim trí (úll) gach lá.
8. Déanann an siúinéir deich (bord) gach mí.
9. Ním cúig (cupán) gach lá.
10. Caithim trí (uair) ag staidéar gach lá.

Athscríobh na habairtí seo a leanas:
1. Tá trí (pictiúrlann) sa chathair seo.
2. Tá trí (ceann) sa bhosca seo agus tá deich (ceann) sa bhosca eile.
3. Thug mé trí (ceann) liom.
4. Chaith mé cúig (oíche) san óstán.
5. Tá trí (oileán) i gCuan na Gaillimhe.
6. Tá seacht (carr) ag Fifty Cent.
7. Tá dhá (teach) ag George Clooney.
8. Cheannaigh an fear gnó ocht (siopa).
9. Tá ceithre (garáiste) ag Bill Cullen.
10. Tá deich (cathaoir) sa seomra mór.

Na huimhreacha pearsanta

Úsáidimid na huimhreacha pearsanta (*personal numbers*) nuair a bhímid ag comhaireamh daoine: **duine**, **beirt**, **triúr**, **ceathrar**, **cúigear**, **seisear**, **seachtar**, **ochtar**, **naonúr**, **deichniúr**, agus **dháréag**.

Na rialacha
1. Is é an tuiseal ginideach, uimhir iolra, a leanann na huimhreacha pearsanta.
2. Bíonn séimhiú ar an ainmfhocal a leanann **beirt** (ach amháin ar **d** nó **t**).
3. Ní úsáidimid an focal **duine** in éineacht leis na huimhreacha pearsanta: is é sin, ciallaíonn **triúr** 'trí dhuine'; ní ceart 'triúr daoine' a rá.

Aois na Glóire 3

1	**duine**	duine amháin, deartháir amháin, iníon amháin
2	**beirt**	beirt bhan, beirt mhac, beirt iníonacha, beirt cheoltóirí
3	**triúr**	triúr ceoltóirí
4	**ceathrar**	ceathrar múinteoirí
5	**cúigear**	cúigear deartháireacha
6	**seisear**	seisear deirfiúracha
7	**seachtar**	seachtar cailíní
8	**ochtar**	ochtar fear
9	**naonúr**	naonúr ban
10	**deichniúr**	deichniúr feirmeoirí
11		aon duine dhéag, aon mhúinteoir déag
12	**dháréag**	dháréag dochtúirí
13		trí dhuine dhéag
14		ceithre dhuine dhéag
15		cúig dhuine dhéag
16		sé dhuine dhéag
17		seacht nduine dhéag
18		ocht nduine dhéag
19		naoi nduine dhéag
20		fiche duine
21		duine is fiche

Cleachtadh

Athraigh na focail idir lúibíní más gá:

1. ceathrar (bean)
2. triúr (deartháir)
3. seisear (iníon)
4. cúigear (feirmeoir)
5. seachtar (múinteoir)
6. deichniúr (fear)
7. ochtar (deirfiúr)
8. naonúr (píolóta)
9. (cailín) amháin
10. seisear (bainisteoir)

Athscríobh na habairtí seo a leanas, agus scríobh na huimhreacha i bhfocail:

1. 1 deirfiúr
2. 3 mac
3. 5 ceoltóirí
4. 8 feirmeoirí
5. 7 cailíní
6. 9 múinteoirí
7. 2 deirfiúracha
8. 1 deartháir amháin
9. 6 gardaí
10. 10 ban

Gramadach

Cuir Gaeilge ar na frásaí seo a leanas:
1. three doctors
2. five fishermen
3. two sons
4. six daughters
5. nine women
6. ten pilots
7. eleven people
8. twelve people
9. seven poets
10. fifteen boys

Cuir Gaeilge ar na habairtí seo a leanas:
1. There are six people in my family.
2. I have two brothers and three sisters.
3. She has five aunts and ten cousins.
4. There are four people in his family.
5. He has seven brothers and three sisters.
6. Méabh has five daughters and two sons.
7. Dónall has one daughter and five sons.
8. She has one grandmother still alive.
9. Pádraig has two sisters and three brothers.
10. There are eight people in my family.

Na horduimhreacha

Cuireann na horduimhreacha (*the ordinal numbers*) in iúl dúinn an áit atá ag rud i measc rudaí eile: an **chéad** cheann, an **dara** ceann, srl.

Na rialacha

1. Bíonn séimhiú ar chonsan i ndiaidh **an chéad**, seachas ar **d**, **t**, **l**, nó **s**.
2. Bíonn an réamhlitir **h** roimh ghuta i ndiaidh na n-orduimhreacha eile.
3. Cuireann an t-alt (**an**) an réamhlitir **t-** ar na focail **ocht**, **ochtú**, **ochtó** agus **ochtódú**.

consan		guta	
an **ch**éad **bh**liain	an **ch**ead teach	an **ch**éad alt	an **ch**éad amhránaí
an dara bliain	an dara teach	an dara **h**alt	an dara **h**amhránaí
an tríú bliain	an tríú teach	an tríú **h**alt	an tríú **h**amhránaí
an ceathrú bliain	an ceathrú teach	an ceathrú **h**alt	an ceathrú **h**amhránaí
an cúigiú bliain	an cúigiú teach	an cúigiú **h**alt	an cúigiú **h**amhránaí
an séú bliain	an séú teach	an séú **h**alt	an séú **h**amhránaí
an seachtú bliain	an seachtú teach	an seachtú **h**alt	an seachtú **h**amhránaí
an **t**-ochtú bliain	an **t**-ochtú teach	an **t**-ochtú **h**alt	an **t**-ochtú **h**amhránaí
an naoú bliain	an naoú teach	an naoú **h**alt	an naoú **h**amhránaí
an deichiú bliain	an deichiú teach	an deichiú **h**alt	an deichiú **h**amhránaí

Dátaí

an chéad lá	an t-aonú lá déag	an t-aonú lá is fiche	an t-aonú lá is tríocha
an dara lá	an dóú lá déag	an dóú lá is fiche	
an tríú lá	an tríú lá déag	an tríú lá is fiche	
an ceathrú lá	an ceathrú lá déag	an ceathrú lá is fiche	
an cúigiú lá	an cúigiú lá déag	an cúigiú lá is fiche	
an séú lá	an séú lá déag	an séú lá is fiche	
an seachtú lá	an seachtú lá déag	an seachtú lá is fiche	
an t-ochtú lá	an t-ochtú lá déag	an t-ochtú lá is fiche	
an naoú lá	an naoú lá déag	an naoú lá is fiche	
an deichiú lá	an fichiú lá	an tríochadú lá	

Is mar seo a scríobhaimid dátaí:

10 Aibreán 2011

5 Márta 2011

Nó

Satharn 5 Márta 2011

Domhnach 10 Aibreán 2011

Cleachtadh

Cuir Gaeilge ar na habairtí seo a leanas:

1. I am in third year in school.
2. I was born on 15 November 1997.
3. Did you see the third house on the right?
4. Brendan Kennelly is the second poet I've ever met.
5. This is my second holiday.
6. That is your fifth chance.
7. She is the eighth singer I've heard.
8. You were the first person I saw.
9. He was born on 21 November 1977.
10. I will be going to France on 8 March.

Céimeanna comparáide na haidiachta

An bhreischéim

Úsáidimid na focail **níos . . . ná** chun comparáid a dhéanamh idir dhá rud nó idir bheirt.

⭐ **Mar shampla:**

Tá Áine **níos airde ná** Seán.

Tá Sorcha **níos óige ná** mise.

An tsárchéim

Úsáidimid an focal **is** chun an chéim is airde a chur in iúl.

⭐ **Mar shampla:**

Is í Caitlín an duine **is óige** sa chéad bhliain.

Is é Aindrias an duine **is airde** sa rang.

Na rialacha

Aidiachtaí a bhfuil **–úil** mar chríoch orthu: athraítear go **–úla** í.

dathúil	níos dathúla	is dathúla
flaithiúil	níos flaithiúla	is flaithiúla
sláintiúil	níos sláintiúla	is sláintiúla
suimiúil	níos suimiúla	is suimiúla

Aidiachtaí a bhfuil **–ach** mar chríoch orthu: athraítear go **–aí** í.

brónach	níos brónaí	is brónaí
leadránach	níos leadránaí	is leadránaí
santach	níos santaí	is santaí
tábhachtach	níos tábhachtaí	is tábhachtaí

Aidiachtaí a bhfuil **–each** mar chríoch orthu: athraítear go **–í** í.

aisteach	níos aistí	is aistí
leithleach	níos leithlí	is leithlí
uaigneach	níos uaigní	is uaigní

Aidiachtaí a bhfuil **–air** mar chríoch orthu: athraítear go **–ra** í.

deacair	níos deacra	is deacra
socair	níos socra	is socra

Aidiachtaí a bhfuil **–ir** mar chríoch orthu: athraítear go **–re** í.

láidir	níos láidre	is láidre
saibhir	níos saibhre	is saibhre

Gramadach

Aois na Glóire 3

Aidiachtaí a bhfuil **–mhar** mar chríoch orthu: athraítear go **–mhaire** í.

ciallmhar	níos ciallmhaire	is ciallmhaire
grámhar	níos grámhaire	is grámhaire
slachtmhar	níos slachtmhaire	is slachtmhaire

Aidiachtaí a bhfuil consan caol mar chríoch orthu: cuirtear **–e** leis.

| ciúin | níos ciúine | is ciúine |
| minic | níos minice | is minice |

Aidiachtaí áirithe a bhfuil consan leathan mar chríoch orthu: caolaítear an consan agus cuirtear **–e** leis.

bán	níos báine	is báine
bocht	níos boichte	is boichte
daor	níos daoire	is daoire
deas	níos deise	is deise
dian	níos déine	is déine
fliuch	níos fliche	is fliche
géar	níos géire	is géire
leathan	níos leithne	is leithne
luath	níos luaithe	is luaithe
óg	níos óige	is óige
ramhar	níos raimhre	níos raimhre
saor	níos saoire	is saoire
sean	níos sine	is sine
uasal	níos uaisle	is uaisle

Aidiachtaí a bhfuil guta mar chríoch orthu: ní dhéantar aon athrú de ghnáth.

| éasca | níos éasca | is éasca |
| cliste | níos cliste | is cliste |

Aidiachtaí neamhrialta

álainn	níos áille	is áille
beag	níos lú	is lú
breá	níos breátha	is breátha
dócha	níos dóichí	is dóichí
fada	níos faide	is faide
furasta	níos fusa	is fusa
gearr	níos giorra	is giorra
maith	níos fearr	is fearr
mór	níos mó	is mó
nua	níos nuaí	is nuaí
olc	níos measa	is measa
te	níos teo	is teo
tréan	níos tréine / níos treise	is tréine / is treise

Cleachtadh

Athscríobh na habairtí seo a leanas:

1. Tá Éamann níos (éirimiúil) ná Tadhg.
2. Tá mo sheanmháthair níos (sean) ná mo sheanathair.
3. Tá Eithne níos (óg) ná mise.
4. Tá an aimsir sa Spáinn níos (te) ná an aimsir in Éirinn.
5. Tá an bóthar ó Bhaile Átha Cliath go Corcaigh níos (fada) ná an bóthar ó Bhaile Átha Cliath go Bré.
6. Tá sé níos (fliuch) inniu ná mar a bhí sé inné.
7. Tá an obair bhaile Ghaeilge níos (dian) ná an obair bhaile Fraincise.
8. Is é Fionnbarra an buachaill is (maith) sa rang.
9. Tá Trá Lí níos (beag) ná Corcaigh.
10. Tá gruaig Chaitríona níos (geal) ná gruaig Shiobhán.

Aois na Glóire 3

Athscríobh na habairtí seo a leanas:
1. Tá an aimsir níos (breá) sa Spáinn ná mar atá sí in Éirinn.
2. Is í Sorcha an cailín is (cliste) sa rang.
3. Duine de na laochra ba (misniúil) sa stair ba ea Spartacus.
4. Tá mo ghruaig níos (gearr) ná gruaig Eithne.
5. Téann Féilim go dtí an giomnáisiam níos (minic) ná Barra.
6. Bhí mé san oifig níos (luath).
7. Is é Mícheál an buachaill is (ciúin) sa rang.
8. Is iad U2 an banna is (cáiliúil) ar domhan.
9. Is í an Nollaig an tréimhse is (uaigneach) sa bhliain do dhaoine aonair.
10. Is é *The Titanic* an scannán is (brónach) dá bhfaca mé riamh.

Cuir Gaeilge ar na habairtí seo a leanas:
1. Maths is the easiest subject for me.
2. Aodh is stronger than Eoghan.
3. Máirín is more loving to her mother than Pádraig is.
4. *Juno* is the strangest film I have ever seen.
5. School is the most important thing in my life.
6. French is more difficult than Spanish.
7. Corrán Tuathail is the highest mountain in Ireland.
8. Fionnuala is the most beautiful baby I have ever seen.
9. This is the most expensive coat I ever bought.
10. Today was the brightest day of the year.

Cuir Gaeilge ar na habairtí seo a leanas:
1. Margarine is cheaper than butter.
2. Peadar is more foolish than I thought.
3. If Ríonach was richer she could retire.
4. County Wexford is smaller than County Cork.
5. History is the most interesting subject, in my opinion.
6. *Lord of the Rings* is my favourite film.
7. Dearbháil is the cleverest girl I have ever met.
8. This is the happiest day of my life.
9. Muiris is the laziest man in the world.
10. Gráinne is more sensible than Nóirín.

Trialacha Cluastuisceana

Aonad 13

Triail 1:	397
Triail 2:	400
Triail 3:	403
Triail 4:	406
Triail 5:	408
Triail 6:	411
Triail 7:	414
Triail 8:	417

Nótaí mar chabhair duit: Logainmneacha

Ainmneacha roinnt de na ceantair Ghaeltachta

Contae Dhún na nGall
Rann na Feirste
Gaoth Dobhair
Gort an Choirce

Contae Chiarraí
Dún Chaoin
An Fheothanach
Baile an Fheirtéaraigh
Ceann Trá

Contae na Gaillimhe
Ros Muc
Ceantar na nOileán
An Spidéal
Indreabhán
An Cheathrú Rua

Contae Phort Láirge
An Rinn

Contae na Mí
Ráth Cairn

Contae Mhaigh Eo
Ceathrú Thaidhg agus Tuar Mhic Éadaigh

Ainmneacha na gcontaetha

Contae Aontroma	Contae Dhoire	Contae Luimnigh
Contae Ard Mhacha	Contae an Dúin	Contae Mhaigh Eo
Contae Bhaile Átha Cliath	Contae Dhún na nGall	Contae na Mí
Contae an Chabháin	Contae Fhear Manach	Contae Mhuineacháin
Contae Cheatharlach	Contae na Gaillimhe	Contae Phort Láirge
Contae Chiarraí	Contae na hIarmhí	Contae Ros Comáin
Contae Chill Chainnigh	Contae Laoise	Contae Shligigh
Contae Chill Dara	Contae Liatroma	Contae Thiobraid Árann
Contae Chill Mhantáin	Contae Loch Garman	Contae Thír Eoghain
Contae an Chláir	Contae an Longfoirt	Contae Uíbh Fhailí
Contae Chorcaí	Contae Lú	

Aois na Glóire 3

Ainmneacha na gcathracha

- Baile Átha Cliath
- Béal Feirste
- Corcaigh
- Luimneach
- Port Láirge
- Doire
- Gaillimh

Ainmneacha roinnt bailte móra

Droichead Átha	Sligeach	Port Laoise
Dún Dealgan	an Muileann gCearr	Cill Áirne
Inis	Loch Garman	an Tulach Mhór
Trá Lí	Leitir Ceanainn	Caisleán an Bharraigh
Cill Chainnigh	Baile Átha Luain	Béal an Átha
Ceatharlach	Cluain Meala	Mala

Ceisteanna coitianta

Foghlaim na téarmaí seo a leanas:

cé?	who?
cad? /céard?	what?
cá?	where?
cathain?	when?
conas? / cén chaoi? / cad é mar?	how?
cén fáth / cad ina thaobh?	why?
cé mhéad? / cá mhéad	how much / how many
cá fhad?	for how long?

Laethanta na seachtaine

Luan	Monday	Dé Luain	on Monday
Máirt	Tuesday	Dé Máirt	on Tuesday
Céadaoin	Wednesday	Dé Céadaoin	on Wednesday
Déardaoin	Thursday	Déardaoin	on Thursday
Aoine	Friday	Dé hAoine	on Friday
Satharn	Saturday	Dé Sathairn	on Saturday
Domhnach	Sunday	Dé Domhnaigh	on Sunday

Míonna na bliana

Eanáir	January	Bealtaine	May	Meán Fómhair	September
Feabhra	February	Meitheamh	June	Deireadh Fómhair	October
Márta	March	Iúil	July	mí na Samhna	November
Aibreán	April	Lúnasa	August	mí na Nollag	December

Trialacha Cluastuisceana

Comhairle ginearálta mar ullmhú don chluastuiscint

Foghlaim focail agus frásaí a bhaineann le huimhreacha.

Téigh siar ar fhocail agus frásaí a bhaineann leis an teaghlach, le poist, le caitheamh aimsire (spórt, ceol, scannáin, cláir theilifíse, leabhair), leis an aimsir, le treoracha, agus le focail agus frásaí a bhaineann le timpistí agus leis na meáin chumarsáide.

Féach ar na huimhreacha in aonad 12 ar leathanach 383.

Triail 1: Mé féin agus mo mhuintir

Nótaí

Foghlaim na téarmaí thíos mar chabhair duit sa chluastuiscint.

Cuid A

Cloisfidh tú na focail seo a leanas nuair a éistfidh tú le cuid A:

ag freastal ar	attending	an fheadóg stáin	the tin whistle
scoil phobail	a community school	gairmiúil	professional
iascaire	a fisherman	siopadóir	a shopkeeper
bean tí	a housewife	altra	a nurse
amhránaí	a singer	réitímid (go maith)	we get on well
seinn	play (music)	le chéile	together
an bosca ceoil	the melodeon		

Cuid B

Cloisfidh tú na focail seo a leanas nuair a éistfidh tú le cuid B:

druidte	closed	comhairle	advice
oighear	ice	ar eagla	for fear of
le seachtain anuas	for the past week	timpiste	an accident
curtha ar ceal	cancelled	cóisir	a party
seaca (*tuiseal ginideach de* 'sioc')	frost	féasta	a feast
		costais leighis	medical expenses
cúinsí tiomána	driving conditions	crannchur	a raffle
iontach dainséarach	extremely dangerous		

397

Aois na Glóire 3

Cuid C

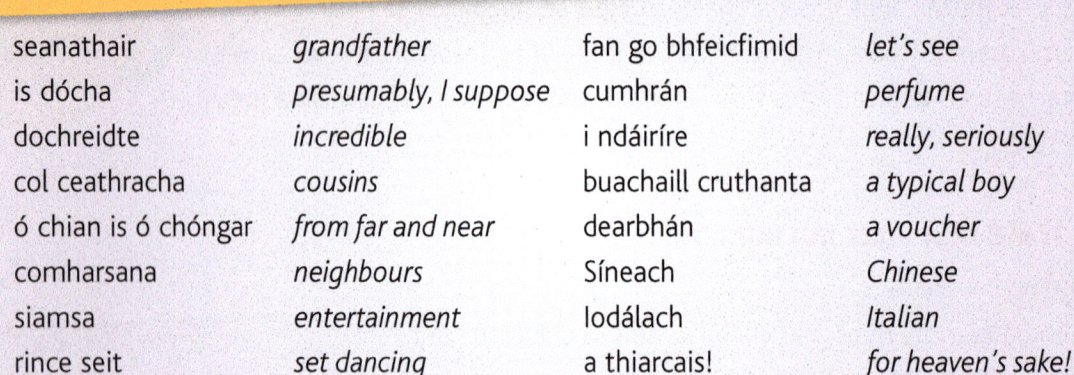

Cloisfidh tú na focail seo a leanas nuair a éistfidh tú le cuid C:

seanathair	*grandfather*	fan go bhfeicfimid	*let's see*
is dócha	*presumably, I suppose*	cumhrán	*perfume*
dochreidte	*incredible*	i ndáiríre	*really, seriously*
col ceathracha	*cousins*	buachaill cruthanta	*a typical boy*
ó chian is ó chóngar	*from far and near*	dearbhán	*a voucher*
comharsana	*neighbours*	Síneach	*Chinese*
siamsa	*entertainment*	Iodálach	*Italian*
rince seit	*set dancing*	a thiarcais!	*for heaven's sake!*
níl tuairim dá laghad agam	*I haven't the slightest idea*		

Triail 1

Cuid A

Cloisfidh tú giota cainte ó bheirt daoine óga sa chuid seo. Éist le gach giota faoi dhó. Sa scrúdú beidh sos tar éis gach píosa a chloisfidh tú chun seans a thabhairt duit na ceisteanna a bhaineann le gach giota cainte a fhreagairt. Éist go cúramach leis na giotaí cainte agus líon isteach an t-eolas atá á lorg sna greillí ag 1 agus 2 thíos.

Rian 1

1. **An chéad chainteoir**

Ainm agus sloinne	Fionnuala Ní Fhatharta
Cad as d'Fhionnuala?	
Cén post atá ag a hathair?	
Ainmneacha a deartháireacha	
Cad is breá léi?	
Cé na gléasanna ceoil a sheinneann sí?	

Rian 2

2. **An dara cainteoir**

Ainm agus sloinne	Tadhg Ó Conchúir
Cad as do Thadhg?	
Cé mhéad duine atá sa teaghlach?	
Cá n-oibríonn a mháthair?	
Cén fáth a mbíonn sé ag argóint le Ríonach?	
Cad a dhéanann an teaghlach gach Domhnach?	

Cuid B

Cloisfidh tú fógra agus píosa nuachta sa chuid seo. Éist le gach ceann díobh faoi dhó. Éist go cúramach leo. Beidh sos ann tar éis gach ceann a chloisfidh tú chun seans a thabhairt duit na ceisteanna a ghabhann le gach ceann acu a fhreagairt.

Rian 3

Fógra

1. Cén bóthar atá druidte?
   _____

2. Cén fáth a bhfuil an bóthar druidte?
   _____

3. Cén chomhairle a bhfuil na Gardaí ag tabhairt do dhaoine?
   _____

Rian 4

Píosa nuachta

1. Cathain agus cén áit a mbeidh an chóisir?
   _____

2. Cén fáth a bhfuil muintir na háite ag eagrú cóisire Dé hAoine?
   _____

Cuid C

Cloisfidh tú *dhá chomhrá* sa chuid seo. Éist le gach comhrá díobh faoi dhó. Sa scrúdú, cloisfidh tú an comhrá ó thosach deireadh an chéad uair. Ansin cloisfidh tú é ina dhá mhír. Beidh sos tar éis gach míre díobh chun seans a thabhairt duit an cheist a bhaineann leis an mír sin a fhreagairt.

Comhrá 1

Rian 5

An chéad mhír

1. Cad a bhí ar siúl i dtigh Dhónaill an deireadh seachtaine seo caite?
   _____

An dara mír

1. Cén saghas siamsa a bhí acu sa teach?
   _____

2. Cén saghas rince a bhí ar siúl sa teach?
   _____

Aois na Glóire 3

Comhrá 2

Rian 6

An chéad mhír

1. Cén fáth a bhfuil Máirtín ag lorg cabhrach ó Dhearbháil?
   _____

2. Cén fáth nach gceapann Máirtín go mbeadh cumhrán ag teastáil óna mháthair?
   _____

An dara mír

1. Cén bronntanas a shocraíonn siad air sa deireadh?
   _____

Triail 2: Mo cheantar agus mo theach

Nótaí

Cloisfidh tú na focail seo a leanas nuair a éistfidh tú le cuid A:

bruachbhaile	*suburb*	óstáin	*hotels*
teach scoite	*detached house*	tithe tábhairne	*pubs*
príomhbhóthar	*main road*	amharclann	*a theatre*
deich mbomaite	*ten minutes*	léiritheoir	*a producer*
trácht	*traffic*	comhlacht teilifíse	*a television company*
áiseanna	*facilities*	sráidbhaile	*a village*
pictiúrlann	*a cinema*	ollmhargadh	*supermarket*

Cloisfidh tú na focail seo a leanas nuair a éistfidh tú le cuid B:

ar díol	*for sale*	cead pleanála	*planning permission*
seomra áise	*utility room*	tógálaí	*a builder*
aibí	*mature*	eastát tithíochta	*a housing estate*
luascán	*a swing*	cinneadh	*decision*
sleamhnán	*a slide*	cruinniú poiblí	*a public meeting*
tuilleadh eolais	*additional information*	ionadaithe	*representatives*
Comhairle Contae Dhún na nGall	*Donegal County Council*	comhlacht tógála	*building company*
		forbairt	*development*

Trialacha Cluastuisceana

Cloisfidh tú na focail seo a leanas nuair a éistfidh tú le cuid C:

ballraíocht	*membership*	lárionad siopadóireachta	*a shopping centre*
níl aithne agam ar …	*I don't know …*	reic	*a sale*
ball	*a member*	sála arda	*high heels*
imeachtaí	*events*	feisteas	*outfit*
beárbaiciú	*a barbecue*	aimseoimid	*we'll find*
aon scéal agat?	*any news?*		

Triail 2

Cuid A

Cloisfidh tú giota cainte ó bheirt daoine óga sa chuid seo. Éist le gach giota faoi dhó. Sa scrúdú beidh sos tar éis gach píosa a chloisfidh tú chun seans a thabhairt duit na ceisteanna a bhaineann le gach giota cainte a fhreagairt. Éist go cúramach leis na giotaí cainte agus líon isteach an t-eolas atá á lorg sna greillí ag 1 agus 2 thíos.

Rian 7

1. **An chéad chainteoir**

Ainm agus sloinne	Siobhán Ní Ghallchóir
Cá bhfuil sí ina cónaí?	
Cén saghas tí atá aici?	
Cad a deir sí faoin trácht gach maidin?	
Ainmnigh *dhá áis* sa cheantar	
Cén banna a chonaic sí san amharclann?	

Rian 8

2. **An dara cainteoir**

Ainm agus sloinne	Fionnbarra Mac Carthaigh
Ainm an cheantair	
Post a athar	
An saghas tí atá aige	
Ainmnigh *trí áis* sa cheantar	
Cad a dhéanann sé lena athair go minic?	

Cuid B

Cloisfidh tú fógra agus píosa nuachta sa chuid seo. Éist le gach ceann díobh faoi dhó. Éist go cúramach leo. Beidh sos ann tar éis gach ceann a chloisfidh tú chun seans a thabhairt duit na ceisteanna a ghabhann le gach ceann acu a fhreagairt.

Aois na Glóire 3

Rian 9

Fógra
1. Cén saghas tí atá ar díol?
   _____
2. Luaigh na seomraí atá sa teach.
   _____
3. Cé mhéad a chosnaíonn an teach?
   _____

Rian 10

Píosa nuachta
1. Cé a dteastaíonn uaidh cead pleanála a thabhairt?
   _____
2. Cé a bheidh ag an gcruinniú?
   _____

Cuid C

Cloisfidh tú *dhá chomhrá* sa chuid seo. Éist le gach comhrá díobh faoi dhó. Sa scrúdú cloisfidh tú an comhrá ó thosach deireadh an chéad uair. Ansin cloisfidh tú é ina dhá mhír. Beidh sos tar éis gach míre díobh chun seans a thabhairt duit an cheist a bhaineann leis an mír sin a fhreagairt.

Comhrá 1

Rian 11

An chéad mhír
1. Cén fáth a dteastaíonn ó Órlaith bheith ina ball den chlub óige?
   _____
2. Cé mhéad a chosnaíonn ballraíocht sa chlub?
   _____

An dara mír
1. Cé na himeachtaí a eagraíonn an club óige gach Satharn?
   _____

Comhrá 2

Rian 12

An chéad mhír
1. Cad ba mhaith le Gráinne a cheannach?
   _____
2. Cá mbeidh Gráinne ag dul anocht?
   _____

An dara mír
1. Cá mbuailfidh Gráinne agus Tomás le chéile?
   _____

Trialacha Cluastuisceana

Triail 3: Mo scoil

Nótaí

Cloisfidh tú na focail seo a leanas nuair a éistfidh tú le cuid A:

feirmeoir	*a farmer*	ní mór dom a admháil	*I must admit*
an iomarca	*too much*	leamh	*insipid, boring*
leadránach	*boring*	cleachtadh	*practice*
cluiche ceannais	*final (match)*		

Cloisfidh tú na focail seo a leanas nuair a éistfidh tú le cuid B:

dóiteán	*fire*	cleachtadh	*practice, exercise*
saotharlann	*laboratory*	fiosraigh	*investigate*
atógáil	*rebuild*	scairt	*a call*
trealamh	*equipment*	áiseanna idirlín	*internet facilities*
scata	*a group*	cnuasach	*a collection*
ag máinneáil	*hanging around*	cách	*everyone*
ag fiosrú	*investigating*	sólaistí	*refreshments*
can	*sing*		

Cloisfidh tú na téarmaí seo a leanas nuair a éistfidh tú le cuid C:

ag aistriú	*moving (house)*	tuairisc scoile	*school report*
áiseanna spóirt	*sports facilities*	plean staidéir	*a study plan*
giomnáisiam	*gym*	chuile rud	*everything*
cúirt cispheile	*basketball court*	theip orm	*I failed*
páirc haca	*hockey pitch*	giodamach	*giddy*
cúirt leadóige	*tennis court*	cainteach	*talkative*
raon reatha	*running track*	geallaim duit	*'I promise you,' I can tell you*
ceolfhoireann na scoile	*the school orchestra*		
díospóireacht	*debate*	deachtóir	*a dictator*
folúntais	*vacancies*	gan aon agó	*without any doubt*
suíomh gréasáin	*web site*	feachtas	*a campaign*
cráite	*tormented*	crith talún	*an earthquake*

Aois na Glóire 3

Triail 3

Cuid A

Cloisfidh tú giota cainte ó bheirt daoine óga sa chuid seo. Éist le gach giota faoi dhó. Sa scrúdú beidh sos tar éis gach píosa a chloisfidh tú chun seans a thabhairt duit na ceisteanna a bhaineann le gach giota cainte a fhreagairt. Éist go cúramach leis na giotaí cainte agus líon isteach an t-eolas atá á lorg sna greillí ag 1 agus 2 thíos.

Rian 13

1. **An chéad chainteoir**

Ainm agus sloinne	Peadar Mac Oisdealbha
Cad as dó?	
Cén post atá ag a mháthair?	
Cén saghas scoile a bhfreastalaíonn sé uirthi?	
Cén t-ábhar is fuath leis?	
Cén spórt a n-imríonn sé?	

Rian 14

2. **An dara cainteoir**

Ainm agus sloinne	Caitríona de Búrca
Cén saghas scoile a bhfreastalaíonn sí uirthi?	
Déan cur síos ar a héide scoile	
Cé mhéad ábhar a dhéanann sí?	
Céard a bhuaigh an scoil anuraidh?	
Cathain a bhíonn cleachtadh cóir aici?	

Cuid B

Cloisfidh tú fógra agus píosa nuachta sa chuid seo. Éist le gach ceann díobh faoi dhó. Éist go cúramach leo. Beidh sos ann tar éis gach ceann a chloisfidh tú chun seans a thabhairt duit na ceisteanna a ghabhann le gach ceann acu a fhreagairt.

Rian 15

Fógra

1. Cad a tharla don scoil aréir?
   _____

2. Cé a bhí ag máinneáil timpeall na scoile?
   _____

3. Conas is féidir teagmháil a dhéanamh leis na Gardaí?
   _____

Trialacha Cluastuisceana

Píosa nuachta

1. Cé a bheidh ag teacht go Baile na hAille an tseachtain seo chugainn?
   _____

2. Cad a bheidh á oscailt ag an duine sin?
   _____

Cuid C

Cloisfidh tú *dhá chomhrá* sa chuid seo. Éist le gach comhrá díobh faoi dhó. Sa scrúdú cloisfidh tú an comhrá ó thosach deireadh an chéad uair. Ansin cloisfidh tú é ina dhá mhír. Beidh sos tar éis gach míre díobh chun seans a thabhairt duit an cheist a bhaineann leis an mír sin a fhreagairt.

Comhrá 1

An chéad mhír

1. Cén saghas scoile atá ann?
   _____

An dara mír

1. Luaigh *ceithre* áis cheoil atá acu sa scoil.
   _____

2. Cén caitheamh aimsire eile atá ar fáil sa scoil?
   _____

Comhrá 2

An chéad mhír

1. Cén fáth a bhfuil Tomás cráite?
   _____

2. Cén fáth a raibh a thuismitheoirí míshásta?
   _____

An dara mír

1. Cé a roghnaigh Máirín dá haiste sa deireadh, agus cén fáth?
   _____

Aois na Glóire 3

Triail 4: Spórt

Nótaí

Cloisfidh tú na focail seo a leanas nuair a éistfidh tú le cuid A:

imrím	*I play (sport)*	poitigéir	*a pharmacist*
club gailf	*golf club*	bainisteoir oifige	*an office manager*
cluiche ceannais	*championship match*	an tsraith	*the league*
an Mhumhain	*Munster*	iomaíocht	*competition*
creidim	*I believe*	gaisce	*achievement*
an chraobh	*the championship*	cumas sóisialta	*social competence*
pearsa spóirt	*sports person, sports personality*	an tsláinte	*health*

Cloisfidh tú na focail seo a leanas nuair a éistfidh tú le cuid B:

ócáid	*an occasion*	chun tosaigh	*ahead*
ollmhór	*very big, huge*	corraitheach	*exciting*
i gcoinne	*against*	is dócha	*presumably, I suppose*
lucht tacaíochta	*supporters*		

Cloisfidh tú na focail seo a leanas nuair a éistfidh tú le cuid C:

nílim ar fónamh	*I'm not well*	frustrachas	*frustration*
gortaíodh mé	*I was injured*	calaois	*a foul*
cluiche ceathrú cheannais	*quarter-final*	d'aon ghnó	*deliberately*
rúitín	*ankle*	um an dtaca sin	*by that time*
leonta	*sprained*	a chréatúir	*you poor thing*
díomá	*disappointment*		

Triail 4

Cuid A

Cloisfidh tú giota cainte ó bheirt daoine óga sa chuid seo. Éist le gach giota faoi dhó. Sa scrúdú beidh sos tar éis gach píosa a chloisfidh tú chun seans a thabhairt duit na ceisteanna a bhaineann le gach giota cainte a fhreagairt. Éist go cúramach leis na giotaí cainte agus líon isteach an t-eolas atá á lorg sna greillí ag 1 agus 2 thíos.

Trialacha Cluastuisceana

1. An chéad chainteoir

Ainm agus sloinne	Ruairí Mac Gearailt
Cén saghas scoile a luaitear?	
Luaigh a chaitheamh aimsire	
Cá bhfuil an club gailf?	
Cé a bhuafaidh craobh peile na Mumhan, dar le Ruairí?	
Ainmnigh an phearsa spóirt is fearr leis	

2. An dara cainteoir

Ainm agus sloinne	Úna Ní Dhónaill
Cad is ainm dá scoil?	
Post a hathar	
Cén saghas spóirt a imríonn sí?	
Cad a bhuaigh a scoil anuraidh?	
Cén fáth a bhfuil spórt tábhachtach, dar le Neasa?	

Cuid B

Cloisfidh tú fógra agus píosa nuachta sa chuid seo. Éist le gach ceann díobh faoi dhó. Éist go cúramach leo. Beidh sos ann tar éis gach ceann a chloisfidh tú chun seans a thabhairt duit na ceisteanna a ghabhann le gach ceann acu a fhreagairt.

Fógra

1. Cad a osclófar anocht?
   _____

2. Cé a bheidh ag oscailt na háite go hoifigiúil?
   _____

3. Cad a bheidh ar fáil ann?
   _____

Píosa nuachta

1. Cad a bhuaigh foireann Chiarraí inné?
   _____

2. Cé a bhí ag imirt i gcoinne Chiarraí?
   _____

Aois na Glóire 3

Cuid C

Cloisfidh tú *dhá chomhrá* sa chuid seo. Éist le gach comhrá díobh faoi dhó. Sa scrúdú cloisfidh tú an comhrá ó thosach deireadh an chéad uair. Ansin cloisfidh tú é ina dhá mhír. Beidh sos tar éis gach míre díobh chun seans a thabhairt duit an cheist a bhaineann leis an mír sin a fhreagairt.

Comhrá 1
Rian 23

An chead mhír

1. Cad a dúirt an dochtúir faoi rúitín Chillín?
   _____

An dara mír

1. Conas a tharla an timpiste?
   _____

2. Cad a rinne an réiteoir don imreoir a rinne an chalaois?
   _____

Comhrá 2
Rian 24

An chéad mhír

1. Cad a bhuaigh Niamh?
   _____

2. Cén duais a fuair sí?
   _____

An dara mír

1. Cén fáth a raibh fearg ar Niamh ag deireadh an chomhrá?
   _____

Triail 5: Ceol

Nótaí

Cloisfidh tú na focail seo a leanas nuair a éistfidh tú le cuid A:

cuntasóir	accountant	gairmiúil	professional
ceol clasaiceach	classical music	giotár leictreach	electric guitar
an fhliúit	the flute	dordghiotár	bass guitar
ceolfhoireann na scoile	the school orchestra	tigh	in the house of
amhránaíocht	singing	ar bís	impatient

Trialacha Cluastuisceana

Cloisfidh tú na focail seo a leanas nuair a éistfidh tú le cuid B:

sladmhargaí	*bargains*	lascaine	*discount*
tairiscintí speisialta	*special offers*	seolfar	*will be launched*
dlúthdhioscaí	*CDs*	cnuasach	*collection*
trealamh	*equipment*	ócáid	*occasion*
leathphraghas	*half price*	margadh	*bargain*

Cloisfidh tú na focail seo a leanas nuair a éistfidh tú le cuid C:

cad é mar atá cúrsaí?	*how are things?*	iomaitheoirí	*contestants*
cogar	*tell me this*	spleodar	*exuberance*
mar is eol duit	*as you know*	cúpla	*twins*
craiceáilte	*cracked, crazy*	feisteas	*outfit*
dathúil	*good-looking*	fuinneamh	*energy*
ag tnúth le	*looking forward eagerly to*	amach anseo	*in the future*
		torthaí	*results*

Triail 5

Cuid A

Cloisfidh tú giota cainte ó bheirt daoine óga sa chuid seo. Éist le gach giota faoi dhó. Sa scrúdú beidh sos tar éis gach píosa a chloisfidh tú chun seans a thabhairt duit na ceisteanna a bhaineann le gach giota cainte a fhreagairt. Éist go cúramach leis na giotaí cainte agus líon isteach an t-eolas atá á lorg sna greillí ag 1 agus 2 thíos.

Rian 25

1. **An chéad chainteoir**

Ainm agus sloinne	Sinéad Ní Dhonnchú
Cá bhfuil cónaí ar Shinéad?	
Post a hathar	
Na saghsanna ceoil is maith léi	
Cad a dhéanann sí ar scoil?	
An banna is fearr léi	

Aois na Glóire 3

Rian 26

2. **An dara cainteoir**

Ainm agus sloinne	Eoghan Ó Néill
Cad as d'Eoghan?	
Cad ba mhaith leis a dhéanamh amach anseo?	
Cé na gléasanna ceoil a sheinneann sé?	
Cé na gléasanna eile atá sa bhanna?	
Cá seinnfidh siad den chéad uair an mhí seo chugainn?	

Cuid B

Cloisfidh tú fógra agus píosa nuachta sa chuid seo. Éist le gach ceann díobh faoi dhó. Éist go cúramach leo. Beidh sos ann tar éis gach ceann a chloisfidh tú chun seans a thabhairt duit na ceisteanna a ghabhann le gach ceann acu a fhreagairt.

Rian 27

Fógra

1. Cén saghas siopa a bheidh ag dúnadh Dé Céadaoin seo chugainn?
   _____

2. Cén saghas earraí a mbeidh tairiscintí speisialta le fáil orthu?
   _____

3. Cad a bheidh ar mhórán sean-dlúthdhioscaí?
   _____

Rian 28

Píosa nuachta

1. Cad a bheidh ar siúl Déardaoin seo chugainn?
   _____

2. Cén saghas amhrán a bheidh ar an albam?
   _____

Cuid C

Cloisfidh tú *dhá chomhrá* sa chuid seo. Éist le gach comhrá díobh faoi dhó. Sa scrúdú cloisfidh tú an comhrá ó thosach deireadh an chéad uair. Ansin cloisfidh tú é ina dhá mhír. Beidh sos tar éis gach míre díobh chun seans a thabhairt duit an cheist a bhaineann leis an mír sin a fhreagairt.

Rian 29

Comhrá 1

An chéad mhír

1. Cén cuireadh a thugann Colm do Chlíona?
   _____

410

An dara mír

1. Conas a fuair Colm na ticéid?
   _____

2. Cá bhfanfaidh siad i mBéal Feirste?
   _____

Comhrá 2

Rian 30

An chéad mhír

1. Cén clár atá á phlé ag Nóirín agus Ciarán sa chomhrá seo?
   _____

An dara mír

1. Cé a bhí greannmhar, dar le Nóirín?
   _____

2. Cén fáth a bhféachann roinnt daoine ar an gclár seo, dar le Nóirín?
   _____

Triail 6: Na meáin chumarsáide, scannáin agus leabhair

Nótaí

Cloisfidh tú na focail seo a leanas nuair a éistfidh tú le cuid A:

an Liotuáin	*Lithuania*	aisteoireacht	*acting*
sraithchlár	*serial, 'soap'*	an phríomhpháirt	*the principal part*
bunaithe ar	*based on*	dochreidte	*unbelievable*
caidreamh	*relations*	scoil chónaithe	*a boarding school*
vaimpírí	*vampires*	scannáin uafáis	*horror films*
leithéidí	*the likes of*	leabhair eachtraíochta	*adventure books*

411

Aois na Glóire 3

Cloisfidh tú na focail seo a leanas nuair a éistfidh tú le cuid B:

ar an imeall	on the edge, on the margins	teorainn luais	speed limit
iriseoir	journalist	a ísliú	to lower
chuile chearn den tír	every corner of the country	ar mhaithe le	in the interests of
ardán	a platform	a laghdú	to reduce
lucht leanúna	followers, fans	spreagfaidh	will encourage
		comhlachtaí	companies
		ag maíomh	claiming

Cloisfidh tú na focail seo a leanas nuair a éistfidh tú le cuid C:

na trialacha	the auditions	fíorthallann	true talent
cáilíochtaí	qualifications	a shéanadh	to deny
riachtanach	essential	buartha	worried
iarrthóirí	applicants	ní raibh sé ar intinn agam	it wasn't my intention
taithí	experience		
an tsraith	the series	chuir Fionnuala ina luí orm	Fionnuala persuaded me
a thaifeadadh	to record		
ar an gcéad dul síos	in the first place	bréagadóir	liar
tallann	talent	críochnaithe	complete
saineolaí	an expert	mo náire thú!	shame on you!
aineolach	ignorant		
roghnaíodh	was selected		

Triail 6

Cuid A

Cloisfidh tú giota cainte ó bheirt daoine óga sa chuid seo. Éist le gach giota faoi dhó. Sa scrúdú beidh sos tar éis gach píosa a chloisfidh tú chun seans a thabhairt duit na ceisteanna a bhaineann le gach giota cainte a fhreagairt. Éist go cúramach leis na giotaí cainte agus scríobh isteach an t-eolas atá á lorg sna greillí ag 1 agus 2 thíos.

1. **An chéad chainteoir**

Rian 31

Ainm agus sloinne	Jan Petrovna
Cár rugadh Jan?	
Cathain a d'aistrigh muintir Jan go hÉirinn?	
Cad a dhéanann a hathair?	
Cén saghas cláir é 'Gossip Girl'?	
Luaigh *dhá rud* a deir Jan faoi Robert Pattinson	

Rian 32

2. An dara cainteoir

Ainm agus sloinne	Rónán Mac Giolla Easpaig
Cad as dó?	
Cén saghas scoile a bhfuil sé ag freastal uirthi?	
Ainmnigh *dhá spórt* a imríonn sé	
Cén saghas leabhar a thaitníonn leis?	
Cén cineál scannán is fuath leis?	

Cuid B

Cloisfidh tú fógra agus píosa nuachta sa chuid seo. Éist le gach ceann díobh faoi dhó. Éist go cúramach leo. Beidh sos ann tar éis gach ceann a chloisfidh tú chun seans a thabhairt duit na ceisteanna a ghabhann le gach ceann acu a fhreagairt.

Rian 33

Fógra

1. Cén clár nua a bheidh ag tosú anocht?
   _____

2. Cén post atá ag Úna le deich mbliana anuas?
   _____

3. Cén saghas ceoil a bheidh ar an gclár?
   _____

Rian 34

Píosa nuachta

1. Cad a rinne Comhairle Cathrach Bhaile Átha Cliath?
   _____

2. Cad é aidhm an ghnímh sin?
   _____

Cuid C

Cloisfidh tú *dhá chomhrá* sa chuid seo. Éist le gach comhrá díobh faoi dhó. Sa scrúdú cloisfidh tú an comhrá ó thosach deireadh an chéad uair. Ansin cloisfidh tú é ina dhá mhír. Beidh sos tar éis gach míre díobh chun seans a thabhairt duit an cheist a bhaineann leis an mír sin a fhreagairt.

Comhrá 1

Rian 35

An chéad mhír

1. Cad tá á lorg ag TG4?
   _____

Aois na Glóire 3

An dara mír

1. Cad tá riachtanach d'iarrthóirí?
   _____

2. Cén taithí aisteoireachta atá ag Niall?
   _____

Comhrá 2

Rian 36

An chéad mhír

1. Cá raibh Eithne agus Fionnuala níos luaithe?
   _____

2. Cad a tharla d'Fhionnuala?
   _____

An dara mír

1. Cén fáth a bhfuil athair Eithne ar buile?
   _____

Triail 7: Saoire, taisteal agus na séasúir

Nótaí

Cloisfidh tú na focail seo a leanas nuair a éistfidh tú le cuid A:

ar an ábhar sin	*for that reason*
galánta	*beautiful, elegant*
ar an gcuan	*in the bay*
ag seoltóireacht	*sailing*
an-taitneamh go deo	*great pleasure altogether*
cuireann siad isteach orm	*they upset me*
torannach	*noisy*
páistiúil	*childish*
ag déileáil le	*dealing with*
go rialta	*regularly*
teach saoire	*a holiday home*
sciáil	*skiing*
fosta	*also*
um an dtaca seo	*by this time*

Trialacha Cluastuisceana

Cloisfidh tú na focail seo a leanas nuair a éistfidh tú le cuid B:

cúig mhíle slí ó	*five miles from*	an-scrios	*huge damage*
linn snámha	*a swimming-pool*	na foraoiseacha	*the forests*
dá mba mhian leat	*if you wished*	triomach	*drought, dry spell*
níl aon teorainn le	*there's no limit to*	an easpa báistí	*the absence of rain*
teachtaireacht	*(text) message*	na briogáidí dóiteáin	*the fire brigades*
dóiteán	*fire*	smacht	*control*
ollmhór	*huge*	ar ball beag	*shortly*

Cloisfidh tú na focail seo a leanas nuair a éistfidh tú le cuid C:

ní gearánta dom	*I can't complain*	thar cionn	*excellent*
táim in éad leat	*I envy you*	ceolsiamsa	*a musical*
ionaid champála	*campsites*	is beag nach raibh mé	*I was almost*
áiseanna iontacha	*wonderful facilities*	deis	*an opportunity*
seomra níocháin	*a laundry room*	a leithéid	*something like that*
cúirt leadóige	*a tennis court*		

Triail 7

Cuid A

Cloisfidh tú giota cainte ó bheirt daoine óga sa chuid seo. Éist le gach giota faoi dhó. Sa scrúdú beidh sos tar éis gach píosa a chloisfidh tú chun seans a thabhairt duit na ceisteanna a bhaineann le gach giota cainte a fhreagairt. Éist go cúramach leis na giotaí cainte agus líon isteach an t-eolas atá á lorg sna greillí ag 1 agus 2 thíos.

Rian 37

1. **An chéad chainteoir**

Ainm agus sloinne	Aonghas Ó Conalláin
Cad as d'Aonghas?	
Cad as dá mháthair ó dhúchas?	
Cá bhfuil Marbella?	
Cad a dhéanann sé lena athair i Marbella?	
Cad ba mhaith le hAonghas a cheannach lá éigin?	

Aois na Glóire 3

Rian 38

2. **An dara cainteoir**

Ainm agus sloinne	Áine Nic Alastair
Cá bhfuil cónaí ar Áine?	
Cé mhéad deartháir atá aici?	
Cad tá ag an teaghlach i ndeisceart na Fraince?	
Cad a dhéanann siad gach Nollaig?	
Cad a ólann siad ina dhiaidh sin?	

Cuid B

Cloisfidh tú fógra agus píosa nuachta sa chuid seo. Éist le gach ceann díobh faoi dhó. Éist go cúramach leo. Beidh sos ann tar éis gach ceann a chloisfidh tú chun seans a thabhairt duit na ceisteanna a ghabhann le gach ceann acu a fhreagairt.

Rian 39

Fógra

1. Cá bhfuil an teach saoire ar díol?
   _____

2. Cén saghas imeachtaí a bheadh ar fáil do dhuine a cheannódh an teach seo?
   _____

3. Conas is féidir le daoine tuilleadh eolais a fháil?
   _____

Rian 40

Píosa nuachta

1. Cad a rinne scrios sna foraoiseacha i ngar do Sydney?
   _____

2. Cé atá ag iarraidh an dóiteán a mhúchadh?
   _____

Cuid C

Cloisfidh tú *dhá chomhrá* sa chuid seo. Éist le gach comhrá díobh faoi dhó. Sa scrúdú cloisfidh tú an comhrá ó thosach deireadh an chéad uair. Ansin cloisfidh tú é ina dhá mhír. Beidh sos tar éis gach míre díobh chun seans a thabhairt duit an cheist a bhaineann leis an mír sin a fhreagairt.

Rian 41

Comhrá 1

An chéad mhír

1. Cá raibh Máire i mí Lúnasa?
   _____

Trialacha Cluastuisceana

An dara mír

1. Cén saghas áiseanna a bhí san ionad campála?
   _____

2. Cad a bhí á dhéanamh ag Breandán i rith an tsamhraidh?
   _____

Comhrá 2

Rian 42

An chéad mhír

1. Ainmnigh *trí radhairc* a chonaic Sorcha i bPáras.
   _____

An dara mír

1. Cén ceolsiamsa a chonaic sí?
   _____

2. Cad a bhí go hálainn ar an turas báid?
   _____

Triail 8: Bia, sláinte, agus truailliú an imshaoil

Nótaí

Cloisfidh tú na focail seo a leanas nuair a éistfidh tú le cuid A:

aturnae	*a solicitor*	an t-uafás dochair	*a tremendous amount of harm*
an teach béal dorais	*the house next door*	truailliú	*pollution*
mearbhia	*fast food*	dul i mbun gnímh	*to take action*
dualgas	*a duty*	a leasú	*to repair, ameliorate*
a chaomhnú	*to preserve*		
ár ngarmhic agus ár ngariníonacha	*our grandchildren*		

Cloisfidh tú na focail seo a leanas nuair a éistfidh tú le cuid B:

miasa	*dishes*	spreagfaidh	*will encourage*
ar nós	*like, such as*	athchúrsáil	*recycling*
mianraí	*soft drinks*	cannaí stáin	*tin cans*
is mian le	*he wishes*	bac	*a restriction*
fíon	*wine*	trácht	*traffic*
a chur ar bun	*to establish*	in ionad	*instead of*
boscaí bruscair ghlasa	*green bins*		

Aois na Glóire 3

Cloisfidh tú na focail seo a leanas nuair a éistfidh tú le cuid C:

nílim ar fónamh	*I'm not well*	comhairle na mac léinn	*the students' council*
i ndáiríre?	*really?*	comhghairdeas leat	*congratulations*
leagadh go talamh	*was knocked to the ground*	pléifimid	*we will discuss*
		tionscadal	*a project*
gan mheabhair	*unconscious*	an bhratach uaine	*the green flag*
baineadh geit uafásach asat	*you got a dreadful shock*	bruscar	*litter*
		gríosú	*encourage*
scairt	*a call*	athchúrsáil	*recycle*
ata	*swollen*	ár ndícheall	*our best*
leonta	*sprained*	an t-imshaol	*the environment*
instealladh	*an injection*	cathaoirleach	*chairperson*
diabhal scéal	*no news at all*	ar fheabhas	*excellent*
toghadh	*was elected*	buailfidh mé isteach	*I'll drop in*

Triail 8

Cuid A

Cloisfidh tú giota cainte ó bheirt daoine óga sa chuid seo. Éist le gach giota faoi dhó. Sa scrúdú beidh sos tar éis gach píosa a chloisfidh tú chun seans a thabhairt duit na ceisteanna a bhaineann le gach giota cainte a fhreagairt. Éist go cúramach leis na giotaí cainte agus líon isteach an t-eolas atá á lorg sna greillí ag 1 agus 2 thíos.

1. An chéad chainteoir

Ainm agus sloinne	Éadaoin Ní Shé
Cén áit ina bhfuil sí ina cónaí?	
Post a hathar	
Cén saghas bialann atá sa bhaile mór?	
Cén saghas bia is fearr le hÉadaoin?	
Cén saghas bia is fearr le hÁine?	

2. An dara cainteoir

Ainm agus sloinne	Seosamh Ó Flaithearta
Cá gcónaíonn sé?	
Cá dtéann sé ar scoil?	
Cad ba mhaith le Seosamh a dhéanamh tar éis na hollscoile?	
Cén dualgas atá orainn, dar le Seosamh?	
Cé na saghsanna truaillithe a luaitear?	

Cuid B

Cloisfidh tú fógra agus píosa nuachta sa chuid seo. Éist le gach ceann díobh faoi dhó. Éist go cúramach leo. Beidh sos ann tar éis gach ceann a chloisfidh tú chun seans a thabhairt duit na ceisteanna a ghabhann le gach ceann acu a fhreagairt.

Rian 45

Fógra

1. Cad tá á eagrú ag Roberto's?
   _____

2. Cén saghas mias a bheidh ar fáil ar leathphraghas?
   _____

3. Cad tá á iarraidh ag úinéir Roberto's?
   _____

Rian 46

Píosa nuachta

1. Cad a dhéanfaidh Comhairle Chathair Luimnigh mar chuid den scéim?
   _____

2. Cén fáth a gcuirfear bac ar thrácht i bpríomhshráideanna na cathrach?
   _____

Cuid C

Cloisfidh tú dhá chomhrá sa chuid seo. Éist le gach comhrá díobh faoi dhó. Sa scrúdú cloisfidh tú an comhrá ó thosach deireadh an chéad uair. Ansin cloisfidh tú é ina dhá mhír. Beidh sos tar éis gach míre díobh chun seans a thabhairt duit an cheist a bhaineann leis an mír sin a fhreagairt.

Rian 47

Comhrá 1

1. Cad a tharla do Mháirín?
   _____

2. Cad a dúirt an dochtúir?
   _____

3. Cad a thug an dochtúir di chun an phian a laghdú?
   _____

Rian 48

Comhrá 2

An chéad mhír

1. Cén nuacht atá ag Micheál?
   _____

An dara mír

1. Cad is aidhm don tionscadal darb ainm an bhratach uaine?
   _____

2. Cén pháirt a bheidh ag Micheál?
   _____

Admhálacha

Ba mhaith leis na foilsitheoirí a mbuíochas a ghabháil leis na heagraíochtaí agus leis na daoine seo a leanas as cead a thabhairt dóibh ábhar atá faoi chóipcheart a atáirgeadh:

'Teideal an Úrscéil' as *Dúnmharú ar an Dart* le Ruaidhrí Ó Báille; 'Subh Milis' le Séamus Ó Néill; 'Má chuimhním ort anois' le Seán Ó Leocháin; 'Le Linn ár nÓige' le Máirtín Ó Díreáin; 'Na Blátha Craige' le Liam Ó Flatharta; 'Fear Lasta Lampaí' le Máirtín Ó Díreáin; 'Reoiteog Mharfach' le Deaglán Collinge; 'An Teilifís' as *Rogha Rosenstock* le Gabriel Rosenstock; 'Duilleoga ar an Life' le Séamus Ó Néill iad uile arna atáirgeadh le caoinchead Chló Iar-Chonnacht, Indreabhán, Co. na Gaillimhe. Sliocht as *Ecstasy agus scéalta eile* le Ré Ó Laighléis: Ecstasy agus scéalta eile (Cló Mhaigh Eo, 1998) Ecstasy and other stories (1996. New Edition MÓINÍN, 2005) Ecstasy e altri racconti (MONDADORI, 1998) Ecstasy agus scéalta eile (Cló Mhaigh Eo, 1998) Ecstasy agus sgeulachdan eile (CLÀR, 2004) Ecstasy as skeealyn elley (Yn Cheshaght Ghailckagh, 2008) agus sliocht as an *An Taistealaí* le Ré Ó Laighléis (Cló Mhaigh Eo, 1998) arna atáirgeadh le caoinchead an údair. *Mé Féin agus Síle* le Siobhán Ní Shúilleabháin; 'Carlos Mirabelli' *Nach Ait an Scéal É* le Gabriel Rosenstock; 'Banríon an Uaignis' as *Scéal Hiúdaí Sheáinín* le Eoin Ó Domhnaill; 'Bidí Éarly' as *Mná as an nGnáth* le Áine Ní Ghlinn, iad uile arna atáirgeadh le caoinchead An Gúm (Foras na Gaeilge). 'Díoltas an Mhada Rua' le Seán Ó Dálaigh. 'An t–Ádh' le Pádraig Ó Conaire, arna fhoilsiú ag An Clódóir. Gearrscéal 'An Gadaí' as *Gearrscéalta an Phiarsaigh* le Pádraig Mac Piarais. 'Mac eile ag imeacht' le Fionnuala Uí Fhlanagáin arna atáirgeadh le caoinchead an údair. 'An Dobharchú Gonta' le Michael Hartnett arna atáirgeadh le caoinchead eastát Michael Hartnett agus an Gallery Press, Loughcrew, Oldcastle, County Meath, Éire as *A Necklace of Wrens* (1987). 'Sráidbhaile' le Róise Ní Ghráda. 'An t-Ozón' le Máire Áine Nic Gearailt agus 'An Blascaod Mór Anois' le Máire Áine Nic Gearailt arna atáirgeadh le caoinchead an údair.